中国历史文献学

（修订本）

杨燕起　高国抗　主编

国家图书馆出版社

图书在版编目（CIP）数据

中国历史文献学.修订本/杨燕起、高国抗主编.—北京：国家图书馆出版社，2005.2（2022.7重印）
ISBN 978-7-5013-2173-5

Ⅰ.中… Ⅱ.①杨…②高… Ⅲ.史籍－文献学－中国－高等学校－教材 Ⅳ.G257.35

中国版本图书馆CIP数据核字（2003）第076800号

书　　名	中国历史文献学（修订本）
著　　者	杨燕起　高国抗　主编
责任编辑	于　浩　张爱芳
重印编辑	袁宏伟
封面设计	晨　风

出版发行　国家图书馆出版社（北京市西城区文津街7号 100034）
　　　　　（原书目文献出版社　北京图书馆出版社）
　　　　　010-66114536　63802249　nlcpress@nlc.cn（邮购）
网　　址　http://www.nlcpress.com
印　　装　北京金康利印刷有限公司
版次印次　2005年2月第2版　2022年7月第9次印刷

开　　本　850×1168　1/32
印　　张　15
书　　号　ISBN 978-7-5013-2173-5
定　　价　27.00元

序

20 世纪 80 年代以来,历史文献学的学科建设越来越受到人们的重视,研究不断深入,成果不断涌现。杨燕起、高国抗二位先生主编的《中国历史文献学》,就是在这个背景下问世的。经过十多年的检验,这部书已经成为高校教学中颇具影响力的基本教材。最近经过修订,又即将以新的面目与读者见面了。在新版印行之际,再次拜读全书,对其价值又有一些新的体会。

首先,是全书结构安排周密合理。全书分为三编,每编各有一个侧重点。上编为概论,从历史文献学的定义讲起,直至历史科学与历史文献学的关系等诸多理论问题,均一一扼要阐发。中编为历史文献学的发展史,从先秦两汉到 20 世纪,时间跨度非常大,作者抓住重要人物、重要典籍和重大事项,将基本线索梳理得清清楚楚。下编为历史文献学的基本方法或基本知识,系统介绍目录、版本、校勘、辨伪、辑佚、传注等若干方面的原理和内容。这样的篇章安排,条理很明晰,既有纵线条的描述,又有横切面的揭示,加上概论,历史文献学的基本内容就显现出来了。

其次,是具体表述简要得体。历史文献学有几千年的历史,内容实在太丰富了。在教材中写什么,如何写,是不能不反复斟酌的。十分难得的是,各位作者对自己承担的章节,都认真下了一番去粗取精的功夫,尽量深入而浅出,写出要点,写出特色来。比如叙述近现代的历史文献学发展状况,对罗振玉、王国维以来的一些代表性人物,介绍他们的学术活动,评价他们的文献学成就,可以使大家从这些时代较近的人物身上,感受到文献学的具体工作有哪一些,有的还可以继续去做,这对初学者的启迪作用相当大。又比如叙述文献学的现状与前景，强调历史文献学研究手段的现代化，对青年学子来说，这是很迫切又很现实的任务，很能引起他们的兴趣，促使他们走上文献学研究之路。至于文献学基本知识的叙述，各个门类都能在不太长的篇幅内讲得清楚明白，是甚得编纂要领的。

复次，是全书注重理论阐发，具有勇于探索的精神。三编之中，概论部分基本上是前人很少系统论述过的问题。如第二章《历史文献学与中国传统文化》，从民族文化心理与历史文献学的繁荣、历史文献学所体现的民族文化特征、其他文化成就对历史文献学发展的影响三个方面加以阐发，能促使大家对二者的关系予以深思，将以往的历史文献学放到传统文化的大背景下去把握。第四章《历史科学与历史文献学》，则从历史科学研究与历史文献资料、历史文献学是历史科学的辅助学科等四个方面加以阐发，给学科定位，这对历史文献学的学科建设，是一次积极的探索。中编和下编中，也有不少过去为人所忽略的问题。如20世纪前期索引事业的提倡者与组织者洪业，是文献学史上不可或缺的人物，以往未予充分注意，中编设专节介绍，使他在文献学史上有了一席之地。在基本知识的介绍中，作者将史源学、藏书史等内容纳入大家的视野，也反映出这部书的学术眼光是很高的。

在上述长处之外，全书还有不少地方可以启人思绪，引导人们向深处开掘。如学科定义的确定性、研究领域的开放性、研究方法的交叉性、研究目的的多元性以及研究前景的广阔性诸点，便是我们近日拜读此书后，感到还可深入论述的问题。

顺便指出，历史文献学是一门实用性和实践性都很强的学科。杨燕起、高国抗等诸位先生编纂《中国历史文献学》，一个主要目的就是使读者了解文献整理工作的基本步骤和方法，以方便他们日后可能进行的有关业务实践。读是书者，在掌握其中的基本理论和方法后，还得融会贯通，运用到研究过程中去。若有众多学子以是书为阶梯,登上历史文献学研究的殿堂,那无疑是杨燕起、高国抗等诸位先生最大的愿望。我们相信,这一美好的愿望是一定会实现的!

周 国 林
2003 年 8 月于武汉桂子山

3

前　　言

　　中国历史文献学是一门既古老而又年轻的学科,正在受到广泛重视。为满足一般读者阅读及高等学校历史系开设这门课程的需要,我们合作编写了这部《中国历史文献学》。

　　本书的编写,以马列主义、毛泽东思想为指导,在认真钻研有关资料的基础上,注意理论阐发,以探求历史文献学发展的某些规律。在编写中力求独立思考,提出有价值的创见。我们注意了如下几个方面:第一,表述中国历史文献学这一学科的基本知识、基本资料;第二,反映和吸收当前学术界的最新成就;第三,强调实用性,即在介绍某些基础知识的同时,也要使读者了解文献整理工作的基本步骤和方法,以方便他们日后可能进行的有关业务实践。

　　参加本书编写的同志依次为:

第一章　杨燕起 (北京师范大学历史系)

第二章　向燕南 (北京师范大学史学研究所)

第三章　杨燕起

第四章　高国抗 (暨南大学历史系)

第五章　阎崇东 (内蒙古师范大学历史系)

第六章　张学锋 (南京大学历史系)

第七章　汝企和 (北京师范大学历史系)

　　　　王炜民 (内蒙古包头师范专科学校历史系)

第八章　杨燕起

第九章　鲁　毅(湖北大学历史系)

　　　　彭忠德(湖北大学历史系)

第十章　孙文泱(北京师范学院历史系)

刘重来（西南师范大学历史系）

第十一章　娄曾泉（厦门大学历史系）

第十二章　周　洪（江西师范大学历史系）

第十三章　刘　春（云南大学历史系）

第十四章　刁晏斌（辽宁师范大学历史系）

第十五章　彭益林（华中师范大学古籍整理研究所）

第十六章　邱久荣（中央民族学院历史系）

第十七章　刘重来

第十八章　董恩林（中南民族学院历史系）

第十九章　苗　泼（内蒙古赤峰师范专科学校历史系）

第二十章　张　积（中国政法大学法律古籍整理研究所）

在本书编写过程中，许多朋友给予我们热情的鼓励，提出了宝贵意见，各编写者所在单位的领导，尤其是北京师范大学历史系和古籍整理研究所，以及暨南大学历史系的负责同志，给予了大力支持和帮助。在参加编写的同志中，娄曾泉、刘重来参加了全书的通稿工作。另外，北京师范大学古籍整理研究所的徐勇同志帮助拟定了编写纲目，李秋媛同志也受邀参加了我们的通稿工作。还有周红蕾、刘萍、张升同志，在具体的编写中也给了我们很多帮助。谨此对以上的所有同志，表示我们深切的敬意和衷心的感谢！

由于时间紧迫，书中的缺点或错误一定不少，敬请专家学者们批评指教，以便再版时修正。书中所引一些当代学者的成果，或有未尽注明之处，亦请谅解！

谨以此书献给中华人民共和国成立四十周年！

杨燕起　高国抗

修订说明

本教材此次修订是这样的:

1. 原有的上、中、下三编及二十章的体例结构保持不变。下编各章内容的先后次序原为目录、传注、校勘、版本、辨伪、辑佚、史源、编纂、藏书、相关学科和相关文献,现调整为目录、版本、校勘、辨伪、辑佚、史源、传注、编纂、藏书、相关学科与相关文献,以使相互之间的联系更为科学。

2. 除各章内容作一般的修订外,另分三种情况:

(一)由原编者重撰或较多增订的有第十一、十六、十九章;

(二)较多增订或改撰的章节有

第八章　第八节　张升(北京师范大学历史学系)

第十章　蒋宗福(西南师范大学汉语言文学研究所)

第十二章　邓瑞全(北京师范大学古籍整理研究所)

第十四章　第一节　刘重来(西南师范大学汉语言文学研究所)

第十五章　张升

(三)新增撰了三节

第七章　第一节　汝企和(北京师范大学历史系)

第九章　第十节　杨　昶(华中师范大学古籍整理研究所)

　　　　第十一节　曾贻芬(北京师范大学古籍整理研究所)

3. 原拟对上编第二、三、四章进行调整或重撰,但对于历史文献学的总体认识及其相关的理论问题还有待深入探讨,具体如何加以修订尚需商榷,故暂保留原貌,待条件成熟后当随即实施修订。对此,亦请学者们能多提出宝贵意见。

另外,为促进本教材的科学编纂和修订,以便更有效地加以使用,特组成编纂委员会,其成员为向燕南、阎崇东、张学锋、汝企和、王炜民、鲁毅、彭忠德、孙文泱、刘重来、娄曾泉、周洪、刘春、刁晏斌、彭益林、邱久荣、董恩林、苗泼、张积、蒋宗福、邓瑞全、张升、杨昶、曾贻芳、晁福林、汪受宽、张衍田、周少川、曹书杰、杨绪敏、徐适端、刘筱红、刘萍、高国抗、杨燕起。最后要向为本书题签的启功先生和帮助联系的侯刚先生,以及为本书撰写序言的周国林先生表示真诚的感谢!

编　者

2003 年 5 月 20 日

目　　录

上　　编

下　编

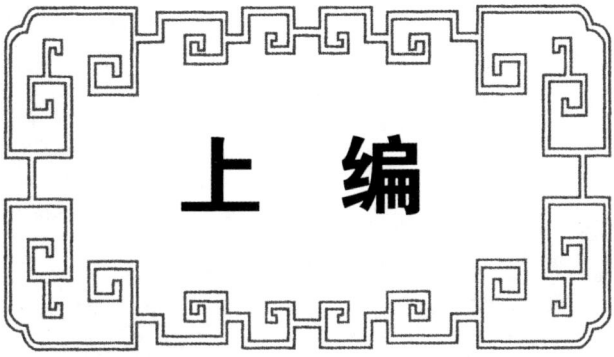

上 编

第一章　绪论

第一节　文献

文献的本义　"文献"一词,最早见于《论语·八佾》。子曰:"夏礼吾能言之,杞不足征也;殷礼吾能言之,宋不足征也。文献不足故也。足,则吾能征之矣。"

南宋朱熹《四书章句集注》:"文,典籍也;献,贤也。"清代刘宝楠《论语正义》:"文谓典策,献谓秉礼之贤士大夫。"近代的刘师培进一步在《文献解》中说:"仪、献古通。书之所载谓之文,即古人所谓典章制度也;身之所习谓之仪,即古人所谓动作威仪之则也。……孔子言夏、殷文献不足,谓夏、殷简册不备,而夏、殷之礼又鲜习行之士也。"

所以,"文"指典籍文章,"献"指古代耆旧先贤的见闻、言论,及他们所熟悉的各种礼仪,也包括耆旧先贤的事迹经历。在我国古代,因为文字和书写工具的困难,关于历史及其知识的传授,除了通过少量的文字记载之外,很大一部分需要通过口耳传闻。而且时间越久远,口耳传闻的作用就越大,直到汉代,经义的传授还存在这种情况。比如《史记·十二诸侯年表序》说:孔子作《春秋》,"七十子之徒口受其传指,……鲁君子左丘明惧弟子人人异端,各安其意,失其真,故因孔子史记具论其语,成《左氏春秋》"。依这样的说法,可见《左氏春秋》在编写之前,就有一个口耳相传的过程。《公羊传》对《春秋》的解释,起始于战国时的公羊高,经几代口传,到西汉景帝时,由公羊寿和胡母子都"著于竹帛",可见它正式成书之前是口耳相传的。就是《论语》也不是孔子自己写定的,而是"孔子应答弟子时人及弟子相与言而接闻于夫子之

1

语"，后来才由"门人相与辑而论纂"的。由于不可能大量进行文字记载，古代关于社会历史、政治、礼制、习俗等方面的许多知识内容，保存在某些承担着"口耳相传"作用的人的脑子里，而一些需要了解这方面知识的统治者和士人，就需要向这些掌握着知识的"贤人们"去请教，所以先秦古籍中保留着很多关于问政、问礼、问事的记载。我们今天是通过这些记载了解了古代历史社会的一些情况，但在没有记载之前它们的存在状态就是"口耳相传"。一件事，一种制度，一种礼仪，要使他能以口耳相传的方式继续保留下来，进行传授的人不仅需要有较高的知识，而且还应有很强的记忆力，思想上还要忠实，不矫揉造作，缩小夸大等等。因此，他们是一些被人们尊敬的人，所以给予他们以"圣""善""贤"的美称。这些由贤人所传授的知识内容，区别于文字记载，也是当时根本不可能有文字记载的，其始初意义就叫做——"献"。"献"之"贤"意，亦有《尚书》的文字可鉴。《虞夏书·益稷》有"禹曰：'俞哉，帝，光天之下，至于海隅苍生，万邦黎献，共惟帝臣，惟帝时举。"这里"万邦黎献，共惟帝臣"，是说"各诸侯国的众位贤人，都是您的臣子"，"献"，就是指"贤人"。这个引证同样可以说明，"文献"一词的原意是指典籍与宿贤。

依据这样的理解，《论语·八佾》所记孔子这段话的意思是：夏、殷的礼制我都能说得出来，只是夏、殷后代的杞、宋两国文字所记载的和贤士大夫们所了解与习行的，都因为缺乏必要的材料不能加以证实；要是这两方面的材料充足的话，那么我就能够对礼制加以验证了。这表明了孔子已经认识到了叙述史事必须有文献作为根据。

文献含义的演变　宋元之际的马端临，名其所著书曰《文献通考》。其书《自序》有云：

　　凡叙事，则本之经史，而参之以历代会要，以及百家传记之书，信而有证者从之，乖异传疑者不录，所谓文也。凡论事，则先取当时臣僚之奏疏，次及近代诸儒之评论，以至名流之燕谈，稗官之记录，凡一话一言，可以订典故之得失、证史传之是非者，则采而录之，所谓献也。

在这里，马端临将文与献，作为叙事与论事的根据："文"是经、史、历代会要及百家传记之书；"献"是臣僚奏疏、诸儒之评论、名流之燕谈、稗官之记录。《文献通考》分 24 门，记历代的典章制度，写作形式是：凡书本记载都顶格，凡名流贤者的议论都低一格，文与献既相互结合，又区别清晰。仔细研究起来，他所说的"文献"与始初意义上的"文献"，在性质上已经有所不同了。前面说过，始初意义上的文献，"文"是指文字记载，"献"是指贤者的口传及其身之所习，而现在变成文为叙事，献为论事了。在马端临的论事中凡是当他采录时可以见诸文字的，如臣僚之奏疏，稗官之记录，明显的在古代还是属于"文"，至于诸儒之评论，名流之燕谈，凡是已经写成为文字的，自然也还是属于"文"，只有他直接听来的当时人的一些议论，而由他著录为文字的很少一部分才符合于始初意义上的"献"的含义，实际上在文字运用和书写、印刷都已发达起来的情况下，这种意义上"献"的部分是很少的，这反映时代变化了，人们对"文献"的理解与解释也在发生变化。

但是古代的"献"义，直到今日还是保存着它的遗迹的，在一定的范围内它还在发挥着作用，比如将口耳相传听来的内容写入著述中的情况还是有的，而一些文化风俗中礼仪的演习也还需要去请教那些熟悉掌故的人。

不过，从马端临已经变化了的"文献"的含义中，可以肯定的是，无论是叙事还是论事，他所指的文献仅包括着文字记载，非文字记载的方面不属于他所说的文献范围。在他的言论的影响下，关于文献的认识，便只限于一般的文字记载，不能表达为文字记载的东西，则不能称之为文献。文字记载常常著录为图书、典籍，因此也常常将图书、典籍与它联系或并列起来,而称为图书文献、典籍文献之类。

现代文献概念 "今天我们所说的'文献',主要是指有历史意义的比较主要的书面材料。"①根据这样的理解,"文献"与"文物"是两个互有联系而又有重要区别的概念,在研究对象、研究方法和研究目的上,它们分别属于不相同的两门学科。尽管我们现在对"文献"含义的解释是沿用古义,认为它是指文字记载的东西,但我们也应对现代条件下有关文献的新解释有所了解。

概念是发展变化的,随着客观事物的发展和人们认识的日渐深刻,文献概念的过去定义必然要由现代定义所取代。现代广义文献的术语概念,其定义是:"文献是记录有知识的一切载体。"这是由国家标准局已经公布实施的一个标准定义,根据这一定义,文献不但包括现代图书馆的全部馆藏,也包括了档案馆、博物馆、声像馆及情报中心所收藏的全部馆藏。这一概念比较我国古代对文献的解释要宽些。参照了国际标准,其定义是基于文献术语这一新概念的认识,文献乃是一切情报的载体,而情报则是一切文献的内容。在国际上,有些国家(美国)已经直接将文献改为了"情报"。现在广义文献术语的产生,是与情报科学及计算机技术的发展密切相关的。② 于是,从情报学的角度表述出如下概念:以一定方式将人类所获得的知识或信息记录于一定载体之上所形成的东西叫文献。并提出文献概念的外延,可以按记录信息的方法、记录信息的形式、载体材料、文献出版形式、文献信息内容等方面,明确划分出文献的不同类型。③

---

① 白寿彝《谈历史文献学》,《史学史研究》1981 年第 2 期。
② 参见朱南《现代广义文献术语概念浅说》,载《文献》1987 年第 2 期。
③ 尚克聪《文献概念的演变及其科学定义》,载《情报学刊》1983 年第 2 期。

第二节　历史文献

历史文献的内容与范围　马端临的《文献通考》将全书分为24门：田赋、钱币、户口、职役、征榷、市籴、土贡、国用、选举、学校、职官、郊社、宗庙、王礼、乐、兵、刑、经籍、帝系、封建、象纬、物异、舆地、四裔等。可以看出，历史上对历史文献内容的理解所涉及的范围，实际上包括了当时历史学家所能认识的社会历史生活的重要方面。这些内容，就现在的观点来看，它们可以分别属于政治、经济、军事、教育、文化、历史、科技等不同的学科。因此，它们也就可以依类归之于研究政治、经济、军事、文化、科技等问题所需要的"历史文献"的领域，不同历史时期各学科文献的发展水平及其在历史上占有的地位，就形成了这一学科"历史文献"的发展史。所以历史文献从总的方面来说，它所涉及的范围是非常广泛的，上至天文，下至地理，以及人类社会生活的各个方面，都可以包括在内。而且随着社会历史的不断发展，社会生活内容的不断丰富，书面记载形式的不断更新，它的类别也在不断地扩大。政治经济的社会改革，文化学术思潮的承续递变，中外交往的日趋频繁，科学技术的日新月异，都在不同性质、不同程度上增添着历史文献的内容，也就相应地在扩充着它所涉及的范围。一定时期一种新类别的历史文献的出现，反映了这个时期一定的社会时代特征。如果拿顾颉刚在燕京大学图书馆工作时，本着"搜集材料"的宗旨，所拟具的16个方面购求中国图书的计划，同近代以前对历史文献内容的理解进行比较的话，他对于历史文献范围的认识，也就明显地表现出时代前进的历史步伐。

历史文献在史学中的地位　一般来说，一部史学著述，大体上应该包含四个方面的内容：一、历史思想；二、历史资料；三、历史编纂；四、历史文学。历史思想是指历史学家或者历史著作的撰述者,用什么样的思想来指导他研究历史问题的;历史编纂是指一部史书采取什么样的编纂体例;历史文学是指他文字表述的形式;而历史资料则是指著作者采用了些什么样的历史材料。研究历史要详细地占有历史材料。而历史材料主要来自三个部分:考古的遗迹、遗物;历史文献;口碑传说。现在考古发掘的材料作用很大,很能够解决一些历史问题;口碑传说对于很少文字记载的少数民族或地区的历史研究很重要,对于一些社会历史状况的研究也不可缺少。但是历史材料中最重要的部分还是历史文献。所以"历史文献只是属于历史资料的范围而占有重要地位的。历史文献的研究是史学工作中必不可缺的,但也只是史学的一部分"①。在史学研究中,我们必须十分重视对历史文献的研究,但不要把历史文献的研究强调到一个不适当的地步,要注意摆正它在史学中的地位。特别应该注意不要"认为研究历史文献就是研究历史"。要"把文献作为历史资料去研究,目的在于通过资料去了解历史,这才是研究历史"。在这个问题上,弄清楚历史文献的研究目的是非常必要的。

历史文献的局限性与多重性　历史文献虽然是历史资料中最重要的一部分,但它也只能是其中的一部分,而不可能是历史资料的全部。更主要的是历史文献还具有阶级和时代的局限性。由于历史著述绝大多数是在历代统治阶级控制下形成的,作者对社会历史状况的记述和评论,难免带有或多或少的阶级偏见,许多应该记述的内容没有能够记述,所以许多历史文献所反映的社会历史生活是不全面、不完整的,有的甚至是有意加以歪曲的。还有由于时代久远,以及社会、自然等方面的其他原因,也使历史文献常常残缺不全,加上它有的"记载笼统",利用起来就不方便。关于历

---

① 本节引文及有关内容,均参见白寿彝《再谈历史文献学》,载《历史教育和史学遗产》。

史文献的多重性,白寿彝在这方面有很好的论述。他认为历史文献的多重性,第一,是说一种历史文献总是反映一定的历史现象。第二,把不同的、有代表性的历史文献联系起来,去伪存真,去粗存精,从而观察规律性的东西。这就超出了一个一个具体历史记载的范围了。这种性能不一定是文献本身所固有的,往往是史学工作者所赋予的。第三,文献不一定是死的东西,其中有不少是一直到现在还有生命力的东西。这一方面是,历史文献,从内容到形式,有不少东西对于我们今天的史学工作还产生着影响;另一方面,历史文献中的具体记载在一般的政治资料以外,还有思想资料、艺术资料、文学资料、科学资料等等。在这些资料中,也是有一些值得我们现在还可以学习的东西。这个论述,可以说是从时代条件与民族心理,思维方式与创造精神,以及价值观念等的多角度,揭示了历史文献的产生及其所具有的作用的内在本质,给予了我们以有益的启发。

第三节　历史文献学

历史文献学是对历史文献的形成发展、整理利用进行研究,探索其规律,从而加以理论说明的一门学问。它以历史文献为研究对象;任务是为各种文化学术研究提供丰富而信实的资料,特别是在搜集、鉴别史料方面,能为历史科学研究建立坚实可靠的资料基础。历史文献学为历史研究工作运用历史文献,创设着良好的条件。

建立中国历史文献学的学科体系　新的中国历史文献学的学科体系,还没有建立起来。中国历史文献学学科体系的真正建立,还需要一个不断探索的过程。依据我们的理解,确定中国历史文献学的学科体系,应包括如下三方面的内容:

1. 历史文献学的理论。主要是对历史文献学的研究对象、时代特色和现实意义，以及它同历史科学、中国传统学术文化等方面的关系进行理论上的探讨，使历史文献学具有自己的理论体系。我们认为，从学科体系上看，历史文献学还是一门新的学科，其理论建设还是初步的、不成熟的。因此现在研究历史文献学，必须加强理论上的探讨，这将有利于这门学科在新的基础上得到更积极的发展。至于哪些问题应该归入历史文献学的理论体系中来，现在的看法可能很不一致，这也需要通过长期学术上的探讨和争鸣来加以解决，以便能够在趋于认识上的接近或统一的过程中，不断促进历史文献学理论研究水平的逐步提高。即使有些认识一时难以统一，只要大家牢牢把握先进文化的前进方向，坚持马克思列宁主义、毛泽东思想在意识形态领域的指导地位，高举邓小平理论伟大旗帜，运用"三个代表"重要思想统领中国历史文献学的学科建设，并以此进行不断探索，看法上的分歧，仍然是有益于历史文献学研究的学术繁荣的，是值得鼓励的。

2. 历史文献学的发展线索。中国历史文献学经历了两千多年的成立、成长、繁荣、鼎盛、变革，以至于重新兴旺的发展过程。在这个过程中，取得了不少的成就，积累了丰富的经验，也在不断完善自己的客观体系，从而形成为我国民族文化遗产中的宝贵财富。研究它的发展线索，主要是通过历史文献学在每一个历史阶段成就的粗略记述，来确定它们各自相应的地位和特点，以探索其自身发展中的基本联系和内在规律，并尽可能在理论上给予分析、说明。由于我们对某一阶段认识得清楚一些，某一阶段认识又差一些，我们的探讨和分析有不完善、不平衡的地方，但这不应该妨碍历史文献学是存在着自身的发展阶段，及其具有某种特点和规律这样一个客观的事实。

3. 历史文献学的分支学科和相关学科。主要阐述历史文献学各分支学科的内容和实践方法。历史文献学既包括传统的目录

8

学、版本学、校勘学、辑佚学、辨伪学、传注学,又有新提出的史源学、历史文献编纂学。对已从历史文献学中独立出来的相关学科如金石学、方志学、档案学和甲骨学等,以及民族文献、宗教文献、医药学文献、农学文献的研究和它们对历史文献学的作用,我们也给予了一定的注意。

我们认为这三个方面都是历史文献学学科体系中,互相联系而不可分割的有机组成部分,建立中国历史文献学的新学科,这三部分的内容,以及对这三方面的研究都不可偏废。长期以来人们形成一种认识,以为这里所述的第三方面的内容,才属于历史文献学,而第二方面,尤其是第一方面所涉及的内容,就似乎没有资格登历史文献学的"大雅之堂",我们不能同意这样的看法。恰恰相反,我们认为由于中国历史文献学形成的历史条件,和它传统的研究方法,为了适应时代的需要,它更需要的是在保持优良传统的基础上,运用历史唯物主义的基本原理,加深理论性问题的探讨和研究,以便于它更好地端正研究的目的,明确前进的方向。至于研究历史文献学的发展阶段,其主要方面,虽然可以系统追溯历史文献学分支学科及相关学科的发展概貌,了解它的各项内容的学术渊源,及其所积累的经验;但在同时也可以从更为纵深的角度,通过具体的阐述,联系实际,加深对于理论问题的探索。因此,理论性的探索、阶段性的研究、分支学科与相关学科的阐述,它们同是中国历史文献学学科内容的不同方面,彼此之间是紧密联系、相互补充的。

历史文献学与古籍整理　在清代,曾经出现了以乾嘉考据学为中心的,我国历史上第一次大规模整理古籍的高潮,从而使历史文献学的发展,达到了它在封建时代的鼎盛阶段。从那以后,由于清朝的衰落,加上后来近代资产阶级的软弱,我国的古籍整理事业进入了低谷。中华人民共和国成立以后,党和政府为了建设社会主义的新文化,十分重视对于古籍的整理和研究。特别是1981年党中央发出"关于整理我国的古籍的指示"之后,真正使我国的古籍整理事业,步出了它的历史低谷,形成为在全国范围内出现的一次历史性的新高潮。这个高潮逐步形成的同时,历史文献学的发展在继它的变革时期以后,也就进入了具有新的时代意义的兴盛阶段。

大规模的古籍整理,是中国历史文献学思想、理论和方法的一次伟大的实践,因此,学习与研究历史文献学,理所当然应该关注古籍整理的进展情况,和它所取得的成就和经验。整理古籍,就是要对文、史、哲、经、教、法等方面的典籍,选择其中的一部分,进行标点、校勘、注释、翻译等等工作,以利于它们的流传和使用。这样,历史文献学在其历史发展过程中所积累的经验,历史文献学各分支学科所要求的原则、方法,就可以在实践的运用中发挥出学术指导的作用,从而能够提高整理古籍的工作效益,保证古籍整理的成果质量。事实说明,中国历史文献学具有顽强的生命力和巨大的时代适应性,这使它不仅能够很好地为社会主义的精神文明建设服务,而且也使它的自身获得了新的发展。比如,一大批各种类型出土文献的发现,为历史文献学提供了新课题,开辟了"用武之地"的新领域;历年大批新的古籍整理成果的出版,比较全面系统地体现了历史文献学的重要学术价值;在实践中新发现的理论课题的研究解决,促使着历史文献学在不断地完善它的自身体系。但是我们看到,在古籍整理事业蓬勃发展的今天,具有学术指导意义的历史文献学,在理论思想的总结方面还远远落后于它的实践。我们相信,在新世纪之初召开的中国共产党第十六次全国代表大会精神的鼓舞下,随着时间的推移,中国历史文献学将会获得更为可观的发展。

第四节 学习历史文献学的意义

增强爱国主义的思想感情 在我们国家的悠久历史中所积累

起来的丰富的文化典籍,以历史文献的形式当作历史资料加以利用的时候,从中可以了解祖国历史发展过程中的伟大业绩,和古代人们无穷的智慧和经验,了解我国古代文化在世界上的地位,以及了解和认识它们与我们国家当前发展的深刻联系。正如毛泽东在《中国共产党在民族战争中的地位》一文中所说:"我们这个民族有数千年的历史,有它的特点,有它的许多珍贵品。……今天的中国是历史的中国的一个发展;我们是马克思主义的历史主义者,我们不应当割断历史。"在我们学习历史文献学的过程中,就可以通过了解我们国家历史上曾经创造的辉煌灿烂的文化成就,而培养起民族的自尊心、自豪感,增强自己的爱国主义思想感情。列宁说过:"爱国主义就是千百年来巩固起来的对自己的祖国的一种最深厚的感情。"[1]"睹乔木而思故家,考文献而爱旧邦。"[2]这就是接触历史文献学的工作,所能引发的爱国主义思想感情的真实写照。有了这种崇高的感情,就能够促使我们满怀信心地去建设社会主义时代的新生活。1999年4月25日江泽民总书记在给白寿彝主编的二十二卷本《中国通史》出版的贺信中说:"中华民族的历史,是全民族的共同财富。全党全社会都应该重视对中国历史的学习,特别是要在青少年中普及中国历史的基本知识,以使他们学习掌握中华民族的优秀传统,牢固树立爱国主义精神和正确的人生观、价值观,激励他们为中华民族的伟大复兴而奉献力量。"因此,在当前要切实加强爱国主义教育,加强中华民族优秀传统和革命传统教育,使人民既有面向世界的气魄和包含全球的胸怀,又有强烈的民族意识和鲜明的民族本色,进一步增强我们的民族自信心和凝聚力。

---

[1] 《皮梯利姆·索罗金的宝贵自供》(1918年11月20日),《列宁全集》第28卷,人民出版社1956年版,第168-169页。

[2] 张元济《印行四部丛刊启》,《四部丛刊书录》卷首。

具备搜集、分析并正确运用历史文献的初步能力　学习中国历史文献学，可以获得关于这一学科一般的理论知识，了解历史文献学发展的成就、经验，掌握目录、版本、校勘、辨伪、辑佚、传注等方面的原理、方法，以及熟悉考辨史料、历史文献编纂和古籍保存等方面的基本知识。历史文献学非常注重实践。在有了一定的理论指导以后，经过实践，就可以具有利用目录学知识阅读书籍、搜集资料、编制索引、撰写提要；利用校勘学、辨伪学知识考证史料，辨别伪书、伪事；利用传注学知识，依据原文本义，准确地进行标点、注释和翻译；利用版本学知识，选择善本，进行史籍校读等等方面的初步能力。具备这样的能力，无疑对于从事历史学科的教学和研究来说，是十分必要的。

培养实事求是的科学态度　史料考辨，是历史文献学研究极为重要的一个课题，而为史学研究提供信实可靠的历史资料，"求真"二字就是最基本的要求。梁启超在谈到正误辨伪的考证之功时说，"求真"二字是"最要之观念为吾侪所一刻不可忘者"，他说的求真就是清代乾嘉以来所提倡的"实事求是"。他说"思想批评必须建设于实事的基础之上"，而考证的目的是"务求得正确之史料以作自己思想批评之基础"。拿我们现在的理解来说，就是历史研究必须以信实可靠的历史资料为基础，否则就会"流于诞渺"。① 这是值得注意的。所以史学研究，既要在掌握马克思主义理论上下功夫，同时也要在掌握历史文献上下功夫，二者不可偏废。实事求是，是我国历史文献学发展史上所具有的一种传统的优良学风，我们应该继承和发扬。从事历史文献研究，要进行长时间默默无闻、艰苦细致的工作，校勘的精密、辨伪的严肃、注释的准确，都要求崇尚实学、反对空疏，我

---

① 上引均见《中国历史研究法》，上海古籍出版社 1987 年版，第 5章《史料之搜集与鉴别》。

们必须努力培养这样的科学态度。当然，我们也不要以为只有考证才是学问，而把必要的、认真的理论研究和阐发，统统都当作"浮泛"加以反对。如果那样，也就不一定是切实的"正路"了。

提高批判地继承祖国历史文化遗产的自觉性与责任感　1940年1月，毛泽东在所著《新民主主义论》中说："中国的长期封建社会中，创造了灿烂的古代文化。清理古代文化的发展过程，剔除其封建性的糟粕，吸收其民主性的精华，是发展民族新文化提高民族自信心的必要条件。……中国现时的新文化也是从古代的旧文化发展而来，因此，我们必须尊重自己的历史，决不能割断历史。但是这种尊重，是给历史以一定的科学的地位，是尊重历史的辩证法的发展……"时间过去了半个多世纪，但毛泽东的这个评论仍然具有重要的指导意义。江泽民总书记在给白寿彝的贺信中也指出："我国的历史，浩森博大，蕴含着丰富的治国安邦的历史经验，也记载了先人们在追求社会进步中遭遇的种种曲折和痛苦。对这个历史宝库，我们应该运用历史唯物主义的观点不断加以发掘，在前人研究的基础上不断作出新的总结。这对我们推进今天祖国的建设事业，更好地迈向未来，具有重要的意义。"对待历史上的文化遗产，正确的态度是批判地继承。我们既"不能无批判地兼收并蓄"，全盘吸收，也不能采取完全虚无主义的态度，一切否定。我们应该遵循的原则是"剔除其封建性的糟粕，吸收其民主性的精华"，只有在这样正确对待的前提条件下，才能促使历史得到合乎辩证法的发展，保持和发扬优秀的民族传统，以促进社会主义文化事业的发展。历史文献学的学习与研究，正是有利于直接服务于批判地继承祖国文化遗产的事业的，我们应当加强学习的自觉性和时代责任感，为这一事业的兴旺发达，贡献出自己的力量。

第二章　历史文献学与中国传统文化

第一节　民族文化心理与历史文献学的繁荣

民族文化心理是积淀在传统文化中最深层的内容,它直接左右传统文化的整体特征和价值取向。作为传统文化的一部分,历史文献学这门古老的学科,之所以一直受我国各代学者的青睐,不断发展,卓然于传统学术之林,其中,传统的民族文化心理结构是个不小的影响因素。

"农业——宗法"的社会特质　由于历史文献学是研究历史文献——传统文化主要载体的学科体系,因此,它的产生和发展,便与人们对于传统的认同意识建起了最密切的联系。在中国,文化的发展长期浸濡在以血缘宗法为特色,以农业小生产为基础的"农业——宗法"特质的社会中。稳定安宁的农业生活和强固的、长期延续的宗法血亲传统遗风,构成中华民族重实际、重经验、重历史传统的意识形态特征。随着这些特征的累积,逐渐强化形成一种文化心理结构,积淀在民族传统文化的深层。这从殷周时期的"唯古式训"①,到春秋时期孔子的"述而不作,信而好古"②,可以清楚地看到这种文化心理强化的轨迹。这种"农业——宗法"特质社会所产生的重经验、重历史的实用理性文化心理,对中华民族传统文化的整体特征和价值取向影响极大。放眼整个世界,中华民族的文化传统,绵延五千年从未中断,表现出这一伟大文化所具有的罕见的凝结和传承力量。同时,与世界其他文化相较,我们

---

① 参《诗经·烝民》。
② 见《论语·述而》。

还会看到,这一伟大文化始终保持着清醒的理智和人文精神,从未使自己陷入持久的神学宗教的迷狂,也没有形成任何主宰一切的神学宗教体系。她没有去到另一个世界追求不朽,而是由"血缘"(广义的)意识的牵动下回归于时间的过去——历史。在中华民族的文化观念中,"历史"既是人们知识的渊薮,亦是人们价值标准的出处。它不是僵死的过去的事实,而是活泼而富有生命力的,对于现世仍具有巨大影响的存在。这种对历史所怀有的深沉强烈的认同感,正是历史文献学赖以发展繁荣的文化心理基础。孔夫子也正是在这种对历史(传统)"信"而"好"的文化心理的驱动下,以"述"而不"作"的方式整理古代的典籍,从而开创了历史文献学的最初事业。

广泛意义的"孝" 对于传统——历史所抱有的近乎崇拜的文化心理,在学术领域,便表现为民族传统文化的坚定信仰,以及对宏扬这种文化的巨大热情和责任感。这也是中华民族文化心理中所特有的广泛意义的"孝"。作为狭义的血缘孝亲敬老是"不孝有三,无后为大"的血缘承继。而广泛意义的"孝",则更体现为对传统文化事业的承继。如果不能承继和弘扬传统文化,人们将会痛感愧对列祖列宗。《史记·太史公自序》载,司马迁的父亲司马谈临死"执迁手而泣曰:余先周室之太史也。……余死,汝必为太史。为太史,无忘吾所欲论著矣。且夫孝始于事亲,中于事君,终于立身,扬名于后世,以显父母,此孝之大者"。司马谈这番感人至深的嘱托,可以说是这一文化心理的自然流露。在中国文化发展的长河中,曾演出有无数诸如司马谈迁父子、刘向歆父子、黄宗羲父子师生这样前殁后继整理历史文献的可歌可泣的故事。而这些又不能不追踪到这种"孝"的文化心理。

关于广义的对先人的"孝",中国历史上道统和学统的线性延展,则又把这种意识高扬到价值的层次。人们并不把历史文献的研究和整理,仅仅看作是个技术性问题。而是把这种工作与崇高的理想信念联系在一起。这样便使我国历史文献学的繁荣,有了更深刻的主题。从孔子感"周室微,而礼乐废,诗书缺",而决心"追迹三代之礼,序书传"①,整理"三代三王"时代的郁郁之文,达到"复礼"的政治理想,到宋儒响亮提出"为天地立心,为生民立命,为往圣继绝学,为万世开太平"②的口号,无不是把"为往圣继绝学"与修身、齐家、治国、平天下的政治理想纽结在一起。司马迁曾在《史记》的自序中说:"先人有言,自周公卒,五百岁而有孔子,孔子卒后,至于今五百岁,有能绍明世,正《易传》,继《春秋》,本《诗》《书》《礼》《乐》之际,意在斯乎!意在斯乎!小子何敢让焉。"可以说是这种民族文化心理的最好注脚。

追求个体的不朽　中华民族的文化心理总是执着于历史。她在历史中求智慧,求知识,甚至在历史中追求个体的不朽。《左传》襄公二十四年曾记有这样一件事,当时,鲁国的叔孙豹出使晋国,晋国的范宣子问他什么是"死而不朽"。叔孙豹回答说:"豹闻之,大上有立德,其次有立功,其次有立言,虽久不废,此之谓不朽"。人生是无不朽的,但是当人们把人生寄放在现世的立德、立功、立言之上,便使他的精神长存历史之中。这可说是一种历史观,亦可说是一种人生观,更可看作是一种民族的文化心理。这种文化心理对中华民族,尤其是她的知识阶层,产生了极大的影响,使他们在现世不能实现立德、立功的理想时,便转而走向埋首著书立说的道路,把自己的理想和抱负,寄托于文字之间,"藏之名山,期之不朽"。故孔子说:"弗乎弗乎,君子病殁世而名不称焉?吾道不行矣,吾何以自见于后世哉!"于是"乃因史记,作《春秋》"。把他的爱与憎全部倾注于《春秋》中;把他政治上的理想全部寄托

---

① 　《史记》卷 47《孔子世家》。
② 　张载《横渠语录》。

16

于《春秋》之中。"后世知丘者以《春秋》,而罪丘者亦以《春秋》。①同样,孔子也正是基于期之于历史中的不朽的文化心理,采取以述为作的方式,对古代的历史文献进行整理,结集为"六经"。而后世的学者亦以这种以述为作的方式,本着"为往圣继绝学"的文化精神,对代代相传的文化典籍作出精心的整理,写出无数的注释与疏解工作。

在中华民族这种特有的文化心理结构的驱动下,历史文献学一世繁盛一世。

第二节　历史文献学所体现的民族文化特征

中国民族文化,绵亘数千载,在她不断丰富和发展的过程中,亦逐渐形成自己鲜明的特征。而这些特征在学术文化中体现的尤为明显。由于民族文化的大量信息,是以文字的形式凝结于历史文献中,因此,历史文献学,从内容到形式,所体现的民族文化的特征更加突出。

以道德伦理为本位　与世界其他民族的文化比较,中国民族文化,无论是整体的构成,还是具体的文化意识,无不呈现与西方文化截然不同的文化特征。对于中国民族文化来说,她首先是一个以政治和伦理意识为中心的文化系统。这种以道德伦理为本位的文化特征,对中国历史文献学的产生和发展具有非常深远的影响。《隋书·经籍志》,这部古代历史文献学的重要著作,曾经在其总序中论道:

夫经籍也者,机神之妙旨,圣哲之能事。所以经天地、纬阴阳、正纪纲、弘道德,显仁足以利物,藏用足以独善……其王者之所以树风声、流显号、美教化、移风俗,何莫由乎斯道……其教有适,其用无穷,实仁义之

① 《史记》卷 47《孔子世家》。

> 陶钧,诚道德之橐籥也……今考见存,分为四部……其旧录所取,文义浅俗,无益教理者,并删去之。其旧录所遗,辞义可采,有所弘益者,咸附入之……夫仁义礼智,所以治国也;方技数术,所以治身也;诸子为经籍之鼓吹,文章乃政化之黼黻,皆为治之具也。

可见,在封建中国,历史文献的研究和整理,并不仅仅是个文化技术的问题,而是负有"正纪纲、弘道德"的政治和道德的使命。这也正是民族整体文化特征在历史文献学上的体现。

历史上,最初给历史文献的研究和整理涂上政治和伦理色彩的,是春秋时代的孔子。当时,孔子因感"周室微,而礼乐废,诗书缺",遂采取以述为作的方式,把古代历史文献整理编订为书、诗、礼、乐、易、春秋等"六经",寄托自己政治上"复礼",和道德上"归仁"的理想。孔子的这些工作,不仅开创了历史文献学的最初的事业,而且更奠定了儒家学派的根本学说,奠定了中华民族文化的基本特征。这样,历史文献学从一开始产生,便与以政治、伦理为核心内容的儒学建立了不解之缘,成为阐述、弘扬儒家学说的最重要的文化工具。

政教合一的文化观 讨论中国的民族文化,就不能不涉及到儒学。儒学在中国民族文化中地位之重要,完全可以用轴心和代表二词涵盖。其无论是在政治体制,还是日常观念,心理结构等基本层面,均起有支配作用。因此,儒学的基本特征,在相当程度上,也体现为中国民族文化的基本特征。

"儒",从字义讲是"文士",是学者。关于儒,汉代的刘歆是这样分析的:

> 儒家者流,盖出于司徒之官。……游文于六经之中,留意于仁义之际,祖述尧舜,宪章文武,宗师仲尼,以重其言,于道最为高。孔子曰:"如有所誉,其有所试。"唐虞之隆,殷周之盛,仲尼之业,已试之效者也。

因此,儒是文化遗产的保存者,也是文化遗产的解释者。但在儒家的思想中,对于道德理想的追求,更超过了对于"知"的追求。

18

整个思想、心理更趋向于内倾，"留意于仁义之际"以达到个人道德的自我完善。儒家学说的这种"政（政治）教（教化）合一"的文化观，也构成了中国历史文献学的整体特征，尤其是在中国所特有的经学中，体现得最充分。

经学是中华民族文化中特有的一门学术。正确点说，经学只是中国学术分类法尚未普及以前的一部分学术的综合名称。它起源于汉代。西汉武帝时，"废黜百家，独尊儒术"。至此，儒学成为几千年封建国家的统治学说，而经孔子整理的"六经"等古代典籍，则被统治者高标为千古不变的"经"，悬为思想意识的最高经典及伦理教义。于是，围绕这些"经"的研究，包括义理的阐发、章句的解释、以及文字的训诂等，形成了专门的"经学"。今天看来，经学在很大程度上又带有历史文献学的性质。实际上，在诸"经"中，象《公羊传》《谷梁传》和《左传》三传，本是作为经解被列入经书的；又其中的《礼记》，本是汉人编集的解释礼的文献①，而《尔雅》也本是汉人编的经书传注类编。由于对于经书的解说，直接关系对儒家圣贤的思想及伦理教义的体认，因此，历史文献学便成了思想斗争中有力的武器，并被涂上浓重的政治和伦理的色彩。文化史上的两汉经学（其中又有经今文经学与经古文经学之争）、魏晋玄学、宋明理学（其中又有程朱理学与陆王心学之争）、以及清乾嘉时期的朴学，互为反动，其发生无不与历史文献学有密切的关系。

会通和合的精神　如果说，以政治、伦理为本位，"政教合一"的中华民族文化，赋予了历史文献学的价值特征，那么中华民族文化中所体现的"会通和合"的精神，则构成了历史文献学的学术倾向。与西方文化中严密的学术分类比较，中华民族文化更喜欢做模糊的

---

① 　如《礼记》中的冠义、昏义、乡饮酒义、射义、燕义、聘义等，显然是《仪礼》中有关六篇的传注。

全面的把握。这样,在具体的文化学术观念上,便不是把文学、史学、哲学、宗教、天文、法律等等个别的学术类别独立起来,而是更看重各门类间的相互关系。因此,中国古代的历史文献学家看待历史文献,便不是局限于个别的单独门类,而是从思想文化的整体把握,主张会通各方面而作一种综合性的研究。这种学术倾向,最直观地表现于传统的历史文献学的目录分类中。在中国古代历史文献学中,经、史、子、集的四分法,一直占据学术分类的统治地位。其间,虽有个别历史文献学家试图突破四分法的局囿,但最终都不能取得大的社会影响,取代传统的四分法。依照今天的学术观点,以经、史、子、集四类来区分学术门类,确实是远远不够,但是,以人类文化范围之广,相互渗透的情况之复杂,又有什么分类方法能够区分统摄清楚呢? 于是,我国古代的历史文献学家又回归到政治、伦理的民族文化本体,在实际政治、道德的总要求下,对传统学术进行安排。这点仍可以传统分类的"经部"为例,今天看,经部的内容可以分别划归史学、哲学、文学以及语言学等学科。但是这些内容又是围绕着儒家经典出现的,并在这一点上又是相通的,因此传统的历史文献学把这些熔冶为一体是有道理的。

天人合一的世界观　中华民族文化中会通和合的学术倾向,源于其"天人合一"的世界观。这种观念在民族文化中出现甚早,如上一节所述,中国的文化是产生于以农业生产为基础的古代社会,自然的风调雨顺对生产和生活的巨大作用在人们观念中留有深刻的印痕,使人们对天地自然有着特别的亲近感,人们不是把人与自然的关系对立起来,而是谐调为一个紧密关联的宇宙系统。这种"天人合一"的观念在中华民族文化中,表达的十分清晰。文献中第一次出现"人文"时,便是同"天文"相提并论的:

　　　　观乎天文,以察时变;观乎人文,以化成天下。①

---

　　① 《易·贲·象》。

这里所讲的"天文"(自然秩序),"人文"(人事条理),二者各有所司,又相互包容,相得益彰,形成一个"会通和合"的大系统。中国文化中这种"天人合一"的特征,也在历史文献学中留下深刻的印痕。伟大史学家司马迁申明其整理历史文献著述《史记》的宗旨时,便说其"亦欲以究天人之际,通古今之变,成一家之言"。①而《史记》从形式到内容也都能看到调和天人并相互说明的痕迹。如司马迁阐述《史记》体例说:

> 网罗天下放失旧闻,王迹所兴,原始察终,见盛观衰,论考之行事,略推三代,录秦汉,上记轩辕,下至于兹,著十二本纪,既科条之矣。并时异世,年差不明,作十表。礼乐损益,律历改易,兵权山川鬼神,天人之际,承敝通变,作八书。二十八宿环北辰,三十辐共一毂,运行无穷,辅拂肱股之臣配焉,忠信行道,以奉主上,作三十世家。扶义俶傥,不令己失时,立功名于天下,作七十列传。②

这显然带有以天文比附社会并作为历史文献著述形式设计的因素。

要会通和合各门学术,会通和合自然与社会与人际的关系,就要求历史文献的整理和研究者具备广泛深厚的知识结构。传统的大历史文献学家如孔子、司马迁、刘向刘歆父子、郑樵、顾炎武、钱大昕等,无不是上知天文,下知地理,中通人事的博学家。这也正体现了具有民族文化特征的历史文献学对其工作者提出的要求。

第三节 其他文化成就对历史文献学发展的影响

与其他学科的发展一样,历史文献学的产生和发展也不是孤立进行的。在它漫长的发展道路上,很多的文化因素对其有影响,

---

① 司马迁《报任少卿书》。
② 《史记·太史公自序》。

而以下文化成就曾对它起过有力的促进作用。

书写流通的演变　历史文献学的研究对象是历史文献,因此,毫无疑问,历史文献本身的发展演化,包括数量的增加、范围的扩大以及形式的迁变,都必然影响历史文献学的发展。

历史文献赖以依存的基本物质条件,包括文字、书写工具及流通形式,直接影响历史文献的存佚繁寡。因此,它们的发展,也是历史文献学发展的基本条件。从文字的发展看,其先后经过由甲骨文(或金文)而大篆,而小篆,而隶,而楷的演化过程。其间,它的外在形式也由繁而简,而它的数量及信息的包容,则由少而多。这样,文字的演化过程,必然为历史文献的发展奠定了条件,同时也给历史文献学增加了诸如校勘、文字训诂等内容。

从书写工具和生产流通形式看,最直接影响历史文献发展的是纸张和印刷术的发明。作为我国古代文化最重要的成就,纸张和印刷术的发明,为历史文献的繁富,提供了理想的物质条件。纸的发明在人类文化史上具有革命性的意义。纸发明前,人们只能把文字书写或契刻在龟甲兽骨、青铜器皿、陶器、竹木和绢帛上。然而,写刻于这些材料上的文字总是有限的,既不便于记载大段的文字,也不便于收藏和流通,极大地局限了包括历史文献学在内的整个文化事业的发展。纸的发明于图书文献事业发展的促进作用是十分明显的。以纸张发明前的西汉与发明后的魏晋南北朝时期比较,其中,据刘歆《七略》中除《辑略》外的其他六艺、诸子、诗赋、兵书、方伎、术数等六略,共注录图籍13269卷。而据《隋书·经籍志》,仅其中的史部便注录了存佚图籍16558卷。这里,除了有时代累积的原因外,很大成份是由于纸的发明,便利于图籍的收藏与流通。而大量图籍的收藏与流通,也正是历史文献学发展的重要先决条件。正是在魏晋南北朝时期,我国的历史文献学较前代有了长足的发展,其中最突出的表现是目录学的发展并开始成熟,目录在文献典籍中,已成为独立的部类。如其时的阮孝绪编《七录》

便将目录列为专项，附于"纪传录"之下，即所谓"簿录部"，收书30部，214卷。

纸张发明后，至晚唐有雕板印刷术，再至北宋又有活字版印刷术的发明和广泛应用，把图籍文献的生产从手工抄写中解放出来，使它不但能大批量生产，而且为在社会上大规模地流通普及提供了条件。以公私藏书为例，唐末以前的公私藏书都很有限，西汉时，国家的藏书为13200余卷。梁元帝好书，也只收藏了7万余卷。唐代最盛的开元年间，长安、洛阳两京所藏图书，也不过是129900余卷。私人方面，史载唐宰相李泌之子李繁有插架3万轴，要算当时最多的了。而印刷术普遍使用后，宋朝中央藏书不重复者，就将近12万卷。当时私人藏书，不但数量大为增多，而且相当普遍，如北宋司马光家便有藏书1万多卷，宋敏求家藏书3万卷，而王仲至家藏书则多至43000卷。后虽经靖康之乱，但南宋藏书之家仍然是相当可观，如叶梦得的藏书竟多至10万卷，陈振孙亦有藏书51000卷。这些都说明，随着印刷术的发明和广泛应用，图籍文献得到了广泛的流通，这无疑为历史文献学的发展提供了前所未有的条件。两宋时期的历史文献学的繁荣与这些条件有着非常密切的关系，象前面提到的藏书家，都为历史文献学做有杰出的贡献。

文化教育的变化与成就 促进历史文献学发展的文化成就，除了文字、书写工具及流通形式，这些历史文献的物质因素的发展变化外，文化教育的变化和诸成就，也在历史文献学的发展史上占有重要地位。这点我们可以以春秋时期为例。春秋时期，"礼崩乐坏"的政治变革，导致了文化教育的根本变革。它一改以往贵族垄断学术文化的局面，由原来的学在官府，一变而为学在私门，成为历史文献学的发展史上最有意义事件。这种文化变革的成就不但为全民族的整体文化事业的发展提供了条件，而且使原来完全把持在官府的历史文献——金匮石室之藏，流布民间，从而构成历史文献学发展的条件。当时，首先开创私人讲学和撰述之局的孔子,为了阐述自己的政治思想并且也为自己的学生提供教材,曾对这些流布的历史文献进行整理,这便是以后传世的《易》《春秋》《乐》《诗》《书》《礼》等"六经",所谓"六经非孔氏之书,乃周官之旧典也。《易》掌太卜,《书》藏外史,《礼》在宗伯,《乐》隶司乐,《诗》颂于太师,《春秋》存乎国史"。① 孔子亦因此成为我国历史上第一个大历史文献学家。他的工作不仅奠定了我国传统文化思想的基础,而且也奠定了我国历史文献学的最初规模。

典章制度的建立与完善 除文化教育的发展外,各种有关文献的典章制度的建立和完善,对于历史文献学的发展也起有很大的推动作用。

典章制度是文化发展的结晶,它的完善和发展,可以在一定意义上代表文化发展的水平。前面我们曾讲到我国文化心理结构中所特有的浓重的历史意识,使其对记录、收藏和整理历史文献,倾注了极大的热情,先后建立和完善了一系列有关历史文献的制度。历史上,早在商周时期,我国便建有一系列的记注和保存历史文献的制度。按《周礼》②记载,其中春官之属有:大史掌建邦之六典;小史掌邦国之制;内史掌王之八枋之法,掌王命;外史掌书外令,掌四方之志,若以书使于四方,则书其令;御史掌邦国都鄙及万民之治令,掌赞书。其他诸官所属的诸职司,亦多有"史"。这些史,据后人研究,都是一些起草文书和管理官文书的官员。《周礼》的《春官》《地官》和《秋官》之属,还记有《天府》之职,掌管王家的图籍文献。据史载,道家的创始人老子李聃,原为周朝守藏室,也就是管理王家图书的官吏。而从考古发现看,殷墟、周原出土的殷周甲骨文,均为大量甲骨片集聚在一起。这些显然应是当初有意识

---

① 章学诚《校雠通义》卷一。

② 虽据今人考证《周礼》是战国时的作品,但其反映的情况仍应有相当多的西周的社会内容。

24

收藏的结果。从以上这些可见殷周时期便存在有相当完善的文献管理制度。而这些保藏历史文献的典章制度，在以后的历史中不断完善，形成中国传统文化中独具特色的制度系统。除历史文献的保藏制度外，我国还有历史文献的采集制度，从殷周时期的"采诗"，到以后各朝代的采集图籍，一直绵联不断。这种制度的实行，对保藏和整理历史文献极有利，如汉武帝时期，曾"敕丞相公孙弘广开献书之路，百年之间，书积如丘山。"①以后，公元前26年，汉成帝又再次下令征集图书，命谒者陈农前往地方收求遗书。我国历史上第一次对历史文献大规模的整理，正是在这种国家图书日益增多，保管贮藏和阅读发生困难的情况下，由刘向、刘歆父子主持下进行的。各种有关历史文献的典章制度的建立，对于历史文献学发展的促进是显然的。

中外文化的交流　中外文化交流的成就，对于历史文献学发展同样起有促进作用，有时甚至起有革命性的作用。

在中国历史上，大规模的中外交流基本可分为三个时期，其中：1至8世纪是以佛教为中心的印度文化输入时期；17世纪至"五四"前夕，是西方文化输入时期；"五四"时期，马克思主义传入中国，则是第三时期。这三次中外文化交流的结果，可以说都在不同程度上为历史文献学输入新鲜的血液。其中以佛教为中心的印度文化输入时期，由于汉译佛经的日益增多，而产生佛经目录，佛经目录之发达，据近人统计，仅唐以前，便多至40余种。②佛经目录融通中印文化，分别在著录、分类、解题等诸方面具有鲜明的特点，在历史文献学上有很高的成就，不但为保存佛教文献做出贡献，而且对我国整个历史文献学的发展做出贡献。如十四世纪初，马端临撰《文献通考·经籍考》，每经录其前序和后记，《四库全书

---

①　《初学记》卷十二引刘歆《七略》语。

②　见姚名达《中国历代佛经目录所知表》。

总目提要》释家类,便称其是取法于《开元释教录》。而佛教目录有关类例分析的实践,又直接启发了郑樵的有关历史文献学的理论①。印度的佛教文化对于历史文献学发展的影响,除见之于目录学方面,于历史文献尤其是有关思想文化史方面的历史文献的编纂体裁和体例形式,具有很大的影响。佛教史上出现的大量的"僧传""灯录"等形式的佛教史籍,极大地丰富了我国的历史文献学。我国历史上记载学术思想史资料的著名著作《宋元学案》《明儒学案》等,正是在佛教史籍的影响下发展完善的。当中国历史进入近代后,西方文化输入,极大地促进了文献学的发展。尤其是"五四"前后,中国先进的知识分子所掀起的反对封建文化,提倡民主、科学和文学革命运动,以其彻底的反帝反封建的精神,在中国文化史上揭开了全新的一页。其中具有近代科学精神的西方文献学的传入,使中国传统的历史文献学,从观念到实践,都发生革命性的变化,成为我国历史文献学步向科学的起点。其影响一直波及到我们今天历史文献学的现状。

此外,除了上述外,还有许多文化成就,如考古学的新发现、学术思潮的演进等等,无不对历史文献学的发展起有强力的促进。总之,历史文献学这株学术之花,正是在许许多多文化成就的浇灌下鲜艳盛开的。

---

① 参见郑樵《校雠略·编次必谨类例论一》。

第三章　时代与历史文献学

第一节　中国历史文献学与历史环境

和中国封建社会密切相关　历史文献学以孔子整理六经而萌芽,迄至今日,其发展经历了奴隶社会、封建社会、半封建半殖民地社会以及社会主义社会四个不同的历史阶段。中国历史文献学进入社会主义社会的历史阶段才50余年,这在整个历史发展的长河中是非常短暂的。社会主义社会与前此的剥削阶级社会具有本质的区别,社会主义社会具有强烈特征及其相应的批判性;但它还没有来得及对过去时代的一切文化遗产的各个方面,都作出总的评价和正确的估计,更没有能够以此建立起自己的关于中国历史文献学的全新体系。因此可以说,它虽然对于我们所研究的古代历史文献学保持着传统的继承性,而且为其发展提供了广阔的天地,但是它既有的实际成就还是较小的,在整个文献学中不可能占有太大的份量。这是一个客观的事实,不难为人们所了解。近代中国社会大约经过了一百多年的时间,这期间由于中国资产阶级的软弱,未能以完全独立的姿态登上政治历史舞台。所以近代社会虽然为中国历史文献学增添了新的内容(如翻译文献的出现),提出了一些新的思想和方法,作出了一定程度的贡献,但它并没有突破时代的局限,以完全改变古代历史文献原有的基本性质,因而近代历史文献学不可避免地继续保持着半"封建"的特色。孔子说"郁郁乎文哉,吾从周",表明他整理文献和参加文化活动,虽然企图保存和恢复奴隶制社会鼎盛时期的礼乐制度,然而他所生活的春秋末世,已经处于从奴隶制向封建制转变的时期,他去世后没有太长的时间,中国历史就开始了封建社会的发展历程。社会主义社会、近代社会和春秋末期对历史文献学的影响大致就是这样,那么可以看出,中国历史文献学主要是伴随着2000余年漫长的封建社会的历史进程而成长、发展并走向它的兴盛时期的。从这个意义上说,中国历史文献学的主体内容和基本性质,具有极其突出的与中国封建社会相一致的明显特色。也可以说,我们现在所学习与研究的中国历史文献学,就其主要方面而言,是和中国封建社会的发展及其影响密切相关的。

逐步走向完整统一 中国封建社会的历史具有统一、分裂,又统一、又分裂,再到统一的特征,而统一是其中的主流,每一次分裂都走向了更进一步的统一。与这一发展趋势相适应,中国历史文献学在它的总体规模和分支结构上,始终具有逐步走向完整统一的特色。这表现在,虽然经历了包括分裂时期在内的各种激烈的社会动乱,历史文献的自身受到不断的破坏以至于严重散亡,但随后出现的统一时代,又使它经过新的采集和整理之后,仍然得到了能够超越原有基础的继续发展。故此,经过两千多年来的延续不断的积累,古代历史文献不仅具有"汗牛充栋""浩如渊海"般的壮观面貌,而且形成为一个包括历史文献的存在自身,和关于对它进行研究整理的理论、方法的庞大、细密的学术统系。这样一个统系,可以说是我国统一的专制主义封建王朝结构的象征,使人感到具有望而却步的无穷威严,以及高深莫测的神奇奥秘。这正好表明,中国历史文献学深深地打上了统一的封建社会的烙印。

中国封建社会的发展同时孕育着多民族的相互融合。汉族或其他少数民族都分别在我国历史上的分裂或统一的时期,建立过分裂的割据政权或统一的全国政权。这种情况,一方面使丰富的历史文献宝库中,增添了不少少数民族或有关地区的各种历史文献;又一方面,以汉字书写和印刷的历史文献,仍然在古代历史文献中占据着主导地位,它在吸收、采集其他民族文献的同时,更深入地起着融合、同化其他民族及其文化的作用。在这样的情况下,中国古代历史文献学的发展,有利于形成一种共同的、稳定的民族心理、民族传统,而对国家民族的统一、产生了可贵的潜移默化的作用。

表现出发展的阶段性 历史证明,全国范围高度统一的中央集权的充分发展,为历史文献学的发展创造了特别有利的条件。汉、隋、唐、宋、明、清,这些统一的朝代,正是中国历史文献学不断发展并取得重大成就的时期。稳定的政治环境,是文献学发展的良好时机;反过来,统治阶级促使历史文献学的发展,亦可加强其封建统一政权。基于这样相辅相成的原因,中国古代历史文献的自身随着时代的变迁,它又同时具有特定的摄取性与无限的包容性。它的摄取,主要依据的还是历代统治者的政治需要与社会文化发展中所形成的既有成果;它的包容,则是在摄取基础上能反映出各个时期社会历史生活的各种复杂事物的总的面貌。而这种摄取与包容,又通过不同方式的集合、整理、补充、丰富,得到了不断的延续与继承。在这个过程中,历史文献学又表现出它发展的阶段性。发展阶段的形成,是一定的时代特征的具体反映。本书的中编,依据这样的认识,将中国历史文献学在整个封建社会中的发展,划分为先秦秦汉、魏晋南北朝隋唐、宋元明及清代前中期四个阶段。此外,还将近代社会与新中国两个不同的历史时期划分为两个阶段。这里试图以各重要统一时期所获得的学术成就为标志,依纵向的比较观察,清理出中国历史文献学发展的一条线索。

在这里,必须同时指出,中国封建社会毕竟不是历史文献学发展的理想环境。封建社会建立在封闭的自给自足的自然经济之上,保守孤陋,排斥创新,许多有价值的历史文献往往被埋没淘汰,这又对历史文献的积累、历史文献学的发展起了阻碍作用。比如以伦理政治为文化特色的中国封建社会重德轻艺,导致了技艺方面书籍的易于散亡;重视文词、鄙弃朴学的封建士大夫们,对于朴实说理书籍的忽视,以至使这类书籍被埋没亡佚;因著书人犯罪伏法,身败名裂,而使其著述被毁以至于散亡;少数藏书家深闭固拒,将其藏书视为奇货与古董,不肯借人阅览,以至使我国古籍中的一部分秘册孤本,因被垄断而湮没散佚;等等,就是这种阻碍作用的实在表现。封建社会的历史环境,既有利于文献积累和文献学发展的主要一面,也有其不利的次要方面。

第二节　时代的政治要求与历史文献学的关系

"文治"政策的认识所及　一般的法则是,历史上的统治者在它们用武力夺取政权之后,就开始领悟到"居马上得之,宁可以马上治之"的道理,并采用"文武并用"的政策,以维持统治政权的长治久安。"文治"思想使他们认识到了对于经籍文献加以利用的重要意义。加之一个新政权建立之后,由于休养生息,社会经济得到恢复发展,国家有了巨大的财力物力,也可能在全国范围内收集图书文献,一以弘扬其功德,一以向民众灌输其统治思想。这样做的结果,统治阶级收到了加强统治的效果,同时也就相应地促进了历史文献学事业的发展。关于历史文献对于统治阶级所具有的作用,长孙无忌在《隋书·经籍志·总序》中,曾经说得非常明白。(参见第二章引文)

《隋书·经籍志》是我国历史上现存最早采用四部分类法的史志目录,它在中国历史文献学的发展中具有重要的地位。正因为如此,它在《总序》中提出的认识与观点,在概括说明时代与历史文献学的关系方面,就富于总结历史经验以反映时代要求的典型意义。它非常明确地表示出,典籍文献中的《六经》之所以受到统治阶级的重视,是因为它们之中贯穿着维护统治阶级利益的一些最根本的思想、道德和政治原则,是统治阶级推行"树风声,流显号,美教化,移风俗"的重要武器,可以达到"纬阴阳,正纪纲"的目的。而且《六经》的无穷奥秘及切实效用,可以依据具体的政治要求与时代特点,作出适合统治者需要的种种说明和解释。《六经》的这种性质,给予统治阶级以通其变化,因时制宜,长久掌握运用,以便宣扬"仁义""道德"的权利与方便,从而成为他们的御用思想及经世法宝。接下来,《总序》还就"经"以外的其他史、子、集的功用作了论述,将马《史》班《书》,王、阮《志》《录》,归于"庶乎弘道设教",说"诸子为经籍之鼓吹,文章乃政化之黼黻,皆为治之具也"。目录学的分类及其中所包函的文献,都可以当作治理政事的工具,历史文献对于政治的作用是不可或缺的。

对文献学作用的重视与提倡　可以说,《隋书·经籍志·总序》在这里总结的不仅仅是一般的事例,而应该看作是一种政治规律。正如历代统治者看到了史学可以总结历史上的治乱兴衰用以"资治"一样,他们也都看到文献学的作用。统治者对文献学作用的重视和提倡,促使文献学自身不断发展。历史上的一些重大的文献学成就,许多都是与当时最高统治者的明令倡导分不开的。

在具体的事例中,可以看到统治者政治需要给予历史文献学的某种推动作用。比如,汉武帝"建藏书之策,置写书之官",并"广开献书之路"以后,汉成帝又"使谒者陈农求遗书于天下",于是出现了西汉一代藏书事业发展的空前盛况。成帝在这样的基础上,乃下诏令刘向、任宏、尹咸、李柱国等进行了一次大规模的校书工作,其结果是产生了刘向所编的《别录》和刘歆所辑的《七略》,成为当时全世界最高水平的叙录性的综合目录。其后,东汉时的班固又据此编成了我国历史上第一部综合性的史志目录,也是保存至今的我国第一部完整的目录学著作。这一在历史文献学史上具有开创意义的成就,正是西汉以来的历史发展和文化成就、汉成帝的决策和刘向等人的学术思想相结合的产物。这有力地说明了时代条件对历史文献学发展所具有的重要意义。

又如,经过南北朝到隋的统一,图书收藏事业有了很大的发展。由于时代的变迁,图书的内容也有相应的变化,于是表现在目录学上出现了四部分类法。但是无论《七略》还是四部，我们看到，"经"总还是放在第一位。唐朝建立，生产发展，社会安定，我国封建社会进入一个发展的高峰，出现了前所未有的兴盛和繁荣。庶族地主势力上升，科举考试制度盛行，促使文化教育事业得到相应的发展。在这样的情况下，唐太宗李世民"大征天下名儒为学官，数幸国子监"，"于是四方学者云集京师，乃至高丽、百济、新罗、高昌、吐蕃诸酋长亦遣弟子请入国学，升讲筵者至八千余人"，真可谓盛况空前。唐太宗又因为诸儒所讲经学"师说多门，章句繁杂"，就命令"孔颖达与诸儒撰定《五经》疏，谓之《正义》，令学者习之"。① 由此产生了唐代的《五经正义》，这是一种奉命编定的官书，它虽然在校勘上信守旧注，多集成而少开创，反映了唐代注疏的通病，但是它的编定，正表现了统治阶级的政治需要对文献学发展的推动。从此唐代统治者将它用于科举取士以强化其统治思想，亦可见《五经》注疏对于封建专制的重要作用。唐代的这种举措，无论对后来的经学注疏或历史文献学的发展，都有着不可忽视的潜在影响。

再如，明修《永乐大典》，也是由于政治的推动。郭沫若说："明成祖要饬修'永乐大典'，其用意在笼络当时士大夫，用以巩固明室统治。然而'大典'之成，不仅在我国文化史上提供了一部最早最大的百科全书，而且在世界文化史中也是出类拔萃的。"②这既说明了《永乐大典》产生的政治背景，也恰当地说明了它的重要价值。当明成祖朱棣令翰林学士解缙等修书的时候，在饬谕中就要求将"凡书契以来经史子集百家之书，至于天文、地志、阴阳、医卜、僧道、技艺之言，均辑为一书，毋厌浩繁"，气魄是非常宏伟的。此书修成计 22777 卷，凡例目录 60 卷。"其时公车征召之士，自纂

---

① 上引见《资治通鉴》卷 195。
② 《影印永乐大典序》。

修以至缮写几千人,缁流羽士亦多预者。书成,选能诗古文词及说书者二百人充试吏部,拔其尤者三十人授官,其余亦有注籍选入者"。后来明世宗朱厚熜害怕它被毁坏,于嘉靖 41 年,"诏阁臣徐阶照式模钞一部,当时书手 180,每人日钞 3 纸(一纸 30 行,一行 28 字),至隆庆改元始毕。"①抄写一部 180 人就费时 6 年,这样规模宏大的文献整理工作,没有最高统治者的重视,没有朝廷安排众多的人力和支付巨大的财力,要想完成它是不可想象的。此事在说明历史文献学的发展与统治者政治需要的关系方面具有典型意义。正如有的学者所概述的那样:"我国古代类书起始于魏,发展于隋、唐,繁荣于宋、明,完备于清。这是一个大体的轮廓。有一个带有规律性的现象是:自隋到清六个朝代,除元之外,每个王朝的头两三代君主,都敕撰类书。因为这时干戈平息,社稷稳固,正处偃武修文,与民休息的盛世。封建帝王不仅以修类书作为文治的标榜以粉饰太平,而且是用作笼络士子,缓和内部矛盾的手段。由于朝廷人力、物力充足,敕撰类书一般比私编类书卷帙大,质量高,历史上几部有名的大型类书,全为敕撰。"②可以说,《永乐大典》就是其中最为突出的一部。

破坏与损害 在这里,同样必须指出,封建统治者敕撰类书、整理历史文献,是为其巩固统治的政治目的服务的;如果历史文献同其政治要求相矛盾,他们就不惜对之进行破坏和损害。其中最典型的一个事例,就是清修《四库全书》。一方面是整理、保存有利于封建统治的历史文献,一方面又焚毁、抽毁、窜改可以引起汉民族意识的历史文献,以巩固清廷的统治。萧一山曾指出:"清廷对于明季之野史,及稍涉嫌疑之诗文集,一经拟定,概付焚如,故当时著述之销毁者,不下数千种。致宝笈之中,减一巨观。世或比于

---

① 上引二段见全祖望《钞永乐大典记》,《鲒埼亭集外编》卷 17。
② 张春辉《类书的范围与发展》,《文献》1987 年第 1 期 179 页。

33

秦皇之焚书云。"他还评论说：

> 清廷以稽古右文为名，行芟夷窜改之实，而馆臣对于工作，又毫不
> 忠诚，致令全书销散，或则部分抽毁，故虽以四库之浩如渊海，大概皆非
> 本来面目。吾国先人之遗著，其毁于兵燹，散于离乱，误于传写，改于狂
> 妄者，不知凡几！而以千古巨制，文化渊薮之四库，乃复公然删改，致使
> 吾辈祖宗思想之实际，与夫历代圣哲之遗迹，不能真实涌现于纸上，其
> 窜乱之罪，尚可逭哉？①

这又对历史文献的积累、历史文献学的发展，起了破坏和阻碍
的作用。

第三节　时代治乱与历史文献的聚散

历史文献是历史文献学的物质基础和存在条件。历史文献的
留存和亡佚，明显地影响着历史文献学在各个时期的发展，而使其
具有不同的规模与质量。由此，对历史文献聚散的分析研究，是历
代学者所共同关心的重要事件，而且产生了不少的论述，其中突出
的则有牛弘和胡应麟。

牛弘的论述　牛弘和胡应麟，在我国历史上明确论及古代图
书文献的散亡。隋代牛弘在其《请开献书之路表》中，谈及隋以前
图书散亡的事件有五次：

第一次是秦始皇焚书。"及秦皇驭宇，吞灭诸侯，任用威力，
事不师古，始下焚书之令，行偶语之刑。先王坟籍，扫地皆尽。"

第二次是王莽时赤眉入关。"至孝成之世，……汉之典文，于
斯为盛。及王莽之末，长安兵起，宫室图书，并从焚烬"。

第三次是东汉末年董卓迁都。"及孝献移都，吏民扰乱，图书
缣帛，皆取为帷囊。所收而西，才七十余乘。属西京大乱，一时燔

---

①　上引见《清代通史》卷中第1篇第1章，中华书局1986年9月版。

荡"。

第四次是西晋末年的"刘、石乱华"。西晋本来是很注意收集和整理图书文献的,其时"虽古文旧简,犹云有缺,新章后录,鸠集已多,足得恢弘正道,训范当世。属刘、石凭陵,京华覆灭,朝章阙典,从而失坠"。

第五次是南朝梁时侯景之乱,元帝自焚藏书。梁时,"总其书数,三万余卷。及侯景渡江,破灭梁室,秘省经籍,虽从兵火,其文德殿内书史,宛然犹存。萧绎据有江陵,遣将破平侯景,收文德之书及公私典籍,重本七万余卷,悉送荆州。故江表图书,因斯尽萃于绎矣。及周师之郢,绎悉焚之于外城,所收十才一二"。①

胡应麟的论述　明代胡应麟在所撰《论历代书籍存亡》一文中,说"牛弘所论五厄,皆六代前事",指出"书自六朝之后,复有五厄"。他所论的"五厄"是:

第一次,"隋开皇之盛极矣,未几皆烬于广陵"。胡应麟对隋代书籍的丧亡,还作了认真的考证,并发表自己的感慨说:"观此则图籍废兴,大概关系国家气运,岂小小哉!"这正是着意强调图书文献的聚散与国运兴衰的直接关系,表示出时代治乱所具有的现实作用。

第二次,"唐开元之盛极矣,俄顷悉灰于安、史"。

第三次,还是在唐代,"肃、代二宗,浒加鸠集,黄巢之乱,复致荡然"。

第四、五次,都是在宋代。"宋世图史,一盛于庆历,再盛于宣和,而女真之祸成矣;三盛于淳熙,四盛于嘉定,而蒙古之师至矣"。

胡应麟说,基于牛弘所论的五厄,"然则书自六朝之后,复有五厄:大业一也,天宝二也,广明三也,靖康四也,绍定五也。通前

---

① 　上引见《隋书》卷49《牛弘传》。

为十厄矣"。①

造成灾难的原因分析　考察牛弘、胡应麟所论,图书盛聚之形成,多在国家统一强盛和统治者能够加以重视之时,因为这时具备大量收集藏书的主客观条件。其所论的灾难,大体上出于这样几种原因:一是最高统治者毁坏文化的政策,一是农民战争,一是北方少数民族统治者的南侵,一是统治阶级内部矛盾引起的混战。总之,时代的治乱同历史文献的聚散有着直接的关系。明代以后,清修《四库全书》对图书文献的破坏,论者比于始皇焚书,已如前述;至于近代,帝国主义入侵所形成的对我国图书的掠夺,更是时代治乱的明证,不可忘怀。

第四节　学术思想的演变与历史文献学的发展

微观与宏观变化的结合　如果说,政治要求是以一种时代动力的形式,促使或阻碍历史文献学的发展,社会动乱是作为一种外部条件,通过历史文献的积存散亡影响它的发展;那么,学术思想的变化,则是直接影响历史文献学发展的重要内在因素。因为很明显,历史文献学作为一门科学,必然要受其自身学术思想发展规律的支配(微观的),同时也要受到它相应的时代学术思想发展倾向的制约(宏观的),而它的发展,正是这种微观与宏观变化的结合。

比如,目录学是历史文献学中最基础的一门分支学科,它的发展有其自身的学术规律。前代学者曾经说到:

> 目录之学,肇自西京,更生撰《别录》于前,子骏成《七略》于后,条流派别,兼具解题。班氏《艺文》,因斯而就。私家编辑,始于梁处士阮孝绪,《隋经籍志》据订存亡,今所传者,则以南宋晁、陈两家为书林之矩

---

① 《少室山房笔丛》卷1《经籍会通》。

矱焉。《遂初》兼载重本,《敏求》独嗜宋刻,踵事增华,例益加密。至于考撰人之仕履,释作书之宗旨,显徵正史,僻采稗官,扬其所长,纠其不逮,《四库提要》实集古今之大成。若夫辨版刻之朝代,订钞校之精粗,黄氏荛圃蹊径独辟,惜所见古书录未能手订成书,而掇拾丛残,犹觉空前绝后,非他书目可比。①

这是一个简明的概括分析。指出了目录学有其自身发展的各具特点的若干阶段,其发展的总趋势,学术思想是越来越走向细密和更具有科学性与指导性。集大成的《四库提要》,较之最初的叙录体《七略》,其"辨章学术,考镜源流"的作用则更为完备;至于私家撰著,到清代黄丕烈的藏书题跋,已是具有极高的学术和史料价值了。同时,目录学的发展也是离不开时代条件的。其中最能体现这一点的重要变革,就是分类上的从《七略》到四部的转变。《七略》产生以后,经历魏晋南北朝时期,私家撰史之风大盛,出现了史书繁富的局面,史学论述已非局限于褒贬,所以《春秋》之法并不能概括它们;与此同时,这期间的文章著述,已打破必须遵守专门之学的常规,不同风格的文体大量增加,也难以区分其流派;而且轻视专门技术的思想不断滋长,加以《七略》中原有的兵书、方技、术数三部图书陆续散亡,数量减少,相比之下,已不能再与经、子并列;时代的文化发展,涌现出许多以前没有过的新著述,内容庞杂,包罗万象,很难辨别它们属于什么流、什么学。这样,目录学的学术分类势必要走向新的概括,新的组合,逐渐形成为四部分类法。"《七略》之流为四部,风会使然也",②是客观上不同时代学术演变的必然结果。所以自东晋李充将书籍分类次序确定为经、史、子、集以后,虽然小有反复,但到《隋书·经籍志》,便以史志目录的形式将它确定为秘阁永制了。章学诚评论四部分类法的

① 缪荃孙《钱唐丁氏八千卷楼藏书志序》,《艺风堂文续集》卷5。
② 金锡龄《劬书室遗集》卷12。

确立时认为：

> 《七略》之流而为四部，如篆隶之流而为行楷，皆势之所不容已者
> 也。史部日繁，不能悉隶以《春秋》家学，四部之不能返《七略》者一。名
> 墨诸家，后世不复有其支别，四部之不能返《七略》者二。文集炽盛，不
> 能定百家九流之名目，四部之不能返《七略》者三。钞辑之体，既非丛
> 书，又非类书，四部之不能返《七略》者四。评点诗文，亦有似别集而实
> 非别集，似总集而又非总集者，四部之不能返《七略》者五。[①]

可知时代引发的变化，是不以人们的主观愿望为转移的，既已
发展就不会倒退，目录学分类思想的变化，有力地证明了这一点。
以上是就一个分支学科的情况来说的。

学术演变与汉学、宋学　我国古代学术思想的发展，虽然与整
个社会政治的变革紧密相联，但是也有其自身独立的规律。就古
代学术思想的发展而言，常常表现为以经学为主而影响到其他方
面。它的发展演变，大体上可说具有如下的历程。东汉时期，注重
训诂章句，学风笃实严谨，但有拘泥的弊病；魏晋至北宋，产生疑异
论说，特点是不相统摄，但常常表现为杂乱；南宋时期出现道学义
理，凡事务别是非，却又显示出捍格；宋末至明初，学脉旁分，务定
一尊，各自见异不迁，以至于树立门户；明中叶以后，偏激横决，各
抒心得，弊病则为恣肆；清代针对明以来的空谈臆断，注重考证博
雅，征实不诬，而其不足则是繁琐。[②] 所以汉代的注经，六朝的义
疏，唐人的正义，宋代的义理，元明的空谈，清人的考证，前后相因
而相纠，不绝如线，优劣转换，承弊通变，这形成为封建社会学术思
想发展一个方面的重要脉络。概而论之，这种情况促使历史上有
所谓"汉学""宋学"之分。而一般以为汉学详于训诂名物，与历史
文献学的发展关系密切；宋学详于义理，与历史文献学的发展关系

---

① 　《校雠通义·内篇一·宗刘第二》，古籍出版社1956年12月版。
② 　参见纪昀《四库全书总目提要·经部总叙》。

较远。清儒则鄙弃宋学，倡导汉学。其实二者虽有区别，但并非完全对立。汉之儒者，未尝不讲求义理；宋之儒者，未尝不讲求训诂名物。只是时代变化，学术风气的倾向、偏重有所不同。宋代以后，元、明的逐渐崇尚空谈，是因为没有真正得到宋儒研求性命精微的主旨，因而走了歧途，于"一切儒先古义轻于背弃，以至声音训诂之不详，而讹文脱字日多；制度名物之不讲，而蔑古荒经者众"。到了清代，矫正这种风气，"详加厘正，一一必求其实据，不敢逞私臆断，亦运会使然"。实则清儒的考据之学，兼有汉、宋儒者的"博学审问，慎思明辨，以求致和"[1]的特点。正如白寿彝在谈到宋代在历史文献学方面的成就，和它与清代学术发展的联系时所说。

> 向来有一种说法，认为学问有汉学和宋学之分，认为宋学是讲义理的，不讲究史料的考订、文献的研究，而认为清人的考据是汉学。这种看法不一定对。清人所谓汉学，实际上是从宋人的历史文献学发展而来的。宋人固然是以义理出名，但是他们在历史学上是有成就的，在历史文献学上也是有成就的。清人的汉学，在一些领域里都是宋人所创始的。[2]

这些分析使我们进一步认识，我国古代学术思想发展的趋势，无论是"汉学"或"宋学"，同历史文献学的关系都是紧密的。而这种学术思想的变化，很大程度就是通过对经、史、子、集等历史文献的整理表现出来的。正因为这样，清代有一大批学者，其读书卓识，超出前人，自辟途径，在群经辨伪、古籍存真、发明微学、广求遗说、驳正旧解、创通大义等各个方面，对经学文献的整理作出了集大成的贡献。然而清儒的治经，究其实就是考史，柳诒徵曾说："世尊乾嘉诸儒者，以其以汉儒之家法治经学也。然吾谓乾嘉诸儒所独到

---

① 胡培翚《答赵生炳论汉学宋学书》，《研六室文钞》卷5。
② 《历史教学和史学遗产·谈历史文献学》，河南人民出版社1983年5月版。

者,实非经学而为考史之学。考史之学,不独赵翼《二十二史札记》、王鸣盛《十七史商榷》,或章学诚《文史通义》之类,为有益于史学也,清儒治经,实皆考史。"①清代在历史文献学上的成就,与其学术思想上的特点密切相关,并是完全保持一致的。以上是就历史文献学的总体情况而说的。

理论与方法的不断总结　此外,比如与史学的发展相联系,由于"会通"思想的出现,产生了郑樵的《通志·艺文略》和马端临的《文献通考·经籍考》,以至章学诚的《校雠通义》等著作,不断为历史文献学有关的理论和方法作出了有学术价值的总结。这同样表明了时代学术思想对历史文献学发展的影响。至于近代,由于社会性质的转变及西方文化的传入,促使历史文献学也发生了相应的变化。如胡适提出的整理国故,洪业开创的引得编制等,也是具有明显的时代特征的。

---

① 《论乾嘉诸儒之学》,《中国文化史》下册第 3 编第 10 章。

第四章　历史科学与历史文献学

第一节　历史、历史学、历史科学

历史、历史学、历史科学，这是三个不同的概念。它们之间有联系，但是不能混淆。

历史与史学　恩格斯说："有了人，我们就开始有了历史。"[①]历史，即人类社会已往的发展过程。人类创造了自己的历史，同时也记忆、记载、总结和探讨自己的历史，以便吸取经验教训，作为自己行动的借鉴，这就是历史学。但我国史学的形成，经历了漫长的过程。先是半神话半记忆的传说，进入阶级社会以后，有了文字，又用文字记录史事。开初是散碎片断的史事记录，如商周的甲骨卜辞，钟鼎铭文之类；然后又将片断的历史记载汇编成为典册，如《尚书》之类。《尚书》属资料汇编，尚未形成为著作。我国第一部系统记载历史事迹的著作写成于春秋末期，这就是孔子所修的《春秋》。《春秋》一书，"其事则齐桓、晋文，其文则史。孔子曰：'其义则丘窃取之矣。'"[②]在一书中，有事、有文、有义，记事选齐桓公、晋文公建立霸业那样的政治事迹，行文用史书笔法，立论贯彻褒善贬恶的大义。它对记载历史应如何选材、如何行文和如何立论等重大问题，都有自己的一套解决办法，因而是一部系统的历史著作。《春秋》是编年体，西汉司马迁撰《史记》，又创立了纪传体。编年、纪传又有通史体和断代体之分，以求反映历史进程的连续性

---

①　恩格斯《自然辩证法·导言》，《马克思恩格斯选集》人民出版社1972年版，第3卷。

②　《孟子·离娄下》。

和历史活动的广泛性。至三国两晋南北朝时期,史书数量猛增,体裁多样,内容广泛,于是在图书分类中形成了专门的"史部",同时"史学"一词也出现了,标志着史学在学术文化领域中成为一门独立的学科。作为一门独立的学科,还必须有自己的理论体系。史学理论是史学的灵魂,对史学发展起指导作用。我国第一部史学理论专著出现于唐代,这就是刘知幾的《史通》。至此,我国严格意义的史学便最终形成。

历史科学 我国古代史学,源远流长,典籍浩繁。它为后世积累了大量的历史资料,也表述了各种史学思想、观点和治史的方法,这些从不同的角度对我国历史所作的记述,是我国文化遗产的重要组成部分。但是马克思主义以前的历史学,就其主流而言,基本上都是从维护剥削阶级利益的立场出发的。阶级的偏见和时代的局限,使它带着两个主要的缺点:第一,"至多是考察了人们历史活动的思想动机,而没有考究产生这些动机的原因,没有摸到社会关系体系发展的客观规律性,没有看出物质生产发展程度是这种关系的根源";第二,"没有说明人民群众的活动","群众生活的社会条件以及这些条件的变更"。所以,马克思主义以前的历史学,严格说来还不成其为科学。科学,必须是能揭示事物发展的客观规律及其原因,并且成为人们行动指南的知识体系。只有马克思创立了唯物史观,即把唯物主义运用于社会现象,"揭示了物质生产力的状况是所有一切思想和各种趋向的根源","并指出以科学态度研究历史的途径,即把历史当作一个十分复杂并充满矛盾但毕竟是有规律的统一过程来研究的途径"①,这才消除了以往历史学的上述主要缺点,从而使历史研究上升到科学的高度,使史学开始成为一门科学。历史科学,即马克思主义的历史学。

---

① 《卡尔·马克思》,《列宁选集》人民出版社1972年版第二卷。

第二节　历史科学研究与历史文献资料

历史研究必须以史料为根据　历史科学的发展,一靠马克思主义理论的指导和史学理论的不断完善,二靠现有史料的充分占有以及新史料的发现,二者缺一不可。

凡属历史研究,都必须以史料为根据,史料是历史研究的前提。历史和现实不同。历史是已经过去的人类社会的发展过程,过去的早已过去,人们不可能将它拉回来进行直接观察,也不可能加以复制以作研究。历史现象因时因地而异,它只能出现一次。所以研究历史问题,只能根据前人的文献记录以及历史上残留下来的遗物、遗迹、遗址等史料。离开了史料,历史研究就无法进行。早在春秋时期,孔子在谈到夏礼、殷礼时,就提出了叙述历史要有文献作证,要依据史料的问题。西汉司马迁撰《史记》,非据古书所载,即据调查访问所得,还常在篇章中标明其史料依据。至唐代刘知幾著《史通》,对史料问题有甚详细的论述。他强调记述历史必须广泛地收集资料,才能取于时,传诸不朽:"盖珍裘以众腋成温,广厦以群材合构。自古探穴藏山之士,怀铅握椠之客,何尝不征求异说,采摭群言,然后能成一家,传诸不朽。"①近代梁启超撰《中国历史研究法》,以过半的篇幅论史料及其搜集与鉴别,说:"史料为史之组织细胞,史料不具或不确,则无复史之可言。"②总之,不论是奴隶主阶级、地主阶级,还是资产阶级的史学家,都认识到了研究历史必须依据史料,并在史料的搜集、鉴别和整理方面,做出了一定的成绩。只是由于这些历史学所固有的缺点,他们所收集和整理的史料是不全面不系统的,"至多是积累了片断收集

---

①　刘知幾《史通》卷5《采撰》。
②　梁启超《中国历史研究法》第四章《说史料》。

来的未加分析的事实,描述了历史过程的个别方面"。① 而剥削阶级的偏见,又使他们有时甚至于歪曲窜改和伪造史料。

揭示历史发展规律 马克思主义的历史学,在研究的广度和深度以及坚持尊重历史实际,如实反映历史发展过程的科学性方面,都是以往历史学所不能比拟的。因此它对史料的收集、鉴别和整理,也要求提高到科学的水平。马克思主义史学要对社会历史发展过程作全面的、周密的、综合的研究,所以在史料方面,它要求"掌握与所研究的问题有关的事实的全部总和"②,反对依据片断的、个别事实作出结论,"因为社会生活现象极端复杂,随时都可以找到任何数量的例子或个别的材料来证实任何一种意见"③。只有广泛地收集起丰富的史料,才能进行比较鉴别,从而找出合于实际的、能反映历史本质的史料。马克思主义史学也记述历史,记述历史人物和历史事件,以至反映历史活动中确曾存在过的个别性和偶然性,以总结历史经验教训,但它又有比这更高更大的目标,那就是揭示隐于历史现象背后的本质即历史发展规律,来作为人们行动的指南,鼓舞人们自觉地去创造历史,去建设新的世界。揭示历史发展规律,这是马克思主义史学的根本任务,也是它同以往历史学的本质不同处。认识历史发展规律,要经过感性认识到理性认识两个阶段。这种感性认识的获得,不能仅靠个人自身的直接经验,而要靠间接经验,也就是史料。史料引起人们对历史运动表象的感觉和印象。只有史料十分丰富而不是零星不全,这种感觉和印象才能反复多次出现,引起横的对比和纵的排列,从而引起认识过程的飞跃,产生概念、判断和推理,形成为对历史发展规律的理性认识。感性认识和理性认识二者的性质不同,但又不是

---

① 《列宁选集》第 2 卷《卡尔·马克思》。
② 《列宁全集》第 23 卷《统计学和社会学》。
③ 《列宁全集》第 22 卷《帝国主义是资本主义的最高阶段》。

相互分离的,感性认识是理性认识的前提和基础。如果史料不充分不具体,对历史上存在过的一个个的个别史实,其时间、地点、人物、条件等都认识不清,而要从本质上去揭示历史发展规律,也就无从谈起。总之,不占有史料,就不能研究历史。历史发展规律,只能在马克思主义理论的指导之下,从大量的史料中总结出来。

同时,历史科学对于总结出来的历史发展规律的表述和阐明,不是使用抽象的语言和单纯的说理,而是要通过记述历史发展过程中丰富具体生动的景象来表现。既揭示共性,也反映个性。要有血有肉,避免枯燥空洞,苍白无力。这也只有通过掌握和熟悉丰富的史料,熟知每一个历史细节才能办到。

充分详细地占有资料　所以,历史科学强调"充分地占有材料","详细地占有材料"。恩格斯说:"即使只是在一个单独的历史实例上发展唯物主义的观点,也是一项要求多年冷静钻研的科学工作,因为很明显,在这里只说空话是无济于事的,只有靠大量的、批判地审查过的、充分地掌握了的历史资料,才能解决这样的任务。"①

历史资料,按其形式的特点来分类,大致可以分为两大类:一是文字记录的史料即历史文献资料,另一类是文字记录以外的史料即实物资料、口碑资料和古代残留下来的一些风俗习惯等。实物资料如出土文物、古建筑之类,是宝贵的历史资料。但是这种古代遗留下来的实物是太少了,遗留了下来而被发现的,又是其中的一小部分。历史科学不可能凭此小量实物作为研究历史问题的唯一依据。口碑、风俗习惯之类容易湮没失传,数量也有限。况且实物、口碑、风俗习惯等都可以记录下来,编成为文字史料。所以,文字记录的史料即历史文献资料有包罗万象的特点,是历史研究工

---

①　恩格斯《卡尔·马克思〈政治经济学批判〉》,《马克思恩格斯选集》第2卷。

作中占居主要地位的,用途最广的资料。所谓占有资料,首先是指占有各种文字记录的资料。

第三节　历史文献资料的占有与历史文献学

要"充分地占有资料""详细地占有资料",并不容易。它要求资料的数量十分丰富,而不是零星不全;同时资料的质量要真实可靠,而非虚假讹误。但现实的情况却是:历史文献浩如烟海,其中有许多是年代性不清,真伪莫辨;而同一个问题的史料,又分散在各种文献之中,还有不同的记载,真伪混杂。这就决定了对于占有资料的工作,必须既有严肃的科学态度,又有严谨的科学方法。历史文献学研究历史文献及其利用,总结前人的实践经验,阐述从历史文献中收集、鉴别、整理史料 的方法,因而也就成为占有资料必须依靠的一门学科。这门学科主要包括目录学、传注学、辨伪学、校勘学、版本学等分支,还包括辑佚学、史源学、藏书史等内容,它们互有联系,又各有自己的特点和功能,现举几门简述如下:

目录学的功用　"中国是全世界最伟大的有编纂历史传统的国家"[①]。据统计,我国自西汉至清朝的二千多年间,出版的各种正式书籍大约有 181700 部 2367000 卷[②]。经辗转流传,亡佚过半,但现存的古籍仍有 8 万种左右。仅被列为正史的二十四史,就有 3259 卷,共约 4000 万字。按《四库全书总目》分类法,史部除正史之外,还有编年、纪事本末、别史、杂史、诏令奏议等 15 类。而史部之外的经部、子部、集部书,也都可以按照具体情况用作史料。四部之外,尚有大量的档案材料、私人文件、族谱家谱等等,更常是珍贵的第一手史料。可见,我国的历史文献材料,确是汗牛充栋,浩如烟海! 这为

---

① 李约瑟《中国科学技术史》。
② 《出版业务》1987 年第 4 期。

我国历史工作提供了得天独厚的资料条件。作为整个史学界,必须努力去掌握占有这些材料,但是作为一个集体或个人研究某个历史课题来说,都不必也不可能占有上述历史文献的全部。个人就是穷毕生精力,也难测全部历史文献的涯际。我们在具体研究工作中必须充分地、详细地占有的,只是"与所研究的问题有关的事实的全部总和"。这些"有关的事实"总是不同程度地分散记录在各种文献之中,东鳞西爪,不易抄录汇集起来。现成的、恰好按我们今天所要研究的课题汇编好了的史料集结是没有的。古人不可能根据我们今天的需要为我们整理好系统的史料汇编。但资料汇编如何编辑?集体或个人研究某个历史问题,应怎样去搜集史料?这就要求我们首先必须知道有关的史料存于哪些文献之中,有哪些文献该进行研究,必须先列出一张书名的单子。否则面对浩如烟海的典籍,只能望洋兴叹,或是乱读,无异于大海捞针。

我国有编纂图书目录的传统,从东汉班固的《汉书·艺文志》、唐初官修的《隋书·经籍志》,到清朝的《四库全书总目》、张之洞的《书目答问》,有官簿,有私家书目,在古籍分类中形成了"目录类",又有正史中的艺文志或经籍志。直到现在,更是不断地编纂各种图书目录和索引。这种目录书记录文献的名字、卷数、作者、版本,以至简介其内容,评论其得失,考辨其真伪,又对群书进行分类,辨章学术,考镜源流。这就为搜集文献史料提供了线索,指出了门径。所以从浩如烟海的历史文献中搜集有关的史料,必须依靠目录书。研究图书目录工作发展规律的目录学,便成为历史文献工作中不可少的一门学问。

传注学的功用　从历史文献中搜集史料,须先辨明文献的句读,辨明其词句的确切含义和所说明的具体事实,也就是说,必须能读懂文献,能理解文献所记录的具体内容。这是搜集史料必须首先具备的一种基本技能。古书难读。由于时代的推移,古籍所载的许多典章故实多为今人所难明了,所用的词义和语法,古今也有变化。文献愈古,变化愈大。有的词义古今全不相干,甚至于完全相反。古书一般又不标出句读符号,需由读者自己去辨明句读。句读不同,解释也就不同。若将古书的句读弄错,其真正的含意便会失去或者混淆不清。今人读古书,必须按当时语言的含义去理解,还古书原来的意义,方能明白古书的内容。这样,由于时间上的距离,语言上的障碍,古文献流传至今天,便显得艰深难解。所以读古书要依靠注解,也就是一般所说的"训诂"。清末陈澧云:"时有古今,犹地有东西,有南北。相隔远,则言语不通矣。地远,则有翻译;时远,则有训诂。有翻译,则能使别国如乡邻;有训诂,则能使古今如旦暮。"①

注解起源于汉儒注经,三国两晋南北朝时已很发达,至清代大盛,成绩也最大。起初叫"传",后来叫"注"。传或注,都是分章析句,解释古书的文义,所以又称为"章句"。而集合诸家注解为一书,则称为"集解"或"集注"。前人对于古书的传注,由于时代的推移,语言又发生变化,后人又不容易明白了,于是对旧注又作注解,是为"疏"。我国古代的一些重要典籍,几乎每一朝代都有新的注疏。注解的名称多,体例也多。有的通过注音、断句、解释字义以疏通古籍的文义,有的则通过议论以阐释古书的观点,有的又用征引史实、拾遗补阙的方式来解释或者补充古书的内容。由于注解者离古书作者的时代较近,他们了解古书的文句、古书所载的名物制度,有时间上的便利条件,因而他们对古籍的解释也就较能符合原意。这就为我们读懂古书提供了便利。

我国的传注之书很多,在古籍中占有很大的比重,于是形成了传注之学。传注不但有多种名目和体例,还有其专门术语和行文格式。必须掌握这类专门知识,才能读懂传注之文,进而读懂古籍正文。所以,传注学是阅读古书、收集史料所不可少的一门学问。

---

① 陈澧《东塾读书记》卷 11。

辨伪学的功用 史料分散于各种历史文献之中,难以利用,必须收集整理;同时,史料讹伪,也不能利用,必须正讹辨伪。首先是辨别伪书。在我国历史上,由于尊古卑今,贵远贱近,人们喜欢托古以自重,于是常有隐匿作者之名而伪托前人所作的伪书出现。或乘朝廷悬赏征求古书之机,行私牟利,伪造所谓古书以取赏于朝;也有为了某种政治斗争的需要,而凭空制造出来的伪文献。所以在我国的历史文献中,伪书文献不少。对于这种伪书,若信以为真,用作史料,则得出的结论只能是错误的。但伪书亦非全无史料价值,关键是要考定其伪造的时间和背景。若其伪造的时间和背景能够考定清楚,则也可以用作研究该时代历史问题的一种史料。

辨别伪书,始于汉代。《汉书·艺文志》中对某些注明是"依托也""似依托也",甚至明确指出了其伪造的时代,这是当时辨伪书的成果。到了明代,胡应麟著《四部正讹》,将辨别伪书的方法系统化,总结为8条。近代梁启超在他的《中国历史研究法》中,又提出"鉴别伪书之公例"12条。辨伪书之法,逐渐详密,成果也大,遂形成为一门专门的学问。

文献本身的真伪,经过了辨别,但辨伪工作仍未完成,还必须进一步辨别真文献中的记事是否信实,是为辨伪事。历史文献是阶级社会的产物,各阶级成员站在自己的阶级立场上,对于社会历史上的重大事件,政治、经济、文化等方面的基本问题,都会有不同的看法,记载史事,也就会有不同的观点。封建地主阶级为了维护自己的统治,总是"为尊者讳,为亲者讳,为贤者讳"[1],而对于敢于反抗的农民,则极尽诬蔑丑化之能事。清修《明史》,号称精审,赵翼云:"《明史》则博览群书,而必求确核。盖取之博而择之审,洵称良史。"[2]但《明史》记张献忠,却不但斥之为"流贼",且云:张献

---

① 《春秋公羊传·闵公元年》。
② 赵翼《廿二史札记》卷36《明祖本纪》条。

忠"嗜杀,一日不杀人,辄悒悒不乐……将卒以杀人多少叙功次,共杀男女六万万有奇"!① 张献忠起义的崇祯年间,全国共有多少人口,史书失载。但《明史·食货一》载有三个数字:洪武26年,天下口60,545,812;弘治四年,口53,281,158;万历6年,口60,692,856。《明实录》则对明代各帝在位年间的全国人口数,多有记载,亦均不超过6700万。② 那么,张献忠所杀的"男女六万万有奇"从何而来?《明史》记事,为何前后矛盾至此?修史诸臣,又为何不顾及《明实录》所载全国人口数字?显然,这是封建史家为了丑化农民起义而有意编造的伪事。剥削阶级总是按照他们当时的政治需要来记述历史,如果史实与其政治要求相矛盾,便不惜歪曲史实以迎合政治需要。逼于政治要求,许多号称良史的封建史家,也只好对统治者隐恶虚美,曲加回护。此外,史书中还有因传闻异词,或作者记忆失真,又限于条件,一时无从核实而造成的记事失实。总之,由于阶级的限制、时代的限制、当时客观条件的限制等原因,历史文献中难免有失实的记载,有伪事,必须加以考订,使记事显出真相,才能成为历史研究的可靠史料。

孟子说:"尽信《书》,则不如无《书》。吾于《武成》,取二三策而已矣。"③这说明在2000多年前,我国学术界已经注意辨别文献中记事的真伪了。三国两晋南北朝时期,我国史学发展成为一门独立的学科,治史日益深入,于是有考订史事的专著出现,如西晋谯周的《古史考》等。唐代刘知幾著《史通》,提倡直书,反对曲笔,其《疑古》篇对《尚书》提出10疑,《惑经》篇对《春秋》提出12条"未喻",指出它们记事失实,而后人对《春秋》等经典的赞扬,则是"欲神其事,故谈过其实",是"虚美"。清时考据学大盛,专门考订

---

① 《明史》卷309《流贼传·张献忠》。

② 见梁方仲《中国历代户口、田地、田赋统计》。

③ 《孟子·尽心下》。

史书记事的专著，以王鸣盛的《十七史商榷》为最佳。到了近代，梁启超将文献中的伪事区分为七类，指出伪事之由来，或系无意失误，或为有意虚构，并将辨证伪事的方法归纳为 7 条①。梁启超的考订记事，比旧的史考进步科学，但是站在剥削阶级的立场上进行史考，所以对文献中诬蔑农民起义之类的荒谬记事，仍不作考证，有时还制造混乱，继续歪曲史实。只有批判地吸收传统考据学的成果，用马克思主义的立场、观点、方法来考订文献中的记事，才能考清楚史事的真相，找出合于历史实际的记载。

校勘学的功用　现存历史文献经过辗转流传，其中文字错漏甚多。近人章钰用各种宋本校订胡刻《资治通鉴》正文，校出"脱、误、衍、倒四者，盖在万字以上。内脱文五千二百余字，关系史事为尤大。"②陈垣校勘《元典章》，也校出错误 12000 余条。古籍文字形成错漏的原因，大致有五：

（1）保存文献，难免火烧水湿，虫蛀鼠咬，致使字迹不清，原件残缺，或章句相溷，上下谬乱。特别是古代的简策，编连的牛皮条或丝绳一断，即易错简脱简。

（2）传抄翻刻古书，难免笔误。所谓"书三写，鲁成鱼"，"亥"变为"豕"，"焉"变成"马"。抄书时常因形似而误，音似而误，在两行接续之间，则易看错前后行字句，致使衍字、脱字。

（3）后人抄书、校书或注书时，对某些文句妄加猜测，擅自改动。如《史通·申左》云：

汉之太史，晋之著作，撰成国典，时号正言。既而《先贤》《耆旧》，《语林》《世说》，竞造异端，强书他事。夫以传自委巷，而将班马抗衡；访诸古老，而与干（刻本误作子）孙并列。斯则难矣！

清代浦起龙作《史通通释》，见"而与子孙并列"，发觉不通，便

---

①　见梁启超《中国历史研究法》第五章《史料之搜集与鉴别》。

②　章钰《胡刻通鉴正文校宋记》。

51

将"子孙"擅改为"同时",又将"班马"改为"册府"。李慈铭正确指出,浦氏"不知'班马'字承上之'汉之太史'句;'子孙'当作'干、孙',谓晋之干宝撰《晋纪》,孙盛撰《晋阳秋》也,承上'晋之著作'句",因而这是"专臆恣改"①。

(4)因避讳而改字。在我国封建社会中,对当代君主、父母或所尊崇的圣贤,不得直书其名,必须用改字、缺笔或空字的方法加以避开,是谓避讳。这是中国特有的风俗,起于周,成于秦,盛于唐宋,直到辛亥革命后才逐渐废止。由于避讳,又去追改古书。历代官名、地名、人名随着各朝避讳而多次改动的甚多。这就给古书文字造成了混乱,既带来了阅读的困难,又改变了原书的旧观。

(5)统治者为了自己的政治目的而有意义窜改文献。最典型的例子,莫过于清修《四库全书》。为了泯灭汉人的民族思想,巩固清朝的统治,不但全毁、抽毁大批所谓"违碍悖逆之书",又对保存下来的许多书籍加以"酌量改易""改定字句"。于是连宋、明人著作中的"金贼""虏廷""入寇"等用字,也都被窜改为"金人""北庭""入塞",以免引起汉人的民族意识。

古籍文字有误、漏、衍、倒,含义就会有所出入,以至完全不同,既破坏了文献本身的真实性,又使所载史事晦暗难明,甚至歪曲了事实的真相。《吕氏春秋·察传》篇载的卫人将"晋师己亥涉河"讹为"晋师三豕涉河",含意就完全不同了。又例如清初的顾炎武,富有民族气节,坚持做明的遗民。据清初抄本,他的《日知录》中称明朝为"我朝""本朝",称明初为"国初"。但后来通行的刻本,都改为"明代""有明""先朝""国初"了。这就窜改了《日知录》的真面目,抹杀了顾炎武的民族立场。所以,"书不校勘,不如不读"。从文献中收集起来的史料,必须加以文字校勘,才能放心利用。

---

① 李慈铭《越缦堂日记·同治十年十二月初一》。

版本学的功用 《校勘学释例》将校勘方法总结为 4 种：对校法、本校法、他校法和理校法。对校法即"以同书之祖本或别本对读，遇有不同之处，则注于其旁"。这种校法是对比异同，发现问题，以便设法分辨是非，去伪存真。它要求多收集些不同的版本来相互比较。由于文献中的文字讹舛多是在翻刻流传过程中有意或无意造成的，因此一般说来，原本或初刻本是错误最少的本子。但有些最后的翻印本，由于经过认真的校订，也可能是错误最少的版本。所以对比校勘，不仅要依靠最原始的或较原始的版本，而且要依靠经过认真校订的可靠的版本或错误较少的版本。这样，研究古书版本的特征和差异，鉴别其真伪和优劣的版本学，就成为历史文献工作特别是校勘工作必要的一门学问。而辨伪、目录学也离不开版本学，因为伪书的辨定，往往可以从版本上找到根据，而目录的内容之一就是备列各书的版本情况。

辨别文献本身的真伪，校勘文献中的字句，实质上也是考订文献中所载的史实是否真实可靠。因而辨伪书、辨伪事、校勘，又统称之为考据，它们都必须信而有据。传注大致也属于考据。考据学、目录学、版本学，是历史文献学的传统分支学科。由这些分支学科组成的历史文献学指出了从文献中收集史料的门径，又阐述了鉴别史料、确定其来源、性质、可靠程度与实际价值的方法，对于充分地、详细地占有信实可靠的史料，起着不可缺少的作用，因而是历史科学不可缺少的一个部门。文献学为历史研究提供史料依据，文献学的不断完善，为历史科学的发展创造了良好的条件。

第四节 历史文献学是历史科学的辅助学科

历史文献学为历史研究服务 历史研究要占有史料，但并不是搜集到史料并弄清其真伪就算完成历史学的任务了。历史科学要从总体上反映出历史发展过程的真实景象，又要揭示出历史发展的规律性。历史发展规律不等于所有历史现象的简单罗列,而是要在唯物史观的指导下对大量历史现象进行阶级分析、归纳演绎才能揭示出来。这就要求既充分地占有史料,同时又对史料进行去粗取精、由此及彼、由表及里的加工整理,分析它的各种发展形式,寻求这些形式的内在联系,掌握隐藏在繁杂史料中的本质。所以历史文献学和历史科学两者不能分离,但又是两个不同的概念,担负着不同的任务。文献学只是提供史料,复原一个个历史事实,却不能揭示历史发展规律。历史文献学为历史研究建立起一个可靠的史料基础,它是为历史研究服务的,因而是历史科学的一个辅助学科。必须清楚地摆正文献学与历史科学之间的关系。

历史文献学不能取代历史科学 历史文献工作如果离开了为历史科学服务的方向,就会成为盲目的工作,文献学就会走进死胡同。清代考据学大盛,乾嘉学者将史料考证当作史学研究的目的,以为考据足以尽天下之能事,是惟一的学问。在他们看来,如果一个历史现象有几种不同的记载,那就必须考出哪一种记载比较可信,这就是治史的目的。如果一个历史现象没有不同的记载,那就没有什么历史研究工作可做了。这是以历史文献学来取代历史学,以为历史文献学即是历史学。所以他们拒绝对史料作进步的概括分析并从中引出理论性的结论,而是将个别历史现象的孤立考证作为治史的终极目的。于是在研究对象的选择、研究课题的确定上,也就不能分轻重缓急,完全陷于繁琐考证之中。不问同社会现实有无关系,对历史全局有无意义,即使是琐细冷僻、无关宏旨的一事之考、一字之辨,也可以竭尽他们的思虑。所以梁启超有云:"依我们今日看来,他们的工作最少有一半算是白费。"①这样为考据而考据,考据就会成为有闲阶级的玩古董,势必削弱以至取

---

① 梁启超《中国近三百年学术史》一三《清代学者整理旧学之总成绩》。

54

消历史文献学对历史科学研究的辅助作用,历史文献学也就不成其为科学。总之,历史科学离不开历史文献学,但历史文献学不等于历史科学,更不能取代历史科学。

历史科学是历史文献学的依托　历史文献学是历史科学的辅助学科,历史科学是历史文献学的依托。历史科学的发展扩大了历史文献学的范围,丰富了历史文献学的内容,也加强了历史文献学的科学性。清时考据大盛,对正史中志的考证很多,但侧重于地理和艺文,对于有关社会经济的食货志,有关阶级斗争的刑法志,有关风俗习惯的舆服志,则极少考证。当时还认识不到这类史料的价值,因而几乎没有将它们列入文献学研究的范围。又如古代简牍,在西晋、南齐、北宋年间都有发现,当时亦未能鉴别出是珍贵的史料,于是散失不传。其中西晋太康 2 年汲冢出土竹书数 10车,"武帝以其书付秘书校缀次第,寻考指归,而以今文写之",大凡 75 篇。又因书中有"益干启位,启杀之。太甲杀伊尹,文丁杀季历"等记载①,同儒家经典所云大异不相容,于是除《穆天子传》5篇外,其余均被湮没亡佚。尊儒,迷信儒家经典,束缚了人们的识别能力,也限制了文献学的活动范围。只能随着历史科学的发展,史学所涉及的时间和空间的不断扩大,对历史发展规律认识的加深,史学理论的不断完善,以及先进技术手段的发明,才能认识到诸如社会经济的重要性、儒家经典的不足据等问题,使原来被忽略了的东西进入史料的范围,原来被肯定或否定的史料获得符合历史实际的鉴别,从而使历史文献学的广度得到扩充,深度得到扩展,科学性得到加强。总而言之,历史科学离不开历史文献学,而历史文献学的发展又要靠历史科学的发展来带动。

---

① 《晋书》卷51《束皙传》。

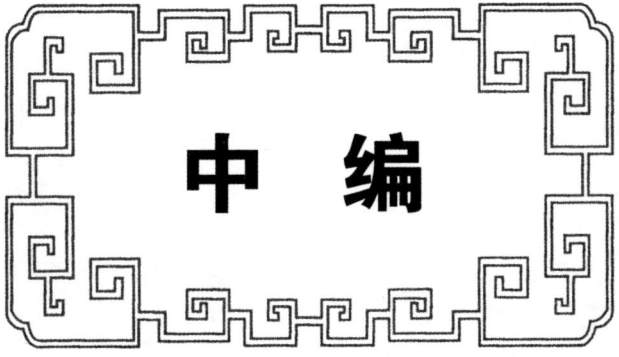

中 编

第五章　先秦两汉——中国历史文献学的成立时期

第一节　先秦时期的文献整理工作

文献既然是指有历史价值的文字资料,那么我国现在发现最早的文献当属甲骨卜辞。但因为它是出土文物,又和古文字学、考古学联系在一起,所以一般不把它放在历史文献学的直接范畴之内。甲骨之后,当属金文。同甲骨卜辞一样,后人也没有把它归入历史文献学的范围,而是属于了金石学。甲骨卜辞、金文之外,最早的属于历史文献学对象的历史文献是"六经",即《诗》《书》《礼》《乐》《易》《春秋》。

相传孔子整理过六经。

孔子所处的时代,是奴隶制向封建制转变的时代。周天子势力日益衰落,各诸侯国势力逐渐强大,各国之间政治军事斗争十分激烈,导致"礼崩乐坏"。在这个大动乱、大变革的时代,许多旧有的制度、礼仪,都遭到了不同程度的冲击和破坏。旧有的礼仪、制度,对于保守势力来说,有恢复其原有面貌的强烈要求,对于要求变革和渴望统一的人们来说,则有要求整理和择其善者而从之的愿望。春秋时代,各国的地位和存亡瞬息万变,记载各国史事的史官朝不保夕,各国的许多旧有的文献资料也因此而纷乱散佚。这在客观上对我国古代官方文献的流传起了扩散和交流作用,同时也为后起的私门学者提供了利用它的有利条件。

在这个时代,"学在官府"的局面被打破了,私人讲学已经兴起,并逐渐发展。私人办学者有机会有条件利用流传在民间的历史文献和口头传诵资料,从而进行整理和编纂。

孔子本人学识渊博，精通六艺，他"祖述尧舜，宪章文武，上律天时，下袭水土"①，有收集、整理和组织编纂文献资料的基础和能力。加上孔子创办了私学，并且很快拥有众多的学生门徒，所谓"弟子盖三千焉，身通六艺者七十有二人"②。这样的队伍，是孔子整理修订六经的强大后备力量。

相传《诗经》是由孔子编定的，司马迁在《史记·孔子世家》中说："古者《诗》三千余篇，及至孔子，去其重，取可施于礼义，上采契后稷，中述殷周之盛，至幽厉之缺，始于衽席，故曰'《关雎》之乱以为《风》始，《鹿鸣》为《小雅》始，《文王》为《大雅》始，《清庙》为《颂》始'。三百五篇孔子皆弦歌之，以求合《韶》《武》《雅》《颂》之音。礼乐自此可得而述，以备王道，成六艺。"在司马迁的笔下，孔子删定了《诗》。《左传·襄公二十九年》记季札聘鲁，请观周乐。鲁使工为季札歌的顺序为周南、召南、邶、鄘、卫、王、郑、齐、豳、秦、魏、唐、陈、郐……小雅、大雅、颂等。而后来流传的《诗》，"风"的顺序为周南、召南、邶、鄘、卫、王、郑、齐、魏、唐、秦、陈、郐、曹、豳等。可见《诗》在以前的次第和后来流传的次第有变化，确系经后人整理过。在《左传·昭公十六年》中还记载有郑六卿饯韩宣子于郊，文云："宣子曰：'二三君请皆赋，起亦以知郑志。'"宣子因为不了解郑国的史事，所以请郑六卿赋郑诗，使自己加深对郑国的了解。因此，当时宣子是不懂得郑诗的。从这里我们可看到，直到昭公十六 年（即前526），《诗》还没有整理成为通行的定本。孔子不止一次地说过"《诗》三百"，如"《诗》三百，一言以蔽之，曰：'思无邪。'"③"子曰：'诵《诗》三百，授之以政，不达；使于四方，不能专

---

① 《中庸》。
② 《史记》卷47《孔子世家》。
③ 《论语·为政》。

60

对;虽多,亦奚以为?'"①并在《论语》中多次出现"《诗》曰"《诗》云"等引用《诗》的文句。这就是说,在孔子开办私学的时候,《诗》三百篇已经成为定本了。如果我们认为《诗》三百篇的成书在韩宣子聘郑以后,那么此书的编定恰在孔子(前551一前479)年富力强之时,孔子是有条件有精力整理《诗》的。正因为如此,班固作出结论云:"孔子纯取周诗,上采殷,下取鲁,凡三百五篇。"②

对于《尚书》,司马迁在其著作中同样肯定是经孔子整理的。他说:"孔子之时,周室微而礼乐废,《诗》《书》缺。追迹三代之礼,序《书传》,上记唐虞之际,下至秦缪,编次其事。……故《书传》《礼记》自孔氏。"③班固亦认为,《书》是经孔子编纂的,"故《书》之所起远矣,至孔子纂焉,上断于尧,下讫于秦,凡百篇,而为之序,言其作意。"④唐代著名的史学家刘知幾亦认为:"至孔子,观书于周室,得虞、夏、商、周四代之典,乃删其善者,定为《尚书》百篇。"⑤这些史学家均认定《尚书》为孔子所编纂。有一种意见认为,孔子没有删定过《尚书》,原因是今本《尚书》中有后人编造的伪古文篇,就是今文篇中亦有一些成于战国时代。《尚书》之流传坎坷曲折,甚至有些迷离扑朔。已经被后人确认无疑的25篇(或细分为29篇),自然不可能是孔子时代的产物,就是今文中象《尧典》《舜典》《禹贡》等篇亦是随着儒家思想的发展,"殆似后之好事者所增益也。"⑥但这并不能否认经孔子删过的在当时流行的《尚书》。《尚书》之所以发展成如今这个样子,正反映了我国历史文献流传兴衰的真实情况。

---

① 《论语·子路》。
② 《汉书》卷30《艺文志》。
③ 《史记》卷47《孔子世家》。
④ 《汉书》卷30《艺文志》。
⑤⑥ 刘知幾《史通》卷1《六家》。

《礼》，是孔子教学课程六艺（礼、乐、射、御、书、数）中的第一门课。孔子十分重视"礼"，并注重"礼"的作用和传授。孔子以前的《礼》，包括的范围很大，内容很多，所谓"礼经三百，威仪三千"①。关于《礼》的流传情况，司马迁曾说过，"《礼》固自孔子时，而其经不具"②。这么多的《礼》，到孔子时，"其经不具"，一向重视"礼"的孔子自然有收集、整理《礼》的动机和要求。所以在"礼崩乐坏"之际，他发出"夏礼吾能言之，杞不足征也。殷礼吾能言之，宋不足征也。文献不足故也，足则吾能征之矣"③的感叹，并亲自去征集。孔子不仅重视《礼》，懂《礼》，而且还身体力行，所以当时有很多人向孔子问《礼》。《礼记·杂记下》云："恤由之丧，哀公使孺悲之孔子学士丧礼，《士丧礼》于是乎书。"从这里我们可以断定，孔子在收集和传播《士礼》上是有贡献的。至于《礼记》，司马迁说是"自孔氏"出。《礼记正义》亦云："《礼记》一书据《隋书·经籍志》曰，'汉初，河间献王得仲尼弟子及后学者所记一百三十篇献之'。"那么当是孔子及其弟子所出。

《易》即《周易》，是周代的占筮之书。《周易正义》卷首云："《易》经本分为上下二篇，则区域各别，象、象、释、卦，亦当随经而分。故一家数十翼云，上象一、下象二、上象三、下象四、上系五、下系六、文言七、说卦八、序卦九、杂卦十"。这就是所谓《周易》十翼，都是传《周易》的。"十翼"的解释并不注重占筮，有的甚至和占筮毫不相干，而是赋予《易》以朴素的辩证的解释，并和社会人事联系起来。这就在相当程度上改变了《周易》一书固有的性质，使其一变而为众多的人们所学习和认识，甚至为世界哲学界所瞩目。孔子是十分喜好《易》的，他自己说过，"加我数年，五十以学

---

① 《汉书》卷30《艺文志》。
② 《史记》卷121《儒林列传》。
③ 《论语·八佾》。

62

《易》，可以无大过矣"。① 司马迁亦云："孔子晚而喜《易》，序《彖》《系》《象》《说卦》《文言》。读《易》，韦编三绝。"②关于《易》的整理和传注，《周易正义》云："伏牺制卦，文王系辞，孔子作十翼。"又云："其彖象等十翼之辞以为孔子所作，先儒更无异论。"另在《文言》和《系辞》中出现了很多"子曰"，这个"子"应该是指孔子。在马王堆出土的帛书《周易》中有一篇题为《要》，专记孔子与弟子有关《周易》的问答。由此可以看出，孔子不仅喜《易》，认真地研究过《易》，同时亦向学生讲授《易》。同《论语》一样，在研究和讲授《易》的同时，孔子的弟子完全可以根据孔子的讲授，整理成文，这应该就是我们现在所看到的《周易》十翼。《周易》十翼出于孔子，成于他的弟子或再传弟子，是有根据的。是孔子赋予占筮之书《易》以新的内容，并为其作出了较为特殊的传注。

《春秋》经孔子编定已为世人所公认。"世道衰微，邪说暴行有作，臣弑其君者有之，子弑其父者有之。孔子惧，作《春秋》。"③司马迁亦云："孔子……至于为《春秋》，笔则笔，削则削，子夏之徒不能赞一词。弟子受《春秋》，孔子曰：'后世知丘者以《春秋》，而罪丘者亦以《春秋》'。"④司马迁不仅确认《春秋》为孔子所作，而且指出了孔子修《春秋》之方法。司马迁还讲过，"孔子厄陈蔡，作《春秋》"。⑤ 这和后人认为孔子修《春秋》是他晚年的事是一致的。孔子以鲁史旧文而修《春秋》，用"笔削"的方法，"约其文辞"，"以事系日，以日系月，以月系时，以时系年"⑥，修撰成我国第一部编年体史书。

---

① 《论语·述而》。
②④ 《史记》卷47《孔子世家》。
③ 《孟子·滕文公下》。
⑤ 《史记·太史公自序》。
⑥ 晋杜预《春秋序》。

至于《乐》，司马迁曾云："孔子语鲁大师：'乐其可知也。始作翕如，纵之纯如，皦如，绎如也，以成。''吾自卫返鲁，然后乐正，《雅》《颂》各得其所'。"又云："(《诗》)三百五篇孔子皆弦歌之，以求合《韶》《武》《雅》《颂》之音。礼乐自此可得而述，以备王道，成六艺。"并说："自天子王侯，中国言六艺者折中于夫子，可谓至圣矣!"①庄子亦云："(孔)丘治《诗》《书》《礼》《乐》《易》《春秋》六经。"②不仅如此，先秦、秦汉的不少学者都谈到孔子治六经(六艺)，自然有《乐》在其中。由于《乐》亡于秦始皇焚书，后人再也看不到《乐》之内容，也就谈不上对《乐》的更深入研究。但无论怎么讲，孔子是整理过《乐》的。

相传孔子不仅整理了六经，而且还订正了某些文献在流传中产生的讹误，如订正"夔一足非一足也"，"丁氏穿井得一人"③等就是例证。他还能在"文献不足徵"的情况下，进行实地调查访寻等等。孔子在历史文献的搜集、整理方面迈出的第一步，无疑是对后世的启迪并提供了借鉴。

孔子一向称自己"述而不作，信而好古，"④这表述了孔子对历史文献的态度。"述"即讲述和整理，要想讲述历史文献，就必须整理历史文献，只有在整理文献的基础上才能更好他讲述和传授。"不作"，一方面体现了孔子的谦逊的品德，另一方面是孔子实事求是思想的反映。孔子整理的"六经"都是"述"的结果，而不是绝对意义上的创作。但是他因整理"六经"给后人留下了巨大的文化遗产，并创立了儒家学派，这却是比"作"更大的成功。"信而好古"流露了孔子真实的思想，即保守复古的思想，也正是基于这一

---

① 上引均见《史记》卷47《孔子世家》。
② 《庄子·天运》。
③ 《吕氏春秋·察传》。
④ 《论语·述而》。

点,他才能有整理古代文献的动机和力量。

"六经"均不同程度地经过孔子的整理,并在孔子整理的基础上才得以比较完整地保存下来。因此,我们可以视《六经》的整理为我国历史文献学的萌芽,孔子是中国历史文献学的始祖。

除孔子之外,先秦时期还有一些整理历史文献的活动值得一提。

《论语》是孔子和他的一些弟子的言行录。它不是一人一时所作,而是孔子的弟子和再传弟子的追记,经过几度编撰整理而成,属语录体。其体例是独特的。在《论语》的影响下,后来又产生了同一体例的《孟子》等。《论语》作为较早的一部语录体的历史文献,给后世一定的影响。

战国末期的思想家、法家集大成者韩非在其《韩非子》一书中,对历史文献的分类和考辨提出了自己的看法。如他在《显学》篇中认为春秋战国时期最有影响的学派为儒、墨二家,又将这两大学派内部分成8家和3家。这实际上是将先秦诸子文献分成两个层次,给予了初步的分类。韩非还在同一篇目中提出"定儒墨之诚"的问题,提出了辨别材料真伪的必要性和重要性。另外,韩非的《解老》和《喻老》篇在对历史文献的解释上也是有贡献的。

当然,《孟子》《墨子》《庄子》《荀子》及其作者,在历史文献学上也有其一定的地位。

还应提及的是《春秋》三传。《春秋》是我国第一部编年体史书,在史学发展上具有很高的地位。但是它用近两万的文字记述二百四十多年的历史,过于简略,其中之微言大义,寓褒贬于词语之中的笔法更使后人迷惑不解。于是为《春秋》作注的文献便应运而生,流传至今的有《左传》《公羊传》和《谷梁传》。《左传》按编年体的形式,首列《春秋》经文,然后分类记事,以时间为纲,不以一事本末为主,记事断限比《春秋》多出十七年,所记史事与《春秋》亦有增减。应该提到的是,《左传》不仅记载了鲁国的历史,而且还系统地叙述了当时几个主要诸侯国的历史;不但记载了春秋时代的许多历史事件,而且也保存了春秋以前的一些史事和传说;内容不仅局限政治,也涉及到社会其他各方面;《左传》在记述历史事件和人物上,文辞优美,生动形象,结构严谨,文学造诣极高。因此,《左传》是我国古代注释文献的真正开端,而且无论在史学和文学方面,都是我国古代极为优秀文献之一。《公羊传》和《谷梁传》,作者分别为公羊高和谷梁赤,都是孔子学生子夏的弟子。两传的起讫年代与《春秋》相同,从不同的角度注释和说明《春秋》的"微言大义",注释偏重于义理而少及史实,从总的对比来看,《公羊传》《谷梁传》不如《左传》价值高,但三传均不失为我国古代较早的注释文献。

第二节　司马迁对历史文献学的贡献

司马迁之父司马谈是一位思想家和史学家,曾作《论六家要指》,纵论阴阳、儒、墨、名、法、道德各家短长,表现了按学术思想内容进行分类的观点。司马迁继承父业,以"究天人之际,通古今之变,成一家之言"①为目的,刻苦发愤,忍辱负重,完成了中国第一部首尾约三千年的纪传体通史——《史记》。司马迁在中国史学上的贡献是伟大的,同样在中国历史文献学上的贡献也是不容忽视的。其主要表现在如下几个方面:

1.深入调查研究,广泛搜集资料。司马迁在采集历史文献活动中是深入调查研究的伟大实践者,他游历的足迹几乎遍及了当时的整个中国。司马迁把自己游历期间所见所闻都搜集起来,为撰写《史记》准备了许多生动、具体、感人的材料,从而增加了《史记》的生动性和真实性。

①　《汉书》卷62《司马迁传》。

2. "协六经异传,整齐百家杂语"。司马迁在其《太史公自序》中说:

> 凡百三十篇:五十二万六千五百字,为《大史公书》。序略,以拾遗补艺,成一家之言,厥协六经异传,整齐百家杂语,藏之名山,副在京师,俟后世圣人君子。

"协六经异传",是认为"六经"可靠,其内容是正确的,符合自己的看法和认识,因此,他要把"六经"异传融合起来,将它们的有关内容和所反映的思想都吸收到《史记》中来。

司马迁在其著作中采用了《诗经》《尚书》。他在《殷本纪》中说:"余以《颂》次契之事,自成汤以来,采于《书》《诗》。"《史记》中的《五帝本纪》《禹本纪》《殷本纪》《周本纪》里,有很多材料来自《诗经》《尚书》。日本学者泷川资言也曾指出:"按史公尧舜三代纪事,采《书序》尤多"①。

《史记》也采用了《易》《礼记》《仪礼》《周书》《夏小正》《周官》等。司马迁在其文中讲:"《礼》曰:'天子祭天地,诸侯祭其域内名山大川'。"②《礼记·曲礼下》有同文。因此,此处之《礼》当为《礼记》。又讲:"《周书》曰:'农不出,则乏其食;工不出,则乏其事;'……"。③《史记·儒林列传》云:"诸学者多言《礼》,……于今独有《士礼》,高堂生能言之。"《史记·夏本纪赞》:"孔子正夏时,学者多传《夏小正》云。"《夏小正》为《大戴礼记》中的一篇。司马迁同时也采用了《大戴礼记》中的《中庸》《王言》《五帝德》《帝系姓》等。

《春秋》在《史记》中提及较多。《十二诸侯年表》中说:"于是谱十二诸侯,自共和讫孔子,表见《春秋》《国语》学者所讥盛衰大

---

① 日本泷川资言《史记会注考证·史记资料》。
② 《史记》卷15《六国年表序》。
③ 《史记》卷129《货殖列传》。

指著于篇,为成学治古文者要删焉。"《五帝本纪赞》中说:"予观《春秋》《国语》。"此外,解释《春秋》的文献,在《史记》里也大量引征,如《左传》《公羊传》《谷梁传》,其中尤以引征《左传》为最多。

司马迁就是这样大量地引用、综合"六经"及其有关的文献,融会到自己的著作中。特别是先秦时期的许多史事、理论都是据此而写成或阐发的。

"整齐百家杂语"之"整齐",即整顿使之齐一。司马迁认为,"百家杂语"的可靠性、准确性较经传要差一些,所以他对采用"百家杂语"态度较为谨慎,在引用和采纳时,都经他亲手"整齐"过,订正后才有选择地采用。比如,司马迁在《刺客列传》中云:"世言荆轲,其称太子丹之命,'天雨粟,马生角',太过。"用"太过"两个字提出了自己的看法,认为有些人将此事渲染得太过分了。又对所谓"荆轲伤秦王"提出否定意见,用"皆非也"道出自己的看法。在《苏秦列传》中,司马迁指出:"然世言苏秦多异,异时事有类之者皆附之苏秦。"苏秦因游说而出名,世人将他人之事移植到苏秦名下,所以需要认真分析,去伪存真。在《五帝本纪》中司马迁说:"百家言黄帝,其言不雅驯,荐绅先生难言之。"这是认为百家讲黄帝之事,有些荒诞无稽,是不可取的。

司马迁在"协六经异传,整齐百家杂语"的同时,又利用自己担任太史令这一职位,大量翻阅搜集了档案文献和谱系文书,即所"史记石室金匮之书"①。他既然有条件到国家藏书之处看书,那么包括汉兴时萧何编次之律令,韩信申明之军法,张苍制订之章程,叔孙通规定之礼仪,当都在司马迁搜集和采纳的范围之内。例如《史记·曹相国世家》中云:"参功:凡下二国,县一百二十二;得王二人,相三人,将军六人,大莫敖、郡守、司马、侯、御史各一人。"生卒和曹参相差百年的司马迁,如果不是得益于档案材料,是不可

---

① 《史记·太史公自序》。

68

能记述得如此详细的。另外,司马迁还采用了不少谍谱文献,如《谍记》《历谱谍》《五帝系谍》《春秋历谱谍》《历谱五德》等。故《三代世表》序中有"余读《谍记》,"《十二诸侯年表》中有"大史公读《春秋历谱谍》"等记载。

据统计,司马迁在《史记》中明确说明已经参考过的历史文献有30种之多。加上他未指出而今人能够考查出的文献,总数有120种之多。

3.对历史文献的注释。汉代以前的文献,特别象《尚书》《诗经》这些难懂的作品,汉代人已经不太了解。所以司马迁在整理和采纳这些文献时,为了通俗易懂,还进行了不少注释工作。《史记》之所以具有通俗性,甚至现代人读之亦不太难懂,是和司马迁的注释有关的。

司马迁所作注释,往往是对引文中难懂的字词进行改动。例如《五帝本纪》中有"乃命羲、和,敬顺昊天"。其中"敬顺昊天"一句引自《尚书》,而《尚书》原文是写作"钦若昊天"的。又有"黄收纯衣,彤车乘白马,能明驯德,以亲九族"。"能明驯德"在《尚书》中原文是"克明俊德"。又有"信饬百官,众功皆兴",此句在《尚书》中原为"允厘百工,庶绩咸熙"。这样,诘屈聱牙之《尚书》,经司马迁对其个别字词的改动,就变成较通俗易懂的文句了。

对于有些难懂的文献,司马迁又采用了意译的办法。例如《尚书·尧典》中有"帝曰:'吁,嚚讼可乎?'帝曰:'畴咨若予采'?"这一句在《史记·五帝本纪》中译作:"尧曰:'吁,顽凶可乎?'尧又曰:'谁可者'?"再如《尚书·尧典》中有"岳曰:异哉,试可乃已"一句。句中意本为"我们听到的情况和你说的不一样,还是让你试一试,如果实在不行,再免去他的这项职务"。古人急读,将"不可"读为"可",如果理解为"可",意思相反,则全句无法理解。司马迁便在自己的《五帝本纪》中译为:"异哉,试不可用而已。"

4."疑者阙焉"①。司马迁本人不仅学识渊博,而且还是一位实事求是的学者。他在整理历史文献中,凡是遇到有弄不清楚的材料,不武断,不曲解,而是本着"疑者阙焉"的原则去处理。比如,对墨翟生卒的时代,汉时已不能肯定,司马迁便用"或曰并孔子时,或曰在其后"②这种方法处理。对于老子这个人,他的姓名、年龄、籍贯,汉代人也不能确定,司马迁就用"世莫知其然否"③来作结论。司马迁采用"阙疑"的办法,兼采众说,留待后人去分析判断。这种原则,一直为后人遵从效仿。

综上所述,司马迁这位伟大的史学家,他在历史文献学上作出的成绩是卓著的。司马迁写成的《史记》本身,就是综合历代文献之结晶。应该说是司马迁真正开了私人搜集、整理历史文献的先河,同时又是集历史文献之大成而撰就为史著者。在处理历史文献以及历史文献学和史学的关系上,他为后代提供了范例。

第三节　刘向《别录》与刘歆《七略》

"百家争鸣"的春秋战国时代,同时也是我国古代学术文化萌芽发展的时代。在这一时期涌现出大量优秀的历史文献,并呈现出不断繁荣之趋势。然而当秦始皇统一六国后,专制暴戾的独裁者为了巩固自己的统治,偏听李斯等人的意见,采取了"焚书坑儒"的措施,使文献典籍遭受毁灭性的摧残。但秦始皇的暴虐统治加速了自己的灭亡,陈胜揭竿而起敲响了秦朝的丧钟。在天下云合响应的农民起义中,赫赫王朝刹那间土崩瓦解。这些历历在目的史事促使汉初统治者不得不认真反省"秦所以失天下,吾所

---

① 《史记》卷18《高祖功臣侯者年表》。
② 《史记》卷74《孟子荀卿列传》。
③ 《史记》卷63《老子韩非列传》。

以得之"的原因,去寻找"马上得之,宁可以马上治乎"①的经验。基于进行长治久安统治的需要,汉初统治者逐渐具有了搜集整理历代文献典籍的愿望和要求。

汉立,刘邦从看不起"文治"到要求儒生学士出谋划策,应该说是统治者认识上的巨大转变。惠帝四年,"除挟书律"②,被秦火劫余的文献才渐次复出。文帝时,朝廷公开"求能治《尚书》者"③,"大收篇籍,广开献书之路"④。武帝时采取了"建藏书之策,置写书之官,下及诸子传说,皆充秘府"⑤的措施。此外,又采取了一些相应的搜集和整理文献的具体行动。如文帝时派晁错向伏生求学《尚书》。武帝时命杨仆整理兵书,杨仆遂献上了一部《兵录》,这是我国见诸记载的第一部专科书目。1972 年山东临沂银雀山汉墓出土的《孙子兵法》《孙膑兵法》等兵书,当是汉武帝时对兵书整理的结果。宣帝时还召开了评议《公羊传》《谷梁传》同异的石渠阁辩论会,这是对发展历史文献有促进作用的学术会议。统治者认识的转变,措施的实行和加强,对历史文献整理工作的初步实践,为实现大规模的文献整理创造了条件。

汉兴,呈现的是"民失作业而大饥馑","民亡盖藏,自天子不能具醇驷,而将相或乘牛车"⑥的荒凉残败景象。刘邦虽然认识到文治的重要性,但却无暇文事,很重要的原因是经济上不允许。文、景励精图治,"躬行俭节,思安百姓",为经济的恢复和发展奠定了基础。到汉武帝时便出现了"民人给家足,都鄙廪庾尽满,而

---

① 《汉书》卷 43《郦陆朱刘叔孙传》。

② 《汉书》卷 2《惠帝纪》。

③ 《汉书》卷 88《儒林传》。

④⑤ 《汉书》卷 30《艺文志》。

⑥ 《汉书》卷 24《食货志上》。

府库余财。京师之钱累百钜万,贯朽而不可校"①的盛况。经济的发展和繁荣,使大规模的整理文献成为可能。成帝时我国古代一次大规模的文献整理工作终于开始了。

刘向字子政,楚元王刘交的四世孙,刘歆之父。刘向年轻时就通达能属文,成帝即位,迁升光禄大夫。刘歆少时聪明好学,对六艺传记、诸子、诗赋、数术、方技,无所不究。

《汉书·艺文志》云:"至成帝时,以书颇散亡,使谒者陈农求遗书于天下。诏光禄大夫刘向校经传诸子诗赋,步兵校尉任宏校兵书,太史令尹咸校数术,侍医李柱国校方技。每一书已,向辄条其篇目,撮其旨意,录而奏之。会向卒,哀帝复使向子侍中奉车都尉歆卒父业。"可以看出,这次整理文献,组织了一个强大的班子,每个方面都由学有专长的专门家负责,整理的内容和范围是无所不包的,而刘向和刘歆则是这次整理的总其成者和最后完成者。

刘向父子校理群书,大致有如下一些程序和特点:

首先是广罗异本。要想对一个人或一个学派的文章进行整理,就必须巨细不捐,广泛搜集,尽可能集中所有的材料。在此基础上,才有可能整理出一个完备全新的本子来,否则就是无源之水,无本之木。第二步是审定篇章。在尽可能集中所有本子的基础上,计算核定各自的篇章,去掉重复,留存异文,辑集佚文轶事。第三步是校勘讹文脱简。刘向用"一人读书,校其上下,得其谬误"和"一人持本,一人读书,若怨家相对"②两种方法进行校对,以反复的比较、勘证,来发现错误所在。第四步为命定书名。由于古代书籍多以单篇流行,再加之口传、转抄、伪作的出现,所以书名多不统一、或无书名。因而确定和统一书名便成了编书之必要程序。

刘向父子整理文献的程序是符合实际的、科学的,他们为后世

---

① 《汉书》卷 24《食货志上》。
② 《文选·魏都赋》注转引刘向《别录》。

的文献整理提供了行之有效的方法和经验。

刘向在将整理的文献写成正本之后，为了揭示图书的内容，接着又撰写了叙录。叙录内容包括著录书名篇目，叙述校勘经过，介绍著者生平、理想，说明书名的含义、著书的原委与书的性质，还辨别书的真伪，评论思想和史实的是非，剖析学术源流以及确定书的价值。这样来看，每篇叙录实际就是一书的简要介绍。这些叙录共有两份，除一份随整理的结果上奏朝廷外，另外一份则单独编订成书，因"别集众录，谓之《别录》"。《别录》共 20 卷，是刘向校书时所撰写的叙录之汇编，它是我国第一部书目提要。

刘向去世后，刘歆继父业继续整理群书。他除了完成刘向尚未完成的工作外，还撮《别录》之要而撰成了《七略》。《七略》包括"辑略""六艺略""诸子略""诗赋略""兵书略""术数略"和"方技略"。

"辑略"是其他六略诸书之总要，它分别说明六略 38 种大小类目的意义与学术源流，阐述六略的相互关系和这些书籍的用途。因此，刘歆将其列于六略之前。

"六艺略"分易、书、诗、礼、乐、春秋、论语、孝经、小学 9 种，主要是儒家经典著作以及学习"六经"的辅助读物。在独尊儒术的汉代，自然要列于六略之首。

"诸子略"分儒、道、阴阳、法、名、墨、纵横、杂、农、小说 10 种，包括了中国古代哲学、政治、经济、法律等方面的内容，儒家一向认为诸子百家学说是经典的支流，所以列为第二。

"诗赋略"分为屈原赋之属、陆贾赋之属、孙卿赋之属、杂赋、歌诗五种。"赋"是汉代特别盛行的一种文体，汉武帝时曾设立乐府，专门搜集民间歌谣、诗赋，因而诗赋单列一略于"诸子略"之后。

"兵书略"分兵权谋、兵形势、兵阴阳、兵技巧四种，此略收军事著作。汉代统治者都很重视兵书，而且还整理过兵书，刘歆将兵书列为一略,表现了时代特色。

"术数略"分天文、历谱、五行、蓍龟、杂占、形法六种。"方技略"分医经、经方、房中、神仙四种。这两略主要是自然科学和应用科学方面的著作。由于古人的局限性,其中也有一些封建迷信的书籍。古人不重视科学,鄙视术数和方技,这两略当然也就排在最后了。

《别录》《七略》之产生,以当时朝廷丰富的藏书为前提条件,同时也是刘向、刘歆总结、吸取、发展前人有关学术分类与揭示历史文献发展规律的成就的结果。

总的来讲,刘向、刘歆在整理历史文献方面主要的功绩在于:

其一,创造了一套行之有效的方法。这些方法一直为后人所使用和不断完善,成为如今整理文献的基本模式。

其二,创造性地编撰了《别录》。它作为各类文献的叙录,是提要式的内容简介,后世的著作前的序文当是源于《别录》的。《别录》是我国书目提要之始祖。

其三,完成了我国第一部综合性的图书分类目录《七略》。尽管它在分类上采用的标准不一、也有失当之处,但后代编辑书目的原则、体例、方法,都是在《七略》的基础上发展起来的。

在刘向、刘歆之后,"校勘学""目录学"才逐渐发展起来并具有了规模,最后成为两门相对独立的学科。刘向父子在历史文献的整理、校勘、分类目录等方面的成就是杰出的,他们奠定了我国古代历史文献学的基础。

第四节　班固的《汉书·艺文志》

班固,字孟坚。他"潜精积思二十余年"[①],完成了我国第一部纪传体断代史《汉书》。《汉书》基本上是沿袭《史记》的体例,在内容上汉高祖至汉武帝一段,也多直接取资于《史记》。但是班固也有自己的创造,《汉书》以记载一个朝代为主,开创了断代为史的先例。又在《史记》"八书"的基础上,增加了《艺文》《地理》《五行》《刑法》四志,扩大了史书容纳史料的范围。班固十分赞赏刘向父子的《别录》《七略》,因此,"删其要以备篇籍,"①,撰成了《汉书·艺文志》,以记载汉代藏书的情况。但班固并不是完全照抄《七略》和《别录》,而是在刘向父子的基础上有所调整和增补:

1.从篇章结构上做了调整。班固删除了《七略》中的"辑略",而保留了它的文字。他把这些文字对号入座于每种每略之后,使文献书目和说明文字紧密地结合在一起。最后,又增加了自己的看法和意见。这是班固比刘向父子更高明之处。例如在《艺文志》"易"类、"书"类之后,紧接着就有一段说明文字,这当是刘向父子所为,后面出现了"刘向……"等文字,则是班固所为了。

2.对原文有所增补和删改。班固本人曾官兰台令史,转迁为郎,典校群书,这对他审核《七略》分类是个极有利的条件。事实上班固也是对其逐一进行过审核的。在《汉书·艺文志》中,随处都可以看到"出""入""省"三字,班固以此来表示是增或删掉。"出"就是移出,表明这部书分在此类不合适;"入"即增入,如增加了《七略》完成后刘向、扬雄、杜林三家在西汉末年所写成的著作;"省",则是因为重复或其它原因予以删除的。比如,:"凡《书》九家,四百一十二篇",后有小字"入刘向《稽疑》一篇"。再如,"凡《春秋》二十三家,九百四十八篇",后有"省《太史公》四篇"。

此外,班固在对《七略》的文辞上也有所斟酌和改动。

班固所创立的《艺文志》,无论在篇章结构、序文和书目的结合、分类的合理性等方面,都较《七略》有明显的进步。班固既继承了前人的成就,又发展了前人的事业。而且《艺文志》开创了根据官修目录编制正史"艺文志"的先例,使后来的正史中大都留下

---

① 《后汉书》卷40《班固传》。

了这个朝代的藏书或这个朝代一朝人著作的记录。《别录》和《七略》都已亡佚，原文虽能在一些古籍中零散见到，但全书原样已经看不到了。现在人们要想了解《七略》的概况，了解西汉社会、学术思想和历史文献的状况，只有看《汉书·艺文志》了。《汉书·艺文志》是我国现存最古的图书分类目录，它在历史文献学上具有极高的价值和地位。

第五节　郑玄校注群经

郑玄，字康成，自幼好学，博通群经。年四十时，聚徒讲学，弟子数百千。因党锢之祸被禁锢后，隐修经业，潜心著述，杜门不出。他以古文经学为主，兼采今文经学，遍注经典，成为汉代经学之集大成者。所注群经以《毛诗笺》《三礼注》影响最大。另注《周易》《论语》《尚书》，又作《六艺论》等，平生著述百余万言。

作为一位著名的文献学家，郑玄的贡献主要在文献的校勘和注释方面提出了一系列的原则和方法。

校勘方面：

其一，根据文意来判断和确定错讹衍脱。凭借对文意的理解订正原文是郑玄校书的主要方法，这在他的注文中是可以经常见到的。比如《礼记·祭义》中有"故君子顷步而弗敢忘孝也"一句，郑玄注云："顷当为跬，声之误也。……一举足为跬，再举足为步。"这才和后文"一举足而不敢忘父母"相吻合。

其二，运用了本校和他校等校勘方法。如《礼记·缁衣》云："大甲曰：'天作孽可违也，自作孽不可以逭'。"郑玄注云："逭，逃也……《尚书》作'弗可逭'，无'以'字。"这是郑玄使用了他校的方法。再如《礼记·郊特牲》："次路五就"。郑玄注云："《礼器》言次路七就，与此乖，字之误也。"《郊特牲》和《礼器》都是《礼记》中的两篇文章，这是运用了本校的方法。

其三,尊重原文。在校勘中,如果发现了原文缺误之处,郑玄一般是在注释中指出,并以"当为……"的形式予以勘正。比如《礼记·月令》云:"天子乃鲜羔开冰,先荐寝庙。"郑注云:"鲜当为献。"一些句子中或声误、或字误,郑玄均不改动原文,只是提出自己的看法与原文同存。确有非改动不可的地方,郑玄亦做了改动,但这种现象很少见。

注释方面:

其一,广征博引。郑玄作注,能够最大限度地吸收前人的成果。自己的意见若与古人的旧训相同,则原文照搬。例如《诗·楚茨》:"以往烝尝。"郑注云:"冬祭曰烝,秋祭曰尝。"这一条注是来自《礼记·祭统》篇的。郑玄不仅经常征引前人的古训,而且在遇到有关的典章、名物、礼俗时,常常追根溯源,使人们便于了解这些事物的发生发展过程,有利于对文献内容的理解。比如《诗经·小雅·菁菁者莪》云:"既见君子,锡我百朋。"郑注云:"古者货贝,五贝为朋,锡我百朋,得禄多,言得意也。"同时,郑玄还经常以今释古,用当时常见的事物去解释与其相关的古代典章制度和风俗习惯,使得所注释的对象更加清楚。如《诗经·周颂·有瞽》注文中云:"萧,编小竹管,如今卖饧者所吹。"

总之,广征博引是郑玄传注文献的一大特点。但郑玄又不是盲目地征引,他有自己的考辨精神,在注文中出现的"当为……"就体现了这种精神。郑玄保持了古人传注的继承性,又发展了传注学,并使传注工作具有较为浓厚的学术研究意味,这一点是前无古人的。

其二,运用了音训的方法。运用音训的方法正音释义,这在郑玄的注文中随处可见。比如《诗经·小雅·节南山》有"节彼南山,有实其猗"。郑注云:"猗,倚也。"又如《诗经·邶风·北风》中有"其虚其邪"一句,郑注云:"邪读如徐。"在音训中,郑玄制定了一些特定的术语,并使之具有特定的含义。现在一般都认为"读为""读曰"为一类,"它除了指出发音外,主要是释义。"读若""读如"是另一类,主要是指出读音。还有"读当如""读当为"一些术语,则含义较复杂。郑玄在注释实践中意识到了语言的音与义的密切关系,并把训诂学和文字学方面的知识运用到文献注释中来。他通过自己注释文献的大量实践,创立、发展和逐渐完善了传注这门学问,使传注学在形式上和内容上都达到了前所未有的广度和高度。

另外,郑玄还继承和发扬了司马迁"疑者阙焉"的实事求是的科学精神,在注释中始终恪守"多闻阙疑"的信条,而为后世的文献学家所遵从。

郑玄还撰有一部《三礼目录》,是一部内容丰富、学术价值较高的提要式目录。它承袭了刘向刘歆的编目方法,故对进一步了解《别录》和《七略》具有一定的意义。

郑玄在其传注的实践中,形成了注释文献所应遵循的基本原则,既继承前人成果又敢于创新。这一原则,成为后世文献学家校勘和注释的根本法则。可以说郑玄开创了历史文献传注学的新时代。

第六章　魏晋南北朝隋唐
——中国历史文献学的成长时期

第一节　图书四部分类法的确立

魏晋南北朝是中国历史上的动荡时期,战争不断,朝代更替频繁,但同时又是学术思想、文化事业发展的重要时期,各种学派百家争鸣,学术思想十分活跃。当时除了传统的经学外,记载各朝各代政治变幻、军事斗争的史学著作激增,佛经的译著大量出现,文学方面的五言诗、乐府诗、文学评论著作,还有地理学著作、家乘族谱等文献,在数量上都有所增加,需要收集整理编目。因此,对原有的图书分类体例提出了新的要求。

西汉末刘歆的《七略》,根据当时文化典籍的特点,在图书分类上确立了"六艺""诸子""诗赋""兵书""数术""方技"六大部类。东汉班固撰写《汉书·艺文志》,继承了这种分类方式。随着文化典籍的不断变化发展,《七略》分类体例到魏晋时期发生了动摇,逐渐被四部分类法所取代。

关于四部分类法的起始,有两种不同的意见。一种意见认为开始于曹魏时秘书郎郑默所编的《中经》,另一种意见认为开始于西晋荀勖的《中经新簿》。郑默《中经》早佚,其分类方法文献不载,今天已很难确知它的分类体例了。但南朝时阮孝绪的《七录·序》云"荀勖因魏《中经》更著《新簿》",①则郑默《中经》或许已启四分法之先。目前我们可以确知的四部分类目录,是荀勖的

---

① 道宣《广弘明集》卷3。

《中经新薄》。

荀勖《中经新簿》是对东汉、三国近 300 年间积累起来的几十万卷藏书整理的成果。当时在对藏书进行整理编目时,对《七略》的著录和分类作了很大的改进,把六略改成四部,以适应和包容新出现的文化典籍,开创了我国群书目录中的四部分类法。荀勖四部分类法,一曰甲部,"纪六艺及小学等书",即《七略》中的"六艺略";二曰乙部,"有古诸子家、近世子家、兵书、兵家、术数",应相当于《七略》中的"诸子""兵书""数术"三略和"方技略"的一部分,当时这些文献比《七略》时代相对减少了;三曰丙部,"有史记、旧事、皇览簿、杂事",这一类是新兴的史部书和类书;四曰丁部,"有诗赋、图赞、汲冢书"①,相当于《七略》的"诗赋略",但范围和数量都有所扩展。由于这一新的分类体例在很大程度上能适应当时文献的实际发展情况,所以,东晋、南朝近三百年间的官修目录,基本上都是按四部分类法编撰而成。

荀勖的四分法与唐朝以后的四部分类法有着一些明显的区别。首先,四部尚无明确的部类名称,甲乙丙丁,仅仅是表示一种顺序,不能说明各部类的内容,这说明四部分类法在初创时期概念还比较模糊。其次,各部范围还不稳定,收书较杂,荀勖将史记、旧事、杂事、皇览簿同归于丙部,但事实上,这些文献实非同类典籍,史记、旧事、杂事都是历史书,而"皇览簿"是类书而非史书。丁部的诗赋、图赞、汲冢书也不是同类典籍。由此可见,荀勖的四部分类法虽然把文献分为甲乙丙丁四大部类,但四部的内涵却没有完全确定,只不过是一个粗略的轮廓而已,并无严格的规定。因此,四部有时又演化成五部。

继荀勖而后,对图书分类法作出重大贡献的是东晋的李充。李充生活在东晋初年,由于西晋末的战乱给文化典籍造成的灾难,

---

① 《隋书》卷 32《经籍志》序。

"渠阁文籍,靡有孑遗",图书数量很少,李充"遂总没众篇之名,但以甲乙为次"①,编定了东晋初年的国家藏书目录——《晋元帝四部书目》。虽然李充和荀勖一样,只以甲乙丙丁作为四部次序而不立各部的类名,但却"因荀勖旧簿四部之法而换其乙丙之书"②。从此以后,李充编定的四部顺序成为"秘阁永制"。清代学者钱大昕对李充的成绩作了充分的肯定,说"晋荀勖撰《中经簿》,始以甲乙丙丁四部,而子犹先于史。至李充为著作郎,重分四部,五经为甲部,史记为乙部,诸子为丙部,诗赋为丁部,而经、史、子、集之次始定。"③这是一项重要的变革,官修目录自此沿用这一分类体例,并决定了后世编撰目录的基本结构。李充的四部分类法至唐初修《隋书·经籍志》时,正式定名为经、史、子、集四部。经、史、子、集四部分类法从《晋元帝四部书目》算起,一直沿用了1700余年,至今未发生根本动摇,"自尔因循,无所变革"④。这充分说明了它在目录事业发展史上的贡献。

四部分类法发轫于荀勖,确定于李充,成为整个东晋、南朝官修目录的基本规范。但并不是说刘歆的《七略》体例从此退出了历史舞台,销声匿迹了。事实上,东晋、南朝时期,《七略》分类体例仍然具有一定的生命力,为当时的私家目录所运用。其中,最著名的当推王俭的《七志》和阮孝绪的《七录》。但是,王俭和阮孝绪的七分法亦已和刘歆《七略》体例有了很大区别,体现了《七略》分类体例最终向四分法发展的趋势。这一趋势,在阮孝绪的《七录》中表现得尤为明显。

《七录》分内篇五录和外篇二录。内篇为:"经典录""纪传录""子兵录""文集录""术伎录";外篇为:"佛法录""仙道录"。

---

①④ 《隋书》卷32《经籍志》序。

② 道宣《广弘明集》卷3。

③ 钱大昕《元史·艺文志》序。

《七录》自《七略》体例向四部分类法演进的重要标志,是以史书独立为"纪传录"。从《七录》本身的分类体例来看,《七录》内篇五录正是经、史、子、集、术技的基本结构,这与当时官修的四部目录《梁天监四年文德殿正御四部及术数书目录》的分类方法是一样的,都是四部之外加术数方伎之书,共为五部。至于外篇的"佛法录"和"仙道录",只能把它看成附录,这与后来的《隋书·经籍志》的处理方法是一致的。所以,我们不应该从表面上看其数有七录,从而以为它沿袭了《七略》的旧体例。《七录》的分类法,实质上已是四部分类法了。它的出现,有力地证明了《七略》分类体例发展为四分法的必然趋势。

综上所述,魏晋南北朝虽然是一个政局动荡,南北长期分裂的时期,但也是思想、哲学、文化事业繁荣时期。经学、玄学、史学、文学、佛学等学科的发展消长,带来了文献数量和结构的剧烈变化。面对着新出现的大量文献,怎样整理,怎样编目,促使人们去寻求更能适应文献特征,适合于时代需要的方法、方式。在图书分类学上,便出现了四部分类法。但六分法,甚至五分法,在这一时期内仍具有一定的生命力,还是人们常用的一种方法。然而,六分、五分向四分发展的趋势是不可阻挡的。

第二节　南北朝时期的文献注释和校勘学成就

自东汉郑玄注经开始,延及南北朝隋唐,传注一时成为学术风尚,是此期文献发展的一个重要特色。其中,与杜预注《左传》、韦昭注《国语》、高诱注《战国策》、徐广注《史记》、蔡谟注《汉书》不同,裴松之所撰的《三国志注》,不重意义、名物、地理及典故的解释,而以增补文献为主,开创了一种史注新法,对传注学的发展作出了贡献。

裴松之生活于东晋至南朝宋文帝时期,出身世代官僚家庭,博通典籍。宋文帝以陈寿所著《三国志》记载过于简略,于是命令裴松之为之补注。裴松之广搜资料,精心撰作,确定作注的目的主要是增广事实。他在《上三国志注表》中对其作注的内容作了概括:"其寿所不载,事宜存录者,则罔不毕取,以补其阙;或同说一事辞有乖杂,或出事本异,疑不能判,并皆抄内,以备异闻;若乃纰缪显然,言不附理,则随违矫正,以惩其妄;其时事当否及寿之小失,颇以愚意有所论辩。"这说明裴松之的《注》,是以补阙、备异、矫妄、论辩四者相结合的。他又说"奉旨寻详,务在周悉,上搜旧闻,傍摭遗逸"。"窃惟缀事以众色成文,蜜蜂以兼采为味,故能使绚素有章,甘逾本质。"在这样的思想指导下,他尽可能博引记载三国时代史事的著作以成其注,故其《注》包罗宏富,所引材料非常广博。如依图书四部分类法,他所引的全部书目,计经部 22 家,史部 142 家,子部 23 家,集部 23 家,总计为 210 家。若除去其中关于诠释文字及评论方面的,则专为增补史事的为 150 余家。由于大量征引,裴松之的注文共达 36.7 万余字,比陈寿正文的 32 万余字多出八分之一,这就弥补了《三国志》原来记载简略的缺陷。于是后人只有通过裴松之的《注》,才能对三国时代的历史事件的发展过程和历史人物的生平事迹,有更加详备的了解,有更为清楚的认识。这是此《注》作为注释文献对史学的最重要的贡献。裴松之作注所引的材料,多首尾完具,而且都注明了出处,后来这些书陆续亡佚,所以《注》中所引又为以后的辑佚提供了宝贵的资料来源,因而裴《注》又有其历史文献学的直接价值。

裴松之作《注》,在审查史料方面也提出了有益的意见。如认为碑铭家传不可轻信,作者妄加的修饰之言多不符事实,自相歧异的记载必有讹误,孤立记载不足置信,敌国传闻之言不可轻信等。这些都是在考辨史料的实践中总结出来的,有利于史实鉴别。加上他对于所引证的史料进行过全面的研究,其精细严密,令人佩服。所以他在发展历史的考证学方面,提供了有益的经验。

郦道元的《水经注》也是南北朝时代一部杰出的文献学传注名作。魏人作《水经》,仅记大川和中川137条,郦道元为注《水经》,却详记了1252条小水,内容的丰富,超过了原来《水经》的好多倍,成为研究古代历史地理的一部必读书,同样也是后代辑佚资料的一个重要来源,在史学和文献学两方面都有重要意义。

《水经注》的特点有:

1. 例义谨严。凡经文均以"过"字叙述水的流行所经之地,凡注文则以"迳"字作为叙述水的流经之地的标志。二字使经、注分明,全书无一处苟且。

2. 确定"迳见"(目验)的鉴定标准,强调实践第一的精神。这是继承了司马迁的传统,依亲历所见,订正材料,以定取合。

3. 提出一个"经之误证"的论点,大胆指出经文水道的讹误,同时也对前人注经的旧解进行了驳斥。这种在尊经时代的实事求是的精神,发展了疑古惑经之风,影响很大。

4. 郦道元作注,于所见石刻,有的存录,有的考证。其所录石刻,纠正了《洛阳伽蓝记》所颠倒了的一字石经与三体石经先后的记述错误,又保存了世界上最早的水文实录。他所开创的碑刻文物之学,成为宋人金石之学的先导,有重要的学术价值。

南北朝时期,颜之推对文献校勘学作出了杰出的贡献。颜之推祖籍琅琊临沂(今山东临沂)。颜家随晋元帝渡江后,成为著名的侨姓世族。颜之推历仕梁、北齐、隋,博学多闻,对语言文字学的钻研尤有造诣。由于有良好的学习环境和博览群书的物质条件,加上坚实的语言文字学基础,颜之推成为一名出色的古文献学家,尤其是在文献校勘学方面取得了丰硕的成果,形成了自己的理论和方法。《颜氏家训》中的《勉学》《书证》《音辞》等篇章,集中体现了颜之推的校勘理论、方法和成果。他对校勘学方面的贡献,主要有以下四点:

1. 认为熟悉文献,广征博考,精密细致,是做好文献校勘的第一要素。他曾在其著作中指出:"校定书籍,亦何容易,自扬雄、刘向方称此职耳。观天下书未遍,不得妄下雌黄。或彼以为非,此以为是,或本同末异,或两文皆失,不可偏信一隅也。"①校勘文献,如果舍弃了广博和精深,是难以称职的。这些都是深知校勘苦衷的经验之谈,成为后世校勘者的座右铭。颜之推还列举了误芋为羊,误读颛顼为专翾等例子,来说明学识浅薄,又好望文生义的人,最容易受误书之欺,读书一定要校书。

2. 熟练地综合运用对校、他校、本校、理校等方法,来解决文献中的错误之处。具体的方法有:通过字形以校错字,根据语法以校脱文;通过同义词的训诂来校勘;对比不同的版本以校勘错字;用方言来校勘;引古训诸书校勘,等等。颜之推用这些方法来校正书籍文字,遍及经史,定其是非,已类似后人所撰的校勘记了。

3. 颜之推是第一个用出土文物中的金石文字来校勘的古文献学家,使校勘资料的范围有所扩大和突破。《颜氏家训·书证篇》记载,颜之推曾经用在长安发现的秦代铁权上的铭文"丞相隗林"纠正了《史记·秦始皇本纪》中的"丞相隗状"的文字错误。虽仅此一例,但对后代学者的影响是很大的,实际上是为校勘资料开拓了一个非常重要的领域。用不会发生舛误妄改的金石铭文来校勘文献,可使校勘后的文献更加接近于文献的本来面目,以适应历史研究的需要。

4. 在校勘过程中,对字体的处理有独到的、合理的见解。魏晋南北朝是汉字字体发展的重要阶段,不仅字体发生很大的变化,而且异体字也大量出现。古字、今字、正字、俗字相杂,纷然多歧。因此,在校勘文献过程中,除改正文献错误之外,规范字体的任务也相当重要。颜之推能用发展的眼光正确处理这一问题,承认汉字的历史变化,认为不可泥古,要知变通,不从古怪之体,不改假错

---

① 《颜氏家训》卷3《勉学》。

字,不一概排斥俗体字。这些原则多为后世学者所遵从,至今仍有很大的参考价值。

第三节　陆德明的《经典释文》
和颜师古的《汉书注》

陆德明是隋及唐初著名的音韵学和训诂学家。他鉴于当时经典旧音太简,微言久绝,大义愈乖,后人攻乎异端,竟生穿凿的现象,在校理群书的基础上,"精研六典,采撷九流,搜访异同,校之《苍》《雅》",著《经典释文》30 卷。包括《周易》《尚书》《毛诗》《周礼》《仪礼》《礼记》《春秋左氏》《公羊》《谷梁》《孝经》《论语》《老子》《庄子》《尔雅》诸书之"音义",组成一部集汉魏六朝音义、校勘成果之大成的著作。"所采汉魏六朝音切凡二百三十余家,又兼载诸儒之训诂,证各本之异同。后来待以考见古文者,注疏以外,惟赖此书之存。"[①]可见,《经典释文》一书是内容丰富、价值很高的校勘学巨著。后代研究经学、文字学、音韵学、古训学的学者,没有一个不重视《经典释文》的。

陆德明《经典籍文》对校勘学理论方法的发展有重大贡献:

1."朱墨别异"。根据《经典释文》首列的《条例》,陆德明尤其重视音训,"先儒旧音,多不音注。然注既释经,经由注显,若读注不晓,则经义难明,混而音之,寻讨未易。今以墨书经本,朱字辩注,用相分别,使较然可求。"他提出了朱墨别异的方法,能通用于校勘工作。朱墨别异,便于读者循省易瞭。后代校书者多采用陆德明的这种方法,用朱墨两种颜色分别所据的不同版本。

2."摘字为音"。这是陆德明的又一校勘方法。他认为"旧音皆录经文全句,徒烦翰墨。今则各标篇章于上,摘字为音,虑有相

----

① 《四库全书总目》卷 33。

乱,方复具录。唯《孝经》童蒙始学,《老子》众本多乖,是以二书特纪全句。"摘字为音也通用于后代的校勘工作。这样做既可省却繁文,又可使原文连贯,音注集中。释文与所释原文别行,为检索方便,必须有特征记号,随便摘出有关的两个字作为记号,把音训双行注在字下,有的需要全句的,也可特记全句。后代校勘者撰校勘记也多采用这种方法。

3. 博采异说。陆德明对异音、异文的处理也有一定的规范。他博取众说,"或字有多音,众家别读,苟有所取,靡不毕书"。注音兼用直音和反切,务求易辨易识。同言异字,同字异言,二者并存,加以刊正,保存了汉魏六朝以来音切达 230 余家。对文字的处理也有一定的原则,根据《经典释文·条例》所列,陆德明在释文时不轻易改动经籍旧文,"经籍文字,相承已久,至如'悦'字作'说','闲'字为'閒','智'但作'知','汝'止为'女',若此之类,今止依旧音之。"即不改原有的假借字,"《尚书》之字,本为隶古,既是隶写古文,则不全为古字。今宋、齐旧本及徐(邈)、李(轨)等音,所有古字,盖亦无几。穿凿之徒,务欲立异,依傍字部,改变经文,疑惑后生,不可承用。今皆依旧为音,其字有别体,则见之音内,然亦兼采《说文》《字诂》,以示同异者也"①。以上说明陆德明也不轻易改写今字,妄求古字,只是在必要时注明古今异文。《释文》对俗体字也区别对待:首先,字伪不乱者依旧,但是,凡造成混乱者亦辨,他的做法与稍前的颜之推不同;其次,约定俗成,"改便惊俗"者,知其原因即可,而不必更改其字。

4. 考镜源流,各为叙论。陆德明《经典释文》不是一般的音义专著。他博涉多通,上承刘歆、班固的《七略》和《汉书·艺文志》体例,对所释的 14 部经典,有条不紊地加以介绍,对于经传起源,传授本末,注家姓名,音义述造,无不详叙。这对后人学习这些经

---

① 以上引文均见《经典释文·条例》。

典非常有利。所以，《经典释文》的"序录"部分，在注释音义的同时，又有辨章学术、考镜源流的作用。

陆德明《经典释文》中的这些校勘理论和方法，大多数被后代校勘者继承，成为我国历史文献校勘学的基本理论和方法。

颜师古是颜之推的孙子，在家学渊源的影响下，成为唐初著名的古文献学家。

隋朝一代对文献购求不辍，嘉则殿的藏书达37万余卷，但在文献的校勘事业上却很少有成果，以至于糅杂错乱，无所取正。唐初以经义取士，但因儒家经典去圣已远，文字方面多所踳驳，两汉以来的笺注到唐时也多有不明，这样的现象肯定要影响传习。因此，贞观4年(630年)诏颜师古、孔颖达等撰《五经》义疏。贞观7年(633年)十一月，唐太宗颁布了颜师古所校正的《五经定本》，使它成为南北统一后第一部由政府颁布的经书标准本。颜师古不仅校订了《五经》的正文，而且还校订了《五经》的笺注，同时还为书写《五经》的字体规定了正样。《五经定本》已佚，其具体的校勘方法及成就已难考察，幸而颜师古的《汉书注》尚存，《汉书注》集中了颜师古在文献校勘方面取得的巨大成果。

《汉书注》是史部书中的一大巨著。师古的叔父游秦，对《汉书》研究颇有成绩，撰有《汉书决疑》十二卷，后颜师古注《汉书》时多所取用。颜师古承其家学，更据《汉书》古本和各家旧注，加以钻研。对《汉书》旧注"属辑乖舛，错乱实多"的现象，根据各种古本，"归其真正，增损秽滥，今皆删削；寻文究例，普更刊整；随其曲折，剖判义理；旧所缺漏，普更详释；各依本文，敷畅厥指；穷波讨源，构会甄释；字或难识，随即翻音"，最后"粉泽光润，翼赞旧书"。于贞观15年(641年)完成了这部史注巨著。其在校勘学方面取得的成就，主要有三方面：

1. 恢复旧本的古字。由于汉语和汉字的发展变化，各个历史时期的用字习惯都具有一定的特点，而且还受着作者所属的学术流派等因素的影响。班固是东汉前期的古文经学大家,著《汉书》也受其影响,形成了《汉书》的用字特点——多用古字。如以"视"为"示",以"娄"为"屡"。《汉书》中的这类古字,有些保存下来了,有些在流传中被改易。颜师古校《汉书》的目的之一,就是要把这些被改易过来的字恢复原来面貌。这样虽不利于后人辨认,但却有利于保存《汉书》的真面目,保留原书用字特点,提供历史文字资料。为了便于以后学者研读,颜师古采取了注中解释的方法,妥善地解决了这一矛盾。

2. 校正误改之字。例如,《哀帝纪》中记载建平 2 年"八月,诏曰'待诏夏贺良等建言改元易号,增益漏刻,可以永安国家。朕过听贺良等言,翼为海内获福,卒亡嘉应。皆违经背古,不合时宜。六月甲子制书,非赦令也,皆蠲除之。'"师古注曰:"非赦令也,犹言自非赦令耳。也,语终辞也。而读者不晓,辄改也为他字,失本文也。"①这里,从语法、文义及妄改之由等多方面加以分析,用纯理校的方法改正误文。

3. 寻文究例、校正诸表之错乱。颜师古在《汉书注》的"叙例"中说:"诸表列位,虽有科条,文字繁多,遂致舛杂。前后失次,上下乖方,昭穆参差,名实亏废。今则寻文究例,普更刊整,澄荡愆违,审定阡陌,就其区域,更为局界,非止寻读易晓,庶令转写无疑。"他兼用本校和理校的手法,勘正诸表之误。

颜师古的这些校勘条例和具体方法,不仅可为注书的范例,也是研究校勘学的参考资料。而他的《汉书注》至今是研究《汉书》的必读之书。

---

① 《汉书》卷 11《哀帝纪》。

第四节　唐朝官修的《隋书·经籍志》

唐朝建国,平定洛阳王世充政权后,把藏于东都洛阳的隋代御本典藏载回长安时,在砥柱水流没,十不存二,只得到隋藏书中的一小部分。唐太宗贞观初年,社会相对安定以后,令狐德棻、魏徵等人,"上言经籍亡逸,请行购募",并"奏引学士校定"。数年以后,"群书大备"。[①] 在不断的购书访书取得一定成绩后,唐朝政府便组织了较大规模的文献整理活动,使得唐代图书目录事业和文献整理事业得到持续发展,其成果集中体现在魏徵等人编纂的《隋书·经籍志》里。

《隋书·经籍志》是唐初官修的一部目录,是继《汉书·艺文志》以后的一部重要史志目录。它主要依据隋代、唐初的政府藏书,并参考以前的有关目录书编纂而成。

《隋书·经籍志》的作者,旧题魏徵,实际上还有李延寿、敬播二人。清代学者姚振宗对《隋书·经籍志》的作者进行了考证,说"大抵志初修于李延寿、敬播,有网罗汇聚之功,删订于魏郑公,有披荆斩棘之实。撰人可考者凡三人。"[②]

《隋书·经籍志》以隋《大业正御书目录》作为撰修底本,"其旧录所取,文义浅俗,无益教理者,并删去之;其旧录所遗,辞义可采,有所弘益者,咸附入之。"[③]在体例上,各部类之末都仿《汉书·艺文志》写序录,简要地说明诸家源流及其演变。各部序中都分别说明了与《汉书·艺文志》的继承关系:经部序说:"班固列六艺为九种,或以纬书解经,合为十种。"史部序说:"班固以《史记》附

---

① 《旧唐书》卷 46《经籍志》。
② 姚振宗《隋书经籍志考证》。
③ 《隋书》卷 32《经藉志》序。

《春秋》，今开其事类，凡十三种，别为史部。"子部序说："《汉书》有诸子、兵书、数术、方伎之略，今合而叙之，为十四种，谓之子部。"集部序中说："班固有诗赋略，凡五种，今引而伸之，合为三种，谓之集部。"这些都可以证明《隋志》与《汉志》的继承发展关系。《隋书·经籍志》和阮孝绪《七录》的继承关系也十分明显。《隋志》总序是目录学文献中的重要篇章，它的主要内容即根据《七录》叙录和隋牛弘的《五厄论》。《隋志》除史部正史、古史、杂史、起居注四篇不用《七录》体例外，其余"或合并篇目，或移易次第，大略相同"。① 至于把佛、道著作作为附录的做法，与《七录》将佛法、仙道作为外篇的做法是一致的，这正是唐代文献学多集前代之大成的特点。

《隋志》虽然是在前代各类目录书的基础上修成的，但魏徵等人的一些创造性方法使《隋志》更符合当时文献编目的具体情况和时代要求。魏徵等人对我国古文献整理著录上的贡献，主要有以下三个方面：

1. 著录。《汉书·艺文志》记的是西汉一代藏书之盛，而《隋书·经籍志》则不但要记隋朝一代藏书之盛，还要记载六朝时期典籍流散聚合情况，这在著录方法上不得不采取新的做法。魏徵等人的方法是以著录隋代现实藏书为主要内容，对六朝时代文献流散情况，则采用注文"梁有……今无"的著录方法。有些典籍到隋代已经佚失了，但在梁代或陈以前是能见得到的，必须把它们著录出来，才能看出六朝时期的文献全貌。这样，《隋书·经籍志》著录梁有隋亡的书共 1065 部，共计 12759 卷。这就为古代文献的历史提供了极丰富的材料。

2. 分类。西汉刘歆《七略》以来，随着历史文献的发展变化，目录的分类有七分、六分、五分、四分的变化和运用。魏晋六朝以

---

① 姚振宗《隋书经籍志考证》。

来,在官修目录中,四部分类法逐渐占有主导地位。魏徵等编撰《隋志》,在最后确定四部分类法的主导地位上起了决定性的作用,经、史、子、集的部类名称正式确定。尤其值得注意的是史部,史部不仅有了独立的部类,而且有了固定的部类名称,这是魏晋六朝史学发达、史籍增多的必然结果。现存的四部分类目录,以《隋书·经籍志》为最早。

3. 序录。魏晋南北朝的官修目录都没有提要,没有序录。私人目录中,虽说王俭有"九篇条例",阮孝绪《七录》有"序",但对于分类界说都没能详细地阐述。魏徵等人仿《七略》的"集略"作了《隋志》的总序、大序、小序,对各个部类的学术发展史、各个部类的沿革、内容和意义,都作出了历史性的分析和理论性的探讨,这就把四部分类法的理论和方法又提高了一步,而且对唐宋目录学的发展有着重大的影响。

唐代政府组织的文献整理的第二阶段是唐玄宗开元年间。开元 3 年(715 年),唐玄宗和侍读马怀素等人在谈话中,说到了内库藏书"篇卷错乱,难以检阅",①要求马怀素等人进行整理。马怀素受命后,上书建议续编王俭《七志》以后的目录。玄宗接受了这一建议,任命马怀素为秘书监,并派国子博士尹知章等分部编次,但工作成果不显著。开元 7 年(719 年),元行冲总领其事,他受命后,改变原有续编《七志》的计划,请求"通撰古今书目"。经过一年多的努力,终于在开元九年(721 年)撰成了当时皇家藏书目录——《群书四部录》。《群书四部录》二百卷,虽然因仓促成书,存在着一些缺点,但能在短时期内完成一部收书二千部四万余卷之多的目录,这在清《四库全书总目》以前是罕见的。即此一端,已使它在文献编目事业发展史上取得了应有的地位。

玄宗时文献整理成果,除有《群书四部》外,还有《开元四库书

---

① 《旧唐书》卷 46《经籍志》。

目》,是当时国家藏书的登录簿,惜宋以后皆佚,难考订其价值了。

唐代自开元以后,政府组织的文献整理活动一直未间断过。玄宗天宝三年(744年),由于开元以来不断搜集图书,数量有所增加,旧目已不符实,于是重编了《见在库书目》,共登录四库书54642卷。以后陆续入藏,陆续登录,到天宝十四年(755年),又续写了16843卷,与前综计国家藏书已达71485卷,皇家典藏大大丰富了。安史之乱,图书"亡散殆尽",经过肃、代、德、文诸朝悉心搜购,开成初年,典藏只有56476卷,始终没有恢复到天宝时的数量。

第五节　刘知幾对历史文献学的贡献

刘知幾是我国古代杰出的史学家,他的代表作是史学理论专著《史通》。《史通》的主要内容是对史书的义例、源流、编撰体例的评判,以及刘知幾自己修史主张和见解的阐述。在谈到史书的分类和史料考辨等问题时,牵涉到了历史文献学的范畴。刘知幾还对史学与历史文献学之间的关系作了较详细的解释。其有关的观点主要集中在《六家》《二体》《杂述》《采撰》《疑经》《惑古》诸篇中,主要有以下方面:

1.对史书进行了系统的分类,对史部目录学有所创建。刘知幾把史书体裁归纳为"六家"和"二体"。六家中,《尚书》家属记言体,《春秋》家属记事体,《左传》家属编年体,《国语》家属国别体,《史记》家属通代纪传体,《汉书》家属断代纪传体。二体是指编年体和纪传体。《六家》说:"于是考兹六家,商榷千载,盖史之流品,亦穷于此矣。"《二体》说:"既而丘明传《春秋》,子长著《史记》,载笔之体,于斯备矣。后来继作,相与因循,假有改张,变其名目,区域有限,孰能逾此!"《史通·古今正史》篇把相对于偏纪小说的史体称为正史,不专指纪传体，编年体史书也包含在内。与《史通》前后的正史概念相比较，刘知幾的分类较为确切。编年体的名称为《史通》首倡，为后代的目录所袭用。在《杂述》篇中，刘知幾把正史以外的历史书分成10类：偏纪、小录、逸事、琐言、郡书、家史、别传、杂记、地理书、郡邑簿。刘知幾对这10类史流杂著，从史料真假的角度评论了它们的价值。他认为由于正史在篇目、取材等方面都有一定的限制，对纷繁复杂的历史现象的记载"详略难均"，因此，这10类杂著在一定程度上能够补充正史。但是，这类杂著各有短长，应该善于选择，才能达到补史的目的。他说：偏纪、小录一类杂著，虽然"言多鄙朴，事罕圆备，终不能成其不刊，永播来叶"，但是却又"皆记即日当时之事，求诸周史，最为实录"，完全可以作为"作者削稿之资"。又说：记载陵庙、街里、城郭的"都邑簿"，对都市"辨其规模，明其制度"是必要的，但如果博而无限，"论榱栋则尺寸皆书，记草木则根株必数"，这就没有必要了。刘知幾对史书编撰及如何选择文献材料作了指导性的论述。

　　刘知幾对史注类文献也进行了分类，归纳为训诂解释和广异补缺两种体裁。他在《补注》篇中把训诂解释一体称为"开导后学，发明先义，古今传授，是曰儒宗"，大力推崇。对广异补缺则认为是"好事之子，思广异闻，而才短力微，不能自达。庶凭骥尾，千里绝群，遂乃摭众史之异辞，补前书之所缺。"刘知幾厚训诂薄补遗的评价未必恰当，但对史注二体的归纳是科学的，实属古今通例。

　　2.刘知幾从史学的角度出发，把经书作为史料看待。《尚书》《春秋》《左传》等儒家经典或经注，在刘知幾看来都是历史书。他认为《尚书》是记言之史，"《书》之所主，本于号令，所以宣王道之正义，发话言于臣下，故其所载，皆典、谟、训、诰、誓、命之文。"① 《春秋》是记事之史，孔子作《春秋》是借鲁国历史来阐发观点，"逮仲尼之修《春秋》也，乃观周礼之旧法，遵鲁史之遗文，据行事，仍人道，就败以明罚，因兴以立功，假日月而定历数，藉朝聘而正礼乐，微婉其说，隐晦其文，为不刊之言，著将来之法。"② 刘知幾认为《左传》是以事释《春秋》而作，"观《左传》之释经也，言见经文而事详传内，或传无而经有，或经阙而传存，其言简而要，其事详而博，信圣人之羽翮，而述者之冠冕也"。虽然名为经传，但实质是史。同样，《易》《诗》《礼》亦将它们看成史籍。他在《自叙》中说，"昔仲尼以睿圣明哲，天纵多能，睹史籍之繁文，惧览者之不一，删《诗》为三百篇，约史记以修《春秋》，赞《易》道以黜'八索'，述《职方》以除'九丘'，讨论坟、典，断自唐、虞，以迄于周"。即把孔子所整理撰述的儒家经典统统归为史籍。这种观点在古文献学史上可谓首倡，使人耳目一新，扩大了史料的范围，对后世产生了深远的影响。

3.崇尚真实，反对虚妄，重视考证辨伪。刘知幾在《采撰》篇中指出，史书的撰写要"征求异说，采摭群言"。左丘明、司马迁、班固等一些著名史学家都是这样"聚而编之，混成一录"，以至于"取信一时，擅名千载"。但各种文献记载有真伪，有得失，也有诬谬，刘知幾告诫修史者对历史文献要进行考证辨伪，"练其得失，明其真伪"。

刘知幾分析了史书记载致伪的原因，《杂说下》说"夫传闻失真，书事失实，盖事有不获已，人所不能免也。至于故为异说，以惑后来，则过之尤甚者矣。"指出致伪有客观和主观两方面的原因。要避免主观造成的虚伪，只有提高史德，而要避免客观造成的虚伪，那就要重视考辨，提高见识。他在《暗惑》篇中指出，"探赜索

①② 《史通》卷1《六家》。

隐,然后辨其纰缪。"刘知幾提倡考辨,自己也取得了很大的成绩,如他对经书提出了质疑,在《惑经》篇中指出孔子修撰的《春秋》"皆遵彼乖僻,习其讹谬,凡所编次,不加刊改","真伪莫分,是非相乱"。他指出《春秋》"未谕者有十二","虚美者有五焉",认为孔子歪曲历史。在《疑古》篇中,指出古人由于史料缺乏或出自偏见而对史事有所歪曲,包括孔子删订的六经也不例外,"观夫子之刊《书》也,夏桀让汤,武王斩纣,其事甚著,而芟黄不存;观夫子之定《礼》也,隐闵非命,恶视不终,而奋笔昌言云'鲁无篡弑';观夫子之删《诗》也,凡语《国风》,皆有怨刺,在于鲁国,独无其章;观夫子之《论语》也,君娶于吴,是谓同姓,而司败发问,对以知礼"。这一切,都是由孔子自己的爱憎而造成的。

刘知幾使用的考辨方法很多,对后世考辨群书很有参考价值。第一、从事实出发,进行理性上的分析,事乖理爽,是他判断伪书虚言的重要标准。第二、在辨伪时,非常重视以可靠的文献作为标准加以比较。例如他认为西晋时出土的汲冢非常可靠,因而经常据以辨伪。第三、从成书背景、撰写宗旨上分析。例如刘知幾从孔子和左丘明的关系出发,认为《左传》为释《春秋》而作,十分可信,而《公羊传》《谷梁传》虽然也是解释《春秋》的,但作者不了解孔子意图,不熟悉春秋史实,故不可靠。此外,还根据各时代语言、文体的特点等途径来考辨文献。

刘知幾从强调史料真实的角度出发,要求撰史者善于考辨文献真伪,在撰写过程中,要善于选择文献之长,舍弃文献之短,这不仅对史著的编撰有着重要的指导意义,而且对历史文献学的发展,尤其对中唐以后辨伪学的兴起有着重要的意义。

第七章　两宋元明——中国历史文献学的繁荣时期

第一节　北宋馆阁校勘的空前发展

中国封建社会的历史文献学,经过前代的发展,至宋代进入了繁荣时期。宋代政治、经济的发展,促进了科技、文化的繁荣,特别是印刷术的广泛使用,给文献的著述、编辑、整理带来了极大便利,这一时期的特点是史书数量大大超过前代,体裁广泛。宋代不仅继承了前代已有的各种史书体裁,如纪传、编年、别史、杂史、传记、史钞、载记、地理、职官、政书、目录、史评等,还创立了纪事本末体、纲目体,确立了方志体。金石学是宋代学者开辟的新园地,大量官修史书是这一时期的特点。唐代确立的史馆制度,至宋代发展得更为严密,设立了起居院、日历所、实录院、国史院、会要所等。修史制度也更为健全。宋代官修的史书有起居注、时政记、日历、实录、国史、会要等。特别是北宋官方对四部书籍的校勘工作,更远远超越了前代。

纵观北宋九朝之中央政府校勘工作,有如下一些方面值得注意。

一、将校勘记独立汇编成书。自宋初始,就已出现这种汇编:太宗朝史馆修撰张泌集有《汉书刊误》一卷;真宗朝"任随等上复校《史记》勘误文字五卷";①至景德年间校前、后《汉书》时,又将所校正的"三千余字""录为六卷以进"②;至仁宗景祐年间校《汉

---

① 《玉海》卷43。

② 《宋会要辑稿·崇儒》四之一。

书》后,更产生了多达三十卷的《汉书刊误》,在卷帙上远过前朝,且与张泌书同样具有独立书名。它们标志着到北宋时,校勘记又发展到一新阶段,即已完全独立成书。

自向、歆父子整理群书后,历代中央政府多有校理群籍的活动,然皆未将校勘成果单独汇集成书。私家校雠中,也未见有独立的校记汇编。北宋的校记专书,不但标志着政府校勘的一大进步,也是校勘学发展史上一重要里程碑:它标志着校勘学已从以往与目录、版本诸学并行的状态,向着独立方向的重大迈进。北宋这些校记汇编,又对后世产生重大影响,如南宋张淳《仪礼识误》,毛居正《六经正误》,方崧卿《韩集举正》等,都继承光大了这种作法,将校勘成果集为专书。

二、校勘与"小学"的互动,亦颇引人注目。北宋政府校勘一方面充分运用前代的"小学"成果,一方面又很重视校理之书。如建国之初就校《经典释文》(其中含大量"小学"资料);太平兴国年间更详定《玉篇》《切韵》,后又雠校《说文》;真宗景德年间则新定《韵略》,且两次校《尔雅》。宋初的这些校勘工作,伴之以板颁行,大大推动"小学"成果广泛传播,为其后的校勘创造了良好条件。

三、建立专门机构进行校勘。北宋中央已形成校书中心——三馆(昭文馆、集贤馆、史馆)秘阁,此外还建立一些机构,如仁宗朝的"校正医书局",徽宗朝置"补完校正文籍局"等。设置这些机构可保证身处其中的人员专心致志进行校勘,且有大量辅助人员协助。这一举措对保证校勘质量无疑具有重大作用。

四、校勘与刻印紧密结合。北宋校勘繁兴,其最直接原因即是刊刻书籍之需;而校勘事业的发达,反过来又推动刻书业发展。二者相互促进,形成空前繁荣的景象。

五、政府校勘与目录学相辅相成,互相促进。这主要表现在两个方面,一是校勘后编制书目。我国自向、歆父子校理群籍后,即有编制目录的优良传统,这在北宋得到空前弘扬,如真宗朝的《咸平馆阁图籍目录》《景德太清楼四部书目》《(祥符)龙图阁书目》《祥符宝文统录》等均是,而规模最为宏大的自然是仁宗庆历之《崇文总目》。如此频繁地校书编目,对古代目录学的发展无疑起着巨大的推动作用。另是为校勘之需广搜异本并专门建立目录,如太宗太平兴国九年正月和真宗景德四年十月就曾两次下诏,为校勘目的而张布阙书目。至仁宗朝,则更有《嘉祐搜访阙书目》等。为搜求阙书专门编目的作法,北魏就已出现,即"《阙书目录》一卷"①,唐代也曾有《唐四库搜访图书目》一卷。北宋使这一优良传统得到继承和发扬。

六、对校勘人员赏罚严明。每次校勘之后皆立即赏赐,或升官晋级,或物质奖励。而对敷衍塞责者亦严惩不贷,最突出一例即在仁宗朝:"(天圣三年六月)丙辰,降直昭文馆陈从易为直史馆,集贤校理聂冠卿、李昭遘并落职。先是,从易等校太清楼所藏《十代兴亡论》,字非舛误而妄涂窜,以为日课。上因禁中览之,故及于责。"②这种严厉惩罚前代罕有,实为保证校勘质量的重要手段之一。

七、注重校当代之书,如真宗咸平年间曾校"太宗圣制"之书,至景德四年,又校理太宗朝所纂之《文苑英华》。仁宗初年,从《册府元龟》中刚刚选编出《天和殿御览》,就立即进行校勘。哲宗朝校《资治通鉴》,距《通鉴》进呈时间仅一年多。这四种当代之书中,除"太宗圣制"外,其余三种都是政府组织编修之书。校当代之书,实际上是校勘范围的一种扩展,是官府校勘进一步发展的标志。

此外,在任用专家校书方面,北宋也不逊于前代。

---

① 《隋书》卷 33《经籍志》。
② 《续资治通鉴长编》卷 103。

北宋馆阁校勘当然也存在的问题,"虽累加校正,而尚无善本。"①然从整体上看,北宋在诸多方面皆超越前代,官府校勘已完全成熟。且其影响深远:南宋校勘学硕果累累——产生了第一部校雠学专著——郑樵的《校雠略》;诞生了标志校勘格式规范化的《校雠式》;出现了独立完整的校勘学专著——方崧卿的《韩集举正》等,其原因固可列出许多,然北宋校勘的高度发展,显然是最直接而重要的原因之一②。

第二节　宋代类书的编纂

类书是辑录各门类或某一门类的资料,按照一定的方法编排,便于寻检、征引的工具书。类书具有极高的文献价值,由于它博采四部,且分门别类,所以便于查找各类资料,对于考索事物源流、校勘、辑佚都有很大意义。我国类书起源于三国曹魏时,魏文帝曹丕敕撰编修《皇览》,成为我国类书之祖。以后,类书不断发展,官敕编撰的类书有《太平御览》《太平广记》《册府元龟》。在官敕编撰类书之外,还出现了大量的私修类书,如王应麟《玉海》,章如愚《山堂考索》,还有一些续编多次的类书,如《群书考索》《古今合璧事类备要》《古今事文类聚》等。

《太平御览》1000 卷,李昉等编撰。宋太宗太平兴国 2 年(977 年),太宗命李昉等将前代的《修文殿御览》《艺文类聚》《文思博要》及前代类书,分门编为 1000 卷。全书分为 55 部,部下分若干细目,约 500 万字。卷首附录引书达 1690 种,今存十之二、三。此书的一个重要特点是,引书比较完整,多整篇整段的文字,且注明

①　《宋会要辑稿·职官》十八之三。

②　参见汝企和《北宋中后期官府校勘论述》,《中国史研究》2000 年第 1 期。

出处,故此书历来为学者所重视。

《太平广记》500卷,李昉、吴淑等奉敕编撰。全书有目录10卷,分为92类。所收内容,除正史外,还有野史、地理、文集、笔记、佛道典籍、传说、小说等。引用书目500多种,存佚各占一半。此书对于研究古代文学和社会风俗是最重要的书籍,并对史料的辑佚、校勘工作,颇多参考价值。

《册府元龟》1000卷,王钦若、杨亿等奉敕编撰。此书编撰的目的是为君臣鉴戒,故真宗极为重视,诸如参加编修的人选、凡例、内容、选用资料等有关原则性问题都由皇帝裁决。所选资料都出自常见的经、子、史书,不用小说和杂史。宋代官修的三大类书中,以《册府元龟》篇幅最长,同时也是《四库全书》中最大的类书之一,在中国历史文献学史上具有重要地位:

一、《册府元龟》是中国类书发展史上较为成熟和完备的一部类书,全书分31部,每部前有总序,部下分门,共1100多门,每门有小序,各门的材料按时代先后排列。因此,它的分类极为详细和完备,较好地体现了类书的特点。

二、资料丰富和集中。所选资料虽多出自正史,但其记事上起远古,下至五代之末,且按部、门、类、年分编,欲查同类史料,只要找出其门类,即可查到,故为后世研究历史提供了极大的方便。

三、便于校勘和辑佚。此书概括了全部十七史,且多据古本,所引资料多整篇整节照录原文,文中俚语亦未删节,从而保存了不少珍贵的历史资料和语言资料,历来为校勘学家所重视。陈垣曾以此书的引文补《魏书·乐志》之残缺,中华书局出版的点校本正史也据此书校正了不少错误。唐五代部分,《册府元龟》不仅采用了《旧唐书》《旧五代史》,而且还引用了大量实录。因此,清末岑建功《旧唐书佚文》即大量采用《册府》的内容,陈垣也曾以它重新辑校《旧五代史》。

《玉海》204卷,王应麟撰。此书编撰的目的是为报考博学鸿词科的人提供指南，因此这部书在封建社会历来受到重视。

《玉海》共分 21 门，每门又分若干类，共 241 类，每类又按年代分若干细目，每一细目则精心编选经、史、子、集、稗官小说等有关记载，间亦加以编撰者的按语。纪年始于传说中的三皇五帝，终以南宋。

《玉海》是很有价值的文献汇编。此书博采四部，所收资料极为广泛。所引之书，有很多是史志不载或今已失传的，如其《艺文部》的书目提要，谈到唐代类书《三教珠英》的主要内容，即为宋代史志所未载。特别是宋代史籍常取材于现已失传的实录、日历等，亦多为现存史籍所未详；且每遇异说，往往博采众书加以考证，故可作为校勘、辑佚、补注的资料。

特别值得一提的是，《玉海》在类书中首创《艺文》门类，用以记载图书目录。南宋以前的类书只有记图书典故的艺文，没有记图书目录的艺文。《玉海》在编纂方法上，把历史文献资料与图书目录互相结合在一起，这样在书的各个类目中，不但提供了历史文献资料，而且提供了它们的来源，这是《玉海》与其他类书的不同之处，故而它在目录学史上具有较高的价值。

第三节　宋代官修书目与私家书目

中国古代书籍，至隋代已达 37 万卷之多①，然而经战乱兵燹，到宋初只残存万余卷②。宋太祖、宋太宗都非常重视图书事业，多次颁布诏令，不惜以重金求购图籍，因此取得了可观的成果。如太祖时，仅在收复蜀地时所得之书就达 13000 卷③。太宗时以金帛求购书籍，并在"三馆"（史馆、昭文馆、集贤院）之外，特建崇文院

---

① ② 　《宋史》卷 202《艺文志》。

③ 　《容斋五笔》。

和秘阁收藏图籍。经过宋初几朝的着力搜求,至宋仁宗庆历年间朝廷藏书已达 30669 卷,于是仁宗"命翰林学士张观等编四库书,仿《开元四部录》为《崇文总目》。"①《崇文总目》于仁宗庆历元年(1041 年)由王尧臣等人修成,共 66 卷。它将上述 30669 卷藏书分为 4 部 45 类,每类都写有序,每部书则有提要。原书早已亡佚,现行的五卷本《崇文总目》是清人从《永乐大典》《玉海》等书中辑出的。

南宋高宗迁都临安之后,也非常重视收集图书,建都之时就"建秘书省于国史院之右,搜访遗缺,屡优献书之赏。"②这些措施确实收到了显著效果:"四方之藏,稍稍复出,而馆阁编辑,日益以富矣。"③于是南宋政府也组织人整理图书,编修书目。先有陈骙等人仿《崇文总目》编次《中兴馆阁书目》,于孝宗五年(1178 年)成书,凡 70 卷,又序例一卷,共著录藏书 44486 卷。到宁宗时,书籍增多,又命张攀等人编修《中兴馆阁续书目》,宁宗嘉定 13 年(1220 年)书成,凡 30 卷,著录藏书 14943 卷。这两部书目也已亡佚,现仅存赵士炜辑的《中兴馆阁书目辑考》5 卷与《中兴馆阁续书目辑考》1 卷。

宋代官修的国史内也有艺文志,而且每类有序,每部书有题解,都是根据官修书目编成的。其中太祖、太宗、真宗朝的《三朝国史·艺文志》是吕夷简等人编修的,仁宗、英宗朝的《两朝国史·艺文志》是王珪等人编修的,神宗、哲宗、徽宗、钦宗朝的《四朝国史·艺文志》和南宋高、孝、光、宁四朝的《四朝国史·艺文志》则是南宋李焘等人所修。

宋代由于印刷术的广泛应用,图书数量大增,私人藏书自然远远超过前代,而且涌现出一批藏书家。如金石学家赵明诚和女词人李清照夫妇,他们穷搜苦访图书 20 余载,后虽经战火焚毁,到赵

①②③ 《宋史》卷 202《艺文志序》。

明诚去世时尚存有金石刻辞 2000 卷和图书 2 万卷。又如藏书家叶梦得,苦心经营数十载,藏书达 10 万余卷,遗憾的是他去世前一年皆毁于大火。又如《默记》的作者王铚酷嗜藏书,为此辛劳半世,其藏书达数万卷之多。再如尤袤,对书的热爱达到了"饥读之以当肉,寒读之以当裘,孤寂读之以当友,幽忧而读之以当金石琴瑟也"①的境地。他倾毕生心血收书、抄书、藏书,并撰写了著名的《遂初堂书目》。

两宋私人藏书家编制了不少书目,其中有书名可考的就达 30 余种,而最受后人称道的则是《郡斋读书志》与《直斋书录解题》。

《郡斋读书志》为晁公武所编。晁公武字子止,澶州清丰人。因他家居汴京昭德坊,故此又称昭德先生。他继承了四川转运使、藏书家井度的藏书,加上他自己的搜求,因而藏书达 24500 多卷。晁公武非常博学,常常在读书时亲自校雠群书、撰写提要。《郡斋读书志》就是他在四川荣州开始编写的,全书分经、史、子、集四部,45 类,每部有序,称为"总论"。每个小类形式上无序,但实际上在每类的第一部书的提要里,大都叙述了学术源流。他在所著录的每部书的书名之下,有时写明作者的简历,有时论述该书的要旨,有时阐明学术源流,有时列举不同学说并加以考证。《郡斋读书志》共著录书籍 1937 部,是我国现存最早的一部附有提要的私家书目。它为后人了解宋代和宋以前的各种古籍,提供了可靠的依据。

《直斋书录解题》的作者是陈振孙。陈振孙字伯玉,号直斋,浙江人。他为官 30 余年,一直致力收藏图书,藏书达 51000 卷。他在搜求图籍的同时,编写了这部书目。

《直斋书录解题》原为 56 卷,已佚,现行 22 卷本是从《永乐大典》中辑出的。全书分 53 类著录。书内虽未标出经史子集之名,

---

① 《遂初堂书目·序》。

但实际仍是按四部法分类。在 53 个类目中,仅 9 类有小序,说明其增创类目的内容范围和类目演变情况。对每部书不止记载书名,而且记录了卷数、作者的姓名、官职,对该书的学术渊源或版本类别也有所论述。尤其在解题中,或记古书的款式和版刻,或说明善本书的获得经过;既记载印本,也著录抄本、拓本,是为本书的特色。《直斋书录解题》共著录图书 51180 卷,全面反映出南宋以前的图书情况,开创了书目使用解题的先例。

第四节　郑樵的历史文献学理论成就

郑樵是我国古代一位杰出的文献学家。他生于北宋徽宗崇宁 3 年(1104 年),卒于南宋高宗绍兴 32 年(1162 年),是宋兴化军莆田(今属福建)人,字渔仲,自号"溪西逸民",学者称之为"夹漈先生"。他曾住在福建夹漈山中,闭门读书 30 余年,又曾出游各地,搜奇访古。路遇藏书家,一定要读完其藏书之后才肯离去。他治学严谨,为写《天文略》,他连续数夜观察满天星斗[1];为撰《昆虫草木略》,他又"与田夫野老往来,与夜鹤晓猿杂处。"[2]他广泛涉猎经史、礼乐、文字、天文地理、虫鱼草木、方书图谱等各门学科,毕生专心著述,著作达 1000 余卷,然而完整流传至今的仅有《通志》一书了。

《通志》共 200 卷,包括本纪 18 卷,年谱 4 卷,二十略 52 卷,世家 3 卷,列传 115 卷,载记 8 卷。可见《通志》是继承了《史记》的纪传体体裁而又有所创新:它改"表"为"谱",变"志"为"略",而且在全书纲目体例的统一、史事的考证改编、二十略的创制等方面,都有其独到之处。《通志》不但是杰出的史学巨著,而且在文

---

[1] 《通志》卷 38《天文略序》。

[2] 《通志》卷 75《昆虫草木略序》。

献学方面也颇有建树,兹分述如下。

郑樵提出了"类例"的概念。他在《校雠略》中指出:"类书,犹持军也。若有条理,虽多而治;若无条理,虽寡而纷。类例不患其多也,患处多之无术耳。"他还在《校雠略》中深刻阐明了区别类例对保存图书具有何等重要的意义。"类例"概念的提出,对于编修书目、整理资料具有非常重要的意义,这是郑樵对古代文献学的一个贡献。

他创立了三级类目的新分类体系。我国古代著名的《汉书·艺文志》《隋书·经籍志》所采用的都是两级类目的分类体系。郑樵鉴于当时图书事业的空前发展,独创新的分类体系,包括 12 类、百家、422 种。这种三级类目分类体系,在我国目录学发展史上具有重要地位。

郑樵又提出了"通录图书之有无"、详今略古的见解。这是他"会通"的史学思想在目录学方面的表现。

他认真总结了历代文献散亡的原因,指出搜访图书的必要性,并系统地提出了"求书八法",即"一曰即类以求,二曰旁类以求,三曰因地以求,四曰因家以求,五曰求之公,六曰求之私,七曰因人以求,八曰因代以求。"他的"求书八法"被后代藏书家奉为圭臬。

郑樵还具体分析了亡书的各种情况,提出了辑佚的理论原则,开辑佚工作的先河。他的辑佚原则、理论对后世也产生了很大影响。

郑樵还扩大了历史文献资料的范围。他极为重视图谱、金石的史料价值,把它们提到与图书同等的地位。由于他的倡导,图谱、金石之学在宋以后得到很大发展。

郑樵这些文献学理论有着承前启后的作用,对文献学的发展产生了深远的影响。

第五节 方志体例的确立和方志学的形成

方志是我国传统的一种以地域为记载中心的史志,是由史、志、记、录、传、图等各类书籍逐步演变而来的一种特定体裁的著作。按记载范围的不同,它可分为记全国的总志,记省的通志,以及郡志、县志、乡镇志等类别。方志不仅有关于地理沿革、行政区划的记载,而且还有关于当地户籍、农田、工商、赋税、人物、风俗、物产、名胜、文艺等多方面的叙述,内容包罗万象,是一种综合体的地方百科全书。

方志的起源可上溯到先秦时期。据《周礼》记载,周代已有掌管"邦国之志"的"小史",又有掌管"四方之志"的"外史"。所谓"四方之志"就是当时诸侯各国的历史。如《郑志》是郑国的历史,《晋乘》是晋国的历史。这是方志之称最早见于文献的记载,说明当时已出现了以某一地域为范围的史记。春秋战国时期有人编写《禹贡》,扼要地记述了全国的疆域、土壤、物产、赋税和风俗等,是一部地理著作,也可说是方志中总志类的雏型。

秦汉魏晋时期,出现了许多记载地方史事的"郡国之书",但这些著作,或记述方国历史,或记载州郡地理,或叙论乡党人物,内容都较单一。直到晋代常璩的《华阳国志》才将三者合而为一。《华阳国志》记载了从远古到东晋永和 3 年(347 年)巴蜀地区的史事,其内容既有地理沿革,也有编年大事和人物传记,较全面地反映了巴蜀地区政治、经济、地理、人物以及民情风俗等方面的情况,已初具后代方志的基本格局。

隋大业年间,"普诏天下诸郡,条其风俗、物产、地图上于尚书",[①]编成《诸郡物产土俗记》131 卷,《区宇图志》129 卷,《诸州

---

① 《隋书》卷 33《经籍志》。

图经集》100卷。这是我国历史上有组织大规模编修总志的开端。唐承隋志，又编成《括地志》550卷和《元和郡县图志》40卷，进一步推动了方志的编纂。

到了宋代，方志的编修走向成熟，方志体例逐渐完善并趋于定型，新兴的方志学也已逐渐形成。

宋代修志已蔚然成风，据《中国古方志考》统计，宋代地方志多达700余部，虽然现存仅剩30余部，但从中也可以看出其时已产生了一批体例较完善，为后世修志张本的方志。宋代记全国区域的总志现存五部，其中乐史的《太平寰宇记》尤为重要。宋以前虽已编成多部总志，但都内容过简且主要限于地理的记述。《太平寰宇记》则率先突破旧例，在地理外又编入姓氏、人物、风俗数门，因人物又详及官爵及诗词杂事。"后来方志，必列人物、艺文者，其体皆始于史。盖地理之书，记载至是书而始详，体例亦自是而大变"①。后来元朝修《大元大一统志》，明朝修《明一统志》，清朝修《大清一统志》，都沿袭了《太平寰宇记》的编纂方法。府郡志可以南宋范成大的《吴郡志》为代表。《吴郡志》征引浩博，内容翔实，平列39门目，记述了当时苏州地区的自然现象、经济状况、地方掌故、人物活动、文化成就以及社会动态等各方面内容。范成大作为杰出的方志学家，重视人物、掌故，注意以诗文证史，并坚持详今略古的精神，对后世方志产生了深远的影响。高似孙的《剡录》则是一部编修县志的示范性创作。《剡录》即浙江的嵊县志，全书由大事记、舆地图、山水等专志、人物列传及杂录五部分组成，"凡山川城池、版图官治、人杰地灵、佛庐仙馆、诗经画史、草木虫鱼，无所不载"②。形成了体系周密、结构完整的县志体例。此外，乡镇级也有了《澉水志》等分门类附子目，"体例精严"的名志。

---

① 《四库全书总目》卷六十八。
② 《剡录》史之安序。

随着一批成熟方志的出现,方志学也在南宋时期形成了。以往自梁启超提出"方志学之成立,实自实斋始也"①,一般都把乾嘉时代的章学诚作为中国方志学的创立者。近年有的学者经研究,认为我国方志学的形成应定在南宋时期,因为其时对方志的性质、作用、体例、编修原则和编纂方法等方面,已有了一套比较完整的理论,并运用到了编修方志的实践中②。宋代方志学家在方志的序文、例言中,大都对方志的理论和方法进行了阐述和探讨。而周应合于景定2年(1261年)纂成《建康志》,在卷首所写的《修志本末》,则为南宋方志学的形成奠定了基础。综合起来,南宋方志学的成就可概括为以下五个方面。

(1)明确提出编修方志的目的和作用是"存教化,识典章",③探求"古今是非得失之迹",以劝善惩恶,"有补于世"。④ (2)认识到方志性质是地方史,内容包括自然、社会各方面的发展变化,因而注意按史法修志。周应合的《建康志》就被元代张铉称为"良史"。(3)坚持了详今略古的修志原则,重视调查搜访地方文献和当今材料。(4)确定了方志的完整体例,即把志书分为纪、图、表、志、传五部分,分别按编年记大事,依地区画舆地,分经纬表年世,别典制列专题,据行迹传人物。(5)确立了设置机构以及专家修志的编纂要求和具体步骤。周应合修《建康志》,为修志"书局"制定的工作程序是,先确定凡例,次分工纂辑,第三步广事搜访历史文献,最后详细参订定稿。

南宋方志学的理论和修志方法,大抵成了后来修志的准绳,

---

① 梁启超《中国近三百年学术史》。

② 见洪焕椿《南宋方志学家的主要成就和方志学的形成》,载《史学史研究》1986年第4期,以下叙述参考了该文观点。

③ 陈耆卿《赤城志》序。

④ 周应合《建康志》马光祖序。

元、明、清时期又在修志实践中不断有所深化和完善。我国历代方志现存多达一万二千多种,①是历史文献的重要宝库。

第六节 两宋历史文献学的其他成就

北宋欧阳修与《集古录》 欧阳修字永叔,号醉翁,又号六一居士,吉州庐陵人,生于宋真宗景德4年(1007年),卒于宋神宗熙宁5年(1072年)。他是北宋著名的政治家、文学家,还是著名的史学家,纂有《新唐书》和《新五代史》,而他的《集古录》又以其金石学的卓越成就,使他成为北宋著名的金石学家和文献学家,对后世产生了重大影响。

欧阳修所著《集古录》1000卷,是一部包括上起三代、下迄宋初的钟鼎敦甬碑碣法帖款识的巨著。他"家藏书一万卷,集录三代以来金石遗文一千卷",许多著录于此书的文物拓片都是他自己千方百计寻求而得的,前后经历了8年的时间才成《集古录》。《集古录》不仅在金石学上,而且在中国历史文献学史上占有重要地位。它对历史文献学的主要贡献是:

一、《集古录》开创了运用大量金石铭刻考辨史籍讹误的先例,从而大大丰富了历史文献的内容。汇集金石文字最早开始于梁萧绎的《碑英》,北宋时研究金石文物的人已经不可胜数,然而用丰富的金石资料,精核地审订史料的讹谬,与史传相参证,却创始于欧阳修的《集古录》。例如,他把《后汉太尉刘宽碑》与《汉书》的记载比较,发现所记官职不同,遂又详细考订,予以更正。他不仅以碑帖铭文来考证正史记事、记人的错误,而且还注意对典章制度的疏解,同时还注意碑帖铭文的经世致用价值,如《唐会昌投龙文跋尾》等,就能揭露迷信的欺诈性和封建地主贪生怕死、妄

---

① 见胡道静《谈古籍的普查和情报》,载《历史研究》1982年第4期。

求延年益寿的丑恶行径。在约 400 篇的《集古录跋尾》中,欧阳修订正旧史之失达 300 余处,成绩是空前的。这种把金石铭文视为历史文献来研究的方法,对后世产生了重大影响。

二、《集古录》中对金石碑帖的考证采用了死校、活校相互补充、灵活运用的方法。例如在整理《黄庭经》时,因为永和石本是当时所能见到的最早版本,所以"一以石本为定"。而在校订其它一些碑帖铭文时,则视情况不同,或依样画葫芦,或兼采众家之长,有校有改,有注有释。如此精通校雠心法、家法,灵活采用死校、活校两种方法,使《集古录》具有较高的史料价值。

三、欧阳修整理金石铭文不以臆断为定,非常审慎。例如,他对许多铭文中的诔词佞语都予以揭发,澄清《白敏中碑》里对李德裕的谤词就是一例。又如著录了《黄庭经》的不同版本以"使览者得以自择"。"君子所慎于传疑也",是欧阳修审慎、严谨的治学指导思想。

欧阳修还在所著《易童子问》里,提出《易》中的《文言》《系辞》《说卦》等篇并非出自孔子之手的看法,在当时是非常大胆的。这种疑古精神,对于实事求是地考证史料很有意义。欧阳修还能注意奖励古籍整理人才,也是对历史文献学发展的一种贡献。

司马光与《资治通鉴考异》　　司马光字君实,陕州夏县人,生于 1019 年,卒于 1086 年,是北宋著名的政治家、史学家。所著书有《文集》80 卷,《资治通鉴》294 卷,《稽古录》20 卷,《资治通鉴考异》(以下简称《考异》)30 卷,以及其它著述 10 余种。其中《考异》以其详实的内容、科学的方法,使司马光在历史文献学发展史上占有重要的地位。

《考异》是司马光在编撰《资治通鉴》的同时,"参考群书,评其同异,俾归一途"①而成书的。全书共计 2977 个条目,依照《通鉴》

---

① 《司马温公集·进资治通鉴表》。

编年的次序排列，"既著采撷所自，又明去取之由"，内容十分丰富，包括对史事、史地、史时及历史人物的多角度、多方面的考订辨证。司马光编订此书的目的，是作为《通鉴》的辅助读物，以"使读者晓然于记载之得失是非，而不复有所歧惑"①。其对历史文献学的主要贡献是：

一、开考异式自注之新风。史书注解是历史文献学内容之一、一般表现为对古籍注、疏、笺等，称为他注；而作者把注解引入史书编纂过程，说明考证史事、决定去取的情况，称为自注。考异式自注指自己写书而又自己撰考异，并编为专书。虽然《史记》在"太史公曰"中早已开了史书自注之先例，杜佑的《通典》也采用了许多考异式的自注方法，然而自己写书而又自撰考异并成专著者，以司马光为第一人。同是考证，司马光是为著史而考证；同是自注，司马光写出了考异专著，这是司马光的《考异》高于他人之处，从而在史学史上创立了一种新的史书体裁。一时间考异之风盛行，出现了许多多角度、多层次的考异著作。司马光在历史文献学上的创新，促进了史学的发展。

二、在史料鉴别方法上，发展了宋以前的考辨方法。在史料鉴别与取舍上，司马光作《考异》有以下六个特点：(1)参取众书而从其长者；(2)两存其说者；(3)两弃者；(4)两疑而节取其要者；(5)存疑者；(6)兼存或说于《考异》中者。这些方法融合于《考异》对每件史事、人物等等的考证之中。司马光这种鉴别史料、进行取舍的方法，虽不全是他自己的发明创造，然而针对不同的情况，灵活地采用不同的方法，集六种方法于一书之中，则较之宋以前的考辨取舍方法大有进步。

三、在内容上，开创了史书考异的体例。《考异》全书条目近3000,《通鉴》294 卷，平均每卷达 10 条之多。内容包括记时、记

---

① 《四库全书总目·通鉴考异》。

事、记地、记人物、记官爵、记数字的失误等多项,各项下面又可分出许多细目。这样全面地考辨,是《考异》的特点。同时,司马光还提出了"实录、正史未必皆可据,小说未必皆无凭"的思想,从而丰富了历史文献学的内容。

吴缜与《新唐书纠谬》 吴缜字廷珍,成都人,《宋史》无传,生卒年月不详,是北宋著名的考史专家。他流传下来并产生重大影响的专著是《新唐书纠谬》和《五代史记纂误》。这两部书是对《新唐书》《新五代史》的考辨,奠定了吴缜在历史文献学史上的地位。其主要贡献如下:

一、开考异当代著作之先河,指出《新唐书》修书"八失"。《新唐书》《新五代史》是当时的名人欧阳修、宋祁所作,吴缜身为一个"从宦巴峡、僻陋寡闻"[①]的远臣,不畏权威,对其著作进行严格周密、不留情面的纠谬,实为考异当代史的文献学家的先驱。

《新唐书纠谬》20卷,分20门,除地理、职官非吴缜所长外,考出的449条谬误约十分之九"深中其(《新唐书》)病"[②]。吴缜还指出错误如此之多的原因是其修书的"八失",即:"一曰责任不专,二曰课程不立,三曰初无义例,四曰终无审复,五曰多采小说而不精择,六曰务因旧文而不推考,七曰刊修者不知刊修之要而各徇私好,八曰校勘者不举校勘之职而唯务苟容"[③]。并提出补足八失的具体措施。

二、发展了传统的本校法。早在东晋孙盛的《异同评》中已间或使用此法,然以本校法为主、且申明其义例,对后世产生重大影响者,则当首推吴缜的《新唐书纠谬》。

三、考证对象拓宽。北宋史考盛行,佳作亦不少,但偏重各异。司马光的《资治通鉴考异》考辨史事的本末异同甚详,三刘的《汉

①③ 《新唐书纠谬序》。
② 《四库全书总目》的《新唐书纠谬》条。

书标注》以考证文字者居多。唯有吴缜不仅考异文字、史实,而且也涉及编纂体例、材料取舍,拓宽了考证的对象,对后世产生了重大影响。

吴缜的《五代史记纂误》是专门指摘《新五代史》讹误的书。原本早佚,今本为清代从《永乐大典》中辑出的,约存原书的十之五、六。

吴缜的《新唐书纠谬》和《五代史记纂误》对历史编纂学和校勘学均有贡献。

沈括与《梦溪笔谈》 沈括(1031年—1095年),杭州钱塘人(今浙江),字存中,晚年居于润州的梦溪园。

沈括极为博学,著述近40种,可惜大都亡佚了。传世著作中最著名的是《梦溪笔谈》,共26卷,还有《补笔谈》2卷、《续笔谈》1卷。该书共分17门,按类系事,约600条。内容丰富,而且对多种历史文献有精辟的考证。它保存了许多珍贵史料和自然科学资料,并对后世历史考据学的发展产生了很大影响。

沈括对宋代考古学的发展有杰出贡献。《梦溪笔谈》包括有金石考古方面的内容,除纪录古物的形状和款式之外,还进一步研究了器物的制作方法和原理,并力图用出土文物来验证古书中的某些记载,以纠正古籍和流俗之说的谬误和讹传。同时,沈括在史料辨识方面也有很高的成就,他所运用的名实辨正、理由分析、逻辑推演、辨证思维等,纠正和辨析古代文献记载中诸多谬误的分析方法,是对秦汉以来中国文化传统中批判性思维品质的承接与发展,从而使其在古代文献的考辨方面,对后代产生了重要影响。①

南宋朱熹的文献学成就 朱熹(1130年—1200年),徽州婺源人,生于南剑州尤溪,字元晦,一字仲晦,号晦庵,又号晦翁,别称紫阳。生平主要从事著书讲学,对经学、史学、文学、乐律以及自然

---

① 参见郭树《沈括的谬误分析方法》,《晋阳学刊》2002年第3期。

科学都有贡献。主要著作有：《四书章句集注》《伊洛渊源录》《名臣言行录》《资治通鉴纲目》《楚辞集注》《诗集传》《韩文考异》及后人编纂的《朱子语类》《朱文公文集》等。他在文献学方面的成就是巨大的。

首先，创立了纲目体体裁。《资治通鉴纲目》59 卷，是据《资治通鉴》增损而成的。此书专从褒贬上作文章，史料价值不高。但创立了纲目体体裁，对后世的文献学及史书编纂具有较大影响。

其次，广注典籍，精于校勘。他的书号为集注，其实很少引前人旧注，而极多义理发挥之言。其所注书成为后代科举考试的标准。他校书的最大特点是就事理而判文理，就文理而校勘。《韩文考异》是他一生校勘经验的集大成者，给予后世校勘研究以很多启示。

再次，朱熹辨伪考证之书，遍及古经、百家杂史。因为他精熟文理，其辨伪多从文字着眼，而这点常为后世学者所忽略。他辨《尚书》古今文的影响最大，不仅疑古文，而且疑今文。他的发现，开启了后人对《尚书》今古文的研究。朱熹敢于大胆怀疑群经的精神，也对当时与后世的学者有很大影响。

此外，朱熹对考据亦颇用心。他的考据涉及天文地理，经史子集。这与当时人轻视考据而空言义理之风是相背的，实在难得。

洪迈与《容斋随笔》　洪迈(1123 年—1202 年)，饶州鄱阳人。字景庐，号容斋，别号野处。他一生涉猎书籍颇多，凡有所得，便随笔记下。编著有《野处类稿》《容斋随笔》《夷坚志》《万首唐人绝句》等。其中以《容斋随笔》价值最高，也最能体现洪迈的历史文献学成就。

《容斋随笔》分《随笔》《续笔》《三笔》《四笔》《五笔》，共五集74 卷，其内容涉及历史、文学、哲学、艺术等许多方面。书中考证了宋以前的一些历史事实、政治制度；记述了不少词章典故；对宋代的典章制度记述尤详,在史料上有较大的参考价值。书中辨证考据颇为精详。后代学者称其考据精简,议论高简,与《梦溪笔谈》《困学纪闻》并重于世。

洪迈的考证成就主要有两方面:首先是对经书和历朝史籍进行辨误、质疑和考证。他对唐代典章制度的考证特别精彩,如对《新唐书·世系表》的考证。其次是对史册上的字句作若干考证。他的考证不仅对后人阅读、鉴别和引用史料有很大帮助,而且在许多方面开启了后世的研究,为后来学者所借鉴。

王应麟及其《困学纪闻》　　王应麟（1223 年—1296 年）,浚仪人, 字伯厚, 号深宁居士, 一号厚斋。他在宋亡之后未出仕, 专心著述 20 年。一生著书 20 余种, 约 600 卷, 其中著名者有《玉海》《困学纪闻》《汉艺文志考证》《通鉴地理考》《汉制考》。

王应麟在文献学方面的成就首推《玉海》,已如前述。他还精于经学、地理,尤擅长考史,不仅开宋代考史之先河,而且拓宽了考史的领域,是宋代考史的代表人物。《困学纪闻》20 卷,其中说经8 卷,天道、地理、诸子 2 卷,考史 6 卷,评诗文 3 卷,杂识 1 卷,而以考史为主。该书征引资料广泛,论证精详。其史考综罗文献,贯穿古今,考证精确,对于前人局限于某一部书的考订是一个重大突破。他还擅长职官、制度和典故的考证,并且不盲目相信汉人的注疏。上述多种著作对后世产生很大影响,如顾祖禹的《读史方舆纪要》、章宗源的《隋书经籍志考证》等,很难说没有受到王应麟的影响。

第七节　马端临的《文献通考》

马端临,字贵与,江西乐平人,约生于宋理宗宝佑 2 年(1254

年),卒于元英宗至治 2 年(1322 年)后,①是宋末元初杰出的史学家。他在宋朝曾做过承事郎,后其父马廷鸾被贾似道排挤而辞去宰相职,他即随父回到乐平,不复作官。父亲去世后,马端临受地方官聘请,先后任慈湖书院、柯山书院山长、教授,台州路教授。平生著述有《多识录》,《大学集传》《义根守墨》等,而《文献通考》是其最重要的代表作。

马端临编纂《文献通考》的目的,据其《自序》说,一则由于司马光《通鉴》"详于理乱兴衰,而略于典章经制",再则认为杜佑《通典》所述止于唐天宝间且"节目"不全,"不无遗憾",因此立志以《通典》为蓝本,重编一部"贯穿二十五代"有关典章的专书。他竭二十余年精力,终于完成了这部"得千古史学之大全"②的巨著。

《文献通考》是一部典章制度通史,在中国史学史上占有重要地位,而对历史文献学的贡献也很大,主要有如下几方面。

第一,发展了分门别类编纂材料的方法。《文献通考》分为 24 考,田赋、钱币、户口、职役、征榷、市籴、土贡、国用、选举、学校、职官、郊祀、宗庙、王礼、乐、兵、刑、经籍、帝系、封建、象纬、物异、舆地、四裔。每考都按时代排比,并有小序,每考还分子目,共 384 卷。其中田赋等 19 考仿《通典》8 门加以分解增补,而经籍、帝系、封建、象纬、物异 5 考则为马端临新设。《文献通考》虽以《通典》为基础,但其材料 6 倍于《通典》,并续到宋宁宗嘉定末年,史料更加充实,在分类、编排上更为科学、缜密,实为分门别类、条析缕贯地探求我国古代典制演变的空前巨著。

第二,创造了文、献、注三者结合为一的编著方法。"文"就是叙事,即从经史、会要及百家传记采取史料,但只取"信而有徵"的

①　白寿彝《马端临的史学思想》,引自《中国史学史论集》,上海人民出版社 1980 年版。

②　明陈讷《重修乐平县志》,见《乐平县志》。

材料,"乖异传疑"的则不取,这就须有鉴别史料的工夫。"献"就是论事,即把历代名人对历史现象、历史事件、历史人物的评论都录在具体史实下面,使人们容易认识历史的真相。"注"就是附注按语,即对于历史上别人的记录和论断经过分析研究,再提出作者的独立见解。这种方法实开后世历史考证学的先声。

第三,多达76卷的《经籍考》采用辑录众说于一书之下的解题方法,既便检读,又能存佚,确可起到"览此一篇而各说具备"①的作用,对后世影响很大。清代朱彝尊《经义考》、章学城《史籍考》即取法于此,成为提要目录中辑录体的重要一派。

第四,《文献通考》不仅材料丰富,而且有许多为他书所不能见到的珍贵材料。尤其是有关宋代典制的记录特别详细,可补《宋会要》的缺失,成为现存两宋史料中最真实可靠的部分。

当然,《文献通考》规模宏大,门类繁多,失误和遗漏之处在所难免,但其贡献是主要的。

第八节　丛书辑印事业的发展

丛书是一种总聚群书的形式,即汇集两种以上专书别题一书名而成为另一新书或一套书,就叫丛书。丛书的起源与学术研究的发展相关联。我国古代书籍浩繁,致力于专门学术研究的学者不容易寻找材料,于是就有了聚集同性质书籍合编在一起的需要。同性质之书的汇编可称为专科性丛书。最早见于著录的专科丛书,是《隋书·经籍志》所载,南北朝时期南齐陆澄合编《山海经》以来160家著作为《地理书》,以及梁代任昉又增陆澄之书而编成的《地记》252卷。这是最早的地理类丛书,也是我国一切"丛书之

---

① 姚名达《中国目录学史》。

祖"。① 但其时虽已初具丛书之体,尚无丛书之名。丛书之名最早见于唐代陆龟蒙的《笠泽丛书》,但其书以丛书为名是取丛脞细碎之义,只记个人小品杂文,并非我们所说的丛书。

现存体制比较完备的综合性丛书以宋宁宗嘉泰元年(1201年)俞鼎孙、俞经同编的《儒学警悟》为最早。《儒学警悟》兼收并蓄,不拘门类,收《石林燕语辨》《演繁露》等6种宋人著作,凡40卷。但这部书只以抄本流传,未经刊刻。此后,宋度宗咸淳9年(1273年)左圭辑成《百川学海》,并雕版印刷,成为我国第一部刊刻发行的丛书。《百川学海》分10集,每集收书七、八种至十余种不等,共收书100种,达177卷,奠定了综合性丛书的规模。

到了明代,《汉魏丛书》《唐宋丛书》《格致丛书》的出现才使丛书名体皆备,并有了很大的发展。明代社会较宋元时期稳定,生产力有了更大提高,经济上超过前代,印刷业与造纸技术取得长足进步,这就为图书事业的发展创造了有利条件。朱元璋又颇为重视书籍,"洪武元年八月,诏除书籍税",并于同年"命有司博求古今书籍"。② 这极大的刺激了刻书业的发展和士大夫藏书风气的形成,从而促进了丛书的大量辑印。

丛书在明代进入繁荣时期。这首先表现为丛书数量大,刻印范围广。据《中国丛书综录》统计,宋元及以前的丛书总共只有64种,而明代丛书已达377种。明代盛行刻书,从中央官府到地方书院,以及私斋书坊都刻印了大量丛书。南京国子监修补旧版重印的《二十一史》,北京国子监刊刻的《十三经注疏》,都是重要的官刻丛书。万历6年(1578年)以崇德书院名义刻印的《二十家子书》,则属地方藩府刻印的丛书。至于私人刻丛书,遍及北京、南京、苏州、杭州、成都、徽州、建阳等文化发达区,而且刻印了不少大

① 《四库全书总目》卷123杂家类杂编之属按。
② 龙文彬《明会要》卷26。

部头丛书。如金陵荆山书林刻印的周履靖辑《夷门广牍》,收书有106种。常熟毛氏汲古阁刊行的《津逮秘书》,收书达141种。

明代丛书的繁荣,还表现为出现了许多新的丛书类型,而且大体上具备了依内容划分的各种丛书。关于丛书分类,尚有不同意见,但1959年上海图书馆编的《中国丛书综录》分类较细,最具代表性。《中国丛书综录》分为汇编、类编两大部分。汇编又分为杂纂、辑佚、郡邑、氏族、独撰5类。其中明代除辑佚书不多,尚未出现辑佚类丛书外,其他4类均已具备。数量多的如"独撰类"已有丛书70种。少的如郡邑类,虽只有樊维城刊《盐邑志林》1种,但其综合海盐县历代著述41种,开创了地方性丛书的新类型。类编分为经、史、子、集四大类,每类下又分子目。经类分正文注疏、经义、纬书、小学4目,明代均有丛书。史类分正史、诸史考订、编年、纪事本末、杂史、传记、舆地、政书、目录、金石、史钞11目,明代只纪事本末、目录、金石3目无书。子类分诸子、儒家、兵家、法家、农家、医家、天文、数学、术数、艺术、杂家、小说、道家13目,明代仅无农家,数学2目丛书。集类分通代总集、断代总集、郡邑、氏族、诗文评、词集、戏曲7目,明代都已有丛书问世。综上所述,汇编、类编共9大类,明代已有8类;而类编35子目明代已具30目。因此可说,明代已形成了后世丛书分类的基本结构。

明代由于丛书辑印量大,在书目中已取得单独立类的资格。明代藏书家祁承㸁在其《澹生堂藏书目》中,首先把丛书单独立为一大类,并逐渐得到了后代学者的公认。

进入清代,丛书数量更多,种类更全,还出现了《四库全书》这样收书3000余种的大型丛书,达到了鼎盛时期。近代以后,丛书进一步发展,成了我国古籍中的洋洋大国。据估计,现存古代典籍约有10万种之多,而丛书一类收入了近5万种,占到整个古籍的二分之一。①

　　丛书网罗宏富,包括了古代政治、经济、军事、文化、科学以及社会生活等各方面的资料,对于方便学者阅读研究,保存古代文化和古籍的流传,起了巨大的积极作用。但丛书也有其流弊,如有的丛书收编的文献"真伪不分,雅俗不辨。或删削而非完善,或脱误而鲜校雠"。甚至"虚张名目,所载不及本书十分之二三,或本一书而铩离之为四五为六七,此皆足以贻误后人"。② 使用者亦应加以注意。

第九节　《永乐大典》的编纂及其价值

　　《永乐大典》是明朝永乐年间明成祖朱棣亲自下令编纂的一部大型类书。最初于永乐元年(1403 年)由解缙主修,次年竣工,书名《文献大成》。但明成祖认为全书过于简略,便于永乐 3 年(1405 年)再命姚广孝、解缙等人重修,组织了正总裁、副总裁、纂修、催纂、编写、看样、誊写、教授和办事官吏共 2180 余人参加工作。启用了当时皇家图书馆——南京文渊阁的全部藏书,还指派官员分赴各地采购图书。历经四年,到永乐 6 年(1408 年)冬天全书告成,朱棣亲自撰写了序言,并定名为《永乐大典》。全书计有22877 卷,另加目录 60 卷,装订为 11095 册,约三亿七千万字。

　　《永乐大典》依照《洪武正韵》韵目,按韵分列单字,每一字下先详注音韵训释,备录篆、隶、楷、草各种字体,再分类汇辑和这一单字有关的天文、地理、人事、名物以及诗文词曲等各项记载。也就是以"用韵以统字,用字以系事"的编辑方法,把自古至明初以来书籍中的有关资料整段或整篇,甚至整部抄入。据不完全统计,

---

① 　胡道静《谈古籍的普查和情报》,载《历史研究》1982 年第 4 期。

② 　卢文弨《知不足斋丛书》序言。

当时辑录的图书包括经、史、子、集、释藏、道经、北剧、南戏、平话、工技、农艺、医学等达七、八千种。其收罗之宏富前所未有，实为古代文化遗产中的百科全书。

全书编成后，只缮写了一部，藏在南京文渊阁，明成祖迁都北京后，即运到北京。《永乐大典》由于卷帙过多，始终未能刻印，一直到明嘉靖末年才重录了一部副本。明亡时，文渊阁原本被毁。乾隆38年（1773年）开四库全书馆时，副本也已散失2400多卷，剩下9677册。后来又陆续散失，特别经过咸丰10年（1860年）英法联军的抢劫和光绪26年（1900年）八国联军的焚毁，几乎丧失殆尽。解放后，经多方搜集，国内仅存217册，加上从国外征集的部分复制本，共得795卷，并由中华书局两次影印出版。这虽使《永乐大典》残帙从此得以保存流传，但其量已不及原书的百分之四了。

《永乐大典》作为我国历史上最大的类书，具有重要的文献价值。首先，它在类书编纂史上，把中国古类书的编纂发展成为百科全书的形式。我国类书起源很早，但或包类不全，或不便查检，直到元代阴时夫编《韵府群玉》，才使内容和检查方法有了百科全书的性质。但其书资料尚不广泛，且只把散事聚在一起未做小标题。《大典》则克服了上述缺陷，成为我国古代最值珍贵的百科全书。

第二，《永乐大典》大量地抄录了上自先秦，下至明初的各类书籍，我国宋元以前的许多佚文秘典赖其得以保存流传。清修《四库全书》时，从中辑出的佚书达500多种，其中包括晋杜预《春秋释例》，宋薛居正《旧五代史》等重要的著作。

第三，尽管《永乐大典》已经残缺，但仍有不少可为研究者采择利用的资料，而且许多材料已无法从其它古书中找到。如宋人吴攒的《种艺必用》和张福的《种艺必用补遗》，是两部有关农业、园艺业的重要专著；而《小孙屠》等3种剧本，则是研究宋元时期南戏的重要参考资料。

第四,《永乐大典》征引的书籍,多据明文渊阁所藏宋、金、元精本摹写,与今天的通行本相对照,"无不文从字顺",足可订正今本文字讹误。如《商君书》、王子年《拾遗记》原以明刊本为最佳,今以《大典》相校,不仅文字远胜明本,而且有逸文。因而整理古籍时不可忽视《大典》的校勘作用。

第十节　胡应麟、祁承㸁对历史文献学的贡献

胡应麟,字元瑞,自号少室山人,浙江兰溪人,生于嘉靖30年(1551年),卒于万历30年(1602年),是万历年间著名的文献学家。他万历4年(1576年)中举,但未作官,而遍游南北结交书友,后回到原籍,于山中构筑"二酉山房",藏书4万余卷,并亲自编目。他38岁前已著书18种,辑书6种,编类书4种,是一位多产的学者。著作集有《少室山房类稿》120卷,《少室山房笔丛》48卷等流传于世。

胡应麟自称平生无癖好,唯独嗜书。他藏书注重实用,即为自己编纂、考证、写作而收集文献,运用藏书。《少室山房笔丛》就是他利用藏书,阅读研究后写下的综合性笔记。本书征引丰富,议论亦多高明,为研究历史文献提供了不少宝贵的资料和见解。《少宝山房笔丛》共分12部分:《经籍会通》4卷,叙述图籍的撰著与存亡聚散;《史书占毕》6卷,评论史书、史事;《九流绪论》3卷,考论诸子百家的源流、得失;《四部正讹》3卷,辨订古代伪书;《三坟补逸》2卷,专论《竹书纪年》《逸周书》《穆天子传》,以补古"三坟"之阙;《二酉缀遗》3卷,采掇古书中的异闻奇事;《华阳博议》2卷,杂录古人博闻强记的故事;《庄岳委谭》2卷,论述杂事,以纠正俗说的附会;《玉壶遐览》四卷,谈论道经与方士之言,《双树幻钞》3卷,议论佛经与释氏之说,《丹铅新录》《艺林学山》各八卷,则专为驳斥杨慎考证的谬误而作。由上可见其内容广博,参考价值较大,

因而颇为后人重视。

其中《经籍会通》是胡应麟对历代书籍编纂源流、散失混杂、刻印收藏等情况作综合性、比较性研究后的成果。是一种议论与记载合编、考辨与传闻共存的古代文献史笔记。其成绩主要有三个方面。一是保留了有关书籍流传的重要文献。如全录了陆子渊记古今书籍梗概的《统论》和欧阳修反映个人收藏的《集古录序》等文章，摘录了荀勖、阮孝绪等图书分类类目，还记载了自己所见所闻的明代中叶后书籍刻印流传情况。二是考证了典籍源流与演变。如用材料补充前人记述之疏略，提出历代典籍曾遭"十厄"，大略把明代以前文献聚散的发展史勾画了一个轮廓。三是在检阅历代史志目录、公私目录的基础上，综合评论各家书目优劣，分析类例得失，对中国目录学史的研究作出了比较科学的总结。

而《四部正讹》则是我国古代第一部地道的辨伪专著。书中首先说明辨伪的重要性，伪书的种类及其由来，也谈及辨伪方法与工具，首尾完整，条理整齐，从而建立了我国古代考辨伪书的章法。书中提出考察伪书的方法有 8 条，即"核之《七略》，以观其源；核之群志，以观其绪；核之并世之言，以观其称；核之异世之言，以观其述；核之文，以观其体；核之事，以观其时；核之撰者，以观其托；核之传者，以观其人"。这些方法比较科学而系统，为后世的辨伪方法奠定了基础。胡应麟还在吸收前人成果的基础上，从文献著录情况、作者处境、文体形式、语言称呼以及典籍由来等方面进行考察，层层推勘，细心审订，考辨了 70 多种古籍，取得很大成绩。

祁承爜，字尔光，号夷度，浙江山阴人，生于嘉靖 42 年(1563年)，卒于崇祯元年(1628 年)，是明代卓有建树的文献学家。他出身于官宦书香世家，自幼博览群书。后虽曾为官，但"一生精力，耽耽简编"，[①]为历史文献整理工作付出了毕生的心血。他著述颇

---

① 祁承爜《澹生堂藏书约》。

富,计有《澹生堂集》《两浙著作考》《牧津》《世苑》等43种299卷。其中《澹生堂藏书约》《庚申整书略例》《庚申整书小记》系统地论述了他在整理历史文献方面的理论和方法,具有很大的价值。

祁承㸁整理文献的工作是建立在大量图书资料的基础上的。他的澹生堂藏书达9000多种,8万多卷。不但数量多,而且质量高,尤其是抄本书,抄校出众,纸墨洁净,为人罕见。清黄宗羲称赞说:"夷度先生所积,真希世之宝"。① 祁承㸁非常重视图书资料的选择鉴别。他根据多年的实践经验,在《澹生堂藏书约》中提出了识鉴文献的五条准则。其一,"审轻重",即对图书资料不能一概而论,必须审其内容轻重,区别对待。其二,"辨真伪",不但说明了辨别书籍真伪的重要性,而且系统全面地总结了伪书出现的19种情况,为"掇古人之事而伪者","挟古人之文而伪者""蹈古书之名而伪者"等,对我们今天鉴别伪书仍有借鉴意义。其三,"核名实",即核查书籍名实是否相等,不应被"实同而名异""名存而实亡"以及一书被分割为几种书等情况所迷惑。其四,"权缓急",即优先注重经世致用的书籍。其五,"别品类",即区别图书品类,以利考镜源流,辨章学术。这五条实际为整理历史文献提供了具体的方法。

在购求书籍方面,祁承㸁十分推崇郑樵的"求书八法"②。此外,又注意到了辑佚问题。他在《澹生堂藏书约》中指出:"书有著于三代而亡于汉者,然汉人之引经多据之。书有著于汉而亡于唐者,然唐人之著述尚存之。书有著于唐而亡于宋者,然宋人之纂集多存之"。从而提出从引文、注解以及类书中去辑佚的主张,直接开了清代大规模辑佚工作的先河。

在历史文献分类编目方面,祁承㸁对我国古代目录学的发展

---

① 黄宗羲《思旧录》。
② 郑樵求书八法见《通志·校雠略》。

进行了总结,将图书分类的理论和方法,归纳为"因、益、通、互"四个字。"因",就是因袭传统,按照经、史、子、集四部进行分类。"益",就是根据实际需要,增益一些类目。"通",就是在四部之中遇到一书内容混杂、兼及旁类,要根据实际情况分析出来著录。"互",就是在四部之内遇到一书理有互通、书可两用,要依据具体情况分别加以著录。其中"通"与"互"的阐述,为我国传统的目录学添加了新的内容,在目录学方法上是一个很大的突破,实为章学诚"别裁"与"互著"方法的先导。

祁承爜根据自己藏书编定的《澹生堂藏书目》,具体地体现了他关于图书分类编目的理论和方法,是一部有成就的目录。《澹生堂藏书目》分为四部46类243目。每一部图书,举凡卷数、册数、撰人时代姓名以及版本、细目、附录、注解等,均一一记载不漏。为了满足分类上"通"与"互"的要求,还作了分析著录和互见著录。而且分类更趋合理,有创造性,如第一次将丛书单独立类,首次把年谱列为专目,类目更加细密,部分类目达到了第四级。近人蒋元卿赞扬说,"是目虽以经史子集为类,而细目多异前人,其体例之善,在明代可称佳作"。①

---

① 蒋元卿《中国图书分类之沿革》。

第八章　清——中国历史文献学的鼎盛时期

第一节　集古代目录学之大成的《四库全书总目》

　　清朝建立以后,政治军事上执行了许多巩固统一的政策,经济上采取了一系列恢复和发展生产的措施,出现了康、雍、乾的鼎盛时期。政治的安定,经济的繁荣,为文化学术的发展兴盛提供有利的物质基础。康、雍、乾时期也是封建文化专制主义猖獗的时代。为了泯灭汉人的民族意识,确立清王朝在中国历史上的正统地位,统治者采取了"刚柔相济,宽猛并用"的两手政策,即血腥镇压和笼络收买相结合的政策。一方面,通过大兴文字狱来控制社会舆论、禁锢人们的思想;另一方面,则通过增设"博学鸿词"科,增加汉族地主知识分子进入仕途的机会来对他们进行分化瓦解。此外,清政府还不惜耗费大量人力物力,召集大批文人学者,网罗天下古今图书,编纂了许多大部头的巨著。如:《古今图书集成》1万卷、《全唐诗》900卷、《康熙字典》《朱子全书》等,还有续《三通》的编修、武英殿的刻书等等。这样,清政府不仅借收集、整理古代群书为名,检查各种官私文献,从而发现和销毁了大批反清和反封建的著作,而且给清皇朝戴上了弘扬古代文化的桂冠,更使得大批汉族地主知识分子埋头书斋,致力于训诂名物,考据之风便逐渐取代了明末的"经世致用"。清朝统治者从而达到了其禁锢人们思想,淡化人民反清民族意识,巩固其封建统治的目的。《四库全书》和《四库全书总目》的编纂,就是清朝政府这种文化政策的继续。

　　《四库全书总目》又称《四库全书总目提要》,纪昀等编。它是我国封建社会中空前庞大的一部丛书,《四库全书》的目录,也是我国封建社会中最后最巨大的一部官修书目。由于乾隆皇帝下令修建七阁,各贮《四库全书》一部,所以《四库全书总目》也就成了七阁的藏书目录。

《四库全书》的编纂,从乾隆37年(1772年)开始,用了10年左右的时间,集中了360多位博学专家。为了纂修《四库全书》,清政府当时在北京设立了一个专门机构,称为"四库全书馆"。各省收集的书籍先送至此处,由馆臣们分别校订评估。每当一部书籍校定完成,就由馆臣拟写一篇提要放在书的前面。提要的内容除了论述"各书大旨及著作源流"外,还列出"作者之爵里","本书之得失",以及辨订"文字增删、篇帙分合"等等,以使读者在看原书之前就能一览了然。《四库全书》是中国封建社会时期编订的一部空前巨大的丛书,共收录书3503部,79330卷,存目书6819部、94043卷,两者合起来共有10322部、173364卷。为了便于检索使用,各书前面的提要经过较大的修改、补充,最后由总纂官纪昀和陆锡熊综合、平衡,并在文字上加以润饰,编成《四库全书总目》。

《四库全书总目》共200卷,继承了《隋书·经籍志》所确立的四部分类法,把所收录和存目的图书区分为经、史、子、集四部,于乾隆47年(1782年)7月完稿。但在以后七、八年的时间内,《总目》的内容又随着《四库全书》的不断增补或抽换而改变。据现在所知,《四库全书总目》在乾隆54年(1789年)已经写定,并在这年由武英殿刻版。乾隆60年(1795年)浙江的地方官府又根据杭州文澜阁所藏武英殿刻本翻印。从此以后,这部总目就得到广泛流传。

《四库全书》及《四库全书总目》是适应清统治者巩固其统治的需要而编纂的。在乾隆帝的直接领导下,整个修纂过程也是把主要力量放在对图书的删节、改纂和清洗上的。有人统计,从修书之始到乾隆47年的8年间,清政府共烧书24次、烧毁书籍538种、13862部以上,与四库现存书相埒。同时,又对所收录的书进行了大量的窜改。而在为《总目》撰写的提要、序、跋、案语之中，对于有反封建思想或不利于清朝统治的文化典籍，如李贽的《藏书》和《续藏书》等等，则进行贬低和抨击。所以，有评论说："删改之横、制作之滥、挑剔之刻、播弄之毒、诱惑之巧、搜索之严、焚毁之繁多、诛戮之惨酷、铲毁凿仆之殆遍，摧残文献，皆振古所绝无。虽其工程之大，著录之富，足与长城运河方驾，迄不能偿其罪也。"[①]

尽管如此，《四库全书总目》仍以其空前的规模、丰富的内容、科学的分类、严谨的体例和具体的实用性，成为中国目录学史上继刘歆《七略》、唐《隋书·经籍志》、郑樵《通志·艺文略》之后的集大成巨著。

中国的目录学虽然产生很早，在历史上也出现了不少优秀之作，但却佚的佚、残的残。刘向的《别录》、阮孝绪的《七录》是佚了，《崇文总目》等等是残了。完整保存至今的除了史书中的《艺文志》《经籍志》外，只有寥寥几种了，这固然减少了私人目录学家们的拘束，出现了胡应麟、马端临那样的人才，然而，中国的图书之浩博是举世无比的，而个人的藏书量和著录能力是有限的，因此，使得很长一段时期各种图书目录在分类上有些紊乱、质量上有所下降。今《四库全书总目》以其 200 卷、著录图书 10231 种、171003 卷的庞大规模、丰富的内容以及很高的著录水平，为目录学的发展作出了很大的贡献。

《四库全书总目》在目录学的编撰方法上总结并发展了历代目录学家的经验，真正建立了目录学的体系和规模。首先，《四库全书总目》首订《凡例》20 则，说明编撰提要和分门别类的方针和原则，接受了历代校书编目的优良经验，并有所改进，构成了目录学的完整体系。例如：部有总序、类有小序、类后有跋语、子目下有案语，使全书结构整齐、系统连贯，并且每书都有提要。这正合乎

---

① 姚名达《中国目录学史》第 193 页。

目录学辨章学术、考镜源流的原则。其次,《四库全书总目》的分类编排科学,对后世影响很大。此书刊布之前,各种目录尤其是私撰目录的分类编排紊乱,《四库全书总目》则继承了中国传统的图书四部分类法,四部之下又列类,类之中又有子目,这样的三级(有的是四级)分类法科学明晰,后人在目录分类的类目上和每目所著录的书籍的编排上,很快就以此为典范。再次,在编写提要的方式、方法上,《四库全书总目》总结并折衷了刘向以来、特别是宋代公私藏书目录编写提要的方式和方法,也汲取了清代一些校书家写题跋记的方法和形式,从而形成了一种新的既能反映图书的版本、内容、文字、著者事迹,又特别结合当时政治需要,宣传封建思想的提要形式。所以说,《四库全书总目》在编撰方法上建立了目录学的规模。

此外,《四库全书总目》在史料鉴别上也具有科学的态度。《总目》收书的数量是空前的,然而却多而不杂。参加修纂此书的人,许多都是当时的著名学者,如:戴震、邵晋涵等等,无论是各省进献的书,抑或是从《永乐大典》中辑来的书,他们都分工校阅、各就所长。他们做出的分目提要,穷源溯委、辨别考证,都有扎实的功底和实事求是的态度。虽然由于服务于统治者政治需要的修书目的,对有些不利于清朝统治的书有删订、篡改,然而,正如近人梁启超所认为的,《四库全书总目》中认为真的未必真,但认为伪的却一定是伪书。

总之,尽管服务于乾隆帝树立"十全武功"的政治目的的《四库全书》及《四库全书总目》的修纂过程,无疑是对中国古代文化典籍的一大浩劫,然而,凝结了众多博学专家心血的《四库全书》和《四库全书总目》本身,却以其包囊十余万卷的空前规模,成为中国18世纪以前古书的一大汇集和总结;并以其科学的分类、严谨的体例,以及简明扼要、一览了然的具体的实用性,成为后人做学问的门径,在中国目录学史上占有非常重要的地位。

第二节　章学诚的目录学理论体系

章学诚生活在乾嘉时代,他对当时盛行的繁琐考据及崇尚空谈的理学心存异议。他一生不得志,但他所著的五种县志及《文史通义》《校雠通义》《史籍考》等书,却显示出他的博学卓识,使他在中国学术史上占有重要地位。其中《校雠通义》总结了我国历代目录学的优良传统,代表了我国封建社会末期目录学方法和理论的最高成就。所以,章学诚是这一时期我国最杰出的目录学家。

《校雠通义》的纂修始于1773年。当时章学诚在撰修《和州志》,编了一部艺文书,分为8个大类、35个类目,分别著录了和州人士的著作。他又仿刘向、刘歆的《七略》写了一篇长达4000字的《辑略》,表达了他在这一时期的目录学思想,后来,他把这篇《辑略》改名为《和州志艺文书序例》。1779年,章学诚依据《和州志艺文书序例》纂修《永清县志》,在分析丰富的地方史料的过程中,经过亲自"周历县境"的广泛调查研究之后,又分章分节,仿郑樵的《通志·校雠略》,替三通馆代拟了《续通志》稿,原题为《续通志·校雠略》。这就是《校雠通义》的初稿。这时他已经初步形成了自己的目录学的理论和方法。1788年他在编写《史籍考》时,又有机会对初稿进行彻底修改,而成为正式的《校雠通义》。它标志着章学诚的目录学思想已经完全成熟。

《校雠通义》对我国目录学发展的主要贡献有两方面:

第一,用社会发展的观点,分析了我国整个图书资料的发展历史,系统地总结了我国目录学史中编制目录的思想、理论和方法,建立了他自己的新的、完整的目录学思想体系,而"辨章学术、考镜源流"是这一体系的精华。

中国传统的目录学开始于刘向、刘歆父子,班固的《汉书·艺文志》保存了《七略》的绝大部分。宋代郑樵作《通志·校雠略》,

第一次使用了"校雠"来代表"目录"，目录学就成为一派专门之学。到了明朝，焦竑作《国史经籍志》，也注意到刘向、刘歆和班固的成就。然而，只有清代章学诚批判地集古代各家之大成并赋予新意，才建立了目录学的理论体系。

首先，章学诚给校雠学下了科学的、完整的而且是系统的定义，使其与传统的目录学区别开来。《校雠通义·叙》说："校雠之义，盖自刘向父子，部次条别，将以辨章学术、考镜源流，非深明于道术精微、群言得失之故者，不足与此。后世部次甲乙、纪录经史者，代有其人，而求能推阐大义，条别学术异同，使人由委溯源，以想见于坟籍之初者，千百之中，不一十焉。"这就明确地指出校雠学作为一门学问，和狭义的目录学不一样，它的任务不仅仅是要甲乙丙丁地排列书的目录，而且更重要的是"辨章学术、考镜源流"，前者是为后者服务的。章学诚的所谓"辨章"和"考镜"，都是指图书资料的分类、著录、解说等等必须与学术史、科技史相结合。这样才能从图书发展史的角度，研究好每一部分、每一种学问的渊源和流别。要放在整个历史发展的过程中，来评论一部书、一种学术思想的得失。只有这样，才能更好地使目录学发挥其使人们"即类求书、因书究学"①的读书做学问的门径作用。由此可见，章学诚是从历史家研究学术史的角度来规定编次书籍的任务及其作用的，从而第一次明确地把编制目录上升到学问的高度。因此，不可将章学诚的目录学与一般的狭义的目录学等量齐观。

其次，章学诚从发展的观点出发，强调目录的编制方法和形式也要适应并揭示图书发展的规律，把能否"辨章学术、考镜源流"作为评价目录得失的准则。章学诚在《校雠通义》中首列《原道》篇，要求编制目录要先明"大道"。"道"即图书发展的规律。他从有史学以后说起，系统地阐述了我国图书目录的起源和发展过程，

---

① 《校雠通义·互著第三》。

他认为由于战国以前的所有的图书资料都是官府的政典掌故,因此,应该把学在官府而导致的图书在官,作为研究这段时期的图书保管及追述这段时期的学术源流的线索。春秋以后,出现了许多私人著述,冲破了学术在官、图书官守的格局,产生了刘向、刘歆父子首次完成的图书分类表,形成了我国最早的系统目录。章学诚以其能够顺应历史的新变化,能够"辨章学术、考镜源流"而给以很高的评价,"非深明于道术精微、群言得失之故者,不足与此。"①由于《七略》中凡是关于各类图书的主要内容和流派及与学术思想史的结合等,在图书著录或叙录中所不能集中阐述的地方,都可在《辑略》中集中阐述。所以,章学诚称《辑略》为"最为明道之要"。②东汉三国以后,图书资料的品种增多,冲破了《七略》的分类体系,产生了四部分类法。章学诚起初不能接受这种变化,但在修改后的《校雠通义》中,他改变了对四分法的态度,说:"凡一切古无今有,古有今无之书,其势判若霄壤,又安得执《七略》之成法以部次近日之文章乎?"③他既肯定了四部法的优点是适应了图书发展的新情况,又看到四部法对书籍乱了部次,因而影响了辨章学术、考镜源流的作用,所以他建议:"就四部之成法,而能讨论流别",④以集两者之大成,补七略、四部之不足,使目录既能适应图书发展的新情况,又能够揭示图书的发展规律。

由此可以看出,"辨章学术、考镜源流",原本是章学诚对刘向、刘歆《七略》体系的总结,却被他发展成为目录学的明确任务,及编纂和评价目录的基本原则,而贯穿于他的目录学的各个方面,成为章学诚完整的目录学思想体系的经纬线。"辨章学术、考镜源流"是章学诚目录学的精华所在。

---

① 《校雠通义·叙》。
② 《校雠通义·原道第一》。
③④ 《校雠通义·宗刘》。

第二,为了更好地实现目录学"辨章学术、考镜源流"的任务,章学诚提出了图书分类著录的辅助之法——"互著别裁"法。

所谓"互著",是指把一书不避重复地著录在两个类目之内,主要用于"书之易淆者""书之相资者"两种情况。前者是指书虽有一个主题,但那个主题却和两个类目有关联;后者是指一书有两个或两个以上的主题,那就必然与两个或两个以上的类目相适应。在这两种情况下,一书都有两用,应该分别著录在有关的类目之下,不能因避重复而不载。所谓"别裁",是指把原书著录在主类之中,而把书中与他类可以"互通"或"两用"的部分,裁篇别出,著录在相关的类目中。

由此可见,"互著"和"别裁"都是在分类著录中,遇到"理有互通、书有两用"的时候,在两个类目中兼收并载的著录方法。这样的方法不仅能更好地发挥目录"辨章学术、考镜源流","绳贯珠联""即类求学"的功用,标志着我国图书分类法的进一步提高;而且也使我国的系统目录,尤其是专科目录与参考目录,在与学术思想史结合的方法上更大地提高了一步。章学诚总结刘向、刘歆等前人的成果,对于"互著别裁"的阐述和应用,是他在我国目录学史上的另一大贡献。

从《校雠通义》的编纂过程和内容可以看出,章学诚的目录学理论和方法是在批判地继承了刘向、刘歆以及郑樵的目录学方法理论的基础上,在阅读了极为丰富的图书资料、编纂地方志以及撰著《文史通义》的实践过程中,在和当时盛行的"溺于器而不知道"的考据学、"离器言道"的理学的斗争中,提出来的一整套方法和理论。章学诚这种新的目录学思想体系,使一向为封建政府校书编目服务的目录学,开始走向研究和编制专科目录、参考目录的方向,因而代表了我国古代目录学的最高成就。

第三节　张之洞的《书目答问》

张之洞(1837年—1909年),字孝达,号香涛,直隶南皮人。是清末著名的洋务派官僚。《书目答问》(以下简称《答问》)是他1876年(光绪2年)任四川学政期间,在著名的目录学家缪荃孙的协助下编纂的一部专门检索古籍的综合性选目。张之洞认为:"读书不得要领,劳而无功,知某书宜读而不得精校精注本,事倍功半。"因此,《答问》收录书籍有两个明显长处:第一、注重通行、实用,所录书目大多具有较高学术水平和史料价值,而且特别注意收录清人超越前人的最新研究成果;第二、重视版本的记载,所列版本比较常见易求,并不炫奇嗜旧。

如细究《答问》全书,可以看到它还有下列值得称道的特色:

第一,《答问》是一部举要性质的目录书。清乾隆末年印行的《四库全书总目》,内容浩博庞杂,初学者很难掌握。《答问》正、附录共收书2200余种,约为《总目》的五分之一。同时"此编所录,其原书为修四库时所未有者十之三四"。[①]这些书经张氏精心选择,大多是历史上流传下来的重要古籍。所以,《答问》可以使人们从浩如烟海的古籍中了解到我国古籍的概貌,给初学者带来很大方便。

第二,《答问》总结了清代(光绪以前)的学术成果,是《四库全书总目》的延续和补充。

《答问》非常注重清人的学术成就,对乾嘉以来直至张氏当时的"今人"著作,多所登录。其收录的书目不仅十之三四为修四库时所未有者,而且四库虽有而校本注本晚出者亦占十之七八。所以《答问》对人们查找《总目》成书之后晚出的书籍很有帮助。

---

① 《书目答问·略例》。

尤其值得一提的是,尽管有清一代崇尚"汉学",以考据为中心,但《答问》收录书目却"汉宋兼采",不象《总目》那样在学术上持有门户之见。

另外《答问》书后附录的《国朝著述诸家姓名略》,以类相从,列举了清代著名学者的姓名、字号、籍贯。虽然去取之间,未为定论,但可供人了解清代学术流别及其代表人物之用,具有总结清代学术成就的价值。

第三,《答问》与《四库全书总目》相比,在体例上有所创新和改进。《答问》部勒群书,虽大体仍按传统四部分类,但新设置了"丛书"及"别录"两部。此举虽然未能根本动摇自《隋书·经籍志》至《四库全书总目》相因已久的四部"永制",但已明白告诉人们,传统的四部分类法不必拘守。

《答问》在每部之下又分若干类。如经部分为正经正注,列朝经注经说经本考证,小学;史部分为正史、编年史、纪事本末、古史、别史、杂史、载记、传记、诏令奏议、地理、政书、谱录、金石、史评;子部分为周秦诸子、儒家、兵家、法家、农家、医家、天文算法、术数、艺术、杂家、小说家、释道家、类书;集部分为楚辞、别集、总集、诗文评;丛书部分为古今人著述合刻丛书及清代一人著述合刻丛书;别录分为群书读本、考订初学各书,词章初学各书,等等。《答问》在每部的分类上与《四库全书总目》不大一致,其中子部分类变动尤大。每一类中的书籍皆以时间为序,顺次著录。类中又分小类,但每一小类不另立名目,只将同类书用一钩乙号"⌐"括起,以与其它小类相区别。这就起到了"辨章学术,考镜源流"的作用。

此外,《答问》所收诸书,不仅注明作者姓名,卷数异同,及通行易得的较好版本,而且不少书下还加有简要按语,略加评论以指明该书特点。

当然,由于作者张之洞囿于复古尊经的封建正统观念,《答问》在选目上也还存在一些问题。如经部不录崔述《读风偶识》;

史部不收《徐霞客游记》;子部摒弃近世小说;集部不录宋元戏曲,以及对四库未收的被禁之书仍讳莫如深,不能作出应有补充,这都表明了《答问》作者所持的官方立场。

近人范希曾 1931 年为《答问》作了《补正》,共收书 1200 余种,一部分属《答问》漏记,大部分是光绪二年后至 1930 年间学术界整理和研究中国古籍的最新成果。《补正》纠正了《答问》原书所记书名、卷数、作者方面的错误,对原书所记"今人"者,皆补上原作者的姓名。

但《补正》本身也有一些错误,国内版本目录学家已有专文予以匡正。

第四节　清代校勘学的繁荣

校勘学的发展在清代达到了鼎盛时期,其校勘的成就之大,从事校勘学的人数之多,都是前代所不可比拟的。

清朝统一后,在思想文化领域实行高压政策,将文字狱推到顶点,迫使许多知识分子只好将有限的精力,或消耗于八股文中,或沉泯于故纸堆里,不问时事,走学术和实际脱离的道路,这是清代校勘学发展的原因之一。同时,清廷对知识分子采取怀柔笼络政策,也将大批学者吸引到对史籍的编撰、考证上来。其次,在"经世致用"的口号下,顾炎武进一步提出"经学即理学",反对空谈心性的宋明理学,要求认真研究经学。他认为要研究经文,必先懂得字义,要懂得字义,必须明白音读,故他致力于音韵研究,写出了《音学五书》,提出了许多独到的见解,也为清代校勘学的发展提供了理论依据。但顾炎武的考据,是为了经世致用,清人的校勘,却是为了避世。清人并没有继承顾炎武考据学的精华。

清代校勘学的特点,一是成就大,整理校勘了一大批古籍;二是出现了一大批著名的校勘家,且形成了不同的流派;三是总结了许多优秀的校勘学经验，提出了一系列的校勘学的理论观点。

清代的校勘学，主要有两个派别。一派以卢文弨、黄丕烈、顾广圻为代表；一派以戴震为首领，继之者有段玉裁、王念孙、王引之等。

卢、黄、顾派强调"崇古"，要求尊重汉儒，注重版本依据，力求不改变古籍原貌，因此，他们特别重视古本、旧本、善本。他们以为古本、旧本、善本虽说有误，但是没妄改或误改，有错误容易发现，并且可以考证错误原因。

卢文弨是康熙乾隆时浙江余姚人，他一生校著的书很多，主要有《经典释文》《孟子音义》《逸周书》《新书》《春秋繁露》，《方言》等。其所校著，大都集中于《抱经堂汇刻书》中。卢文弨特别注重版本，一生尽力搜集古本、旧本、善本。他所校勘的书，皆据善本精校，且都有校记，精确无误。所著的《群书拾补》，兼有经、史、子、集四个部分，其中有校正，有注疏。他是清代第一流的校勘学大家。

黄丕烈是乾嘉时期著名的藏书家、校勘学家和版本目录学家。他一生喜藏书，乾嘉时期，毛晋、钱谦益、季振宜、徐乾学诸家的藏书正陆续散出，多被他收得，得宋刻百余种，颜其室曰"百宋一廛"。黄丕烈不仅藏书丰富，且精于鉴别，他将收藏的古籍，精心校勘后刻成了《士礼居丛书》，历来为学者推崇，认为与宋、元本等价。黄氏并著有《百宋一廛书录》《百宋一廛赋注》《求古居宋本书目》《所见古书录》等版本目录学著作和大量藏书题跋。光绪年间，潘祖荫，江标先后将他的题跋编辑成《士礼居藏书题跋记》，缪荃孙、章钰、吴昌绶辑为《荛圃藏书题识》。黄氏的题跋记具有较高的学术价值。他认为校书首先应广蓄书，且要择善而校。他继承和发扬了顾炎武以后清代学者反对妄改古书的风气，认为校勘古书要慎重其事。他校书极为认真，不惜工本，反复校定。同时，他还对古书致误原因进行了探讨，认为一是字形相近而误；二是钞工删削之误;三是装潢致误;四是钞改之误;五是修版挤行之误。但是因他过于迷信古书,即使今本对而古本错的反而改对就错,所以有人称他为"佞宋主人"。

顾广圻是嘉庆时人,清代著名校勘学家。"天质过人,经、史、训诂、天算、舆地,靡不贯通,至于目录之学,尤为专门,时人方之王仲宝、阮孝绪"。① 他一生因贫寒,无力收藏古籍,故所校勘的书,多为清代藏书家所有,如黄丕烈、孙星衍、秦恩复、张敦仁等。他所校勘的重要书籍,有《周礼》《仪礼》《国语》《战国策》《易林》《唐律疏义》《抱朴子》《通鉴》《文选》等,并著有《思适斋集》。

顾广圻校勘的原则是"不校校之",力求保持古籍原貌,倘属非改不可的误字,仍注存误字,以供人参考,以免误改。他特别反对臆改和妄改,说:"校雠之弊有二:一则性庸识暗,强预此事,本失窥作者大意,道听途说,下笔不休,徒劳芜累;一则才高意广,易言此事,凡遇所未通,必更张以从我,时时有失,遂成疮痏。二者殊途,至于诬古人,惑来者,同归而已矣。"②

但是,因卢、黄、顾派过分强调古本、善本,对应改的反而不敢改,因此,他们的校勘学理论未免流于消极、盲从。

以戴震、段玉裁、王念孙、王引之为代表的一派,反对对古本、善本的迷信,要求广泛收集古本、善本以外的异文材料,分析、考证古籍,对古书的错误,勇于改正。

戴震于乾隆 38 年(1773 年)入四库馆,辛勤校著,四年之间,校著之书,约 17 种,主要有《周髀算经》《九章算术》《仪礼集释》《仪礼识误》《大戴礼》《水经注》等。他所校著的书,皆极为精妙,特别是所校的《水经注》,为校勘学上的典范。戴震是清代考据学派的代表人物之一,对文字、音韵、训诂诸学极为精通。他认为考

---

① 《清史稿》481 卷。
② 《思适斋集·礼记考异跋》。

证古籍的目的是读经明道,主张校勘首先在识字。识字才能知声音,知音才能通训诂。因此,一个校勘学家,必须精通文字学、音韵学、训诂学的知识。其次要准备多方面的材料,要广泛搜集异文和旧注,以利校勘之用。戴震的校勘方法,后来为其弟子所继承和发展,成为校勘学的重要理论之一。

段玉裁承续戴震之学,毕生致力于音韵训诂。他所著述的书,有《经韵楼集》《尚书古文撰异》《重订毛诗故训传》《周礼汉读考》《仪礼汉读考》《春秋左氏古经》《说文解字注》等。而《说文解字注》是他一生的杰作,这部书多存古义,对于后人探源故训甚有裨益。

王念孙是清代小学校勘大家。他的主要著作有《广雅疏证》10卷,《读书杂志》82卷,《志余》2卷。对各书不是全加校释,而是摘其一句或一条,考校诠释。凡立一说,必列举古书,博采证据,然后才论定,故《清代通史》说他所著书"最足令人信服,苟无强有力之反证,不足驳其说也。"①

王引之平生著述很少,只有《经传释词》10卷,《经义述闻》15卷,但是都相当精辟。他主要用互证的方法,引用古义古例,证释古书。他小学功底极厚,故所校之书,很有特色。

无论是卢、黄、顾派,还是戴、段、王派,他们都各有一套校勘学的理论依据。卢派重版本,戴派重义理;卢派推崇对校,戴派崇尚理校。各有所长,互相弥补,在理论上和实践上为清代校勘学的发展作出了贡献。

必须指出,清代学者校勘成绩最突出的,是校先秦子书。诸子学说昌盛于春秋末至战国时期。西汉倡导经学以后,诸子学说地位下降,自然不足以与经学相抗衡。于是研治诸子的相对减少,子书传刻的讹舛增多,学说本身所包含的意义也随之隐晦不明,几近

---

① 《清代通史》卷中第3篇第12章《乾嘉时代之重要学者(中)》。

于亡。至清代,学者们深加校勘,纠正了许多缪误,不仅使子书可读,其真义亦赖以显明。由此诸子学说的许多论述宣明于世,得以打破经学一尊的局面,对于焕发时代的新思想,起了重要的作用。清代综校诸子的有如姚范的《援鹑堂笔记》、卢文弨的《群书拾补》、王念孙的《读书杂志》、俞樾的《诸子评议》、孙诒让的《札迻》等,都有比较精粹的论述。至于专校一种子书的则更多,重要的有如毕沅的《老子道德经考异》和《墨子注》、谢墉、卢文弨合校的《荀子》、洪颐煊的《管子义证》、戴望的《管子校正》、梁玉绳的《吕子校补》等。至清末,校注诸子的名家辈出,如魏源、王先谦、郭庆藩、王先慎等,为历史文献的整理研究,写下了重要的一页。

除上面所述外,清代还有许多优秀的校勘学家。张之洞《书目答问》中的《国朝著述家姓名略》所列清代校勘学家有31人,如何焯、卢见曾、全祖望、赵怀玉、钱泰吉等。而《书目答问》所没有著录的,还有许多。清代从事校勘的人数是前所未有的。无论其主、客观原因如何,但他们在整理古籍方面的贡献是不可低估的。他们的校勘整理工作,使许多古籍恢复了原有面貌,为后人阅读古籍提供了极大的方便。

第五节　清代版本学的兴盛

版本研究的开始,虽然可以推溯到刘向父子对简策的搜集整理之时,但版本名称的正式出现,还是到了宋代才有明确记载。宋代由于雕版印刷的盛行,活字印刷的发明和推广,为版本领域的扩大提供条件,版本学的研究也才正式开始。我国第一部版本目录著作是南宋尤袤编撰的《遂初堂书目》。因为当时的刻本为数不多,所以它录著的版本情况还是比较简单。此后,版本的研究一直为人们所重视。到了清代,随着图书事业的发展和学者们的不断的专门致力,版本学的研究逐渐达到了繁荣兴盛阶段。

清代的版本学研究之所以兴盛,究其原因主要有两点:首先是因为考据、校勘学的兴盛,由此而引起版本学的兴盛。清代许多著名学者在从事经史诸子的研究中,往往需要研究版本和借助于版本学知识。如段玉裁把寻求好的版本作底本视为治学的第一步。在校勘古籍上,许多学者都十分注重对版本的研究,如卢文弨、顾广圻,他们在总结自己校勘体验中,认为最重要的一条是尽力搜集古本、旧本、善本,强调以可靠的接近原版的版本为校勘依据。其次是官府重视修编古籍书目,上行下效,修书、藏书之风蔚然而成。特别值得一提的是乾隆40年(1775年)根据内府藏书,编纂成《天禄琳琅书目》10卷,嘉庆2年(1797年)又续编《天禄琳琅书目后编》20卷,共收宋明各朝古籍1063部。《书目》以版本时代分类,将宋版、明版、影宋版、抄本分别叙列,并对刊刻时代、地点、收藏者姓名和印章题记,详加考证。从此,各地藏书家争购藏宋元旧刊和名人手抄。为确定原刻或翻刻、原抄或影抄、善本或劣本,版本学家各抒己长,就历代典籍雕版源流、传抄经过、纸地墨色、字体刀法、藏书印记、装潢式样等进行了广泛的研究和争论。这就加速了版本学研究的兴盛和繁荣。

清代的版本目录著作相当丰富,目前尚难作出确切统计。主要有两种形式:一种是一般的书志、书目,如:钱曾的《也是园书目》《读书敏求记》,张金吾的《爱日精庐藏书志》,陆心源的《皕宋楼藏书志》;另一种是题跋式,如:黄丕烈的《士礼居藏书题跋记》《荛圃藏书题识》,吴寿旸的《拜经楼藏书题跋记》,瞿中溶的《古泉山馆题跋》等等。这些私家目录都具有较高的学术价值,是后人治目录、版本之学的门径。此外,还有不少版本学研究的成就,散见于学者的文集或题跋中,如顾广圻的《思适斋集》《思适斋书跋》,陆心源的《仪顾堂集》等等。这些版本学的研究成果,标志着清代的版本学研究达到了高峰。

清代学者对于版本学的贡献,首先应该提到的是钱曾。钱曾是清初著名的藏书家、版本学家，自称："生平酷嗜者，椠本为最"①，简直到了"佞宋"的程度。他有两个书室："也是园"和"述古堂"，共藏书3800余种，编有《也是园书目》及《述古堂书目》。后来，他从中选出最珍贵的宋元刻本634种，亲手题识，编成《读书敏求记》。钱曾从版式、行款、刀迹、纸质、墨色、字体、刻工、牌记等方面，比较版本的异同及流传情况，用来判断版本的雕刻年代，并且从祖本、子本、原版、修版来定版本的价值。他论断版本，颇有独到之处，至今仍可适用。

钱曾之后，较著名的版本学家有黄丕烈。黄丕烈藏宋版书达百余种，建专室以储之，题曰"百宋一廛"。所著《士礼居藏书题跋记》，收书319种，全书的主要篇幅是有关版本学的论述。所收各书题跋记以版本为主，首先标出宋本、宋刻本、影宋抄本、影宋精本、金刻本、残蜀大字本、残元本、影元本、明刻本、明活字本、校明钞本、毛钞本、校钞本、校旧钞本、校本等字样，其次说明版本流传情况、书品大小、版式优劣、行款字数、校勘情况等。他对版本学研究总结出来的经验，如：宋刻避讳甚严，"宋版本纸背多字迹，盖宋时废纸亦贵也"；元刻"板大而字细""不避宋讳"②等，一直为后人所借鉴。《士礼居藏书题跋记》是版本目录学上具有很高学术价值的专著，是后世治版本之学者必读的书。

与黄丕烈同时的著名的版本学家还有张金吾、顾广圻。张金吾撰有《爱日精庐藏书志》36卷，并《续志》4卷。他把藏书中的"金元旧椠及钞帙之有关实学而世鲜本者"③，著其版式，录其序跋，并对出书在《四库》之后，或未经《四库》采入者，略加解题，以识流别。较之钱曾的《读书敏求记》更为完备。顾广圻学识渊博，

① 《述古堂书目·序》。

② 《士礼居藏书题跋记》。

③ 《爱日精庐藏书志》。

所著《思适斋集》18卷,收录了他帮助许多藏书家校刻古籍所写的序跋、札记,同时也总结了他的版本研究经验,是不可多得的校勘学、版本学要籍。

然而,钱曾与黄丕烈在古籍版本的审别上,主要依据对书籍各种表面形式的鉴定,而忽视了书籍本身的内容对鉴别版本的重要作用。洪亮吉曾就当时各藏书家的优劣作过精辟的论述:"藏书家有数等,得一书必推求本原,是正缺失,是谓考订家,如钱少詹大昕,戴吉士震诸人是也。次则辨其版本,注其错讹,是谓校雠家,卢学士文弨,翁阁学方纲诸人是也。次则搜采异本,上则补石室金匮之遗亡,下可备通人博士之浏览,是谓收藏家,如鄞县范氏之天一阁,钱塘吴氏之瓶花斋,昆山徐氏之传是楼诸家是也。次则第求精本,独嗜宋刻,作者之旨意纵未尽窥,而作书之年月最所深悉,是谓赏鉴家,如吴门事主黄丕烈,邬镇鲍处士廷博诸人是也。又次则旧家中落者,贱售其所藏,富室嗜书者,要求其善价,眼别真赝,心知古今,闽本、蜀本,一不得欺,宋椠、元椠,见而即识,是谓掠贩家,如吴门之钱景开、陶五柳、湖州之施汉英诸书估是也。"[①]洪氏所记,反映了当时藏书大家于版本领域之高下,同时亦可以见当时版本学兴盛的一个侧面。

清代后期的许多藏书家,也十分重视版本的研究,不仅编有相当多的版本目录著作,还作了不少对版本学研究的专门论述,成就较之前期,有过之而无不及。其中最为著名的是瞿、杨、陆、丁,号称天下四大藏书家。

瞿绍基,字荫堂,常熟人。他积书十万卷,多收宋元善本。其子瞿镛,承继父志,编有《铁琴铜剑楼藏书目录》,是著名的版本目录。《读书敏求记》偏重于鉴赏,张金吾的《爱日精庐藏书志》编修趋于完备,至瞿镛的《铁琴铜剑楼藏书目录》始称为完美。其书序

---

① 《江北诗话》卷3。

云:"既列其目,而每书之后必载其行款,陈其同异,以见宋、元本之至善",可见他对宋元本的重视。此书收载宋、元刊本及旧钞本,分四部序列,每书著录其书名、卷数、作者及版本的行款,并与别种版本较其异同,间录序跋内容,考证甚是精详,使人有读一书而得数书之感。它是清代版本目录著作的高峰,为后世版本学家所借鉴和仿效。

陆心源酷嗜异书,藏宋刊书至 100 余种,元刊至 400 余种,储之于皕宋楼,编有《皕宋楼藏书志》120 卷,《续志》4 卷[①],仿《爱日精庐藏书志》的体例,全录各书序跋,而考证语则别编为《仪顾堂题跋》《续跋》各 16 卷。《题跋》考证版本流源,收藏者姓氏,剖析各本的异同,还有对作者的介绍;于校正文字方面尤为致力。叶德辉在《书林清话》中评价说:钱曾"号为赏鉴家,但论缮写刊刻之工拙,于考证不甚留意"。而陆心源则"大抵于所见古书非有考据,即有题记"[②]。陆心源高于以往藏书家之处,即在于他既精鉴赏,又善校勘。此外,陆心源还编有丛书《群书校补》100 卷,收书 38种。其书仿卢文弨《群书拾补》之例,对传本有误脱或卷帙残逸的,详为校补,可供研究版本者参考。

此外,丁丙的《善本书室藏书志》及杨绍和的《楹书隅录》也是当时著名的版本目录。丁丙的"八千卷楼"所藏典籍,皆四库所未收采,以甲乙丙丁标其目,凡 8000 余种,如制艺、释藏、道书,下及传奇小说悉附藏之,具有很高的文献价值。所著《善本书室藏书志》40 卷,每书首列书名,次叙版刻、行款、印记以及授受源流,依四部序列。考订虽然没有瞿镛的《铁琴铜剑楼藏书目录》精审,而搜集材料却非常丰富,尤在瞿目之上。瞿目注重宋、元刻本,丁丙所著录的宋、元刻本较少,而明刻则甚可观。《楹书隅录》10 卷,著

---

① 这两部书均出自李宗莲之手。
② 《书林清话》卷 1。

录珍本文献 269 种,是查考善本书籍的有价值的版本目录。

综上所述,版本学专才辈出,版本学专著的不断涌现,标志着清代版本学达到兴盛繁荣阶段。然而,伴随着版本学兴盛而出现的,是唯古、佞宋的风气。钱曾自称"佞宋",黄丕烈亦称"佞宋主人",陆心源不惜自欺欺人,把百十种宋版夸耀成二百种。本为辨别真伪,以为校勘古书作依据的版本学,到后来变成一种古董式的鉴赏,以自诩其奇秘为事,把宋版、元版珍本作古董来玩,以为奇货可居。这种风气是和版本学研究的科学精神相违背的。

对于版本的鉴别,应该是理论与实践相结合。清代的版本学者,都是些学识渊博的大藏书家。他们博览群书,一方面继承前人的研究成果,一方面靠着积累起来的丰富经验,由书籍的表面形式到内容,进行细致的考证鉴赏,总结出自己的钻研心得,编著了丰富的有价值的版本目录,为版本学的兴盛作出了巨大的贡献,也为版本学理论的系统化(如后来钱基博的《版本通义》,张元济的《中国版本学》)的出现创造了条件。

第六节　清代的注经、辨伪成就

清代学者矫正宋明理学空言心性,束书不观的弊病,而继承汉儒训诂考据的治学门径,发展为专重考据的研治之风,体现在文献整理的各个方面,达到了学术发展史上的一个新高峰。在思想上,他们主张实事求是,力求对经史的解释符合古代文献的原貌原意,提倡不迷信成说,通考群书以辨别真伪。其发展趋势亦使他们逐渐抛开了清初"经世致用"的精神实质,而步入一种纯学术的论著轨道,以至把原来作为治学手段的考据当成了目的,以适应时代政治高压的强烈变化。但是在客观上,他们还是在古籍整理的诸多方面取得了可观的成就,考据学也就成为了清代文化的主流。另一方面,在理论方法上,这些学者是以语言文字音韵训诂之学为基础的,他们认为读九经和诸子百家之书,要从"考文"开始,而考文要从"知音"开始,只要训诂声音之学明白了,文字学就会明白,文字学明白了,那么经学也就明白了。他们认为注释之所以不能正确说明经史文献的内容和意义,是因为作注的人不能通晓声音文字、假借、转注等学问的缘故。所以王鸣盛说,"经以明道,而求道者不必空执义理以求之。但当正文字、辨音读、择训诂、通经注,则义理自见,而道在其中矣。"①由于这样,清代学者一般都具有文字学的功力,尤其是专门从事注释的人更是如此。因此,清代学者撰写了不少文字学论著,如段玉裁的《说文解字注》,戴震的《方言疏证》、江声的《释名疏证》、桂馥的《说文义证》、王筠的《说文句读》《说文释例》、朱骏声的《说文通训定声》、邵晋涵的《尔雅正义》、郝懿行的《尔雅义疏》、钱绎的《方言笺疏》、王先谦的《释名疏证补》等均是重要的作品,而尤以王念孙的《读书杂志》《广雅疏证》和王引之的《经义述闻》《经传释词》为最负盛名。音韵学也取得重要成就。顾炎武的《音论》《诗本音》《易音》《唐韵正》《古音表》,是清代音韵学的奠基性著作。另有江永的《音学辨微》《四声切韵表》《古韵标准》,戴震的《音韵考》《声类表》,段玉裁的《六书音韵表》,姚文田的《说文声系》等,也都在这个领域作出了贡献。这些成果的出现,有利于提高对文字学、音韵学在古籍整理中实用价值的认识和历史文献研究的质量。

经书是我国古代的重要历史文献,由于它时代久远,文词艰深,虽经先秦传注、汉魏训释、隋唐义疏、宋代集注,后人仍然难以明白其中的奥义。清代学者运用考据的方法,或总群经,或专一书,对《十三经》普遍地进行了注释。他们的注释成果,先由阮元于道光年间,收集乾嘉时期的名著共180多种,编入《皇清经解》中。后又由王先谦于光绪年间,收集乾嘉以后和乾嘉前阮元所遗

---

① 《十七史商榷序》。

者 209 部,编入《皇清经解续编》中。这些著作,以经典的语言、义理、条例为研究对象,搜集遗文,博采众说,既疏通其大意,又考证其讹误,在学术上成就卓然。其时注释名家,《易》有惠栋、张惠言、姚配中,《书》有江声、孙星衍、段玉裁、阎若璩、王鸣盛,《诗》有陈奂、马瑞辰、胡承珙,《周礼》有孙诒让,《仪礼》有胡承珙、胡培翚,《礼记》有孙希旦,《大戴礼记》有王聘珍,《左传》有刘文淇,《公羊传》有陈立,《谷梁传》有廖平,《论语》有刘宝楠,《孝经》有皮锡瑞,《孟子》有焦循。清代注经,自清初至乾嘉时期主治古文经学,自道光以后则今文经学崛起,这又是清代学术思想的一种变化。

清人注经,与辨伪考据相结合,解决了历史上由来已久的两大是非纷争。一是辨明了《古文尚书》为伪作。《古文尚书》原出孔壁,孔安国家人献予朝廷,后于东汉末亡佚。东晋元帝时,忽有豫章内史梅赜献出《古文尚书》,至唐贞观间孔颖达将其与《今文尚书》合而为一,并作"正义",遂使人深信不疑。至南宋吴棫始有异议,朱熹亦稍怀疑,再加上元之吴澄,合诸人之研究,逐渐知其为伪作,但缕析未及系统。明梅鷟亦证其伪,而搜集证据亦未周详。至清初,阎若璩继黄宗羲、姚际恒等人的怀疑认识之后,作《尚书古文疏证》,乃引经据古,列出 128 条证据,从其篇数篇名、文字之异、取材之源、篇章分合,以及有关史实、典制、历法、地理、文体等诸多方面,一一揭示其矛盾,而证明《古文尚书》为伪作,使经过 1300 多年的历史疑案,终成定谳。因此阎若璩实系《尚书》学之一大功臣。清中叶,惠栋继作《古文尚书考》,逐篇考证伪书语句来源出处,复证《古文尚书》之伪,其后丁晏复著《尚书余论》,明确考定伪造《古文尚书》者为三国魏之王肃。

又一是辨明对《易》的曲说。《周易》在其流传过程中,被后人附会以河图洛书之说。特别是五代、北宋间,道士陈抟,开始用道教中丹鼎之术,附会《易》文,继续传至邵雍、周敦颐时,又出现了先天、太极诸图。这些内容,后为人们所疑惑。清初黄宗羲著《易学象数论》,其弟黄宗炎作《图书辨惑》,毛奇龄撰《河图洛书原舛编》,开始对陈抟、邵雍、周敦颐等的曲说进行辨析。继起的胡渭著《易图明辨》,以为"《诗》《书》《礼》《春秋》皆不可无图,惟《易》无所用图,六十四卦,二体六爻之画即图也。……《河图》之象,自古无传,何从拟议?《洛书》之文,见于《洪范》,五行、九官,初不为《易》而设"。其论引证详博,为考辨宋儒《易》学伪说、伪图作出了贡献。

对《尚书》《周易》两大古代历史文献考辨的成功,极好地推动了清代注释的蓬勃发展。

第七节 清代的考史、补志成就

清代学者在史学文献的整理上亦有可观的成就。他们在编撰学术史、前代史、远古史,以及续修史书和改作旧史方面有很多成绩,但是他们在这个领域贡献最突出和著述最丰富的,则是考史和补志。这与清代考据盛行的学风是相一致的。其中考史的代表作,首推王鸣盛的《十七史商榷》、钱大昕的《二十二史考异》和赵翼的《二十二史札记》。其次,以怀疑、辨伪、考信三者为主旨考辨远古文献,则以崔述的《考信录》为最著称。

王鸣盛《十七史商榷》中的十七史,是指《史记》以下 13 种正史,再加上《南史》《北史》《新唐书》《新五代史》。王鸣盛本来是治经的,著有《尚书后案》30 卷。他学问精博,又长于小学,通《说文》,对金石、目录之学也都有研究,所以他后来"惟以考史为务"时,就能获得很高的成就。《商榷》规定自己的任务是"改讹文,补脱文,去衍文,又举其中典制事迹,诠解蒙滞,审核踳驳"。① 因此

---

① 上引均见《十七史商榷序》。

文字校勘、典制考释是这一撰著的主要内容,而尤以文字的校勘为其重点。实际上它的内容还是较为庞杂,从全书看,《商榷》是一部包括着校勘文字,补正讹误,论及版本义例,考证舆地、职官、典制,考订史实,评论史事人物等的、规模宏大的巨著。《商榷》内容的丰富,使它在与《考异》《札记》的比较中,更多受到某些学者的推崇。李慈铭在总的肯定三书以后又特别指出:"钱专考订,鲜及评议;赵主贯串,罕事引证;兼之者,唯此书(指《商榷》),故尤可贵。"①这在一定的意义上表现了《商榷》的优长处。

钱大昕所考的二十二史,是从二十四史中除去《旧五代史》《明史》而言的。钱大昕学识渊博,阮元曾评论他:"国初以来,诸儒或言道德,或言经术,或言史学,或言天文,或言地理,或言文字音韵,或言金石诗文,专精者固多,兼擅者尚少,惟嘉定钱辛楣先生能兼其成。"②由于他兼通天文、历算、金石、文字、音韵等多种学问,故《考异》的内容涉及于文字校勘、典制考释、名物训诂等诸方面。《考异自序》中说:"廿二家之书,文字烦多,义例纷纠,舆地则今昔异名,侨置殊别;职官则沿革迭代,冗要逐时。欲其条理贯穿,了如指掌,良非易事。以予仵劣,敢云有得?但涉猎既久,启务遂多,著于铅椠,贤于博奕云尔。"钱大昕治学态度谦虚,不固执己见,力持实事求是,通过广泛取证,比较异同,专题考索等方法,考证历代正史,纠其缪,发其微,揭其隐,而得出结论。他校订了诸史传写和刊刻上的讹谬,审正了注释者的错误,也勘出了各史原有的疏漏。故《清史稿》本传对他的成就非常推崇,说他于"古人爵里、事实、年齿,了如指掌;典章制度,昔人不能明断者,皆有确见"。这个评论是允当的。他在乾嘉学者中被称为"精于史"的"巨

---

①　《越缦堂读书简编记》。

②　见《十驾斋养新录序》。

擘",①不无根据。

赵翼的《二十二史札记》,所考实系二十四史,因《旧唐书》和《旧五代史》没有计入其数,所以只称二十二史。赵翼和王鸣盛,钱大昕一样,都是以治经的方法治史,即以经证经,以史证史。因此他在所用材料上,只就历代正史的纪传表志"参互校勘",或本史互证,或各史互证,掌握非常严格。他认为:"间有稗乘脞说,与正史歧互者,又不敢遽诧为得间之奇。盖一代修史时,此等记载,无不搜入史局,其所弃而不取者,必有难以徵信之处。今或反据以驳正史之讹,不免贻讥有识。"②这是很有见地的。要求历史的真实性,是清代考据家所共有的学风。《札记》很重视史实的真实性,它通过考异、辨识、纠缪等形式,对史书记事进行了辨析和订正,对于人们认识所考诸书的史料价值,和利用正确史料进行历史研究,都带来了帮助。《札记》还对历代正史史料价值的高下,编写方法的优劣,所运用的书法和历史编修的经验,都有一些有益的评论。赵翼在叙述《札记》的内容和写作用意时说:"至古今风会之递变,政事之屡更,有关治乱兴衰之故者,亦随所见附著之。……或以比顾亭林《日知录》,谓身虽不仕,而其言有可用者,则吾岂敢。"这表明赵翼的考史,注意于社会的变革,历史的变化,而且要说明原故,并吸取其中的经验教训,在自谦态度的掩饰下,表现出要继承顾炎武"经世致用"思想的企图,这在当时是非常可贵的,值得称赞。

王鸣盛、钱大昕、赵翼,是清代中期以考史著称的史学家和历史文献学家。所著三书的价值,学者评为:"钱书详于校勘,王书注重典章故实,赵书则特别注重治乱兴衰之故。三书之共同优点,在于能予阅者以提纲挈领之观察。学者如先读三书然后再阅正

---

① 见朱一新《无邪堂答问》卷1。
② 《廿二史札记小引》。

史,则事半功倍矣。此亦清人史学上之特别贡献也。"①

与三人约略同时的还有崔述。他专考究中国上古历史,给予了后世很大影响。所著《考信录》,分为《补上古考信录》《唐虞考信录》《夏考信录》《商考信录》《丰镐考信录》(考西周)、《洙泗考信录》(考孔子事迹)、《丰镐考信余录》《洙泗考信余录》(考孔门弟子)、《孟子事实录》《考信附录》《考信续说》各部分,又有《考信录提要》2卷,上卷释例,下卷总目。崔述以经学家见称,实际是一位杰出史学家。他提出经史不可分的见解,以为"夫经史者,自汉以后分别而言之耳。三代以上所谓经者,即当日之史也;《尚书》史也,《春秋》史也,经与史未可分也"。他继承疑经惑古和经世致用的传统,常谓"天下之大,吾非能事事而亲见也,况千古以上,吾安从而知之?人之言可尽信乎?"所以他"专以辨虚实为先务",主张"读书须考信",反对主观臆度,以己度人,以今度古,只求博而不求精,不加考证,不辨真伪,兼收并纳,信以为真,牵强附会,以耳代目等不良学风。他治学严谨,提出从不同时代的文体、文风辨别古书真伪及其成书年代,并从不同时代的生活、习俗、风尚加以考察;认为必须精通史事,熟悉各代不同的典章制度,方可辨明真伪。在思想上,他提出"平心以求一是"②的原则标准,对待史实重原始记录而不重后世追记,取去上古较近的传说而不取后世附会,区别经文与传疏,将同一史实的不同记载,加以推理,辨别其真伪。这样,他就把前人疑经惑古的成就系统化,理论化了。但他也不免谬于道统之说,有尊经太过,认为经典以外的材料概不足信的不足。从总的方面看,他的学风及治学方法,体现出不少的进步思想。从明清之际到"五四"时期的300余年间,崔述上承顾炎武,下启梁

---

① 萧一山《清代通史》卷中第3编《经学隆盛时之清代学术》第14章《总述清代学者之重要贡献·史书之整理》。

② 上引均见《考信录提要》卷上。

启超、王国维乃至顾颉刚,起了一座桥梁的作用,影响甚大。他在清代史学与历史文献学上具有重要的地位与作用。

我国正史,除了纪、传之外,还应该包括表、志,体例才算完备。但二十四史中有七部缺乏表和志。即使有表、志的正史,其记载也有不少错误、缺漏。所以从宋代开始,就相继有史家补作表、志,而在考据学特别发达的清代,补作正史表、志尤为盛行,成为风气,著述竟达数十家之多。其中除如万斯同、陈芳绩总补各史之缺者外,专补一史之表或志者计有:《史记》《汉书》的 2 种,《后汉书》的 4 种,《三国志》的 6 种(含未刻 1 种),《晋书》的 5 种,南北朝诸史的 14 种,《唐书》的 4 种,《五代史》的 2 种,《宋辽金元史》的 7 种。[①]后代补前史的表、志,材料的搜集和编次都十分困难,清代学者竟然能有这么多的成就,再加上他们对史书的校释和对旧史表、志的校注,真可谓对史书的整理作出了特别的贡献,在历史文献学上建立了一座丰碑。

第八节　清代辑佚学的蓬勃发展

我国古代辑佚之学兴起于宋代,发展于明代,至清代达到了繁荣。清代辑佚可分为四个阶段来论述:

一、清初至乾隆四库开馆(1773 年)时期。这个时期是辑佚的兴起阶段。这个时期主要是一些大学者为了治学的方便、需要而从事辑佚,因此可称为"学者的辑佚"时期。例如,姚之骃辑有《后汉书补逸》21 卷,臧琳辑有《六艺论》,李绂与全祖望从《大典》中辑出王安石《周官新义》等佚书十种,惠栋辑《九经古义》22 卷,余肖客辑《古经解钩沉》31 卷。这些学者都不是以辑佚名家的,而是

---

① 　参见《清代通史》卷中第 3 编第 14 章《总述清代学者之重要贡献·史书之整理》。

在学术上各有专长,如惠栋、余肖客是汉学大师,精经书的校勘、考据;全祖望精史学、地理;臧琳精训诂之学;姚之骃精于考史。他们的辑佚之作大都与自己的治学方向有关,因而辑佚范围狭窄,主要是经部、史部书,辑佚的数量也很有限。

二、四库开馆期间的辑佚(1775 年—1781 年)。主要是指四库馆臣从《永乐大典》中辑录佚书,因此可称为"馆臣的辑佚"时期,或简称馆辑时期。当时的辑佚因为是官辑,又是直接在皇帝的监督下进行,所以工作比较认真、负责,有着严格的程序。首先是召集当时著名的学者充校勘《永乐大典》纂修兼分校官,共计有 39 人,其中邵晋涵、戴震、周永年等都是当时学术界的大家。其次便是发凡起例,先确立个辑佚准则:(1)后世流传已少者;(2)足资启牖后学,广益多辞者①。接着,便是依据准则签写出佚书单,即把应辑之书名标出,据应辑书之数量进行分配工作,各自抄录。随后便是遍检《大典》,誊录佚文。最后是对所辑录出之佚文进行校勘、考证,按原书体例进行编排,交四库馆中缮书处誊录成册,呈御览,为皇帝所准,辑佚始大功告成。

由于学者们的专门致力和官府予以充分的物质资助,使得这次馆辑取得了引人注目的成绩。馆辑的时间为 1773 年—1781 年,八九年间,共辑出佚书 516 种,其中后来正式著录于《四库全书总目》(包括附录及存目)并相继刊出的有 385 种,计经部 66 种,史部 41 种,子部 103 种,集部 157 种,总卷数达 4926 卷。馆辑的主要问题是:首先,馆辑一味追求成绩,规定的时间比较紧,使馆辑留下了不少遗憾之处,如漏辑、校勘不精、体例不允、重复辑录等。其次,受乾隆谕旨的影响,所辑大都要有关典要、宏旨大义者,因而造成抄辑范围过于狭窄,使得很多颇有价值之书未能及时辑出而随着《永乐大典》的残佚而消亡。还有,馆辑的取资比较单

---

① 参看《四库全书总目》卷首。

一。绝大多数馆臣只按规定从《大典》各韵目下进行搜辑抄录佚文,而《大典》是类书,收书不完备,只据《大典》而辑疏漏固多,所以大典本辑佚书在后来常为人补辑。此外,馆辑亦不注明出处。

三、馆辑之后至 19 世纪中叶的辑佚。这个时期是辑佚的繁荣阶段。这个时期的辑佚以几位大辑佚家的辑佚之作为代表,因此可称为"辑佚家的辑佚"时期。

这个时期辑佚大家辈出,主要有章宗源、严可均、孔广森、任大椿、马国翰、黄奭、茆泮林、洪颐煊、汪文台、陈寿祺、王谟、张澍、臧庸、王绍兰等,其中最有名的当数严可均、马国翰、黄奭、张澍、王谟五家。严可均《全上古三代秦汉三国六朝文》中多有辑佚之作,此外,严可均还辑有《陆贾新语》《四民月令》等 48 种,104 卷。马国翰《玉函山房辑佚书》收 580 余种,600 卷,几乎每部辑书前都有"序录",有的还附有作者传记。每条佚文均标明出处,并略有考证之类的案语。遇有引文相异时,则并列以资参考。黄奭《汉学堂丛书》(又名《黄氏逸书考》),辑 285 种,在辑佚内容后常加考证案语。张澍《二酉堂丛书》辑佚书 30 余种,主要为西北乡邦先贤佚书,书前有序,书中多有考证、注释的案语。王谟《汉魏遗书钞》,辑经部 108 种,每种前有序录,且多附有考辨案语;王谟另辑有《汉唐地理书钞》50 种。

这个时期辑佚的主要特征表现在以下几方面:第一,辑佚数量多。前述的严可均、马国翰、黄奭、张澍、王谟五大辑佚家,辑书均多至数十种甚至数百种;此外如洪颐煊《经典集林》辑佚书 30 余种,茆泮林辑《十种古佚书》,孙冯翼《问经堂丛书》辑古佚书 14种,数量也相当可观。第二,辑佚范围扩大。辑佚范围遍及经、史、子、集各部,史部、地理类书辑佚尤多,子书辑佚数量有很大增加。此外如方技、小说类书也得到了辑佚。第三,专门性辑佚(即专门对某一类书进行辑佚)的倾向更加明显。当时有专辑一人著作的,如孔广森《通德遗书所见录》72 卷,袁钧《郑玄佚书》76 卷等专辑郑玄的著作。有专辑一类书的,如王谟《汉唐地理书钞》专辑地理书,孙堂《汉魏二十一家易注》专辑易注。有专辑一地书的,如陈运溶《两湖古地志》专辑江西地理书。第四,辑书体例越趋规范化。每部辑书前一般有序录,说明书籍源流、内容、资料来源以及辑佚中的一些校勘等问题。各条佚文均标明出处,有的还附有简单注释。

四、19世纪中叶至清末时期的辑佚。这个时期主要是一些学者对前人的辑佚进行拾遗补漏的补辑、重辑工作,因此可称为"补遗的辑佚"时期。其中以汤球与王仁俊二人最著名。他们的辑佚主要是在前辈辑佚成果的基础上进行拾遗补缺。汤球辑有《汉晋春秋》《汉阳春秋》《南燕书》等东西晋十六国的史书共47部,这些书前人大都辑过。王仁俊辑有《玉函山房辑佚书续编》269种,《玉函山房辑佚书补编》138种,《经籍佚文》ll6种,《十三经续注》40种,也是多为补前人之辑书(如马国翰的《玉函山房辑佚书》)。正因为如此,王仁俊辑书数很多,量却很少,一般辑书所收佚文不过数条或十余条。王仁俊所辑之书编排零乱,错讹殊多。此外,乔松年、文廷式、缪荃孙、龚自珍、王先谦等,也作过一些辑佚,但都很零散,数量不多,大都为了治学的需要或因对前辑书不满而有意补苴修正。

第九章 近现代——中国历史文献学的变革时期

第一节 罗振玉、王国维对出土文献的研究

我国近代社会的半封建半殖民地性质,决定了近代文献学的特殊风貌:中西学术思想、治学方法交汇,传统的历史文献学处于剧烈的变革时期。这个变革时期大致可分为三个阶段。第一阶段,封建思想影响下的历史文献学,其代表人物是张之洞、罗振玉、王国维。张之洞的《书目答问》,因增设"丛书"与"别录"而在目录学体例上有所创新,但依然一仍旧贯,用目录学维护封建制度。罗振玉和王国维在思想上是封建的,但在治学方法上已开始汲取西方治学方法,特别是王国维,始终处于这种尖锐的矛盾之中。

20世纪初期,殷墟甲骨、汉晋木简、敦煌文书等文献资料的不断出土是我国近代学术史上的重大事件。在当时的学术界,真正能够认识这些新出土文献的重大价值,因而筚路蓝缕,殚精竭虑地对它们加以整理,并运用于研究中国古代社会的学者,应首推以所谓"罗王之学"驰誉学林的罗振玉和王国维。

罗振玉(1866年—1940年)字叔蕴,号雪堂,祖籍浙江上虞。他在青少年时代即对金石铭刻发生浓厚兴趣,步入学海后,正值埋藏在地下的文献资料不断出土,再加上他与法国汉学家沙畹、伯希和等人有所交往,因此学术见闻甚广,掌握资料较多,能以一人一家之力,广泛搜集各种新出土的文献资料,分门别类地进行刊布、考释,为中国古代社会的研究作出有益的贡献。

王国维(1877年—1927年)字静安,号观堂,浙江海宁人。1898年曾就读于罗振玉所设的"东文学社",受到罗的赏识,此后

即长期受罗援引。他早年原致力于哲学及文学研究,在罗振玉的影响下才转治经史金石之学。他治学严谨,规模宏大,把近代西方资产阶级的科学方法,同乾嘉诸儒的传统考据方法,成功地结合起来,创立了著名的"二重证据法"。王国维强调要把新出土的文献资料与古代典籍相互印证,因而在古史研究上,取得了同时代学者无法企及的成就。

(一)甲骨文的搜集与研究

罗振玉是最初在殷墟甲骨文研究方面取得进展的学者,他的主要贡献是:1. 材料的搜集、整理与刊布;2. 文字的考释和卜辞的通读。

罗振玉从 1906 年起即从事甲骨搜购,先后达三万余片。1910 年著《殷商贞卜文字考》,最早探知甲骨出土地在安阳小屯,并考定其地为殷商都城。他将甲骨文中的人名与《史记·殷本纪》中商王之名相校,正确判定甲骨文"实为殷王室之遗物",从而把商代历史由传说推进到有文字可考之信史。随后,他将所藏的甲骨精选拓印,成《殷墟书契前编》(1913 年),《殷墟书契菁华》(1914 年),《铁云藏龟之余》(1915 年),《殷墟书契后编》(1916 年),《殷虚书契续编》(1933 年)等书。这些书共收甲骨 5000 余片,是殷墟发掘前零星出土甲骨的最重要集录,而且全都采用珂珑版精印,文字清晰,给学术界研究甲骨提供极大便利。

罗振玉对甲骨文字考释较早,他以"由许书以上溯古金文,由古金文以上窥卜辞"的研究方法探讨甲骨文字,释字数量大而且多为正确。在其《殷商贞卜文字考》中,释字已达 473 个。1915 年出版《殷墟书契考释》,释字增至 485 个,到 1927 年增订《考释》一书,所释之字已达 571 个。罗振玉在考释文字的基础上,还注意整条甲骨卜辞的通读及史事分类,从而使人能够了解到卜辞所载史事的内容和性质。这样,就使甲骨卜辞从单纯的文字学资料上升为能够运用于研究殷商历史的文献资料。如在《殷商贞卜文字考》中,他通读了 134 条卜辞;而在《殷墟书契考释》中,他进而通读了 766 条,并按卜辞的史事性质分为八类,在增订《考释》一书中,他又使读通的卜辞增至 1303 条,进一步分为九类。罗振玉是第一个把卜辞加以分类的学者。

王国维在罗振玉成就的基础上突破甲骨文字考释的范围,他以甲骨卜辞为原始的文献史料,来探讨殷商的历史、地理和礼制。在其所著《殷卜辞中所见先公先王考》及《续考》中,王氏运用"二重证据法",即用出土甲骨卜辞证合《史记》《山海经》《竹书纪年》《吕氏春秋》《楚辞》等书,第一次证明《史记·殷本纪》所载殷商王朝世系之真实可信,并根据卜辞订正了先公先王的位次,这是王国维运用甲骨文献研究殷商史的力作,也是近代学术界的一大盛事。在《殷周制度论》中,他继续用"二重证据法"考证殷周两代的祀典及传统制度。又得出殷周之际制度截然不同的惊人论断,揭示了殷周制度变革的性质,对后来学者启示极大。其所著《殷墟卜辞中所见地名考》《殷礼征文》《古史新证》等,也是运用甲骨文献澄清了殷商史上的诸多悬疑。此外,他还是从称谓判断卜辞年代和进行甲骨缀合的先导者。

总之,我国早期的甲骨文献研究是以罗振玉、王国维为泰斗的。

(二)汉晋木简的考释

1908 年英人斯坦因私至我国新疆、甘肃等地盗掘汉晋木简千余,并悉数席卷而去,后由法国学者沙畹为之考释。罗振玉闻讯后,去函索取照片。1914 年沙畹以手校本寄给罗氏,罗振玉"竭数夕之力读之再周",乃与王国维合作,将沙氏书中材料重新分别考释,罗振玉整理"小学、术数、方技书"和"简牍遗文";王国维整理"屯戍丛残"。两人又各撰"考释"一卷,经一月之功,成《流沙坠简》一书,对文字的审释,简牍的时代,出土的地点以及边塞的烽燧及侯官制度——详加考证,这是我国学者研究汉晋木简的开山之作。

(三)敦煌文书的整理与研究

1909 年法国学者伯希和在窃得我国大批敦煌文书后,回国时路过北京,专门约见罗振玉等中国学者,向他们出示自己所得卷轴目录和部分写本。罗氏一见诧为瑰宝,于是影照 10 余种付印并作跋语成《敦煌石室遗书》。又把伯希和所携卷轴写成题要为《敦煌石室记》。后罗振玉根据伯希和提供的敦煌文书照片并搜集流散在国内的窃后剩余部分,先后辑成《石室秘宝》(1910 年),《鸣沙石室佚书》(1913 年),《鸣沙石室古籍丛残》(1916 年),《鸣沙石室遗书续编》(1917 年),《敦煌石室碎金》(1924 年)等等,差不多包括了敦煌文书中的最重要部分。

罗振玉在搜集刊布敦煌文书的同时,也作了相应的整理研究。他所刊写本,重要的都有题跋,大部分可见于《雪堂校刊群书叙录》卷下。另外,罗振玉还以写本中的"诸经校以今本,为群经点勘"。完成的有《敦煌古写本毛诗校记》,《庄子残卷校记》,《抱朴子残卷校记》《道德经考异》和《老子考异补遗》等。《补唐书张义潮传》《瓜州曹氏年表》及《沙州图经残卷跋》《西州图经残卷跋》等文,则是罗振玉利用敦煌文书研究西北史地之作。这些都是国内研究敦煌文书的最早作品。

王国维也十分重视敦煌文书在学术上的价值,他依据唐写本考订唐初职官、瀚海军设立的时间及唐前期实行的均田制,都取得了突出的成绩。又根据唐天复五年张龟写本校梁贞明五年安友盛写本,使韦庄的《秦妇吟》复传于世。

罗振玉、王国维对敦煌文书的整理和研究,为我国的敦煌学奠定了良好的基础。

第二节 梁启超的历史文献学理论

变革时期的第二阶段,资产阶级思想影响下的历史文献学,其代表人物是梁启超、胡适、洪业、张元济。其中梁启超与胡适是典型。梁启超由封建营垒转入资产阶级阵营,带有浓厚的改良色彩,因此不免左右摇摆;胡适则是崇拜西方治学方法,冲击封建文化的干将。

在中国近代资产阶级学者中,梁启超最为重视史学理论的研究,他在中国近代资产阶级史学理论的各个方面都作出了独特的贡献。从1921年起,梁启超先后撰成《中国历史研究法》及《补编》《古书真伪及其年代》等中国最早的资产阶级史学方法论专著。在这些书中,他详尽论列了文献史料的范围、类别、搜集、鉴别等各个环节。集中反映了他的历史文献学理论。

梁启超在《中国历史研究法·自序》中指出,中国近代新史学比以往的旧史学有明显的进步,其特征之一就是:对客观资料的重新整理。"畴昔不认为史迹者,今则认之;畴昔认为史迹者,今或不认。举从前弃置散佚之迹,钩稽而比观之;其夙所因袭者,则重加鉴别,以估定其价值。如此则史学立于'真'的基础之上,而推论之功乃不至枉施也。"又说:"我国史界浩如烟海之资料,苟无法以整理之耶,则诚如一堆之瓦砾,只觉其可厌。苟有法以整理之耶,则如在矿之金采之不竭。"梁启超在这里一再强调了重新认识和整理客观资料,亦即重新划分、搜集和鉴别文献史料对于建设资产阶级的新史学并使之"立于'真'的基础之上"的重要意义。基于这个见解,他在《中国历史研究法·说史料》一章中,重新划分了文献史料的范围和类别。认为所谓史料有两种:一种是"在文字记录以外者";一种是"在文字记录者",即文献史料。但研究历史,文献史料更为重要,因为"记录以外的史料时间、空间皆受限制。欲作数千年史,而记述又亘于社会之全部,其必不能不乞灵于记录明矣。"梁启超把文献史料划分为下列几类:

甲.旧史。如二十四史、别史、杂史、杂传、杂记等皆是。他认为这些旧史,因著作时代,作者史识,著书的宗旨和书的体例都有差别,其史料价值也有不同。有时杂、野史价值较正史为高。

乙.关系史迹之文件。如官方档案、函牍、私家之行状、家传、墓文等类。梁启超认为此等资料描绘了当时社会部分实况,不能轻易放过。

丙.史部以外之群籍。"举凡以文字形诸记录者,盖无一而不可于此中得史料也。"史部以外的经、子、集等部之书乃至小说,甚至在寻常百姓家故纸堆中,往往可以得到极珍贵之史料。

丁.类书及古逸书辑本。如《艺文类聚》《太平御览》《永乐大典》等类书;《世本》《竹书纪年》等古逸书辑本。

戊.古逸书及古文件之再现。如汲冢竹书、西汉迄六朝的简牍、敦煌石室遗书等等。

己.金石及其它镂文。如甲骨文、金文,石刻墓志等等。

庚.外国人著述。即外国人有关中国史事的著述。如《马可·波罗游记》、拉施特的《元史》等等。

以上论述表明,在怎样看待研究中国历史的各类文献史料问题上,梁的视野已远远超越了封建史学家。他不仅大大突破了传统史部目录对历史文献范围的限定,也为近现代文献目录的分类奠定了基础。

在《中国历史研究法·史料之搜集与鉴别》一章中,谈到搜集文献史料,梁启超认为不仅应注意可见于旧史的公认文献史料,更重要的是打开眼界,"恒注意于常人所不注意之处",在"常人向来不认为史料者"的东西中"觅出可贵之史料"。但要想应用此种方法,首先要求治史者"须将脑筋操练纯熟,使常有敏锐的感觉。每一事项至吾前,常能以奇异之眼光迎之,以引起特别观察之兴味"。其次要求治史者"须耐烦。每遇一事项,吾认为在史上成一问题有应研究之价值者,即从事于彻底精密的研究,搜集同类或相似之事项综析比较,非求得其真相不止"。他还认为,治史者在从事一个专题研究时,必须随时注意搜求与另外专题有关的材料,做到"随处留心,无孔不入,每有所遇,断不放过"。因为"博搜旁证则能得意外之发现"。这就是说,一个治史者,在研究史学的实践中,不仅应该学会搜集文献史料的方法,更重要的是培养自己判断史料价值的敏锐史识。

在鉴别文献史料的方法上,梁启超提出了运用反证,建立假说来考订、纠正文献史料的主张。他还着重谈到了由于著史者史识和地位的不同,有时会造成文献记载的失误。因此,治史者应尽可能择定"价值较高之著述"作为自己研究的基本材料。至于那些"著者品格劣下"的文献,则对"其所载者宜格外慎察"。他指出,"无论何项史料皆须打几分折头",即使"名著总不免有一部分不实不尽之处"。因此,治史者"宜刻刻用怀疑精神唤起注意而努力以施忠实之研究",则文献史料的真相"可次第呈露也"。

在辨伪问题上,梁启超在《中国历史研究法》一书中提出了辨伪书的十二条标准,证真书的六条标准以及辨伪事的七条标准。与之表里,他还在《古书真伪及其年代》中对此详加伸论,阐述了辨伪及考证年代的必要性,分析了伪书的种类及作伪的缘由,总结了前人辨伪的传统意见,以及考辨伪书的方法及对伪书的评价等等。应该指出梁启超提出的辨伪理论及方法直到今天仍然可用。但由于他对文献的正误及辨伪,采用的是以书本证书本的形式逻辑的方法,间或也混杂了唯心主义的臆想成份,所以其局限性也十分明显。比如,在谈到所谓"推度的推论法"①时(即单用"理证"证明史事之伪),一方面正确地认为孔子、颜渊在泰山能望到千里之外的阊门、白马的旧史记载不合情理,而断定其伪,一方面却又荒谬地认为中国古籍中有关鬼神的记载,一旦在人类发明"鬼神心理学"之后,就会变成极可宝贵的资料。因此,他的正误、辨伪之法虽有可取之处,但我们绝不能全盘照抄,而应在唯物辩证法的

---

① 见《中国历史研究法》,上海古籍出版社 1987 年版,第 105 页。

指导下,予以批判地继承。

梁启超极为重视文献史料的整理工作,力主实事求是地重新划分、搜集和鉴别文献史料。但他并不拘守于文献史料的圈子,而是明确指出:"吾非谓治史学者宜费全部精神于此等考证,尤非谓考证之功必须遍及于此等琐事。"①"吾侪治史,本非徒欲知有此事而止,既知之后尚须对于此事运吾思想,骋吾批评。"②这就是说,文献史料的整理只是历史研究的基础性工作,之所以要整理文献史料,只是因为"思想批评必须建设于实事的基础之上"。③ 这样,梁启超就端正了史学研究和文献整理的主从关系。

梁启超在《中国历史研究法补编》中,还批评了当时偏向于繁琐考证的风气。他尖锐指出:"最近几年时髦的史学,一般注重的是别择资料"。一些学者为成就小小的名誉,喜欢找捷径,往补残钩沉的路子走,避难趋易,这是史学研究的一种"病的形态"。梁启超的这些见解,至今仍有某种启迪作用。

总之,梁启超所表述的这些较为完整的文献学理论,对于中国近代资产阶级史学理论的建设是有功绩的,在当时和以后的中国史学界产生了深远的影响。

第三节　胡适倡导整理国故的理论和方法

胡适(1891年—1962年),字适之,安徽绩溪人。他是我国近代著名的资产阶级学者,对哲学、文学和历史学都很有研究。从20世纪20年代起,他倡导整理国故,运用资产阶级观点和方法批判封建文化,在学术界产生过很大的影响。

首先,他明确规定国故的定义,说"中国一切过去的文化历

---

①② 见《中国历史研究法》,上海古籍出版社1987年版,第105页。

③ 《中国历史研究法》第5章。

史,都是我们的国故",并指出"国故包含国粹,但他又包含国渣"。① 对于国粹,必须整理,使之发扬光大;对于国渣,则应抛弃。其次,他又明确申述整理国故的定义,说整理国故"就是从乱七八糟里面寻出一个条理脉络来,从无头无脑里面寻出一个前因后果来;从胡说谬解里面寻出一个真意义来,从武断迷信里面寻出一个真价值来";②也就是"用精密的方法,考出古文化的真相",然后"用明白晓畅的文字报告出来,叫有眼的都可以看见,有脑筋的都可以明白。这是化黑暗为光明,化神奇为臭腐,化玄妙为平常,化神圣为凡庸,这才是重新估定一切价值"。③ 可见,胡适关于国故与整理国故的定义,也就是整理古代文化遗产,分清精华与糟粕,然后推广到人民大众中去。再次,胡适指出了整理国故的必要性与重要性。他说整理国故可以解放思想,使人们不受传统谬说的迷惑,甚至认为发明一个字的古义可与发现一颗恒星媲美。最后,他提出了整理国故的方法:第一、用历史的眼光来扩大研究的范围,即打破一切门户成见,还事物本来面目,大至思想学术,小至文字山歌,都属于国故范围。第二、用系统的整理来部勒研究的材料,即编制索引便于读者检寻;分阶段清理研究成果,便于社会应用或提出问题供人研究;写作专史,便于研究的深入。第三、开展比较研究,即学习西方的治学方法,借鉴西方的研究成果。

对于传世的"文化历史",封建文人不可能也不愿意作批判的整理。新文化运动中的青年闯将不乏胆量和勇气,却缺少理论、方法。所以胡适整理国故的理论和方法,在某种程度上适应了当时

① 《胡适作品集》2,《国学季刊发刊宣言》,台湾远流出版事业股份有限公司 1986 年一版。下引胡适言论版本同此。

② 《胡适作品集》6,《新思潮的意义——研究问题,输入学理,整理国故,再造文明》。

③ 《胡适作品集》11,《整理国故与打鬼》。

社会的需要。但是这些方法片面强调"文化历史"的范围可无限扩大,而忽视了主次;重视静态的、局部的整理,而忽视了探寻"文化历史"的发展规律;又一头拜倒在西方资产阶级思想的脚下,到了不敢思想的程度。所以如果仅凭胡适的理论去整理文化遗产,并不能取得好的结果。

对整理国故,胡适树起了"疑古"的大旗,专从他认为可疑的地方入手。他十分钦佩清人姚际恒之敢于怀疑经书,崔述之敢于怀疑古史。留学美国后,他又崇拜赫胥黎的"拿证据来"和杜威的"实验主义"。这种中外怀疑、实证思想,养成了胡适的"怀疑主义"。

因而他特别重视考证证据,强调证据的充分与否是相信与怀疑的标准。

胡适这种遇古而疑,考而后信的理论,如果仅就整理文献古籍来说,不失指导意义。在他的影响下,疑古曾成为当时学术界的一种时尚,怀疑、考辨古史古籍蔚然成风。一些学者如顾颉刚等人,就在古史辨伪方面取得了很大的成绩。

胡适自称有考据癖。他的考据方法,析而论之,有如下三种。

一、假设求证法。胡适留学美国时,接受了杜威的实验主义。他把杜威的方法概括为五步:"一、疑难的境地;二、指定疑难之点究竟在什么地方;三、假定种种解决疑难的方法;四、把每种假定所涵的结果一一想出来,看哪一个假定能够解决这个困难;五、证实这种解决使人信用,或证明这种解决的谬误,使人不信用。"胡适认为"从第一步到第三步,是偏向归纳法……但是从第三步到第五步,是偏向演绎法的。"①他指出第三步最为重要。因为"第一步和第二步的工夫只是要引起这第三步的种种假设;以下第四和第五两步只是把第三步的假设演绎出来,加上评判,加上试验,以定

---

① 《胡适作品集》4,《实验主义》。

那种假设是否适用的解决法。这第三步的假设是承上启下的关键,是归纳法和演绎法的关头。"①胡适回国后,便四处宣扬"五步法",但未能得到推广。于是他带着"五步法"研究我国传统学术,终于在"朴学"中发掘到相应的内容。他认为"朴学"确有科学精神,汉学家的考证实际是归纳、演绎法,而且"很能用假设","能处处求证据来证实假设的是非"。所以胡适论定"朴学"的方法,"总括起来,只是两点:①大胆的假设,②小心的求证"。② 这样,胡适便锤炼出了他的假设求证法,即大胆的假设,小心的求证。

胡适提出假设求证法时,正是新文化运动时期,对封建文化的进攻正在展开。满脑封建思想的文人对封建文化充满感情,根本不允许怀疑它,否定它。"大胆的假设"便成为资产阶级学者对封建文化发动攻击时的火力侦察,是批判整理浩繁封建文化时的定题选择,既冲击了封建文化,又鼓舞了新潮派对封建文化的斗志,在当时有历史进步性。这种方法有一种只重证据、不信虚言的求实精神。胡适曾反复强调要"撇开成见,搁起感情,只认事实,只跟着证据走","没有证据,只可悬而不断;证据不够,只可假设,不可武断;必须等到证实之后,方才奉为定论。"③对于证据,还要问几个为什么。"证人证物本身可靠吧? 这个证人有作证的资格吗? 这件证物本身没有问题吗?""提出这个证据的目的是要证明本题的哪一点? 这个证据足够证明那一点吗?"④在这样审查了证据的真实性和证据对论点的相干性后,才运用这些证据去证明假设。这种方法合乎归纳演绎的思维方式,它在一定范围内确实有科学性。事实上,胡适及其他学者在某些领域内运用这个方法确

---

① 《胡适作品集》4,《实验主义》。
② 《胡适作品集》4,《清代学者的治学方法》。
③ 《胡适作品集》2,《介绍我自己的思想》。
④ 《胡适作品集》15,《考据学的责任与方法》。

也做出了一定的成绩。这是胡适假设求证法的可取之处。胡适假设求证法的错误之处,是他论假设的产生明显属于唯心主义思维方式。他认为"这些假设的解决都是从经验学问上生出来的。没有经验学问,决没有这些假定的解决。"①至于经验学问,又都在人脑中,他根本没看到正确的假设是人从接触到的材料中提炼出来的。他强调要等假设自己从思想深处跑出来。此其一。其二、假设求证法基本上没有超出形式逻辑的范围。一旦超出这个范围,想研究事物的发展及其规律时,它就只能走进死胡同。

二、历史演进法。早在 1919 年考证井田制时,胡适就"用历史演变的眼光来追求传说的演变。"②他把古文献中所有有关井田制的说法依出现时间先后排成井田制演变的沿革,结果一眼就看出战国以前无人提及井田制,是孟子最先叙述井田制的轮廓,经《公羊传》等书补充,到《汉书·食货志》中才完备。他据此得出井田制是积讹传真。但这时胡适还没有察觉他这篇文章所用方法的重要意义。而顾颉刚在胡适影响下,大作古史辨伪文章,提出"层累地造成的中国古史"的观点。此论一出,立即轰动学术界,掀起了"古史辨"高潮。胡适未参与辩论,在一旁静静地观察分析。古史辩论一停,他才从理论上进行总结,提出"历史演进法",说:"古史上的故事没有一件不曾经过这样的演进,也没有一件不可用这个历史演进的方法去研究。"③

我国传说的历史与文字记载的历史,因各阶级文人的不断增删改造而被掩盖了真相。"历史演进法"能追根溯源,在从无到有这个环节上揭露杜撰者及其时代,或揭示历史记载在流传中的发展和变化,对于研究工作是有裨益的。

---

① 《胡适作品集》4,《实验主义》。
② 《胡适作品集》2,《介绍我自己的思想》。
③ 《胡适作品集》2,《古史讨论的读后感》。

三、比较研究法。胡适在总结前人和自己的治学经验时,提出了比较研究法,即先大量积累供比较参考的材料,越多越好;然后在遇到困难问题时,便在这些材料中去找同类或大同小异的东西,从而得出某种结论。他曾撰《歌谣的比较的研究法的一个例》,比较五首民间歌谣,撇下小异之处,"看出他们原来同出于一个'母题'"。① 所以他认为"有许多现象,孤立的说来说去,总说不通,总说不明白,一有了比较,竟不须解释,自然明白了"。② 比较研究法拓宽了研究者的视野。

总而言之,胡适的理论属于资产阶级思想范畴。在用这些理论指导治学的同时,他也利用它来为资产阶级争夺群众,反对马克思主义。他说他的考证文字可以"教我的少年朋友们学一点防身的本领",不致于"被马克思列宁斯大林牵着鼻子走"。③ 但是胡适的文献学理论确也包含有合乎科学的因素,对在我国开拓用近代科学方法整理文化遗产的局面有一定作用。

第四节　洪业与引得编制

洪业(1893 年—1980 年),号煨莲,福建侯官人。他是我国近现代著名史学家。早年留学美国,1923 年回国后任燕京大学历史教授,积极投入整理国故运动,致力文献古籍的整理。他主持编制的大量经史子集名著引得,在国内外都有很大影响。兹就其引得工作略述如下。

引得,即英文 Index 的音译,有人又译作"索引",两相比较,引得既为音译,又兼义译,较之索引妥贴。20 世纪 20 年代时,新文

---

① 《胡适作品集》10,《歌谣的比较的研究法的一个例》。
② 《胡适作品集》2,《〈国学季刊〉发刊宣言》。
③ 《胡适作品集》2,《介绍我自己的思想》。

化运动浪潮席卷学术界,在西方文化影响下,一些知识分子要求改革传统治学方法,提高读书与研究的效率,于是兴起了大编引得的运动。但这时无论在方法上还是在数量上,都处于起步阶段。20年代末到30年代,洪业组建了我国第一个引得编纂处,开展理论研究并大规模地编制引得。和同时代其他人比较,他对引得编制方法探索最力,实绩最大,将我国引得工作推进到一个新阶段,使它日益受到学术界的重视。

洪业既精通我国传统学术,又熟悉西方学术。通过自己的治学实践,他深感我国那些陈旧落后的治学方法不适应科学文化发展的需要。1928年,他在哈佛大学讲学,"感我国古书浩如烟海,翻检甚难,因有编纂引得用便研究探讨之意",[①]即草拟出计划,次年在燕京大学组建了"引得编纂处"。他自任主任"担指导之义务",聘编辑聂崇岐等人"分任编校引得"。这引得编纂处成就不小。在1930年到1950年期间(其间1942年到1946年一度停止过工作),先后编纂出版了经史子集名著引得达64种81册,称作"引得丛刊"[②]。该丛刊编为二个序列:一为"引得正刊"序列,有41号(1号为1种书),此类仅有引得而不附原文;二为"引得特刊"序列,有23号,此类既有引得,又附录经过校勘和标点的原文。这64种引得"从类型看:有专书引得,人物引得,书目引得和篇目引得。从体例看:有逐字引得,字词引得,句子引得和条目引得;人物引得中有传记引得,著者引得,字号引得。文献收集范围有原书加注疏引得,注引书引得,原书删存引得,综合引得"。[③]

引得之制,传自西方。但虽有成法可资参考,却因中外文字、

---

① 《燕京学报》28期《国内学术界消息·引得编纂处十年概况》。

② 另外出版有《三字典引得》《尚书通检》,不在引得丛刊之列。

③ 胡莲芳《洪业与〈礼记引得〉》,载《广东图书馆学刊》1983年第2期。

书籍性质不同,编制中文书籍引得,不能死搬硬套。又因草创不久,无所借鉴,所以还要在实践中摸索方法。引得编纂处开始编制引得时,洪业先用《说苑》作试验,拟定编纂手续纲要。经过编制《说苑引得》《白虎通引得》《考古质疑引得》等书的实践后,又对编纂手续纲要加以修订。通过反复探讨和实践,洪业总结出一套中国典籍引得编制的理论和方法,集中体现在他著的《引得说》和十年实践后的总结文字中。下面着重介绍洪业与引得编纂处发明的"中国字庋撷法"和"引得编纂法"。

"中国字庋撷法"之得名,因它将所有汉字分为"中、国、字、庋、撷"等五种字体;且"庋"为"放入","撷"为"取出",全称即为"中国字放入取出"之意,与检字法名实相符。它属于号码排检法的检字体系,先将汉字按字体分为五类,以"中、国、字、庋、撷"五字统率,以"1、2、3、4、5"为定体号码;再依单字四角取4个号码;最后据单字所含方格数定一号码,于是每一单字的号码由6个数字组成。[①] 和号码检字法中的"四角号码检字法"相比,它的优点是重码字少;和"部首检字法"相比,它按号码排列,各字取号而不讲部首,优点是易于查找。缺点是规则繁琐难记,不易熟练掌握。

编制引得,是一种学术性兼技术性的工作,似易而实不易。它既要求作者有丰富的古代文献知识,又要细心而有韧性。为确保工作高效率而又有条不紊,洪业将编制引得的工作程序分为十个步骤:①选书,选择应做引得的书籍。②择本,选择入选书籍的最好版本。③标钩,编辑据书的性质加以标号。④钞片,将应立条目的字词句等内容抄在卡片上。⑤校钞片。⑥排片,将卡片按"中国字庋撷法"分排。⑦校排片。⑧送印。⑨校印样。⑩发印。其中,以第三步最为重要,关系引得的成败好坏,"盖于标钩时,何者

---

① 详见引得编纂处之各引得及洪业著《引得说》。

应取,何者应舍,不易有绝对标准",①全凭标钩者的学术功力而定。

洪业治学态度谨严,设身处地为引得使用者着想,又能对西方拼音文字引得编纂法加以创造性改进,使之适合我国古籍实际,所以他主持编制的引得和国内外其他引得相比有四个特点。一、为便利读者使用,各引得检索方法多样化,以笔画检字和拼音检字辅佐"中国字庋撷法"。二、所编引得已据最佳版本定字词条目页码,又"更参考通行各本,制附各本卷页推算表",②使它能适用于其他版本书籍。三、古籍流传千年,颇多讹误漏衍;清儒校勘成绩斐然,但其成果或离书单行,或仅附录书后而无标号,读者不易查寻。洪业所编引得"于原书后目注,兼载校勘卷叶;是一检而两得"。③四、所编 64 种古籍,据实用标准而定体例,对学术界常用或十分重要的古籍,则编制"堪靠灯"式周遍型单字引得。④

洪业等人所编制的各种引得对于检索古籍原文十分便利,"于学术界之贡献极大,既已风行海内外,承学之士苟非安于抱瓮而汲之愚者,咸利其便而重其书。诚学林之宏举,不朽之盛业"。⑤当这些引得行销西方时,也深受欢迎,"西方汉学家对之尤为重视"。⑥他们一致赞颂这些引得为西方学者研究汉学提供了莫大的便利,"以故洪煨莲教授……因主办引得事务获得法兰西铭文学院之一九三七年度茹理安奖金"。⑦

任何事物都具有双重性。引得虽为学林称道,也有不足之处。一是"中国字庋撷法"繁难,已被时代淘汰,二是存在不少阙误,有待订补。

---

①⑥⑦　《燕京学报》28 期《国内学术界消息·引得编纂处十年概况》。

②③　《燕京学报》9 期《国内学术界消息·引得编纂处之工作》。

④　堪靠灯,为英文 concordance 音译,西方一种语词周遍型引得。

⑤　洪业编《荀子引得·齐思和序》。

总的来说,洪业领导引得编纂处在引进西方史学方法,推进我国引得事业的发展上有很大功劳。正是由于他们的辛勤劳动,引得之学才日渐发展壮大,成为目录学中的重要组成部分。作为一代著名学者,洪业能花费精力,甘当铺路石,从事"为人之学",更属难能可贵。

第五节　张元济的古籍出版事业

在中国近代的出版事业中,大规模地辑印古籍始于商务印书馆。而商务辑印的古籍大多是在张元济主持下整理出版的。

张元济(1867年—1959年),字筱斋,号菊生,浙江海盐人。其祖上累世讲求藏书、刻书,以"海盐张氏涉园"著称于世。家风的影响,使张元济后来对古籍善本有着特殊的感情。

1892年(光绪18年)张元济会试考中进士,先后任翰林院庶吉士、刑部主事及总理各国事务衙门章京等职。1894年甲午战争,中国战败,瓜分惨祸迫在眉睫。张元济目睹清廷的昏庸腐朽和顽固守旧,痛感非改革政治,厉行变法,不足以救亡图存。于是他积极参加维新变法运动,提出改革主张,并于1898年6月16日和康有为同日受到光绪帝召见。因此,变法失败后张元济受到了"革职,永不叙用"的处分。

维新变法运动失败的经验教训,使张元济认识到"以数千年之古国,一旦效法欧美,变易一切,诚非易事"。[1] 但他深信只要启迪民智,一定会有更多的人接踵而起。从此,张元济把自己的全部心力都投入了文化出版事业,希望通过传播文化来达到挽救民族、国家的目的。

1902年张元济进入上海商务印书馆,历任编译所所长、经理、

---

[1] 《涉园序跋集录·戊戌奏稿》,古典文学出版社1957年版。

173

监理、董事长。

张元济在主持商务期间,对待图书出版,始终坚持兼收并蓄的原则,无论是反映西学、新学的书籍,还是有关中国传统文化的古籍,乃至蒙学课本的出版都受到同等重视。1903年张元济在担任编译所长时,为了适应新式学堂的需要,他首先组织编印出我国第一部《最新初小国文教科书》,后又续出算术、史地、英语等各科配套,风行全国。为了加强中西文化交流,张元济也高度重视各类汉译名著的出版,如商务从1903年—1921年多次出版和重印"严译名著",对我国思想界影响极大。张元济还十分关心工具书的编辑,在他的亲自规划下,1915年我国第一部新式大型辞书《辞源》问世,接着相继出版了《中国人名大辞典》《中国地名大辞典》和各种类型的中外文工具书。在我国辞书发展史上写下了崭新的一页。

当商务印书馆的各项工作纳入正轨,后起新人可以接替张元济其他方面的工作之后,从1919年出版《四部丛刊》开始,张元济就逐步把自己的工作重心转移到古籍的整理和出版上来。

张元济整理出版古籍的目的,在其《印行四部丛刊启》里说得很清楚。他说:"自咸同以来,神州几经多故,旧籍日就沦亡,盖求书之难,国学之微,未有甚于此者。"在《百衲本二十四史序》里又说:"长沙叶焕彬(德辉)吏部语余,有清一代,提倡朴学,未能汇集善本,重刻《十三经》《二十四史》,实为一大憾事!余感其言,慨然有辑印旧本正史之意。"这些话表明,他整理出版古籍,一是为了抢救民族文化遗产;二是为了解决学者求书之难;三是为了汇集善本,辑印旧籍,弥补清儒的缺陷。除此之外,他在《校史随笔自序》中又提出了一个更为重要的任务:"曩余读王光禄(鸣盛)《十七史商榷》、钱宫詹(大昕)《廿二史考异》,颇疑今本正史之不可信。会禁网既弛,异书时出,固发重校正史之愿。"这就是说他发愿通过校勘,考订古籍文字的讹、衍、缺、脱,使之恢复原貌。

174

在张元济的主持下，1919 年以后，商务印书馆连续影印、排印了数十种大型丛书。其中《四部丛刊》《续古逸丛书》《百衲本二十四史》及《丛书集成初编》等四大丛书的出版，更是凝聚了张元济多年的心血，是他整理古籍的突出成果。

《四部丛刊》从 1919 年开始出书，《初编》于 1922 年完成。它包罗宏富，收入经、史、子、集各种图书共 323 种，8548 卷，分装 2100 册。[①]《初编》影印的底本以涵芬楼(商务印书馆专贮珍本、善本图书的藏书楼)所藏为主，同时遍访海内外公私所藏宋元明旧椠，基本上网罗了当时存世的珍本秘籍。所有这些珍本秘籍，都将它缩印作体式整齐划一的开本，又将原书的宽窄大小，载于每书的首叶，以存旧本面目。1934 年，又续搜宋元精刊，印成《续编》，共收书 81 种，1438 卷。1936 年，又续出《三编》，共收书 73 种，1910 卷。《续编》《三编》各分装 500 册。《四部丛刊》传播讹错极少的稀见古本，对文献工作者考订整理古籍很有帮助。

清光绪中，黎庶昌出使日本，在彼邦搜得中土久已绝迹的古代逸书残本 26 种，嘱杨守敬详校后，影刻为《古逸丛书》。张元济仿黎氏之例，从 1922 年开始辑印《续古逸丛书》，全书共 47 种，其中 46 种是解放前所影印，第 47 种《杜工部集》为宋刊本，解放后由他亲自校影后出版。由于《续古逸丛书》是影印而非影刻，在传真方面较黎氏《古逸丛书》为佳。较之《四部丛刊》，虽则同为影印，但《续古逸丛书》系依原书版式大小影出，并非缩印。此外，该书所录皆为罕传珍本，所以文献价值极高。

《百衲本二十四史》的影印始于 1930 年，中经"一·二八"事变，至 1936 年才全部印成，全书分装 820 册。所谓"百衲本"，是指采用的宋元明旧刻诸史各种版本残缺不全，彼此拼缀而成，有如

---

① 《初编》1926 年重印时，抽换了 21 种版本，给一些书加了校勘记，仍为 323 种，但增加到 8573 卷，2112 册。

僧服"百衲衣"一样。张元济之所以苦心搜求历代正史的宋元明旧椠，影印出来集为全史，是因为当时传世的历代正史汇刻本，仅有汲古阁本《十七史》，南、北监本《二十一史》及清武英殿本《二十四史》。前二者至清末已流传不多，而当时流通最广的武英殿本，由于校刻时未能广集宋元旧椠，多有脱文误字；加之清廷刊行殿本《二十四史》时，出于政治需要，曾任意改易窜补原文，这就直接关系到史实的真相。张元济辑印《百衲本二十四史》，就是要恢复旧本面目，纠正殿本缺谬，以保持文献史料的真实性。《百衲本二十四史》是中华书局1975年标点本《二十四史》问世前，全史最标准的本子。这是张元济对史学界的重大贡献。

张元济鉴于散见于各类丛书中的唐宋以下之笔记、丛抄、杂说，以及偏僻文集和零散著作，都有一定的参考价值，因此决定在这些丛书中选择最有价值的一百部，于1925年开始分期辑印成《丛书集成初编》。所谓"丛书集成"，就是集古今丛书之大成。丛书百部选择的标准，以实用与罕见为主，前者为适应需要，后者为流传孤本。所选丛书，由宋至清，辛亥以后，一概阙如。所选百部丛书，原约6000种，27000余卷，剔除重复后，实存4100余种，20000余卷。张元济并且亲自撰写《丛书百部提要》，对每部丛书的源流、内容、价值，简要地加论述，使读者对其概貌有所了解。

《丛书集成》印成小开本，分装4000册。分为总类、哲学类、宗教类、社会科学类、语文学类、自然科学类、应用科学类、艺术类、文学类、史地类共十大类，每大类下再分若干小类。全书因抗日战争爆发，实际出版了3467册，尚有533册，未能按原计划出版。这就是我们今天看到的《丛书集成初编》。前些年，中华书局征得商务印书馆的同意，已开始重印《丛书集成》，同时准备把尚未出版的部分补齐。从而使这套大型丛书终于在半个世纪之后，得以完整地与读者见面。

张元济精于目录、版本、校勘之学。他整理、出版古籍，除了利

176

用近代技术影印群书,以保存古籍原貌外,还有如下特点:

1.影印古籍时,重视版本的选择,既全力搜求第一流版本,又不拘泥宋元旧椠,而是经过比勘,择善而从。如辑影《四部丛刊》初编,他为搜罗国内外善本作了很大的努力。其中不少底本都是前人所未见的第一流善本。例如经部的《孟子》赵岐注,用宋刊大字本,系陈宝琛从大内借出照影;《说文解字》系向日本静嘉堂文库借影宋刻宋元递修本。《丛刊》初编中也间或采用了一些明嘉、隆以前的复刻宋本,这是因为"喜其字迹清朗,首尾完具,学者得之,引用有所依据"。而同一书的宋元刻本却因模糊残缺,不宜影印。

2.继承和发扬我国校雠学的传统,极端重视校勘工作,并将校勘成果用校勘记及跋文形式录于原书之后,以帮助读者参校异同,斟酌是非。如影印《百衲本二十四史》时,张元济广罗异本,伏案校勘,每一史成,都有跋文附后,共写成校勘记百数十册,由于文字繁冗,仅选取其中最重要的 164 则,成《校史随笔》二册。

张元济是近代维新运动和出版史上有影响的人物。从 19 世纪 90 年代末到 1959 年逝世为止,在半个多世纪的漫长岁月中,他为我国文化出版事业的发展,优秀民族文化遗产的整理出版,都作出了卓越的贡献。

第六节　顾颉刚与古史辨派的新考据学

变革时期的第三阶段,历史唯物辩证法思想影响下的历史文献学,其代表人物是顾颉刚、陈垣、王重民和郭沫若。顾颉刚与陈垣着重以考据为治史的主要手段;王重民和郭沫若已自觉地以历史唯物辩证法作学术研究的指导思想。郭沫若成就较大,使文献学走上科学的轨道,成为探讨人类社会发展规律的无产阶级史学的一个组成部分。

在近代中国史坛上,顾颉刚的名字与古史辨派紧密地连在一起。他们的考据学,被学术界称为新考据学。

　　顾颉刚(1893年—1980年),出生于清代乾嘉考据学派吴派活动的中心苏州,自幼深受传统经学的熏陶,有着厚实的旧学功底。1913年,顾颉刚进入北京大学。起初,他受到经古文学派大师章太炎的影响,"用了看史书的眼光去认识六经"。[1] 后来,读了康有为的《新学伪经考》《孔子改制考》,"始知古文家的诋毁今文家,大都不过为党见"。对康有为认为上古事茫昧无稽的观点深深地表示敬意和赞同。他开始感到中国旧籍中的古史实不足信,表示"他日读书通博,必举一切附会影响之谈悉揭破之,使无遁形"。1919年发生的"五四"新文化运动给顾颉刚以强烈的震撼。当时北大是新文化运动的中心,在民主与科学口号的鼓励下,他开始有了"打破旧思想的明了意识",[2]对一切旧事物都持怀疑态度,都要以所谓"理性"的观点去衡量。1920年,顾颉刚参加了胡适整理国故的工作,和胡适、钱玄同等人过从甚密。在考辨伪书、伪事的过程中,郑樵、姚际恒、崔述等前人的疑辨精神及成果,胡适的"大胆的假设,小心的求证"的治学方法,特别是钱玄同矛头直指经书、圣人的激进疑辨思想,都极深地影响了顾颉刚,促使他疑古思想的最终形成。

　　1923年2月顾颉刚在《与钱玄同先生论古史书》中首次公开提出"层累地造成中国古史"这一著名学说。他综述这个学说有三层意思:(一)时代越后,传说的古史期越长;(二)时代越后,传说中的古史中心人物越放大;(三)在这上面即使不能知道某一件事的真确状况,但可以知道某一件事在传说中的最早状况。

　　顾颉刚此说一出,立即惊世骇俗,在学术界引起强烈反响,诘

---

① 　顾颉刚《古史辨》第1册《自序》。

② 　见《古史辨》第1册《自序》。

难及赞同者都大有人在,并由此引起了一场规模空前的古史大论战。在此后一、二年的驳诘辩难中,顾颉刚把自己的学说进一步发展、完善。1923 年 6 月他提出了下列四条考订古史真伪首先应该明了的原则:(一)打破民族出于一元的观念;(二)打破地域向来一统的观念;(三)打破古史人化的观念;(四)打破古代为黄金世界的观念。① 这四条原则是顾颉刚"层累地造成中国古史"学说的一个延伸,它使顾颉刚的这一学说更加圆满。

在这场空前的古史大论战中,顾颉刚用来考辨古史的主要方法,是"历史演进的方法"。它的基本内容,是以"五四"时期风行学术界的历史进化论和实用主义作指导,运用考据的方法整理历史文献,达到考证史事的目的。古史讨论结束后,胡适把顾颉刚的"历史演进的方法"概括为以下步骤:"(一)把每一件史事的种种传说依先后出现的次序排列起来;(二)研究这件史事在每一个时代有什么样子的传说;(三)研究这件史事的渐渐演进,由简单变为复杂,由陋野变为雅驯,由地方的(局部的)变为全国的,由神变为人,由神话变为史事,由寓言变为事实;(四) 遇可能时,解释每一次演变的原因。"②

由于运用了"历史演进的方法",顾颉刚考辨古史有了高出前人的眼光,他说,"以前人看古史是平面的,无论在哪个时候发生的故事,他们总一例看待,所以会得愈积愈多;现在我们看古史是垂线的,起初一条线,后来分成几条,更后又分成若干条,高低错落,累累如贯珠垂旒,只要细心看去,就分得出清楚的层次。"③比如:顾颉刚考察了二千多年来孟姜女故事的流传和演变,知道最先是《左传》上齐人杞梁战死,其妻郊吊而哭;后刘向《列女传》变为

---

① 见《古史辨》第 1 册,顾颉刚《答刘胡两先生书》。
② 胡适《关于古史讨论的读后感》,《读书杂志》第 18 期。
③ 顾颉刚《古史辨》第 1 册《自序》。

连哭"十日","赴淄水而死";后敦煌唐朝曲子词又变为孟姜女送寒衣赴长城;最后在宋明之际才变成孟姜女万里寻夫,哭倒长城。[①] 顾颉刚用发展的、"垂线"的眼光来观察古史传说的来龙去脉,注意史事最先怎样,而后又逐步地变成怎样。他这种运用历史演进的观点看待古史流变的方法,在当时学术界产生了重大的影响。

1926 年,顾颉刚把这场古史大论战的论文汇编成《古史辨》第1 册,并且写了一篇长达数万言的《自序》。在这本书的推动下,疑古辨伪形成风气,一些学者纷纷加入行列,于是在中国史坛上,自然地形成了一个古史辨派。到 1941 年《古史辨》共出 7 册,收入350 篇文章,约 325 万字。其考辨的范围,主要是古史和古书,时代上起先秦下至两汉,涉及面相当宽泛。《古史辨》集"疑古文献的大成",[②]是我国近代史学上文献考据的巨著。

通览《古史辨》全书,不难看到古史辨派运用"层累地造成中国古史"这一学说考辨古文、古书,提出了不少新颖的见解。如在古史传说的辨伪方面,顾颉刚提出,东周人心目中最古的人只是禹,这是据《诗经》可以推知的;到孔子时才添上了尧舜,这是从《论语》上可以看到的。从战国到秦又陆续编造出黄帝、神农、三皇等许多古帝王,汉以后才有盘古。"时代越后,知道的古史越前;文籍越无徵,知道的古史越多"。[③] 由此并提出,禹原来是神,并不是人。随着历史的推移,禹才逐渐由神演变为人王。因此,古史传说往往是神话演变、分化的积累,并不反映真实的历史。在古书的辨伪方面,古史辨派认为,所谓孔子制礼作乐删述六经之事纯系子虚乌有。六经各不相干,它们只是"古代留下来的几篇文学

---

① 见顾颉刚《孟姜女故事研究》。

② 冯友兰《古史辨》第 6 册《序》。

③ 顾颉刚《与钱玄同先生论古史书》,《古史辨》第 1 册。

作品,几本档案粘存,几张礼节单子,几首迷信籤诗,几条断烂朝报而已"。①

顾颉刚与古史辨派的疑古思想,是"五四"新文化运动以后资产阶级同封建地主阶级在思想文化战线上斗争的产物,是当时反封建思潮的一个重要侧面。他们继承了中国原有的疑辨传统,并与西方传入的进化论和实用主义相结合,从而在相当程度上廓清了有关中国古史文献中的荒谬传说,打破了封建史学信古、崇古、泥古,以经典文献中所载圣贤之言作为研究标准的旧局面。这对于启迪人们的心智,解放人们的思想,进而推动中国古史研究及新文化运动的发展有着积极的意义。

古史辨派作为近代中国史学发展中的一个流派,他们在对"古史"与"古书"的考订辨伪方面,在历史文献的整理中作出了超越前人的成绩。然而古史辨派对待古代文献的态度,亦有疑惑一切,辨伪或有过头之处,其个别考辨意见也不一定准确。这也是应当予以注意的。

第七节　陈垣对传统文献学的总结和开拓

陈垣(1880 年—1971 年),字援庵,广东新会人。他是我国近现代著名史学家,以创造性的工作总结了传统文献学,取得很大成就,为海内外学者所推重。

一、继承前人成果,开辟历史文献学及其相关学科的新领域,在目录学、年代学、史讳学、校勘学等方面做出了卓越的贡献。

目录学　陈垣早年精研《书目答问》和《四库全书总目》,认识到目录学是治史的门径。在研究《四库全书》后,他撰写了五部有关目录学的著作:《文津阁四库全书册数页数表》《四库全书考异》

---

① 钱玄同《论〈说文〉及壁中古文经书》,《古史辨》第 1 册。

《四库全书纂修始末》《四库书名录》《四库撰人录》以及《敦煌劫余录》。他不仅研究书的源流版本,还研究书是如何写成的,版本的册、页、作者等。另外,他开辟了目录学的新领域佛教史籍目录学。其代表作是《中国佛教史籍概论》。佛教传入我国后,逐渐渗入传统文化,所以"中国佛教史籍恒与列朝史事有关,不参稽而旁考之,则每有窒碍难通之史迹"。《中国佛教史籍概论》将六朝以来研究历史所常参考的佛教史籍按成书年代分类介绍,除书名、作者简历、卷数异同、版本源流、内容体例外,对与历史有关的问题,史料价值,都实事求是地进行了分析,同时对《四库提要》有关佛教史籍的错误记述都加以更正,目的是"冀初学者于此略得读佛教书之门径"。① 此书为目录学著录宗教史籍开辟了一条新路,"是在目录学方面有创造性的一部著作"。②

年代学 自唐以后,我国与海外各国交往日益频繁密切,历史记载中关于中历、西历和回历年代换算的问题日益突出。中西历法不同,西历岁首,恒在中历岁暮,少者差十余日,多者差五十余日;回历因为不置闰月,因此岁首不定,积三十二三年就与中西历差一年。有鉴于此,陈垣潜心钻研我国历法,历考顾栋高、刘羲叟等人年代学著作,再参据正史正其伪误,撰成《二十史朔闰表》。然后考定西历、回历,以西历为基准,配上中历、回历,撰成《中西回史日历》,使三种历法的换算极为简便,为中外史料的运用在纪年方面开辟了方便的途径。

史讳学 避讳是我国特有的陋规,即在文字上不能直书当代帝王或所尊者之名,必须用其他方法来回避。"其俗起于周,成于

---

① 《中国佛教史籍概论·缘起》。
② 白寿彝《要继承这份遗产——纪念陈援庵先生诞生一百周年》,载《励耘书屋问学记》,三联书店1982年版。

182

秦,盛于唐宋,其历史垂二千年。"①二千年中,由于各朝所讳不同,避讳方法也不同,因此史籍中有不少因避讳而将文字改换、缺笔的。如果读者缺乏避讳常识,在读史或研究中便会遇到困难,虽然历代有些学者如洪迈、王懋、周密等人曾谈及避讳,但都没有系统的研究,甚至颇多谬误。陈垣在研究中发现避讳的"流弊足以淆乱古书,然反而利用之,则可以解释古文书之疑滞,辨别古文书之真伪及时代,识者便焉。盖讳字各朝不同,不啻为时代之标志,前乎此或后乎此,均不能有是。"于是他广泛参稽前人有关避讳的记载,收集大量实例,然后反复归纳抽绎,比较筛选,分为 82 类,结为《史讳举例》一书。其 82 类分为 8 卷:"第一避讳所用之方法;第二避讳之种类;第三避讳改事实;第四因避讳而生之讹异;第五避讳学应注意之事项;第六不讲避讳学之贻误;第七避讳学之利用;第八历朝讳例。"此书在归纳分析的基础上,使避讳研究系统化,"为避讳史作一总结束,而使考史者多一门路钥匙。"②

校勘学 我国学者治学向来主张求真求实,因此校勘学是我国一门传统学问。清乾嘉时,校勘学大兴,钱大昕、王鸣盛等大批学者在校勘古籍上取得很大成绩,但他们都只研究孤立事例而未能进行系统总结。在治元史过程中,陈垣曾亲自动手用 5 种本子同沈刻本《元典章》对勘,发现沈刻本衍脱误倒及妄改之处达12000 余条。为了替学人扫清研究元史及其他史籍的障碍,他从12000 条中挑出十分之一有代表性的内容,分为 50 类,并加以解释,撰写成《元典章校补释例》(再版时更名《校勘学释例》)。此书共六卷,前五卷就行款,通常字句,元代用字、用语、名物的错误作释,说明致误的原因并摆出根据。后一卷则列举他概括出来的八条校例,其中四条即学术界熟知的对校法、本校法、他校法和理校法。《校勘学释例》系统地总结出了校勘学方法,并从理论上予

①② 《史讳举例·序》。

183

以说明,确实"非仅为纠弹沈刻而作","可于此得一代语言特例并古籍窜乱通弊"。① 胡适曾评论云:"这部书是中国校勘学的一部最重要的方法论。"我国的校勘学,从陈垣校补《元典章》开始,才"第一次走上科学的路"。② 此后学人的实践也证明,遵循陈垣总结的校勘方法,可顺利地走上校勘工作的入门途径。

二、对传统文献学进行理论总结。较之前人更胜一筹的是,陈垣对传统文献学的总结并非仅仅停留在具体内容上,而是上升到理论的高度进行思辨。首先,他认为历史文献学的目的是"把这些史料都弄成整个有用的东西,或很容易运用的史料","整理研究的材料,使以最经济的时间得最高的效能"。③ 即通过整理,完成文献资料的收集,考订,分类,编集,使文献资料为史学研究服务,进而提高工作效率。其次,他阐明了历史文献学及其相关学科在学术研究中的地位及意义。根据自己在目录学、年代学、史讳学和校勘学方面的实践,陈垣认为历史文献学是治史的工具,是学术研究中的辅助学科。这种工作确实算不上是大学问,但又非做不可,否则不仅不得其用,还会拖研究工作的后腿。再次,他总结出整理文献的类例方法。陈垣在史学研究中很讲究类例——分类举例,这种方法是先围绕一个专题搜集一切可能找到的资料,然后挑出有代表性的典型例子区分类别,寻绎出一定范围内的通例,最后集撰成文。他的《史讳举例》《校勘学释例》就都是运用类例法写成的。这种方法综合运用了归纳法与演绎法,具有科学性。但也有局限性,"它往往平列一些事例,而很难在历史运动过程中观察问题,解决问题"。④ 最后,陈垣正确评价了考证在史学研究中的

①　《元典章校补释例·序》。
②　《胡适书评序跋集·校勘学方法论》。
③　陈垣《中国史料的整理》,原载《史学年报》第一期 1929 年。
④　白寿彝《中国史学史》第 1 册·叙篇第 3 章。

作用。考证是我国传统学术研究中的一个重要手段,是历史文献学中带根本性的方法。但前人对它的看法很不一致,有的学者认为考证是天地间唯一真学问,有的学者又视为雕虫小技。陈垣认为"考证为史学方法之一,欲实事求是,非考证不可。彼毕生从事考证,以为尽史学之能事者固非,薄视考证以为不足道者,亦未必是"。[①] 他是考据学大家,其语自属精当。

第八节　王重民的目录学成就

王重民(1903 年—1975 年),字有三,河北高阳人。他是研究领域宽广,在古典文学、史学、敦煌学、方志学、图书馆学、中国科技史和历史文献学方面都卓有建树的学者。其中目录学成就特别突出,在国内外享有很高声誉。兹分述如下。

保存祖国遗产的辑录著作　1934 年,北平图书馆派王重民到法、英、德等欧洲国家考察。当他在那里发现大量祖国文化遗产时,便以搜集、复制、整理它们为己任。他整理了分藏在英、法两国国家图书馆的敦煌卷子,编为《伯希和劫经录》,撰写了《巴黎敦煌残卷叙录》一、二辑。他抄录了许多太平天国珍贵文献,撰写了《柏林访书记》《海外希见录》等文以介绍太平天国所刻的 12 种书。其中重要的资料,都被他摄制在三万多张微缩照片中。他以自己的辛勤劳动,为国内学者的研究工作提供了宝贵的资料。

嘉惠学林的索引著作　1925 年,王重民即着手编制《国学论文索引》(初编),历时四月完成。此索引不仅录下论文题目、作者与杂志卷数、号数,还略述其文意大要。以后他继续搜集资料,增补修订,直到 1929 年才交稿付印。他在北平图书馆工作时,又主持编制了《国学论文索引》续编、三编,《石刻题跋索引》,《文学论

---

① 　陈垣《通鉴胡注表微·考证篇第 6》。

文索引》及其续编,《清代耆献类征索引》《碑传集、续集、集补索引》《国朝先正事略索引》《清代文集篇目分类索引》等。其中,《清代文集篇目分类索引》较为重要。该书系与杨殿珣合作,他们除遍览北平图书馆藏书外,还利用私交关系查阅了当时著名学者傅增湘、杨树达、王献唐等人的私人藏书,力图找齐清人文集。总计收有清代学者别集428种,总集12种。然后先按学术、传记、杂文分部,再在部下分类。由于材料丰富,体例合理,该书一问世即因它为学术研究提供了一个较好的工具而受到学术界的欢迎和重视。

超前越人的《中国善本书提要》 早在北图时,王重民就曾指导编写过一部《博野蒋氏寄存书目》,表明他对书目的重视。1939年,王重民应美国国会图书馆远东部的邀请,帮助鉴定他们收购的一批中国善本书。鉴定中,他认真考订每一部书,详细著录其卷数、作者、编校者和版本。对于《四库全书总目》已著录的书,他都重新审核,正其讹误,补其缺漏;《四库全书总目》未著录的书,则作出详细提要,共计1500余篇,撰成《国会图书馆善本书录》。此后,他更加留意查阅散布在欧洲和国内各图书馆的善本书,先后又撰写了4300余篇。他原希望查阅1万种明以前所刻书后再结撰成书,不料竟成遗愿,原稿也略有散佚。他的夫人刘脩业继承夫志整理遗稿,删去重复,仍有4200余篇,经杨殿珣、傅振伦审阅后定名《中国善本书提要》,于1983年8月出版印行。

《中国善本书提要》是王重民用毕生精力撰写的目录学名著,对学术界贡献极大。众所周知,我国传世古籍极其丰富,善本书是其中精华。由于这些善本书或秘藏于私家,或封禁于深宫,因此为各书目著录者不过数百种。就是网罗最富的《四库全书总目》,所录善本也不超过2000余种。王重民以一人之力,遍阅海内外公私所藏古籍善本,其中含六朝唐写本、宋刻本60余种,金、元刻本100余种,又有影钞宋元刻本、明钞本150余种,明朱墨印本100

余种。该书特点有六:第一,所录之书,如前代书目已有提要,即不再述;如有缺误,则加补正。诸如《万卷堂书目》《天一阁书目》《千顷堂书目》《明史·艺文志》及《四库全书总目》都在补正之列。其中,补正《四库全书总目》之缺误最多。有正书名之误,卷数之误,种数计算之误,编者之误,校者之误,作者年代之误,起迄年代之误,书目作者论断之误;有补编辑人姓名、籍贯等等。第二,所录之书,均详载版本内容:卷数、册数、每半页的行数,每行字数以及板框的高下大小;作者姓名、籍贯、别号、编者校者姓名以及子孙、友好与刊印主人的姓名、籍贯、字号、堂名之牌记;经过翻刻的书,详记所有编校者、刊印主人及刻工姓名;收藏家的印章及校语。第三,和其他书目比较,此书还侧重著录图书板刻或文字增删的学术价值。第四,该书比前代书目谨严,作者尽量参校多种版本,考其异同,力争接近本书原来面目,然后才论断某本为善本,某本出于某本,某书有详、略本之别,某书系某书之改头换面。第五,发展了书目提要的体例。书的序跋中,往往记载刊印经过、修订情况,通过它能发现前代书目著录上的错误。所记著者事迹反映出时代背景,通过它则能全面了解书的内容。《中国善本书提要》备载各书序跋,著者事迹,以便读者探讨本书。第六,根据善本书具体情况写提要内容。对于那些传本少的书,读者不易详其本末,王重民在周密考证的基础上述其原委。对于那些内容重要而正史及其他书又失载的书,他则详加说明,使读者据要点而知全书主旨。

总之,《中国善本书提要》综合了我国古代目录学叙录体、传录体和辑录体的优点,对书目提要的编纂有所创新。它既使读者了解善本书刊刻经过、流传情况以及它的优劣之处,又使某些专门学科如社会学、戏曲史研究者能从中找到所需资料的线索。由于它不仅在数量上而且在质量上都超过了前人的书目提要,确实达到了目录学"辨章学术,考镜源流"的要求,所以是一部目录学名著。

从实践上升到理论的《中国目录学史》　王重民治目录学有一个显著特点,即将实践和理论结合起来,在实践的基础上进行理论研究,然后反过来以理论指导实践。他曾撰写出大量的古籍序跋、题记、提要、书目、索引,在掌握了丰富的资料之后,逐个专题进行深入研究,然后才开始系统的目录学史研究,写出了《中国目录学史》。①

《中国目录学史》比较全面地反映了王重民目录学的研究成果及其研究目录学的方法和理论。

第一,史料丰富。表现之一是,充分利用考古资料,将目录学的发生推至殷商时代。他认为目录学的产生是在积累了一定数量的历史文献之后,因此殷商史官记录保存文献的工作实际上是目录学的胚胎时代。表现之二是,他不仅重视研究目录学史上那些名家名著,而且也重视研究那些声名成就较小的目录学家及其著作。

第二,探索总结古代目录学理论。近人在研究我国古代目录学史时,往往忽视了对古人目录学理论的研究,甚至认为古代没有目录学理论。王重民则力排众论,他以充分的论据证明《七略》《别录》问世后,"目录的功用、目录学的方法和最基本的理论,至少在一些博学通儒中间起了很大的反响和作用"。② 他还根据古代目录学著作的残文和古代目录学家的评论,从著录、分类和编写提要三个方面阐述他们的方法和理论。

第三,划分我国目录学史分期。作为一门独立的专史,目录学史有个分期是十分必要的。所谓分期,其实是揭示它的发展阶段,

---

① 1962 年,王重民为北大中文系古典文献专业学生讲授《中国目录学史》课程,讲义只写到宋末元初。后由朱天俊搜集王重民六篇明清目录学论文补缀其后,而成《中国目录学史论丛》一书。

② 见《中国目录学史论丛》第 2 章第 6 节。

是研究者的主观认识与目录学史客观实际结合的产物。合理的分期,有利于目录学史的建设,有利于探讨它的发展规律。王重民根据他对目录学史的全面研究,划分它为六个时期;从殷商到西汉末年为古代上古时期,东汉到隋为古代中古前期,唐到元为古代中古后期,明到鸦片战争为古代近古时期,鸦片战争到"五四"运动为近代时期,"五四"运动以后为现代时期。这个分期客观地反映了目录学的发展状况,对目录学的研究有重要的指导意义。

第四,联系社会政治、经济、文化背景考察目录学著作。在论述每一个时期之前,王重民都用一节的篇幅交待政治、经济、文化背景。如第二章第一节,即叙述了东汉、晋、南北朝的农民起义,农业手工业的发展,经学、史学、文学的发展及领导国家图书目录事业的秘书监的产生等内容。这种把目录学放到社会中去考察的方法,比较清晰地说明了目录学史中种种现象的原因和影响。

第五,用马列主义指导目录学研究。王重民在求学时即服膺马列主义。解放后,他更加自觉地运用马列理论指导目录学研究工作,以求发现目录学发生发展的规律。在《中国目录学史》中这种情况处处可见,如云"由于生产力的提高,奴隶的解放,阶级的分化和'士'阶层的产生,文化教育才能有比较广泛的扩展,文化典籍也就有了比较广泛的需要,而且目录学的作用也就愈加显著,这就是目录学发展史的规律。"[①]又如:"孔子学派校书的大序和小序,诸子百家宣传自己著述的自序,都是在阶级斗争和学术思想辩论中以宣传图书著作为目的而发展起来的。"[②]顾廷龙即因此而说"(王重民)尝以学习马列主义毛泽东思想所得,运用于目录学史之研究。宜其论述,能运会古今,多所创获,迈越前人。"[③]

我国目录学虽然产生很早,但系统的目录学研究却开展得较

---

①② 《中国目录学史论丛》第一章第二节。
③ 《中国目录学史论丛·跋》。

晚。王重民一改旧目录学家着重研究目录学实际的状况,努力探索目录学理论,并将自己的研究置于唯物史观指导之下,因而将目录学研究工作推进到一个崭新阶段,取得了可观的成就。

第九节　郭沫若对历史文献学的贡献

郭沫若(1892 年—1978 年),四川乐山人。他的学术成就十分广泛,在文学、艺术、哲学、历史学、考古学、古文字学和古器物学等领域都有很大的贡献。在历史文献学方面,郭沫若在马克思主义指导下,推动历史文献学向前发展,为现代历史文献学的确立奠定了基石。

古文字学　郭沫若之前,已有不少学者研究古文字,但大都停留在释文辨字的阶段,其中王国维成就最大,也只刚刚达到释字证史的程度。郭沫若则不然,他研究古文字的主要目的是要为研究中国古代社会服务。流亡日本时,他对自己的中国古代史研究进行了总结,发现他引用的先秦典籍《诗》《书》《易》等,因流传数千年而有后人润饰的内容。他认为仅仅据它们去研究古代史,很难真正认识古代社会,必须另辟蹊径,搜寻考古发掘所得的确实足以代表古代的第一手资料,如甲骨文、金文和石鼓文。于是他潜心古文字研究,取得很大成就。

郭沫若对甲骨文研究的贡献主要有三点。

第一,改进甲骨文分类编纂法,建立了甲骨文的科学体系。甲骨文发现后,学者们多任意编次著录,或按甲骨尺寸大小为序,或按甲骨片上文字数量多少为序。此法不利于研究者利用它们研究殷代历史。王襄始创分类著录法,但他割裂甲骨片上文字,大大降低了它们的史料价值。郭沫若著《卜辞通纂》,将所见甲骨文片分为八类:干支、数字、世系、天象、食货、征伐、畋游、杂纂,每类后又附考释与小结。此法不仅能较全面反映卜辞内容,也可知道殷代社会实况,既便于文字学家,又开拓了史学家的视野,为历史科学研究提供了未经后人删改的原始材料。

第二,开展了甲骨断片缀合与残辞互足的研究工作。甲骨断片往往分藏各家,著录于数本书上,使一篇完整卜辞文字分为数段。郭沫若经过仔细研究比勘,发现各书所录拓片中甲骨断片多可复合,便有意地核对拓片及实物,进行缀合。《卜辞通纂》《殷墟粹编》《古代铭刻汇考》中就登录了他缀合的四十余片。郭沫若还发现卜辞中往往一事而多次记载,所记又基本相同。他立即意识到甲骨片若有坏损时,可利用残辞比勘补足。这二项工作推广后,使为数不少的甲骨卜辞得到利用。

第三,总结出考释甲骨文的方法。郭沫若在考释时,既敢于提出己见,又善于进行总结。他据自己实践所得,提出以甲骨文的构型为基点释字,从已认识的金文出发考释甲骨文的方法。他发现甲骨文有缺刻横画的做法,又指出据此可认识一些简笔字。

这些成就都超过了前人,也为后学甲骨文的人开辟了道路。

郭沫若对金文研究的贡献是开始了断代和国别研究。他将金文研究与青铜器研究结合起来,青铜器断代和划清国别后,器上铭文的时代、国别也清楚了。他的《两周金文辞大系》著录了323篇金文,经他考释后,就为《尚书》《左传》增加了323篇佚文。郭沫若研究古文字不象封建文人那样赏玩骨董,也不象资产阶级文人那样为考据而考据,而是在马克思主义历史唯物主义指引下,征引古文字资料去研究历史,为现实社会服务。他的《中国古代社会研究》《卜辞通纂》《殷墟粹编》充分利用古文字资料和文献典籍来分析中国古代社会机构和意识形态。如从商代的经济基础(渔猎、畜牧,农业、工艺、贸易)、上层建筑(母权中心、氏族组织、阶级制度),论证了殷代社会为奴隶社会。他的《两周金文辞大系》则通过金文资料发现了西周政治、经济及文化发展情况,论定西周还是奴隶社会,奴隶制的下限应在春秋战国之交。这也是我国学者第一次将古文字和古代史结合在一起研究,为史学研究开辟了新道路。

郭沫若还依据古文字知识考释石鼓文。在《石鼓文研究》中,他论定石鼓文刻石制于秦襄公八年,并根据它遣词用韵和情调风格与《诗》相近,断定《诗》虽经删改润色,但在基本上是原始资料。这就使《诗》的文学价值和史料价值有了坚实的凭证,从而在古代史研究上发挥了更大的作用。

古器物学 商周青铜器很早就有所出土,前人早已开始了对青铜器的著录和研究,但都谈不上科学和系统。郭沫若在西方考古学理论和方法影响下,在我国第一个开始了科学的系统的青铜器研究。由于青铜器陆续出土,传世又久,出土地不明,时代不清,所以研究难度大。郭沫若把青铜器的形态、花纹、文字、字体和相应的历史时代联系起来,并系统地考察它的发生发展和衰亡的全过程,进行科学的综合研究。他先把有年代铭文的青铜器定为标准器,分析它的文辞体裁,文字风格和花纹形制,进而根据它和铭文中人名事迹分析那些不知年代的青铜器,反复推敲后,一一贯串起来,将商周青铜器的发展分作四期:鼎盛期,商代、周代文、武、康、昭、穆诸世;颓败期,周代恭王至春秋中叶;中兴期,自春秋中叶至战国末年;衰落期,战国末叶以后。这种四分法是我国青铜器分期研究上的重大成就,在青铜器研究上有开创之功。由于它的科学性,所以为青铜器研究者所普遍采用。郭沫若研究青铜器,也是为他的古代史研究服务的。经他整理之后,商周青铜器不仅得以创通条例,开拓阃奥,而且连带铭文一起作为没经后人删改的真实史料,为研究者所引用。

古籍整理 郭沫若积自己研究古史的经验,认为"欲研究中国古史,非先事资料之整理,即无从入手"。① 他在研究中发现:《管子》是战国、秦汉时代作品汇编,含诸子百家学说,是研究古代

---

① 郭沫若《管子集校·叙录》。

哲学和经济学的珍贵材料。《盐铁论》则记载有汉代统治阶级内部矛盾斗争和经济政策的史料。前人在整理此二书上已有一些成果，但都散见于各书，不便检阅，他便决定不惜时力整理校订，完成了《管子集校》和《〈盐铁论〉读本》。

《管子》一书，多用古字，又因年代久远多次转抄，以致简篇错乱文字舛误很多。唐人尹知章曾作注释，但不尽人意。闻一多和许维遹的《管子校释》虽长达 40 万字，但未能参据多种版本，且未完稿。郭沫若搜集《管子》宋明刻本和钞校的不同本子达 17 种；自宋以来研究《管子》的著作、札记、未刻稿本达 42 种，在许、闻未完稿的基础上汇集各家校注成果，运用通假字和古文字知识、现代经济观点反复校量，写成校注和辨析案语，完成了 130 万字的巨著《管子集校》。此书是《管子》成书以来规模最大，成就最高的一次整理，"对今后有志研究《管子》者，当不无裨补……较之自行渔猎，獭祭群书，省时搏力多多矣"。①

《盐铁论》虽为汉代人著作，但有许多疑难和讹误之处，郭沫若在注释和校改之后，又加以新式标点，并指出它对研究汉代政治斗争和经济斗争的重要价值，以及它"在文体上的创造性——一部处理历史题材的对话体小说"。②

第十节　张舜徽与历史文献学学科的构建

上世纪"十年动乱"结束后，百废待兴。在人文科学拨乱反正，取得诸多重大的成就之中，张舜徽的名字是与历史文献学学科的构建紧密地连在一起的。

美国学者托马斯·库恩认为，科学史上每当发生革命性的变

---

① 郭沫若《管子集校·校毕书后》。
② 郭沫若《〈盐铁论〉读本·序》。

化时,总会出现新的"规范"(Paradigm),规范的作用就在于为研究学者们提供一种"理论上和方法上的信念"①。每当学术迁演发展到关键时刻,历史总会推出某些代表性人物来建立"规范"。建立"规范"的学者必须具备二大特征:其一、在具体研究上以空前成就为后来研究者提供一种方法论上的指导和示范;其二、规定了一门科学的研究范畴,并在该领域内"毫无限制地为一批重新起来的科学工作者留下各种有待解决的问题。"②就张舜徽的学术经历而言,作为替中国文献学建立"规范"的代表人物,他是当之无愧的。

张舜徽(1911年—1992年),湖南沅江人。他是我国现当代著名史学家、文献学家。20世纪70年代末、80年代初,他发起成立了中国历史文献研究会,创办了《中国历史文献研究集刊》、建成了全国第一个历史文献学学科点(华中师大历史文献学研究所),受教育部委托举办了全国性的历史文献学讲习班,被国务院学位委员会评为全国第一位历史文献学博士导师(共培养博士、硕士60名)。

张舜徽在学科建设方面的最大功绩,乃是他毕生对历史文献学理论体系的卓著贡献。他的代表作《中国文献学》以及《广校雠略》《中国古代史籍校读法》《清人文集别录》《清人笔记条辨》《汉书艺文志通释》《郑学丛著》等,都是关于文献学方面的重要著作。特别是《中国文献学》一书,分为12篇、60章,全面、系统地论述了文献学的范围、任务、古代文献的流传、类别等重要问题,对版本、校勘、目录等有关整理文献的基本知识,也给以详细的说明,对于前人整理文献的具体工作和丰硕成果,历代校雠学家整理文献的辉煌业绩,都作了总结性的介绍,实为我国文献学领域的奠基性著

---

①② T.S.库恩《科学革命的结构》,李宝恒等译,上海科学技术出版社1980年版。

作。兹就其理论建树略述如下。

一、论述古代文献含义的发展过程,对文献范围进行界定

"文献"这个词在我国产生很早,距今二千多年前,就已经出现了(《论语·八佾》)。从汉代到唐宋,学者们都把"文"解释为典籍,把"献"解释为贤才。过去封建学者强调"征文考献",就是说要了解历史,一方面应取证于书本记载,另一方面则要查核耆旧先贤的见闻、言论。张舜徽详细论述了古代文献含义的发展过程。他指出:"用'文献'二字自名其著述,起于宋末元初的马端临。"①马端临写了一部贯通历代典章制度的著作,取名《文献通考》,把"文献"二字用作书名,他为第一人。"文"即经史、历代会要及百家传记之书,"献"即臣僚奏疏、诸儒评论、名流燕谈、稗官记录。与以前相比,"献"的含义不再专指贤才了。臣僚奏疏、诸儒评论等,实际上也是写成文字的材料。这说明,表现为图书典籍的文字材料在文献中的比重越来越大。明成祖朱棣时编定的《永乐大典》,初名《文献大成》,这里"文献"一词的含义几乎和图书典籍等同了。"文献"是一个从古代一直流传到今天的名词,了解它的范围,是十分重要的。张舜徽强调我们不应该抛弃文献原有的含义而填入别的内容。近人把具有历史价值的古迹、古物、模型、绘画概称为历史文献,这便推广了它的范围,和"文献"二字的原意不相符合。他把有没有文字记载作为区别是否是古代文献的重要标志,应该是非常正确的。他廓清了对文献概念的种种误解,对文献的范围作了明确的界定,特别是把古迹等从文献中剔除出去,使文献学的研究对象更清楚,对文献学的学科建设起着积极的作用。

二、明确文献学的基本要求和任务

传统的文献学是一门研究古代文献产生、发展、整理和利用的专门学科。我国古代文献有着悠久的历史,但是真正形成一门文

---

① 　张舜徽《中国文献学》,中州书画社 1982 年版。

献学,却是比较晚的事情。把"文献学"题作书名,首见于郑鹤声、郑鹤春 1928 年编著的《中国文献学概要》一书,但从全书的内容看,它只是研究文献整理的一些问题,距真正意义上的文献学还有一段距离。张舜徽认为:"我国古代,无所谓文献学,而有从事于研究、整理历史文献的学者,在过去称之为校雠学家。所以校雠学无异成了文献学的别名。"①传统的文献学正是在综合校雠、版本、目录诸家的基础上发展起来的。基于这种认识,张舜徽在《中国文献学》这部代表作中,明确地提出了文献学的基本要求和任务:"继承过去校雠学家们的方法和经验,对那些保存下来了的和已经发展了的图书、资料(包括甲骨、金石、竹简、帛书)进行整理、编纂、注释工作,使杂乱的资料条理化、系统化;古奥的文字通俗化、明朗化。并且进一步去粗取精,去伪存真,条别源流,甄论得失,替研究工作者们提供方便,节省时间,在研究、整理历史文献方面,作出有益的贡献,这是文献学的基本要求和任务。"②文献学要为文献整理的系统、科学地开展提供理论指导,要研究文献整理的对象、整理的内容和方法以及文献整理的历史。张舜徽第一次明确地阐明了文献学的基本要求和任务,是他对文献学这一学科作出的杰出贡献。

三、探讨古代文献的流传与类别,丰富文献学研究的内容

我国极其丰富的文献资料在流传过程中,散失是十分惊人的。古今典籍亡散之由,前人"十厄"之论述很有价值,但还不是问题的全部所在。张舜徽对古代文献散亡的深层原因,作了进一步的归纳总结:①由于重德轻艺的思想,使人们对涉及技艺方面的书籍不够重视,导致了这类书籍的散亡。②由于古代传播文字的工具不够完备,书籍全靠手写,如有一种删繁存简足以概括多种内容的书籍出现,便会抛弃其他各家的图书。③由于封建社会的士大夫

---

①② 张舜徽《中国文献学》,中州书画社 1982 年版。

重视文词,鄙弃朴学,对于朴实说理的书籍容易疏忽,从而促使这一类图书的散失。④由于事物不断向前发展,重修图书盛行,造成了原书的湮没。⑤由于著书的人犯罪伏法或者身败名裂,为社会所不齿,他的著作也由疏远而遗弃以至于散亡。⑥由于藏书家过分看重书籍,深闭固拒,不肯借人阅览,以致湮没散佚。这六点,实为发前人所未发,是他文献学研究的一个重要贡献。古代文献的类别,传统上分为经部文献、史部文献、子部文献、集部文献和其他文献。这样的分类,从今天的角度看既不科学也不严密。张舜徽对古代文献的分类有自己的主张:"总的来说,我国古代书籍,不外两大类:一类是记载事实的书籍,后世名之为'史',一类是发表见解的书籍,后世名之为'子'。后世书籍,虽然很多,但都是这二大类发展起来的。"①表达了他独到的看法,因为"经"也好,"集"也好,都没有超越"记载事实"和"发表见解"的两大范围。张舜徽还从古代文献内容的来源方面进行考察,将其分为著作、编述、钞纂三大类:"三者虽同是书籍,但从内容实质来看,却有高下浅深的不同。"②著作是发凡起例,最具创造性,也最有价值。编述是对材料剪裁熔铸而成,作用很大,古代文献中,这一类最多。钞纂则是综录旧事异闻,或做一些订讹补阙的工作,虽然也是不可缺少的,但与前二类相比,高下浅深自见。这种看法,无疑是比较科学的,对于我们更好地阅读和使用文献,提供了一把有用的钥匙。张舜徽特别推崇《春秋》《史记》《史通》《资治通鉴》《文献通考》等典籍,是和他关于文献分类的观点相一致的。

张舜徽以批评性审视的目光,总结、继承了中国学术史上整理研究历史文献的积极成果,有所取舍,兼收并蓄,形成了自己的历史文献观。他把"辨章学术,考镜源流"作为整理历史文献的最终

---

① 张舜徽《中华人民通史》,湖北人民出版社 1989 年版。

② 张舜徽《中国文献学》,中州书画社 1982 年版。

目的和最高学术境界,把为人民大众服务、写出通俗易懂且能为一般人民所接受的《通史》视作历史文献学家的天职,这是他历史文献观的社会落脚点与最后的归宿,这个历史文献观指导和支配着他一生的学术活动。张舜徽一生服膺许郑之学,他的学术脱胎于清学直通汉学,而又超越了清学和汉学。他效法郑玄、许慎的治学方法,仰慕郑樵独树一帜的创造精神,赞佩与发扬章学诚追求治学宏旨、敢开一代学术风气的气质。他继承了清学正统派的治学方法,主张实事求是,但是极为赞许"清学别派"章学诚,致力于扩大历史文献学研究的范围。张舜徽把传统的历史文献学从偏狭的领域中解放出来,拆除了"文献学"与"史学"森严的壁垒,恢复了汉唐历史文献学"辨章学术,考镜源流"的宏旨;他以登高一呼、学者认同的魅力,带领广大学界同仁开创了现代历史文献学的基业,把历史文献学发展到新的历史阶段。

第十一节 白寿彝与历史文献学的建设

白寿彝(1909年—2000年)字肇伦,又名哲玛鲁丁,河南开封人,回族。白寿彝是我国著名历史学家、教育家,他一生致力于历史研究、历史教学,在中国通史、中国史学史、民族史等学术领域皆多建树,而对于历史学中的一个分支学科历史文献学的创立和理论建设则有突出贡献。

一、丰富的历史文献整理实践

1929年白寿彝考入燕京大学国学研究所,在黄子通指导下,研究宋代哲学,由于顾颉刚的提议,开始收辑朱熹辨伪的资料,在黄子通的"迭次催促"下完成了《朱熹辨伪书语》。白寿彝在是书序中说,"当我寻找材料的时候,是在细心地读着朱熹底原著,是在细心地找寻着,总还不是一本临时凑成的东西。这一点忠实,我是敢向读者表白的。"自此书问世以来,一直是有关朱熹辨伪最权威的辑本。此序中除交代此书所采用的书的版本,还说明所辑内容的编排一般做法,如"采辑各条,都注明所见原书卷数、页数及页数之前面或后面,和原文题目或记录者姓名,并加标点符号和分段"。由于记载情况不尽相同,采辑的做法也有所变通,如"原文有专论伪书的,则全行采入";"有因系答人疑问,非载原来问题不能使文义明白的,则连原问一并采入,而于每段原问低六格写"等等。这样做既忠实原作又为读者提供了方便。而这不是此序内容的全部,白寿彝还探寻了朱熹取得辨伪成就的三个原因,指明朱熹所言辨伪方法论包括理论方面和证据方面,并总结出来朱熹辨伪在证据方面所用的约有五种,这实际上就是对朱熹辨伪的研究。可见白寿彝很清楚整理历史文献是为了进一步的研究和利用。

白寿彝从 1939 年开始系统收集云南回教史资料,所涉广泛,就连从废纸篓捡出的资料亦一一甄选,1943 年编成《咸同滇变见闻录》,1952 年在此基础上又编成四册的《回民起义》,收集了 76 种有关文献。这些资料主要有下列几种类型:①是回民自己记载的东西;②某些资料甚至是零碎的,但是可以暴露真实的东西;③统治阶级的官书或半官书,但是有系统的叙述,或是可以代替系统叙述的文件。所以本书除编排这些资料之外,还需要整理。对于整理,白寿彝有明确而严谨的规定,如"遇原文有衍文的地方,仍排入正文,在衍文上下,加上弧括号作标志。遇原文有脱文,可依照文意补入脱文的地方,补入的文字也排入正文,另加上方括号作标志。遇原文有错误的地方,把错字还排入正文,另外把校正底字分别排在错字下面,排做小字,并加上弧括号作标志。"①对于衍脱讹的处理有一共同点,即保留文献的原貌,这说明白寿彝非常重视整理历史文献应遵守的这一原则。还有一点值得注意,《回民起义》每一种文献前都有一篇题记,虽然多是介绍文献的内容,但也

---

① 《回民起义·说明》。

涉及版本、撰述状况以及作者的考辨等。如第二册收《武定事略》，题记介绍它是"手稿本，行书，用贡川纸写，共十三页。"又指出"最后半页虽是空白，但故事并没有写完"，所以认为它"应该是一个未完稿"。① 第一册《滇垣十四年大祸记》的题记发现这篇文章有三个本子。"一个是马生凤抄本，一个是《云南清真铎报》本，一个是白孟愚抄本"。白寿彝在《咸同滇变见闻录》内收的是马本，"因为据后来了解，白本所根据的是更原始的本子"，为了资料的可靠真实，在《回民起义》改用白本。又如第二册《马负图私记》题记，先介绍了此资料共存六十一页，及抄本状况，并"依订口处所标的页数号码推测，文首所缺的应有三页。"继而又提及此资料的墨迹，"修改的字迹和底本底字迹是一个人写的"。这说明此资料未经他人改动，有相当的可信度。而对此资料作者的考辨尤为精审，此书作者原未署名。根据文中所示，"人称之为马龙"，后听开远大庄赛文华老人说"马如龙文案马龙，字负图"，于是白寿彝在《咸同滇变见闻录》将本文标题《马负图私记》，题下注马龙著。时隔两年，白寿彝在建水龙见到马氏族谱，其间有名负图字龙书的人，他的经历与本文作者相同，应为一人，加上当时云南人有用省称的习惯，可以证明马龙即为马龙书，也就是马负图。显然，《回民起义》的整理同样包含了进一步研究的内容，然而，值得注意的是，"说明"中规定的一系列的做法，既疏通了文意，又保留了文献原貌，同时还有很强的直观性。这种做法后来得到整理前四史的学者的认同，而且不断有学者继续采用。七十年代初白寿彝代顾颉刚主持中华书局二十四史点校工作，在那个特殊的历史时期，白寿彝从点校要对古人、今人乃至后人负责的认识出发，多次强调校勘成果的表述必须准确规范。如遇原文有增减，不用"去""加"等字表述，皆用删、补说明，而且一律注明删补的迄止及共有

---

① 以上引文见《回民起义》第二册第16页。

几字,这以后几乎成了撰写校勘记的规范模式,一直沿用至今。丰富的历史文献整理实践,和长期积累的史学研究成果,为白寿彝致力于历史文献学学科建设奠定了坚实的基础。

二、对历史文献学学科建设的不断探索

1928 年,白寿彝发表了《整理国故介绍欧化的必要和应取的方向》,文中阐述了整理的必要性,并指出整理国故的学者应当做一种系统的工作,说明白寿彝已经意识到这工作不是个别的、孤立的,其间存在着共性和规律,这是他日后形成历史文献学学科思想的端倪。[①] 在五十年后的改革开放初期,白寿彝率先在北京师范大学历史系成立了历史文献教研室,1981 年与几位著名学者组建了高校第一个古籍研究所,以答客问的形式撰成《谈历史文献学》,文章所涉内容广泛,如历史文献学的用途,历史文献学习与理论学习的关系、历史文献的历史等等,就历史文献学学科建设而言,白寿彝明确地区分历史文献与历史文献学,"历史文献指的是历史文献本身,历史文献学是指关于历史文献的专业知识和研究历史文献的方法"。对于历史文献学作为一个学科所包括的范围,表明自己的意见,"可以包含这样的几个内容,一、目录学;二、版本学;三、校勘学;四、辑佚学;五、辨伪学。另外,还包括有古汉语、古民族语文、甲骨文字、金石文字、年代学、历史地理学等等。"[②]嗣后对这些内容一一做了阐述,值得注意的是,在讲古汉语、历史地理学等问题时,提及其间有的已超出了历史文献学的范围,希望能进行认真的专门研究。时隔一年,以同一形式撰写的《再谈历史文献学》发表了,提出"中国历史文献学,可以包含四个部分。一、理论的部分;二、历史的部分;三、分类学的部分;四、应用的部分。"说到理论的问题,"有这样的几个方面:1. 历史和历史

---

① 刘雪英《寿彝先生学谱》,《历史科学与理论建设》第 600 页。

② 上引均见《谈历史文献学》,《白寿彝史学论集》。

文献;2.历史学和历史文献学;3.历史文献作为史料的局限性;4.历史文献的多重性;5.历史文献和有关的学科"。在具体阐述中，首先强调"历史，指的是客观的历史，即历史发展过程的本身;历史文献，是指关于历史的记录或历史现象在文字上的反映。"进而指出研究历史文献不等于研究历史，"把二者等同起来，既不利于历史研究，也会把历史文献的研究目的弄模糊了。"而说"历史文献学所关心的，是书写工具的发展、保管和传播的发展、著录和考订的发展等"，则从另一侧面划清历史学与历史文献学的界限。随后又针对历史文献本身，指出它有局限性和多重性，使用时应予以足够的重视。关于历史文献学和有关的学科，白寿彝认识到古汉语、历史地理学等等，"是历史文献学所要联系的学科，不能说它们是属于历史文献学的范围。"这是对以前提法的修正，同时也注意到研究这些学科与历史文献学的关系，是学科建设所必需的。至于历史部分，白寿彝认为这包含两方面，即历史文献有自己的发展史，历史文献学本身也有发展史，并且将通常属于图书史范围的"书写工具的发展，保管和传播的发展"①引入历史文献学，这有助于对历史文献学的整体认识，在一定程度上提高历史文献学的科学性。说到分类部分，他说"分类学有统观全局的要求，这跟一般对目录学的要求是不同的。"然而寥寥数语和多研究研究分类学的希望，使不少学者受到启发，将类书、总集、丛书视为历史文献学研究对象。应用部分就是《谈历史文献学》所言历史文献学包括的几个内容，即目录学、版本学、校勘学、辑佚学、辨伪学。很显然，《再谈历史文献学》是白寿彝对历史文献学学科建设的进一步全面思考，其中对理论问题所做的阐述尤为深刻，为学科建设奠定了理论基础。而对于《谈历史文献学》某些内容的修正，多次说到一些有关问题应多研究研究，充分体现白寿彝在学术研究中不断探

---

① 上引均见《再谈历史文献学》，《白寿彝史学论集》。

索,敢于否定自己的开拓精神。

三、拟成历史文献学研究提纲

1997 年白寿彝拟成历史文献学研究提纲,其中包括:一、历史、历史文献、历史学;二、历史文献的收藏;三、历史文献与公私图书馆;四、历史文献与博物馆;五、历史文献的特藏;六、丛书和类书;七、目录学;八、版本学;九、校勘学;十、辨伪学;十一、历史文献与逻辑;十二、历史文献与辩证法;十三、历史文献的阶级分析;十四、佚书的访求;十五、文献的整理和发表;十六、历史文献与档案;十七、海外藏书。与历史文献学应包括四部分内容相比,视野宽阔,内容丰富。二、三、四、五、十六、十七共六个题目,几乎囊括了古今中外以书的形式流传、不以书的形式流传,以及与古器物有关的历史文献,这些题目的设立,将历史文献的保管和传播纳入历史文献学的范畴。白寿彝曾说过:"……历史文献的分类学,是如何就历史文献本身的各种不同的性质、特点进行分类的学问,是从文献本身出发的,而不是从前人目录书出发的。"①从历史文献本身出发分类的丛书和类书成为历史文献学的一个组成,体现了白寿彝的分类学思想。文献的整理和发表作为历史文献学中的一个研究命题,亦有新意。这是从为现代人理解、利用历史文献提供方便出发的,文献整理大概应包括标点、注释、今译、索引等。而特意提出文献的发表,则反映白寿彝从实践中认识到,文献发表的外在形式,是历史文献整理成果取得良好社会效益的重要保证。以提纲中属于理论问题的题目,与上文所言理论部分相比,主要的不同在于,以历史文献与逻辑、历史文献与辩证法、历史文献的阶级分析取代了历史文献的局限性、历史文献的多重性。这样的变化意味着,从关注历史文献本身的属性,转为要求历史文献工作者应具备一定的理论素养。《再谈历史文献学》中应用部分的内容,都包括

---

① 《古籍整理和通史编纂》,《白寿彝史学论集》上。

在提纲之中,只是有些小的变动。如辑佚学改作佚书的访求,这样强调访求佚书,有益于辑佚学向纵深发展。白寿彝将自己考虑到的与历史文献学有关的问题都列入研究提纲,是希望通过后学对诸问题的深入研究,将具有系统性、科学性的历史文献学建立起来。

第十章　中国历史文献学的现状与前景

第一节　历史文献学的新成就

　　自先秦时期我国的文献典籍产生之日起,文献的整理与分类也随之而产生,因此传统文献学的一些内容和方法也不断丰富和发展起来,但真正由具体的文献整理工作抽象概括而上升到理论体系的中国文献学,则是 20 世纪才出现的。1920 年梁启超在《清代学术概论》中说,"其后(万)斯同同县有全祖望,亦私淑宗羲,言文献学者宗焉",为"文献学"一词之始见。后来他又在《中国近三百年学术史》八"清初史学之建设"中说:"明清之交各大师,大率都重视史学——或广义的史学,即文献学。"郑鹤声、郑鹤春 1928 年写成《中国文献学概要》①,1930 年由商务印书馆出版,"似为中国学术史上第一部以'文献学'名书的专著"②。此后因内忧外患,连年战乱,文献学学科体系的构建,未能引起注意。1957 年至 1960 年王欣夫在复旦大学开设"文献学",讲授目录、版本、校雠等内容,这是新中国高校在"文革"前开设"文献学"少有的例子。到了 70 年代末以后,迎来了学术繁荣的春天,文献学学科体系的建立,才真正步入坦途,产生了一大批具有开创性的学术成果。

---

　　①　作者认为:"结集、翻译、编纂诸端谓之文,审订、讲习、印刻诸端谓之献。叙而述之,故曰文献学。"
　　②　冯浩非《我国文献学的现状及历史文献学的定位》,《学术界》2000年 4 期,115 页。

一、文献学通论著作

据有关专家统计,80 年代以来正式出版的各类文献学论著达 300 余种①,代表性的通论著作有张舜徽《中国文献学》(中州书画社 1982 年版)、吴枫《中国古典文献学》(齐鲁书社 1982 年版)、王欣夫《文献学讲义》(上海古籍出版社 1986 年版)、罗孟祯《古典文献学》(重庆出版社 1989 年版)、洪湛侯《中国文献学新编》(杭州大学出版社 1994 年版),以上 5 种论著,在构建中国文献学的学科体系方面起了重要作用。另外,倪波主编《文献学概论》(江苏教育出版社 1990 年版),周文骏序谓"通过对文献和文献工作的讨论,力求勾勒出一个不局限于目录、版本和校雠为核心内容的新的文献学科学体系"。迟铎、党怀兴编著《中国古典文献学纲要》(陕西人民教育出版社 1995 年版)、王燕玉《中国文献学综说》(贵州人民出版社 1997 年版)、陈界、张玉刚主编《新编文献学》(军事医学科学出版社 1999 年版)、熊笃、许廷桂《中国古典文献学》(重庆出版社 2000 年版)、张玉勤等《实用文献学》(山西古籍出版社 1998 年版)、潘树广等《文献学纲要》(广西师大出版社 2000 年版)、杜泽逊《文献学概要》(中华书局 2001 年版)、刘青松《中国古典文献学概要》(湖南大学出版社 2002 年版),在文献学知识普及,或提出文献学应包括古典文献学与现代文献学,对于扩展文献学的研究内容,促进学科发展,亦不无裨益。

洪著《新编》,分体、法、史、论四部分,认为"文献学本是关于文献研究和整理的一门学问,文献形体本身的特点、文献整理的方法、文献学的历史、文献学的理论都应包括在内,简单地说,文献学应包括文献的体、法、史、论等几方面的内容,并把这些熔为一体,

---

① 谢灼华、石宝军《中国文献学研究发展述略》,《中国图书馆学报》1993 年 3 期,45 页。

进行系统研究,逐步建立文献学的完整体系。"在具体阐述中,"以'体'包括文献的载体、文献的体裁和文献的体例,以'法'包括目录、版本、校勘、辨伪、辑佚、编纂六法以及标点、注释、翻译、资料搜集、文献保藏等方面知识,以'史'包括文献史和文献学史,以'论'包括文献学家的思想"①。

程千帆、徐有富《校雠广义》,分"版本编""校勘编""目录编"和"典藏编"(齐鲁书社 1988-1998 年陆续出版),概括论述了文献典籍的版本、校勘、目录、编辑使用、流传和保存的全过程及其主要环节、理论和方法,是传统文献学的鸿篇巨制。

另外,也有以"历史文献学"命名的通论性著作。白寿彝早在 80 年代初就发表了《谈历史文献学》(《史学史研究》1981 年 2 期),把历史文献学的研究内容概括为理论、历史、分类学和应用四部分。王余光等《中国历史文献学》(武汉大学出版社 1988 年版),认为包括历史文献本身、文献整理方法和内容、文献整理的历史三部分。张家璠、黄宝权主编《中国历史文献学》(广西师大出版社 1989 年版)、杨燕起、高国抗主编《中国历史文献学》(书目文献出版社 1989 年版、北京图书馆出版社 1997 年版)、张大可主编《中国历史文献学》(陕西人民教育出版社 1991 年版)、谢玉杰、王继光主编《中国历史文献学》(民族出版社 1999 年版)、曾贻芬、崔文印《中国历史文献学》(学苑出版社 2001 年版),其实都是广义的历史文献学。

至于专科文献学,如张君炎《中国文学文献学》(江西人民出版社 1986 年版)等。周彦文主编《中国文献学》(五南图书出版有限公司 1993 年版),自称是台湾第一部"文献学","作者认为文献学的研究主体是文献本身,并以此确立文献学独立的学科地位。

---

① 柯平《关于文献学体系的研究法——文献学理论研究之二》,《河南图书馆学刊》1996 年 1 期,19 页。

但是因作者专业所致,该书重点叙述了民国以前的中国文学文献的产生、发展及整理情况,所以只能算作一部简明的文学文献史"①。

二、文献学主要分支学科研究

张舜徽《中国文献学》在构建文献学的理论体系时,首次将目录、版本、校雠(校勘)、辨伪、辑佚等纳入其中,后来出版的多种文献学论著涉及领域广狭不尽相同,但上述基本内容则无一或缺。孙钦善《中国古文献学史》在"绪言"中也指出,"古文献学本身又有许多分支,诸如注解、校勘、目录、版本、辨伪、辑佚、编纂等",得到学术界普遍认同。其中有些分支研究开展较早,成绩斐然,如目录学就有郑鹤声《中国史部目录学》(商务印书馆 1928 年版)、刘纪泽《目录学概论》(中华书局 1931 年版)、姚名达《目录学》(商务印书馆 1933 年版)等。但有些分支学科则是 20 世纪 80 年代以后才逐步建立起来的,如辑佚学等②。下面将 80 年代以来文献学主要分支学科研究的新成果综述如次,因各分支学科发展不平衡,研究较薄弱的学科专著及论文兼列。

1. 目录学研究

20 世纪的目录学研究,曹书杰《中国古典目录学研究概述(1950–1988 年版)》(《古籍整理研究学刊》1989 年 5 期)、代根兴等《中国目录学研究十五年》(《山东图书馆季刊》1995 年 3 期)、王锷《二十世纪中国古籍目录研究与实践综述》(《图书与情报》2001 年 4 期)作了较全面的总结回顾。

据代根兴等统计,从 1980 年至 1994 年的 15 年间,出版了近

---

① 王余光等《中国文献学理论研究百年概述》,《图书与情报》1999 年 3 期,16 页。
② 曹书杰《中国辑佚学研究百年》,《东南学术》2001 年 5 期。

20种目录学教材或专著,发表目录学论文1980篇,是解放前的16倍,是解放后30年的12倍多,其中有关目录学史747篇,目录学实践532篇,理论研究298篇。现在又过了8年,目录学研究的新成果不断问世。据我们所知,80年代以来较有代表性的通论性教材或著作,如来新夏《古典目录学浅说》(中华书局1981,1991年修订本更名为《古典目录学》)、武大北大编《目录学概论》(中华书局1982年版)、罗孟祯《中国古典目录学简编》(重庆出版社1983年版)、徐召勋《学点目录学》(安徽教育出版社1983年版)、李日刚《中国目录学》(台湾明文书局1983年版)、昌彼得等《中国目录学》(台湾文史哲出版社1986年版)、彭斐章等《目录学》(武汉大学出版社1986年版)、曹慕樊《目录学纲要》(西南师大出版社1988年版)、周少川《古籍目录学》(中州古籍出版社1996年版)、高路明《古籍目录与中国古代学术研究》(江苏古籍出版社1997年版)等,在人才培养和学科建设中,都起了一定作用。

专科目录学则有陈秉才等《中国历史书籍目录学》(书目文献出版社1984年版)、谢灼华《中国文学目录学》(书目文献出版社1986年版)、高潮《中国法制古籍目录学》(北京古籍出版社1993年版)、王锦贵《中国历史文献目录学》(北京大学出版社1994年版),把目录学引入传统文化的相关学科,既拓展了目录学研究的范围,又促进了其他学科研究的深入。

《中国古籍善本书目》(上海古籍出版社1989年起陆续出版),收录全国781家单位所藏古籍善本计约13万部,按经史子集丛五部著录,每书之后附有藏书单位代号,可"按图索骥",是目前查阅古籍善本最齐全最方便的书目。王重民《中国古籍善本书提要》(上海古籍出版社1983年版),收录作者经眼的包括美国国会图书馆所藏1600余种、北京图书馆所藏2100种等总计4400余种古籍善本(含补遗),是一部有很高学术水平的古籍善本解题目录。傅增湘《藏园群书经眼录》(中华书局1983年版)收录作者经眼的善本书约 4500 种,李盛铎《木樨轩藏书题记及书录》(北京大学出版社 1985 年版)收"题记"173 篇,著录宋元明清及朝鲜、日本刻抄本 1464 种,是两部查考善本比较方便的私家版本提要目录。

雷梦水《贩书偶记续编》(上海古籍出版社 1980 年版),收录继孙殿起《贩书偶记》之外的著述 6000 余种。王绍曾主编《清史稿艺文志拾遗》(中华书局 2000 年版),在陈国栋《重订清史稿艺文志》(台湾商务印书馆 1968 年版)基础上拾遗补阙,将清人著述几乎网罗殆尽。此两书是查考清人著作的重要目录。

另有地区及单位古籍目录,如宋慈抱《两浙著述考》(浙江人民出版社 1985 年版)、蒋元卿《皖人书录》(黄山书社 1989 年版)、王绍曾主编《山东文献书目》(齐鲁书社 1993 年版)、南京师大古文献所编著《江苏艺文志》(江苏人民出版社 1996 年版)、刘纬毅主编《山西文献总目提要》(山西人民出版社 1998 年版)、北京图书馆编《北京图书馆古籍善本书目》(书目文献出版社 1987 年版)、中国人民大学图书馆古籍所编《中国人民大学图书馆古籍善本书目》(中国人民大学出版社 1991 年版,收馆藏善本书 2400 余种,2800 余部)、张玉范等主编《北京大学图书馆藏善本书录》(北京大学出版社 1998 年版)等,是著录一个地区的著述或一个单位所藏古籍善本的目录。

专题目录,则有雷梦辰《清代各省禁书汇考》(书目文献出版社 1989 年版),敦煌遗书有王重民主编《敦煌遗书总目索引》(中华书局 1983 新一版)、郑阿财、朱凤玉编《敦煌学研究论著目录》(台北汉学研究资料及服务中心 1987 年版)、黄永武《敦煌遗书最新目录》(台北新文丰出版公司 1986 年版)、敦煌研究院编《敦煌遗书总目索引新编》(中华书局 2000 年版)。

目录学专题研究,如陈国庆编著《汉书艺文志注释汇编》(中华书局 1983 年版)、崔富章《四库提要补正》(杭州大学出版社 1990 年版)、李裕民《四库提要订误》(书目文献出版社 1990 年版)、张舜徽《汉书艺文志通释》(湖北教育出版社1990年版)、严佐之《近三百年古籍目录举要》(华东师大出版社1994年版)、来新夏主编《清代目录提要》(齐鲁书社1997年版)、王国强《明代目录学研究》(中州古籍出版社2000年版)等。

目录学理论研究,有周彦文《中国目录学理论》(台湾学生书局1995年版)。

目录学史研究,代表性的论著有王重民《中国目录学史论丛》(中华书局1984年版)、吕韶虞《中国目录学史稿》(安徽教育出版社1984年版)、许世瑛《中国目录学史》(台湾中国文化大学出版部1986新一版)、申畅《中国目录学家传略》(中州古籍出版社1987年版)、李万健《中国著名目录学家传略》(书目文献出版社1993年版)、乔好勤《中国目录学史》(武汉大学出版社1992年版)、倪士毅《中国古代目录学史》(杭州大学出版社1998年版)。专题目录学史研究,如王瑞祥《中国丛书目录史》(《河北科技图苑》2000年2期),在姚名达丛书目录史分四期的基础上,提出了初创、发展、补足、完善、成熟五期的观点,并介绍了29种丛书目录。

2. 版本学研究

曹之、司马朝军《20世纪版本学研究综述》(《图书与情报》1999年3期),对20世纪的版本学研究作了较全面的总结。从1978年到1998年,"据不完全统计,这个阶段在全国各类杂志发表的版本学研究论文有2005篇,是本世纪初至1977年前版本学论文总数的15倍",其中版本学基础理论研究论文185篇,版本学史32篇,版本源流1441篇,版本鉴定347篇①。

吴则虞《版本通论》(《四川图书馆学报》1978年至1979年连

---

① 曹之、司马朝军《20世纪版本学研究综述》,《图书与情报》1999年3期,4-5页。

载),是"文革"后发表最早的成果。出版的专著,则有施廷镛《中国古籍版本概要》(天津古籍出版社1987年版)、戴南海《版本学概论》(巴蜀书社1989年版)、严佐之《古籍版本学概论》(华东师大出版社1989年版)、屈万里、昌彼得《图书版本学要略》(台湾中国文化大学出版部1989年版)、李致忠《古书版本学概论》(书目文献出版社1990年版)、陈宏天《古籍版本概要》(辽宁教育出版社1991年版)、曹之《中国古籍版本学》(武汉大学出版社1992年版)、卢贤中《古代刻书与古籍版本》(安徽大学出版社1995年版),以上是古籍版本学论著。姚伯岳《版本学》(北京大学出版社1993年版)则涵括古今,他在"自序"中说:"古今图书版本,其貌虽殊,其理则一。以往的各种版本学论著,研究范围均局限于古籍版本,以至使人误以为只有古籍才有所谓版本问题,版本学就是研究古籍版本的。但实际上现代图书的版本问题丝毫不比古籍中的版本问题简单,有的甚至更加复杂。不揭示、不研究现代图书的版本问题,不能称为完整的版本学;忽视对现代图书版本问题的研究,也就无法建立起内容全面的版本学体系。"

版本鉴定方面的新成果,有李清志《图书版本鉴定研究》(台湾文史哲出版社1980年版)、魏隐儒《古籍版本鉴定丛谈》(印刷工业出版社1984年版)、李致忠《古籍版本鉴定》(文物出版社1997年版)及《宋版书叙录》(北京图书馆出版社1997年版),是古籍版本鉴定和版本叙录的专著。杜信孚编《明代版刻综录》(广陵古籍刻印社1983年版)、杨纯信编《中国版刻综录》(陕西人民出版社1987年版)、李致忠《历代刻书考述》(巴蜀书社1989年版)、罗伟国等编《古籍版本题记索引》(上海书店1991年版)、王肇文编《古籍宋元刊工姓名索引》(上海古籍出版社1990年版)、李国庆编《明代刊工姓名索引》(上海古籍出版社1998年版)等,则是读者查考熟悉古籍版本及版本鉴定非常有用的专著或工具书。

212

魏隐儒《古籍版本鉴赏》(北京燕山出版社1997年版),则是从鉴赏的角度谈版本。吉文辉、王大妹主编《中医古籍版本学》(上海科技出版社2000年版),以古籍版本学理论用于中医文献,是中医古籍版本研究的最新成果。

上海图书馆编《善本书影》(上海古籍出版社1978年版)、黄裳编《清代版刻一隅》(齐鲁书社1992年版)等,是继《中国版刻图录》①之后的书影汇编,均有助于读者了解宋元明清古籍版刻的真实面貌。黄永年等编《清代版本图录》(浙江人民出版社1997年版),收清刻本350种,是一部反映清代古籍版本全貌和特点的大型版本图录。

善本书目,除上面提到北图、北大等单位藏善本目录外,收罗最全的则有《中国古籍善本书目》(上海古籍出版社1989起陆续出版),以及《中国科学院图书馆藏中文古籍善本书目》(科学出版社1994年版)、《四川省高校图书馆古籍善本联合目录》(四川大学出版社1994年版)、《湖南省古籍善本书目》(岳麓书社1998年版)等单位及地区善本书目。

关于版本学理论与版本学史研究,代表性的单篇论文,有李致忠《论古书版本学》(《吉林省图书馆学会会刊》1979年1期)、郭松年《古籍版本与版本学》(《吉林省图书馆学会会刊》1980年4期)、石洪运《版本学基础理论研究述评》(《黑龙江图书馆》1991年3期)、刘国珺《关于我国古籍版本学历史阶段划分的思考》(《古籍整理研究学刊》1991增刊)、胡道静《从黄荛翁到张菊老——150年来版本学的纵深进程》(《古籍整理研究学刊》1987年4期)、张次第《略论中国古籍版本学及其发展的阶段性》(《河

---

① 北京图书馆编,文物出版社1961年增订版,是一部规模宏大的善本书影汇编,共收录古籍善本550种,图版724幅,分刻版、活字版和版画三大类。

南师大学报》2001 年 5 期）等等，而李明杰《中国古籍版本学形成时期再辨》（《图书与情报》2002 年 1 期），从版本学产生的社会基础、研究的核心内容、理论和研究方法、学科表述形式等四个方面，认为中国古籍版本学萌芽于先秦，初步形成于汉，而正式确立于宋。

贾卫民《对古籍版本目录学的探讨》，提出建立中国古籍版本志，"为每一种古籍建立版本档案，每个条目，经过严格的考订之后，对版式、行格作详尽的自然描述，并记录出版本刻年依据"①。

3. 校勘学研究

20 世纪 70 年代后期以来的校勘学研究，不及目录学与版本学那么红火，成果数量也稍逊一筹。出版时间较早或有代表性的论著，如赵仲邑《校勘学史略》（岳麓书社 1983 年版），是书章节内容多同蒋元卿《校雠学史》（商务印书馆 1938 年版、黄山书社 1985 年版）。戴南海《校勘学概论》（陕西人民出版社 1986 年版）、倪其心《校勘学大纲》（北京大学出版社 1987 年版）、钱玄《校勘学》（江苏古籍出版社 1988 年版）、王云海等《校勘述略》（河南大学出版社 1988 年版）、谢贵安《校勘学纲要》（载李国祥主编《古籍整理研究（八种）》，武汉工大出版社 1989 年版）等，是 80 年代出版的几种校勘学论著。管锡华《校勘学》（安徽教育出版社 1991 年版），从理论上对校勘进行了总结，详细论述了校勘学的方法以及校勘的整个工作步骤。林艾园《应用校勘学》（华东师大出版社 1997 年版），是一部从应用的视角以校勘实例阐述校勘学的著作。

关于校勘学理论与校勘学史研究，较有代表性的论文有魏哲铭《论卢文弨校勘学的原则和方法》（《西北大学学报》1995 年 5 期）、白兆麟《关于校勘学的性质与对象》（《古籍整理研究学刊》1996 年 1 期）、叶树声《乾嘉校勘学概说》（《安徽大学学报》1989

---

① 《图书馆学研究》1997 年 3 期,94 页。

年 4 期)、何砚华《校勘学在宋代的发展》(《广西教育学院学报》
1997 年 4 期)、傅杰《清代校勘学述略》(《浙江学刊》1999 年 3 期)
及校勘学通论性论文《明代以前的古籍校勘述略》(《福州大学学
报》2000 年 3 期)、薛筱兰《古代校勘简论》(《江西图书馆学刊》
2000 年 4 期)等。亦有文章论及校勘家或学者对校勘学的贡献,
如漆永祥《段玉裁校勘学述论》(《古籍整理研究学刊》1993 年 6
期)、丁宏宣《清代著名校勘学家顾广圻》(《图书与情报》1999 年 1
期)、孙菊芳《胡适与校勘学》(《河北建筑科技学院学报》1999 年 4
期)、章继光《陈垣先生对校勘学的贡献》(《五邑大学学报》2001
年 3 期)、宋丽群等《阮元的校勘学和编纂学成就》(《青岛大学师
范学院学报》2002 年 1 期)等。

4. 辨伪学研究

刘重来《中国二十世纪文献辨伪学述略》(《历史研究》1999
年 6 期)指出,辨伪学在 20 世纪经历了由构建学科体系到多元发
展的过程,在辨伪理论上形成了较为完整的体系,在辨伪方法上逐
渐采用现代科学手段和方法,构建成为一门独立的学科。

20 世纪 70 年代以后出土了数批简牍帛书,其中有长期以来
被怀疑或认定为伪书的《孙子兵法》《晏子春秋》《尉缭子》等等,
从而激发了古籍辨真的热潮,先后发表了一系列考辨文章,如常征
《〈穆天子传〉是伪书吗?》(《河北大学学报》1980 年 2 期)、吴光
《〈鹖冠子〉非伪书考辨》(《浙江学刊》1983 年 4 期)、周山《〈尹文
子〉非伪析》(《学术月刊》1983 年 10 期)、张丰乾《试论竹简〈文
子〉与今本〈文子〉的关系——兼为〈淮南子〉正名》(《中国社会科
学》1998 年 2 期)等。

辨伪学的代表性成果,如孙钦善《古代辨伪学概述》(《文献》
1982、1983 总第 14—16 辑),对辨伪学知识在新时期的迅速普及起
了重要作用。郑良树《古籍辨伪学》(台湾学生书局 1986 年版),
是出版较早的辨伪学专著。另有李国祥等主编《国学知识举要·

辨伪学讲义》(广西人民出版社 1993 年版)等。

郑良树《古籍真伪考辨的过去与未来》(《文献》1990 年 2 期),对既往的辨伪学所取得的成就作了系统总结,并对辨伪学的未来作了展望。在古籍辨伪方面的重要成果,有郑良树编《续伪书通考》(台湾学生书局 1984 年版),"是继 40 年代张心澂《伪书通考》之后又一部集典籍辨伪大成的著作"①。俞兆鹏主编《中国伪书大观》(江西教育出版社 1998 年版)、邓瑞全等《中国伪书综考》(黄山书社 1998 年版),是古籍辨伪的最新成果。

90 年代以后,辨伪学史研究的成果不断增多,如林庆彰《清初的群经辨伪学》(台北文津出版社 1990 年版),是专题辨伪学史著作。山东大学古籍所编《古籍整理研究论丛(第二辑)·古籍辨伪学小史》(山东文艺出版社 1993 年版),是一部辨伪学简史。杨绪敏《中国辨伪学史》(天津人民出版社 1999 年版),对辨伪学史作了较全面系统的论述,卞孝萱序谓"全书资料丰富,论证充分,新见叠出,精义纷呈,是一部不可多得的辨伪学专著,具有很高的学术价值"。较有代表性的论文有赵光贤《崔述在古史辨伪上的贡献和局限》(《史学史研究》1991 年 2 期)、耿天勤《刘知己对辨伪的贡献》(《山东师大学报》1992 年 6 期)、胡可先《汉代辨伪略说》(《徐州师院学报》1994 年 3 期)、于语和《阎若璩〈尚书古文疏证〉辨伪方法评述》(《南开学报》1994 年 5 期)、叶树声《论清儒辨伪》及《梁启超对辨伪学的贡献》(《淮北煤炭师院学报》1996 年 2 期、1997 年 2 期)、杨昶《张舜徽先生辨伪学成就述略》(《华中师大学报》1997 专刊)、杨绪敏《明清辨伪学的成立及古书辨伪之成就》(《中国社科院研究生院学报》1999 年 4 期)等。

辨伪学理论与方法研究,重要论文有姜亮夫《古籍辨伪私议》

---

① 刘重来《中国二十世纪文献辨伪学述略》,《历史研究》1999 年 6 期,143 页。

（《学术月刊》1983 年 6 期）、杜凯等《古籍中伪书的辨识》（《河北大学学报》1981 年 2 期）、洪湛侯《古籍的考辨》（《文献》1982 总第 12 辑）、施天侔《论辨伪》（《河北师院学报》1987 年 1 期）、陈漱渝《作伪与辨伪》（《求是》1988 年 5 期）、牟玉亭《古书作伪原因考》（《古籍整理研究学刊》1994 年 3 期）、熊铁基《重新认识古书辨疑》（《光明日报》2002 年 12 月 24 日 B3 版）等等。

5. 辑佚学研究

曹书杰《中国辑佚学研究百年》（《东南学术》2001 年 5 期），对 20 世纪的辑佚学作了全面总结和回顾，并展望了 21 世纪的辑佚学。

20 世纪 80 年代以来辑佚学的新成果，有吴枫《类书、丛书与辑佚书》（《历史教学》1980 年 4 期）、陈光贻《辑佚学的起源、发展和工作要点》（《史学史研究》1983 年 1 期）、徐德明《辑佚学应成为一门独立的学科》及《严可均辑佚方法初探》（《古籍整理研究学刊》1986 年 2 期、1989 年 1 期）、白新良《清代前期的辑佚活动》（《南开学报》1986 年 2 期）、邱久荣《辑佚学》（载杨燕起等主编《中国历史文献学》，书目文献出版社 1989 年版）、王玉德《辑佚学稿》（载李国祥主编《古籍整理研究（八种）》，武汉工大出版社1989 年版）、叶树声《论清儒辑佚》（《淮北煤炭师院学报》1995 年1 期）、陈华《试论严可均对文献辑佚的贡献》（《杭州大学学报》1996 年 1 期）、李晓明等《〈四库全书〉宋别集类的〈永乐大典〉辑佚书》（《文献》2001 年 2 期）。

曹书杰是辑佚学研究用力最勤的学者，虽然起步不是最早，但后来居上。所著《古籍辑佚·辑佚学的研究》（载高振铎主编《古籍知识手册》，山东教育出版社 1988 年版），是作者为研究生授课的讲义。嗣后发表有关辑佚学的系列论文，如《辑佚与辑佚学》《辑佚起源新探》《辑佚学的性质对象任务内容和意义》（《古籍整理研究学刊》1990 年 2 期、4 期，1999 年 4 期）、《略述宋明清时期的辑佚研究》(《东北师大学报》1998年6期)等。其《中国古籍辑佚学论稿》(东北师大出版社1998年版),刘乾先序谓是"第一部独立刊行且颇具规模的辑佚学专著",吴枫序谓"属于填补空白的专著","是近年来古典文献学研究中的重要收获"。

对辑佚学作深入研究并连续发表多篇论文者,除曹书杰之外,还有张升《清代辑佚研究》(《北京师大学报》1992年版增刊)、《论清代辑佚兴盛的原因》(《古籍整理研究学刊》1994年5期)、《辑佚学简论》(《文献》1995年1期)、《辑佚起源说综述》(《历史文献研究》7辑,1996年版)等。孙启治等《古佚书辑本目录(附考证)》(中华书局1997年版),是一部辑佚学方面另辟蹊径的专著。辑佚成果则有李裕民《山西古方志辑佚》(山西省地方志编纂委员会1983年版)、李澍田主编《金史辑佚》(吉林文史出版社1990年版)、刘纬毅《汉唐方志辑佚》(北京图书馆出版社1997年版)等。

6. 古籍印刷史研究

以上为文献学的分支学科,无一不涉及古书,因此书籍史或古籍印刷史,一些文献学论著,亦多包括在内。20世纪80年代以来,亦有不少新成果问世,如刘国钧等《中国书史简编》(书目文献出版社1982年版订补本)、张龙文《中华书史概述》(中华书局1983年版)、魏隐儒《中国古籍印刷史》(印刷工业出版社1984年版)、李致忠《中国古代书籍史》(文物出版社1985年版)、郑如斯等《中国书史》(书目文献出版社1987年版)、来新夏《中国古代图书事业史概要》(天津古籍出版社1987年版)、张秀民《中国印刷史》(上海人民出版社1989年版)、邱陵《书籍装帧艺术简史》(黑龙江人民出版社1984年版)、瞿冕良《版刻质疑》(齐鲁书社1987年版)、罗树宝《中国古代印刷史》(印刷工业出版社1993年版)、曹之《中国印刷术的起源》(武汉大学出版社1994年版)、陈力《中国图书史》(台北文津出版社1996年版)、张树栋等《中华印刷通史》(印刷工业出版社1999年版)、肖东发《中国图书出版印刷史论》(北京大学出版社 2001 年版)等。

王余光《中国文献史(第一卷)》(武汉大学出版社 1993 年版),总结了我国古典文献演变的历史。从本书的命名看,更能反映书籍史与文献学的密切关系。

周蓉生《中国书籍形制的演变及中国古籍版本真赝品的鉴定》(中国青年出版社 2000 年版),全书共九章,内容包括图书的形态、印刷术对我国书籍的影响、古籍版本的鉴定等。

另有地区书籍史,如倪波等主编《江苏图书印刷史》(江苏人民出版社 1995 年版)、谢水顺等《福建历代刻书》(福建人民出版社 1997 年版)。

代表性论文,如李晓明《略论中国印刷史的分期问题》(《华中师大学报》1994 年 5 期)、李小青《明代南京国子监刻印图书述略》(《江苏图书馆学报》1996 年 3 期)、李晋林《唐宋时期山西刻版印刷史考述》(《山西师大学报》1999 年 1 期)及《金元时期平水刻板印刷考述(上)、(下)》(《文献》2001 年 2 期、3 期)、范开宏《中国书籍史上的最大疑案——〈永乐大典〉之谜》(《图书馆建设》2001 年 2 期)、刘俊熙《我国书籍雕版刻印的萌芽阶段——唐、五代时期》(《上海大学学报》2001 年 4 期)等。另外,刘飞《太平天国的图书刻印》(《图书馆》1996 年 6 期),是第一篇论述太平天国的图书刻印活动的论文。

7. 文献学史研究

文献产生之时,即相伴产生了文献整理与分类,文献学的学科发展史也相应产生,但真正对文献学史作较系统的研究,则是 20 世纪 80 年代以后开始的。代表性成果有王余光《中国文献学史要略》(广西人民出版社 1993 年版)、孙钦善《中国古文献学史》(中华书局 1994 年版)等。孙著分先秦、两汉、魏晋南北朝、隋唐五代、宋辽金、元明、清及近代 7 章,全面系统地论述了中国古文献学的发展史。2001 年高等教育出版社出版了《中国古文献学史简编》，由教育部研究生工作办公室推荐为研究生教学用书。另有曾贻芬、崔文印《中国历史文献学史述要》（商务印书馆 2000 年版）。

有关文献学史研究的单篇论文，则有孙钦善《关于中国古代文献与古文献学史》（《社科纵横》1994 年 1 期）。李杰《简论两汉时期中国文献学的发展与成就》（《图书馆论坛》2001 年 4 期），认为两汉是我国文献学的奠基时期，司马迁系统整理上古至汉代文献成中华千古第一部通史《史记》，刘向父子编《七略》开古典目录学之先河，班固著《汉志》成史志目录之鼻祖，郑玄遍注群经等，都反映了两汉文献学的发展与成就。杨晓骏《我国文献学发展轨迹初探》（《图书与情报》1995 年 2 期）、吴枫《历史文献学四十年之我见》（《古籍整理研究学刊》1989 年 5 期），综述了 20 世纪 30 年代至 90 年代以及建国 40 年来的文献学研究，是现当代文献学研究史的论文。王余光等《中国文献学理论研究百年概述》（《图书与情报》1999 年 3 期）认为："20 世纪文献学研究经历了一个从文献整理的具体方法、经验的总结到有关理论的抽象、概括，从分科文献学、文献学专题和相关学科的研究到文献学的宏观综合地考察的过程，逐渐独立并迅速发展。"

郑伟章、李万健《中国著名藏书家考略》（书目文献出版社 1986 年版），著录了历史上 50 多位著名藏书家的生平事迹、藏书源流及学术贡献。张家璠、阎崇东主编《中国古代文献学家研究》（广西师大出版社 1996 年版），对古代著名文献学家的生平及学术活动等作了细致研究。郑伟章《文献家通考》（中华书局 1999 年版），全书收录清初自钱谦益以后 1500 余人，述其生平事迹及在文献学上的建树。他在前言中说："中华民族是一个热爱书籍的民族，故历史上文献家辈出，代不乏人。聚书、抄书、校书、刻书、编目、题识等活动，便成为几千年来中国文坛上重要历史活动内容。……他们爱书如命，饥以当食，寒以当衣，病以当药石，寂寞以当友朋,佞宋癖元,达到痴绝傻绝的程度。现存十数万种古籍无不凝聚他们辛勤耕耘的汗水和心血。他们为中国的文化昌盛作出了不朽贡献。"

对历史上的文献学家的研究论文,有代表性的如王纯《孔子在中国古典文献学史上的地位和作用》(《津图学刊》2001 年 3 期);现当代学者对文献学的贡献亦有文章论及,如韦顺莉《试论张舜徽的文献学观》(《广西民族学院学报》1995 年 2 期)、三浦理一郎《王欣夫先生与他的古代文献学》(《复旦学报》1999 年 2 期)、王华宝《徐复先生对古文献学的贡献》(《古籍整理研究学刊》2000 年 6 期)、王锦贵《刘乃和先生和历史文献学》(《史学史研究》2001 年 1 期)等。

柯平《论中国古代文献学的流派》(《郑州大学学报》2002 年 2 期),认为中国古典文献学有校雠文献学、目录文献学、广校雠文献学三大流派,前者注重文献的甄别与整理,以校勘为中心;后者重视文献的阐释与整理、编纂,以学科为中心,目录、校勘、版本只是其工具;目录文献学则注重收集与整理、揭示与利用,以目录为中心。中国古典文献学的主体是文献整理,"辨章学术,考镜源流"是古典文献学的精华。

8. 文献学理论研究

谢灼华等《20 年来我国文献学理论研究综述(1978-1998)》(《晋图学刊》1999 年 3 期),就我国文献学理论在这一时期的研究状况、主要代表人物的不同学术观点作了介绍,并就文献学的定义、属性和文献学学科体系、范围及内容等方面研究的问题进行了归纳和评述,分析揭示了 20 年来文献学研究的特点与进展动态。据《全国报刊索引》(哲社版 1978-1998. 11)G256 文献学类目统计,文献学理论研究的论文 527 篇,图书学、版本学、校勘学的论文为 3680 篇,仅 1995 年文献学理论研究的论文就高达 116 篇。王余光等《中国文献学理论研究百年概述》(《图书与情报》1999 年 3

期),也对古典文献学有代表性的论著和观点作了评析。

文献学基本理论的研究包括文献的定义、属性、发展规律和文献学的研究对象、研究范围、学科体系、发展趋势等内容。潘树广指出,应建立"将古典文献学与现代文献学融为一体的广义的文献学。它以古今文献和文献工作为对象,研究文献的产生、发展、整理、传播、利用及其一般规律。它的研究内容,有理论研究、应用研究和历史研究三个方面:(1)理论研究,包括文献的本质属性、类型、发展规律与社会功能的研究,文献学的性质、研究对象、学科体系、基本任务与文献学方法论的研究等。(2)应用研究,包括文献的搜集、整理、加工、传播技术、计量方法的研究,文献工作标准化与自动化的研究等。(3)历史研究,包括中外文献与文献工作发展历史的研究,文献学史的研究,历代文献学家及其研究成果的研究等。"①

王余光《再论文献学》(《图书情报知识》1997 年 1 期)认为:"在称谓上,有'文献学''古文献学''古典文献学''传统文献学'等。我以为,可将民国以前的文献学称为'古典文献学',将民国和新中国成立以来的文献学称为'文献学'或'现代文献学',现代文献学应包括民国和新中国成立以来诸多学者在古典文献学领域的研究。在内容上,中国历代学者所做的工作有文献研究和文献整理,研究包括文献源流、积聚、散佚及典籍体式等方面的研究,整理包括辨伪、版本、校勘、辑佚、类纂、目录、注释等。文献的研究和整理是古典文献学的主要内容,这也是我们研究文献学史的主要内容。"

洪湛侯《中国文献学新编》首创在"文献学"框架内专设"理论编",与"形体编""方法编""历史编"并列,可见文献学理论研究

---

① 《论古典文献学与现代文献学的交融》,《苏州大学学报》2000 年 4期,33 页。

具有与其他本体研究同等重要的地位。作者认为文献学理论形成于宋而渐盛于清,郑樵《校雠略》是文献学理论的奠基之作。并对文献学理论研究应作的基础工作做了初步设想,即编辑《文献学论著目录》《文献学理论索引》《文献学专门词语汇释》《文献学论著资料汇编》《文献学理论辑注》《文献学理论论文选辑》等。在此基础之上,再编纂《中国文献学理论发展史》,作全面的总结。

早在 80 年代,张舜徽编《文献学论著辑要》(陕西人民出版社 1985 年版),是一部文献学理论的辑编,或直接启发了洪湛侯对文献学理论研究基础工作的设想。洪氏《中国文献学要籍解题》(杭州大学出版社 1997 年版),对文献学的重要论著作了解说,是其文献学理论基础研究之一。赵国璋、潘树广主编《文献学辞典》(江西教育出版社 1991 年版),是文献学的第一部工具书,收有正条词目 4400 余条,附目 1600 余条,所列分类词表,包括文献学一般、文献载体、文献整理、文献聚散与流通、重要文献、文献阅读和人物 7 部分,其中"文献整理"细分为版本、校勘、目录、考证辨伪、辑佚、编纂笺注翻译等,"既反映了文献学各门类当时的研究水平,同时也体现了编者对文献学研究范围的看法"①。

9. 对学科发展的思考与展望

洪湛侯《中国文献学的重要课题——兼论建立中国文献学的完整体系》(《杭州大学学报》1987 年 2 期),是 80 年代后期关于建立文献学体系的一篇重要论文,后来作者在此基础上写成了《中国文献学新编》。

对于文献学学科体系的建立与发展,不少学者进行了深入思考。于鸣镝《试论大文献学》(《图书馆工作与研究》2000 年 1 期)及《再论大文献学》(《图书馆工作与研究》2000 年 6 期),潘树广

---

① 王余光等《中国文献学理论研究百年概述》,《图书与情服》1999 年 3 期,17 页。

《大文献学散论》(《图书馆工作与研究》2000 年 3 期)及《论古典文献学与现代文献学的交融》(《苏州大学学报》2000 年 4 期),认为现代文献学与古典文献学相异相通,从时间上分,有古典文献学、近代文献学、现代文献学,从地域分则有中国文献学、外国文献学,从内容分有普通文献学、专科文献学。按其划分,历史文献学属专科文献学。潘树广指出:"在相当长的时间里,古典文献学与现代文献学两支学术队伍处于划疆而治的状态,他们有各自的研究机构和出版物,缺少沟通。在学科归属上,则长期处于分割与游移的状态。"①

冯浩非指出,应将文献学作为一门独立的学科门类,与哲学、法学、历史学、文学并列,作为一级学科,学科名称叫"文献学",英译名为 philology。下属中国古典文献学和现代文献学两个二级学科。中国古典文献学介绍中国传统的文献学知识,可包括 8 个三级学科,即目录学、版本学、校勘学、训诂学、辨伪学、辑佚学、古籍整理体式学、传统经学,认为"原有的历史文献学虽然在历史学科中的二级学科地位不变,但其内含和任务却发生了重大变化,它不再代表整个中国传统文献学,——这个任务已历史地落在中国古典文献学肩上,仅仅代表狭义的历史文献学"②。在《试论中国文献学学科体系的改造》(《文史哲》2002 年 1 期)一文中,冯氏重申:"我国高等院校和科研院所目前共有三类文献学专业,即中文学科所属中国古典文献学,历史学科所属历史文献学,图书馆、情报与文献学所属文献学,都是二级学科,但是互不相涉,各自发展,致使学科体系比较落后、杂乱,存在不少问题,不利于学术发展和

---

① 《论古典文献学与现代文献学的交融》,《苏州大学学报》2000 年 4 期,32 页。

② 《我国文献学的现状及历史文献学的定位》,《学术界》,2000 年 4 期,118—121 页。

学科建设,亟需加以改革。文献学是一门具有边缘性、综合性、交叉性的学科。应该将现行的分属于三个不同学科门类的三类文献学学科归拢在一起,作为一门独立的学科门类对待,下属综合文献学与单一文献学两个一级学科;前者包括中国古典文献学与现代文献学两个二级学科,后者包括专科文献学、专题文献学、专书文献学三个二级学科。"中国古典文献学下设目录学、版本学、校勘学、训诂学、辨伪学、辑佚学、古籍整理体式学等。

这些问题已经提出,通过深入讨论,对于促进文献学完备科学的学科体系的建立和健康发展,无疑是有重要意义的。

第二节　历史文献学研究手段的现代化

中华民族是勤劳伟大的民族,在人类历史发展的长河中,创造了辉煌灿烂的 5000 年文明史。中华民族的优秀传统文化,是凝聚着我们的祖先创造的精神财富的载体,除长期以来在整个民族的文化心理上的厚重积淀,形成了中华民族特有的品格和精神风貌之外,还体现在有蕴藏着人类精神文明的浩如烟海的古代文献,这既是中华民族,也是全人类取之不尽用之不竭的文化宝库。在人类进入 21 世纪,在信息社会悄然到来之时,如何发掘利用中华民族优秀传统文化,为人类的和平与发展、文明与进步做出应有的贡献,是摆在我们面前的重要任务,不能不引起我们的关注和思考。

一、中国历史文献与研究的现状

所谓中国历史文献,是指纸质的中国古代文献,是中华民族优秀传统文化的主要载体。凡是对传统文化感兴趣或是从事传统文化研究的人,如何把有限的精力和时间,投入到最大限度地发掘和利用最有价值的历史文献研究中去,是古往今来许多人曾经面对或必须面对的难题之一。

中国历史文献，从先秦到"五四"以前产生并流传下来的究竟有多少，现在还难以说清。有人估计约8万种①，也有人说在15万种或20万种以上②。到目前为止，真正对这些文献典籍进行过研究的只占很少一部分。还必须指出的是，在19世纪末20世纪初，中国文化史上有两件引人注目的大事：一是1898年在河南安阳殷墟出土了甲骨文，改写了中国文字学史；另一件是1900年敦煌莫高窟藏经洞的发现，出土了约5万卷文书③，并很快形成了一门国际性学问——敦煌学。后来又陆续出土了敦煌汉简和居延汉简、银雀山汉简、长沙三国吴简等一大批出土文献。金石碑版历代续有发现，现存数量很大，经整理拓印出版的只是其中的一少部分。至于明清档案，有相当部分也还未进行整理。面对如此浩瀚的传世文献和出土文献，一个人在短暂的一生中，即使孜孜矻矻，兀兀穷年，也难博精于万一。就是被后人极力推崇的乾嘉学者，以他们的智慧和毅力，并以骄人的业绩把朴学发展到一个前所未有的高度而彪炳史册，但专守一经、专治一典的人亦不在少数。更何况我们今天要面对喧嚣纷扰的外部世界的诱惑，要像乾嘉学者那样沉潜研索、皓首穷经，已不大可能。

当然，我们应该看到，改革开放20年来，人们从事传统文化研究的条件已大为改善。相继出版了一大批古典名著，古籍整理与研究取得了举世瞩目的成就。《四库全书》《丛书集成初编》和《古今图书集成》等大型丛书和类书的重新出版，《四库全书存目丛书》《续修四库全书》的编辑出版，使以前束之高阁的文献典籍，得

① 吴枫《中国古典文献学》，齐鲁书社1982年版，16页。
② 卢正言《我国现存古籍究竟有多少？》，《中国文化史三百题》，上海古籍出版社1987年版，760-765页。
③ 卢秀文《敦煌遗书知多少》，《文史知识》，1988年第8期，10页；宋家钰《"敦煌学中心说"引起的反思》，《光明日报》2000年9月21日B1版。

以方便地置于案头,供人们阅读研究。除了老一辈的学者辛勤耕耘在这片传统文化的沃土之上,取得了丰硕的成果外,还涌现了一大批颇有建树的中青年学者,为新时期的文化建设做出了可喜的成绩。"九五"国家重点科技攻关项目"夏商周断代工程"的开展和最近《夏商周年表》的公布,填补了中华民族5000年文明史上1229年的空白。教育部全国高校古籍整理研究工作委员会重点项目《全宋文》《全宋诗》等"七全一海"的编纂整理出版,《中华大藏经》的问世,《中华大典》的编纂等等,在短短20年里,完成或即将完成如此众多的浩大工程,是历史上绝无仅有的。

但是,值得注意的是,以上这些重大的文化建设工程,除了"夏商周断代工程"外,基本上是无数文史工作者呕心沥血,积数年甚至数十年时间用手工完成的。我们今天在利用前人的辛勤劳动成果,并给我们带来极大方便时,是否曾想到前辈学者所付出的艰辛,是否想到我们将来该怎样为我国的文化建设做出新的贡献呢?面对科学技术日新月异的飞速发展,传统文化研究各领域中还有许多没有解决的问题正待我们去探索,还有类似于"夏商周断代工程"这样事关中华民族5000年文明史的重大课题正待我们去攻克,我们是仍然承袭前辈学者在研究过程中靠手工花费大量时间和精力去搜罗材料,还是把主要精力集中在对重大问题的思考和研究之上呢?这是每一个文史爱好者或研究者必须正视和面对的问题。

二、中国历史文献的现代转换

自1946年世界上第一台电子计算机问世以来,就标志着人类信息的自动化处理揭开了新的一页。计算机在科学研究和社会生活中所起的巨大作用,决定了计算机科学技术在文化领域中也必然会引发一场深刻的革命。

(一)中国历史文献的现代转换:电子文献

电子计算机信息处理技术出现之前,纸本是历史文献的主要载体,人类知识的结晶藉以保存流传下来,古籍善本自然而然地被视为重要文物。电子计算机技术使文献有了全新的载体,如磁盘、光盘和 Internet 等,各种信息通过键盘录入或扫描、手写、语音录入等方式存贮在磁盘或光盘上,或送上 Internet。电子文献比起纸质文献来,具有占据空间小、存贮量大、检索方便、传输迅速、易于复制、可以长期保存等诸多优势。

目前,电子文献主要有两种形式,即文本文件形式和图形文件形式。文本文件是把文献典籍或各种信息和数据录入计算机并转换成数字形式而形成;图形文件是通过扫描的方式输入计算机,以真实的图像存贮形式而形成。文本文件形式相当于纸质文献的排印本,而图形文件形式相当于古籍的影印本。因此,电子文献借助计算机阅读,仍然是一种非常直观的信息载体。

电子文本文献和图形文献虽然只是存贮形式有区别,但在制作和利用时也各自表现出不同的优势。文本文献可以利用计算机进行立体的、多角度的快速检索、查阅、排序、分析归纳、自动生成新的数据,并可随意编辑、打印,充分挖掘利用相关信息,使用非常方便。图形文献则具有高度保真的特性,尤其适合对各种古籍善本的复制和存贮,大凡古籍的字体墨色、行款格式、纸质的优劣、书写的工拙、刊刻的精细、文字的错讹等文献学属性莫不妍媸毕现。但图形文献所占存贮空间大,目前还不能像文本文献那样可以任意检索,除非另编可供检索的数据库配合使用,否则只能按页阅读查检。

(二)中国历史文献的现代转换的必要性和不可逆转

人类社会的不断发展推动了科学技术的发展,相应的是科学技术的发展又不断地推动人类社会的向前发展。计算机问世半个世纪以来,尤其是最近 10 余年计算机软硬件技术有了突飞猛进的发展,几乎可以做任何形式的信息处理,操作界面和使用更为简便直观,并迅速进入寻常百姓家,预示着信息社会已经来临。因此,中国历史文献的现代转换的条件已经成熟。

更为重要的是,电子文献除了存贮量大、便于检索、传输快、易于复制、并可随时修改编辑加工之外,还具有成本低廉、便于携带和长期保存等优势,是信息社会理想的信息载体。例如,《四库全书》共收书3400多种,79000多卷,分装36000多册,总字数约8亿,当时由乾隆皇帝御批监修,从全国征集了3800多文人学士会聚京师,历时10年,抄成7部,分别建阁深藏,世人难得一见。80年代虽由台湾商务印书馆和上海古籍出版社分别影印出版,但价格昂贵,即使个别家庭或小型图书馆能够买得起,却不能不为存放发愁。由济南开发区汇文科技开发中心研制的"文渊阁《四库全书》原文电子版"(国家新闻出版署新出音[1997]106号),将经史子集四库所有文献通过扫描,以图像方式存贮制作成153张光盘,可以装在一只塑料袋里或存放在一只抽屉里。该电子版不但保存了原书古色古香的风貌和文献的真实性,而且系统还提供完备的网络及检索功能:既可按原书目录检索,又可非常方便地按书名、作者、作者朝代、盘号、书号检索;系统为方便阅读,还提供了标记注释功能,并可按书、册、页为单位翻阅、自动阅览、缩放显示、局部放大、剪贴、摘录、打印等。因此,《四库全书》原文电子版与影印纸本在使用、存放、搬运、价格等各方面的性价比优势是显而易见的。对于大型丛书,尤其是古籍善本、珍本或孤本,利用计算机技术转换为电子文献,可以大大方便读者或研究者。由此可见,中国历史文献的现代转换的意义和必要性,也是不言而喻的。

当前,计算机网络技术的发展趋势及大众传媒的更新换代,决定了历史文献的现代转换的不可逆转性。既然电子文献有许多纸质文献所不具备的优势,说明它已不仅是信息载体在形式上的简单转换,而是有着深层次的变革,产生了质的飞跃。我们说这种转换具有不可逆转性,好比是铅字排印技术取代了雕版印刷,今天的激光照排取代了铅字一样,没有人愿意再回到雕版印刷或铅字排印的老路上去。同理,现在虽然还不能断言将来电子文献最终会完全取代纸质文献,但其发展趋势是不容质疑的。

(三)中国历史文献的现代转换已有的代表性成果

从五六十年代开始,西方国家就开始了计算机语料库(corpus)的建设。到了90年代,步伐大大加快,许多大学和研究机构把大量西方传世经典著作转换为电子文献,如美国以著名的西方活字印刷之父古腾堡命名的古腾堡计划(Project Gutenberg),就以每天10万页约5、6千万字的速度,把各种信息和人类知识遗产转换到Internet上①,以此实现资源共享。英国国家图书馆在几年前已开始实施"国际敦煌项目"(The International Dunhuang Project),通过国际合作,已将6000多张高清晰度的敦煌文献彩色图片送上Internet,供各国学者远程访问②。

我国的计算机语料库建设和电子文献的研制虽然起步较晚,但已取得丰硕成果。国家图书馆的专题数据库已建成的有中国年鉴数据库、方志类数据库、中国博士论文数据库、中国金石拓片影像数据库等等。国家图书馆从1986年以来,联合上海图书馆等6家单位建立中国数字图书馆,已于2000年6月开通网站:http://www.d-library.com.cn,目前已有6000万页的数字化文献,并且每天以20万页的速度递增③,计划到2002年底,数字资源总容量达到8TB,到2005年底资源总容量将达到20TB④。

---

①　尉迟治平《计算机技术和汉语史研究》,《古汉语研究》2000年第3期,第56页。

②　宋家钰《"敦煌学中心说"引起的反思》,《光明日报》2000年9月21日B1版。

③　程家华《数字图书馆发展动态及其现状分析》,《现代图书情报技术》2002年第2期,第12页。

④　中国数字图书馆网:http://www.d-library.com.cn。

中国期刊网全文数据库,收录 5300 多种学术类核心与专业特色期刊,从 1994 年以来累积全文 700 多万篇,内容包括文史哲等 9 大专题 126 个数据库。

国家"863"计划中国数字图书馆示范工程项目——超星数字图书馆(http://www. SSReader. com),由北京世纪超星信息技术发展公司投资兴建,设文学、历史等数十个分馆,并以每天 600 种的速度增加,免费供读者在线阅读,凭超星数字图书馆发行的"超星读书卡"可下载所需资料。

台湾在 1984 年 7 月开始古籍计算机数据化研究,10 多年来,中央研究院已完成包括《二十五史》《十三经注疏》、"古籍十八种""古籍三十四种"、先秦两汉诸子、《大正新修大藏经》等数亿字的古籍资料库,其"瀚典全文检索系统"已在 Internet 上提供了约 1. 16 亿字的古籍电子文献的检索服务。台湾元智工学院研制的"唐宋词多媒体网络",收唐五代词 2500 多首、宋词 2 万多首。台湾所藏敦煌文献,最近也将在 Internet 上公布,以供查阅研究。

香港中文大学中国文化研究所从 1988 年起开始中国古代文献资料库建设,现已完成"先秦两汉及魏晋南北朝一切传世文献"共 900 余种典籍计 3300 万字、9 种出土简帛文献计 100 万字、《甲骨文合集》所包含的卜辞计 86 万字的建库工作,其"华夏文库"现已提供魏晋南北朝经部文献 149 种、史部正史类文献 5 种、子部释家类文献 38 种及补遗 89 种、集部别集类文献 64 种共计 1100 万字的网络检索服务等①。

大陆方面,中国古籍电子文献的研制取得了可喜的成就。如前文所述的《四库全书》原文电子版。香港迪志文化出版公司和北京书同文电脑技术开发公司也联合研制了"文渊阁《四库全书》

① 于亭《计算机与古籍整理研究手段现代化》,《古汉语研究》2000 年第 3 期,第 68-69 页。

电子版",是国家"九五"重点电子出版项目,分"原文及标题检索版"和"原文及全文检索版"两种,后者计 168 张光盘,除约 8 亿字的全文主体资料外,还附加了 182 万多条卷内标题资料、近 3000 名著者资料以及联机字典等,并提供多种检索手段和辅助研究工具,代表了目前国内外中文古籍电子版的最高水平①,大大提高了原书的文献资料利用价值。

"原文电子版《古今图书集成》及索引数据库"(ISBN 7 -900323-23-6/2. 002),是国家新闻出版署"九五"重点电子出版物,将全书 1 万卷、80 多万页、1.6 亿字的我国现存最大的百科性类书,采用电子扫描和高度压缩技术,以图形文件形式储存在 27 张光盘中,保持了原书所有资料的真实面貌。另外,为配合充分利用该书的文献资料,在把握《古今图书集成》的分类特点和电子检索功能的基础上,研制者还编制了 36 个索引数据库,约 37 万多条数据,总计 1200 万字,可以从不同角度多方位地进行检索。

中国社会科学院文学研究所研制的《全唐诗》、南京大学等单位联合研制的《全宋词》、陕西师大古籍信息研究所研制的《全唐五代文》(在《全唐文》的基础上增收 1 万余篇,其中新出土的碑刻、墓志、造像 700 多件)、河北大学电子与信息工程系研制的《续资治通鉴长编》、山东大学中文信息研究所研制的《中华五千年文史精华电子文库》②,北京大学中文系研制的"《全唐诗》检索系统"、上海师大"《全宋词》检索系统"、陕西师大历史系"《二十五史》全文检索系统"等都是非常重要的古籍电子文献。

《四部丛刊》以所选版本多为宋元善本著称于世,并为文史科

---

① 李运富《谈古籍电子版的保真原则和整理原则》,《古籍整理研究学刊》2000 年 1 期,7 页。

② 盛玉麒《中文"三古"现代化工程和现有成果》,《中文信息》1997 年 2 期,7 页。

学工作者所推崇。全书分初编、续编、三编计 504 种, 3134 册, 约 9000 余万字。最近由北京书同文数字化技术有限公司与万方数据电子出版社推出"《四部丛刊》原文及全文检索版"(ISBN-7-900087-09-5), 将文本与原文图像存贮在 24 张光盘上, 前 4 张为全文检索版, 其界面按《四部丛刊》图形制作, 可实现繁简、异体及古今字的任意匹配检索; 后 20 张光盘存贮原文图像, 如需查看, 可根据提示插入某张光盘, 则版本信息一览无余。这是目前制作比较精良的古籍电子文献, 使用非常方便。

"中国基本古籍库光盘工程", 1998 年经教育部全国高校古委会批准立项, 由北京大学组织国内各学科领域的著名专家学者, 从传世的先秦至民国间 10 余万种古籍中筛选出中国文化基本文献 1 万多种, 涵盖了全部中国历史与文化, 内容总量相当于 3 部《四库全书》, 是规模空前的电子文献①。

另外, 还有一些高校和科研机构, 甚至个人也在进行历史文献的电子数据库或专家数据库的开发和研制, 如尹小林先生研制的《国学宝典》, 目前已收入中国古代文献典籍 2100 余种, 并实现了全文通检。

三、历史文献学研究手段的现代化

过去从事中国传统文化研究的人, 特别讲究要有旧学根底。当然这种积累非一朝一夕所能达到, 要么有家学渊源, 从小耳濡目染, 禀承父祖辈的刻意栽培; 要么得遇良师, 个人励志精进, 积数十年之功, 方有所成。但是, 有了国学修养, 并不能保证一定可以在某一领域做出成绩, 因为能够读懂原著, 并能发现问题, 分析问题, 直至最后解决问题, 毕竟是一个复杂的过程。加之传统学问重考据实证, 必须花很大精力从群书中广泛搜罗材料, 其结果往往是劳

---

① 《中国文化报》2001 年 3 月 20 日。

而少功,徒费时日。造成这种情形的根本原因就在于原始的手工操作,要在浩如烟海的文献典籍中去钩稽材料,的确无异于大海捞针。从秦汉时期我国第一部工具书《尔雅》开始,以后陆续编创了许多不同体例和用途的工具书,说明前人很早就意识到搜罗资料的艰难,认识到编纂工具书为他人提供便利的重要。而历代编纂工具书,就是在当时的条件下的一种积极思变、追求更高效率的可贵的科学探索。

今天,计算机信息处理技术已发展到很高水平,文献载体也已发生根本改变,传统文化研究的手段理应有一个大的现代转换。

(一)充分利用计算机进行辅助研究

最近几年,电子计算机在社会生活的各个领域已基本普及,几乎到了没有计算机,社会各行业就会马上停止运转的地步。在自然科学研究、文化传播、远程教育和多媒体教学等诸多领域,计算机的作用更是举足轻重。计算机的高速运算处理能力和超大容量的存贮空间是任何用手工进行数据处理望尘莫及的。在其他学科领域,利用计算机进行科学研究是很平常的事,但在传统文化研究中,由于学科的特殊性和研究手段的滞后,能充分认识到利用计算机进行辅助研究(Computer-Assisted Research)的必要性和迫切性的还不是很多。这就需要我们转变观念,紧跟时代步伐,利用先进的科学手段,提高传统文化研究的效率和水平。

首先,我们可以把繁重的资料搜集工作交给计算机去做。例如,要查找明末以前的人物传记资料,通常的办法是尽可能利用已有的工具书,有的可以比较快捷地从人名大辞典提供的线索查到,有的则查不到。如果漫无目标地靠手工从某些文献典籍中去找,何啻千难万难。但是如果利用"电子版《古今图书集成》及索引数据库",其《人物传记数据库》共收 155960 条数据资料,比《中国人名大辞典》多出几倍,利用计算机则可在几秒钟内查到某人的相关资料在某典某部、线装本或精装本的某册某页,并按提示插入第几张光盘,马上可以查到你所需要的材料,另外还可从人名、字号、籍贯、朝代、书名、所在部名等字段分别进行检索。我们知道《古今图书集成》是一部无所不包的百科全书,从事传统文化研究各个领域的人都可从中找到自己所需要的材料。又如,"电子版《中国古典名著百部》"收《史记》《吕氏春秋》、"三言二拍"、《三国演义》等经典名著 50 种,利用其全文检索功能查找某个字符串,查遍 1000 万字仅需几秒钟,并立即显示共有多少项,还可排序打印或逐一翻看。

其次,数据分析和统计工作让计算机去做,可以比人做得更好。例如,从事专书语言研究的人,有时为了彻底弄清某一书的词语总量、每一词的使用频率等,往往需要先做逐词卡片,如果一句话有 20 个词,则需要做 20 张卡片,这一句话就要重复写 20 次,并且每张卡片都要注明篇卷出处,以便分析归类和排序引用,仅这项工作就会耗费大量时间,还难保没有遗漏。如果利用计算机做这些工作,只要把切分出来的词语加上标注,全书的词语总量很快就会统计出来。如果加上简单编程,计算机还可根据需要对这些词语或数据进行系统分析,得出令人信服的科学结论。

(二)充分利用 Internet 提供的资源共享

Internet 是最近几年迅速发展起来,并贴近人们的工作和生活的新事物。Internet 正在改变一切,或者必将改变一切。凡是从事研究工作的人,图书资料、图书馆对他们来说是非常重要的。因为有了 Internet,数字图书馆已经成为现实。人们把各种图书资料信息转换成电子文献,通过 Internet 传输给读者,他们可以安坐家中而查到自己所需要的资料。例如,众所周知的原因,敦煌文献有相当部分散佚国外,20 世纪 30 年代,王重民、向达等老一辈敦煌学家远涉重洋,亲赴英国和法国去查阅过录这些文献,经历的艰辛非常人所能想象。40 年代以后直至 70 年代末,由于战乱和历次政治运动,加之没有资料可供研究,使中国的敦煌学研究停滞不前了。在这期间,即使条件允许,也需要有人前往英法去做研究,所需财力和物力是可想而知的。现在好了,正如前面已经说过,英国国家图书馆第一个在 Internet 上发布敦煌文献,现已有 6000 多张高清晰度的敦煌文献图片可供世界各国的敦煌学者远程访问和下载使用。我们同样可以安坐家中,通过 Internet 看到远在伦敦的敦煌文献而不必漂洋过海。这种便利条件,以前是根本不能想象的。

又如,一些古籍善本是很珍贵的文物,由于年代久远,纸质变脆,稍一翻动,就容易损坏,典藏的图书馆一般不轻易示人。但从事古籍整理研究的人,尤其是从事版本研究的人,又不能不看实物。很多时候会为寻找这些资料而大伤脑筋,往往费尽周折而不可得,最终只能放弃某一研究。现在利用电子扫描方式,可以把重要古籍的珍善本送上 Internet,供人们研究利用。台湾中央图书馆现已着手建立古籍善本扫描图像资料库,其"善本丛刊影像先导系统"已提供 17 种明人文集善本扫描图像的网上浏览①,这是一个很好的开端。相信在不久的将来,人们对于善本、珍本古籍访书难、看书难的问题可望根本解决。

尽量利用先进的计算机网络技术,可以大大提高研究效率。以前的研究资料工作必须自己用手工做,费时费力。现在可以通过网上下载所需资料,可以节省大量的时间和人力。例如,"中华佛典宝库"提供了包括《大正新修大藏经》等在内的佛教文献供免费访问下载。如《大正藏》正续编共 85 卷,收佛教典籍 2920 种,每卷容量 1.2MKB 至 2MKB,下载时间平均约 1 分钟,并可以每卷为单位进行检索,如果利用 emeditor 工具软件,则可实现整部《大藏经》2920 种佛典的全文通检。Internet 提供了与传统文化有关

---

① 于亭《计算机与古籍整理研究手段现代化》,《古汉语研究》2000 年 3 期,68 页。

的无以数计的共享资源，只要我们坐在家里把自己的计算机与In-
ternet链接起来，就可以到任何一个提供网上浏览服务的图书馆去
查找我们在研究中所需要的资料。凡是从事传统文化研究的人，
如果有兴趣，可以经常访问这几个网站：

http://www. sinica. edu. tw；

http://www. chant. org；

http://www. ncl. edu. tw/flyweb/ncl-book/index. htm；

http://www. guoxue. com；

http://www. fodian. net；

http://www. chibs. edu. tw。

四、历史文献学研究手段的现代化应注意的问题

前面我们已就电子文献、计算机辅助研究、Internet等问题作
了阐述，说明了今天的传统文化研究在文献载体和研究手段上已
有很大不同，并强调指出适应新形势，充分利用现代计算机网络技
术的重要性。但是，任何事情都有一个"度"，我们不能夸大其辞
地只强调这些新事物的积极作用，而忽视人的主观能动性在传统
文化研究中的主导作用。因此，我们认为以下几个问题值得注意：

（一）关于电子文献

电子文献在检索、携带、保存和复制等方面的确给人们带来了
极大方便，但目前的电子文献的研制还没有统一的规范，质量参差
不齐，因此还不尽如人意。总的说来，科研机构或专家学者制作的
电子文献可靠程度大些，而一些公司为商业目的制作的电子文献
问题就多一点。例如，规范而科学的电子文献，应该包括所选文献
的版本说明、整理情况及体例、作者、整理者、篇章、卷次、页码、足
本或节本等文献学属性，并且校对精审，没有错误，或错误极少，以
便读者使用。但现在的一些电子文献，往往不注意这些方面的问
题，有相当部分没有标注所用版本，更不要说是否选用了善本或经

专家学者整理过的精校精注本,用起来总叫人提心吊胆。

电子文本文献一般是由打字员通过键盘录入的,为了快捷,有的设置了词组输入功能,由于古籍中单音词占相当比重,原文可能是一字一词,输入的结果可能是词组。不管打字员采用哪种输入法,都有敲错键的时候,输入的结果可能 A 变成了 B。近似码或错码,必然会造成文本误脱倒衍的现象,譬如常有人抱怨说,有时读书看报,会发现一些稀奇古怪的错讹,简直不知所云。这种结果,就是键盘录入时的近似码或错码造成的,与古籍抄刻本中的错讹有很大区别。此外,目前通用的 GBK,也只有 20902 个字,用于制作古籍电子文献,仍然不敷使用。加之繁简对应、异体字、古今字和新旧字形处理等也较棘手,问题就更多一些。有学者强调,古籍的电子化,必须经过整理。这是非常必要的。没有古籍整理专家参与制作而又校对不精的电子文献,其学术水平和质量,不能不令人担忧。读者在使用时,最好能核查原书。

由于电子文献的制作没有统一的规范,基本上是各行其是,缺乏协调沟通,因而重复研制开发的现象非常突出。如《四库全书》,就有三家公司研制了三种电子版,《二十五史》《十三经》等有若干单位研制电子版。研制单位不同,目的不同,制作的电子文献虽然互有优劣,但浪费了大量的人力物力。这种现象亟需改变。

如上所述,电子文献是信息载体发展的必然趋势,国家有关部门应制定相应的规范措施,加强协调沟通,避免重复研制开发。特别是要加强传统文化研究各领域和语言学界的专家学者与计算机专家大力合作,共同研制电子文献。另外,从事传统文化研究的中青年学者,也要在计算机编程方面具备一定能力。即使达不到自己动手编程的水平,也至少能把自己的想法比较准确地告诉计算机程序员,相互配合沟通,才能研制出比较科学实用的古籍电子文献。

（二）关于计算机辅助研究和 Internet

我们之所以把利用计算机进行传统文化研究称之为计算机辅助研究，是因为目前的计算机还不是完全智能化的，它必须在人的操作下进行工作。虽然计算机具有强大的检索功能，在数据资料的分析处理速度方面是人所无法企及的，但是它并不能取代人的主观能力。例如，查找某一个词语，利用计算机可以在很短的时间内查遍上亿字的文献并给出结果，但它会把只是字面形式相同的紧挨在一起而根本不是一个词的字符串混在一起。这种结果，最终还得靠人去一一甄别是否是你需要的材料。

尽管电子文献、计算机和 Internet 的利用会大大提高传统文化研究效率，今天我们正在安享现代科学技术带来的种种便利，但是深厚扎实的专业修养仍然是不可缺少的。在传统文化研究方面，青年一代的专业素养赶不上老一辈学者，不能只满足于接受新事物快，过分依赖和夸大电子文献、计算机和 Internet 在传统文化研究中的作用，而忽视专业基础的学习和知识的积累。如果青年学者能够像老一辈学者那样脚踏实地地博览群书，厚积薄发，再加上电子文献、计算机和 Internet 的辅助研究功能，就能如虎添翼，真正把传统文化研究的水平提高到一个新的高度①。

① 本节据蒋宗福《中国传统文献与研究的现代转换》一文改写，原文载《四川大学学报》哲社版 2001 年第 3 期，《新华文摘》2001 年第 8 期全文转载。

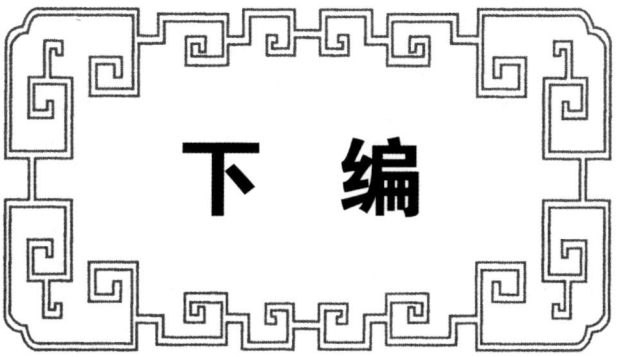

下　编

第十一章　目录学

第一节　图书目录的重要作用

清代著名的学者王鸣盛曾经说过："目录之学,学中第一紧要事。必从此问涂,方能得其门而入"①。这可谓王氏一生治学的经验之谈。研究学问,借助图书目录的检索,便可按图索骥,去探究蕴藏于图书典籍中无限丰富的文化知识。人们常说"学海无涯苦作舟",强调治学要有刻苦钻研的精神。但是勤奋苦学的同时,更应该注意学习方法和工具的应用。有了目录学常识,用来指引读书,便可以收到事半功倍的效果。所以王氏又说:"凡读书最切要者,目录之学。目录明,方可读书;不明,终是乱读。"②清代另一位学者江藩也明白指出:"目录者,本以定其书之优劣,开后学之先路,使人人知某书当读,某书不当读,则为易学而成功且速矣。"③清末,张之洞为了指导人们读书,特地编就《书目答问》一书,其"略例"特意强调:"读书不知要领,劳而无功。知某书宜读,而不得精校精注之本,事倍功半。今为分别条流,慎择约举,视其性之所近,各就其部求之。……凡所著录,并是要典雅记,各适其用,总期令初学者易买易读,不致迷罔眩惑而已。"他还写了《輶轩语》,指出读书"泛滥无归,终身无得,得门而入,事半功倍"。告诫人们读书应抉择分析,"方不至误用聪明",因之特地推荐《四库全书总目提要》,以为读了此书,"即略知学问门径矣"。可见古代学者都特别重视图书目录之学对人们读书和研究学问的指导作用。

---

① ② 　引文见《十七史商榷》。
③《师郑堂集》。

熟悉图书目录知识，除了上述一般指导读书的作用之外，对于古典文献研究，更具有特殊的重要意义。

我国历史悠久，文化发达，图书典籍浩如烟海。根据本世纪50年代末上海图书馆编辑的《中国丛书综录》，就全国各大城市41家主要图书馆藏的2797种丛书统计，去掉异名同书的子目，这些丛书共收单本书籍38891种。此外我国还有丰富的地方志7413种。50年代出版的，孙殿起编《贩书偶记》，著录清人的著述近一万种。上述三项，合计将近六万种图书，剔除其中少量的重复，再把前代的单刻本书，佛、道经典，以及通俗小说，说唱文学，金石碑版等估算进去，赵振铎先生估计共约8万多种，真可谓卷帙浩瀚，品类繁多。面对如此众多的古籍文献，要从事古文献的整理与研究，如果没有各种图书目录作指引，只能是望洋兴叹，不知所措，或是在开展研究工作时，障碍重重，费时劳神，事倍而功半。反之，若以各类图书目录做指引，便可得其门而入，通过分析研究，探究历代学术源流，考辨书籍真伪，鉴别版本优劣，核实典籍聚散。因为我国的图书目录，向来具有综合群书，类居部次的传统，其中解题性的目录，除著录书名、作者、卷数、存佚之外，更具有解题、序跋，用以概要阐明内容要旨，作者生平，学术源流，版本优劣，或考订篇章次第，文字舛讹等，人们检阅目录，便能"览录而知旨，观目而悉词"①。从而了解一代文化学术之概况，学者著述之宗旨，乃至版刻之流传，图籍之存佚。如现存我国最早的一部文献目录《汉书·艺文志》，书前有总序，叙述汉朝朝廷藏书的搜辑，部类的区分，然后以"六艺""诸子""诗赋""兵书""数术""方技"等六略，区分著录藏书书目，书目之下写明作者，篇章卷数，或解释书中内容，书之来历，存佚，真伪。各类之后附载小序，叙述学术源流，评论是非得失。这一切内容，对文献的整理与研究具有很高的参

---

① 引文见《十七史商榷》。

考价值。所以清人金榜说:"不通《汉书·艺文志》,不可读天下书。"①这话虽不免夸大之嫌,但却指出了"艺文志"一类书目的重要作用。

总之,由于古代目录著作具有"辨章学术,考镜源流"的优良传统,其重要意义正如章学诚所指出的:"古人著录,不徒为甲乙部次计。……盖部次流别,申明大道,叙列九流百氏之学,使之绳贯珠联,无少缺遗,欲人即类求书,因书究学。"②张寿荣于《八史经籍志序》则概括的更为全面,他说:"萃知百年著作之林,门分类别,以之网罗六艺史书,与夫诸子百家,骚选诗赋,别集总编之纷赜,后之人因是而得审夫佚存,辨夫真赝,考覈夫源流异同,以为途径之问,盖目录之学尚矣。"

第二节 图书分类法的演变

图书目录的出现,是和书籍的产生和发展紧密联系的,随着文化的发展,文献典籍日益增多,所反映的内容也日渐丰富多彩,于是便逐步出现了分门别类记载各类典籍的图书目录。

从文献典籍的发展史考察,我国从商代到春秋末年,是书籍发展史的初期阶段,这时候的所谓典册,主要是指奴隶主贵族掌握的档案资料。当时是"学在官府",文化教育为统治阶级少数人垄断,私人著书立说尚未出现。当时的书写材料,主要是甲骨片,或是竹简木牍等,典册的数量少,还没有出现登载图册的目录。

春秋晚期和战国时代,是奴隶制向封建制转化的大变革时期,社会矛盾复杂,阶级斗争剧烈。随着政治斗争的开展,文化思想领域出现了百家争鸣的繁荣气象,各阶层的代表人物,纷纷著书立

---

① 引文见《十七史商榷》。
② 章学诚《校雠通义·论互著》。

说,各自为本阶级(阶层)争取政治、经济、文化学术地位而大造舆论,当时的《墨子》就记载云:"今天下之士君子之书,不可胜载!"学术上出现各种不同学派的纷争鼎立,于是由划分学派进而对反映各种学术思想内容的书籍进行分类,用以区分类例,辨别源流,如西汉早期司马谈之《论六家要旨》,把先秦诸子百家按其学说性质之差异,概括区分为阴阳、儒、墨、名、法、道德等六家,后来刘歆撰《诸子略》,即以此为基础,又增加《纵横家》,用以辑录各学术派别的著作目录。由此可见学术思想流派之区分,成为图书目录分类之先导,两者关系密切。所以,我国从汉代开始,就出现了根据学术渊源、著述流别而制定的书籍分类法和图书目录。但是早在西汉以前,当秦始皇统一六国之后,为了消灭异端思想,维护统一的中央集权制,当时听从李斯的建议,在全国颁行"焚书令",规定"史官非秦记皆烧之。非博士官所职,天下敢有藏《诗》《书》、百家语者,悉诣守、尉杂烧之。……所不去者,医药、卜筮、种树之书"[1]。

据此,姚名达认为,这种全国范围的焚书行动,尚且要做到有区别的对待,如果没有图书分类目录为依据,将使吏民无所适从,可以推想,当时应该已有简要的图书分类目录的编制,只是史无明文记载而已。

汉初,大力搜访天下图书,到武帝时代,"敕丞相公孙弘广开献书之路,百年之间,书积如丘山"[2],当时封建政府还专门设写书之官,建藏书之室,对这堆积如山的图籍,按常理也是要进行分类编目登记的,当时应是有了图书目录。到了汉成帝时,在已有的目录基础上,便开展了对朝廷藏书的有组织、有计划的大规模整理。据《汉书·艺文志》记载,成帝时,以书颇散亡,使谒者陈农求遗书

---

① 《史记》卷6《秦始皇本纪》。
② 《初学记》卷12。

246

于天下,诏命光禄大夫刘向校经传、诸子、诗赋,步兵校尉任宏校兵书,太史令尹咸校数术,侍医李柱国校方技。从中可以看出,当时征集的图书是按其内容的不同性质加以分门别类,然后由学有专长的官员分别整理,最后由刘向、刘歆父子总其成。

刘向等校书的义例是:广收众本,互为补充,修订篇章,校雠讹文脱简,命定书名,使纷乱无序的简策,通过整理、鉴别,釐定为有系统的书本。最后由刘向审订成书,并对每一本书"条其篇目,撮其旨意,录而奏之",此即所谓"序录"。也就是梁阮孝绪《七录序》所说的:"昔刘向校书,辄为一录,论其旨归,辨其讹谬,遂竟奏上,皆载本书"①。序录的内容大致是:(1)著录书名和篇目;(2)叙述校雠的原委;(3)介绍作者的生平;(4)总说书名的含义;(5)辨别书籍的真伪;(6)评说所载思想与史实;(7)叙述学术源流;(8)判定书的价值。后来又集众书之叙录成总集,称《别录》,这就成了我国第一部解题式的书目,是汉代皇家藏书的"总目提要",也是先秦至西汉时代图书的综合记录。

汉哀帝时,刘向亡故,遂命其子刘歆承父业,进一步将朝廷藏书分类编目,最后编成了《七略》。《七略》将图书分为六大类,即六艺略、诸子略、诗赋略、术数略、方技略。另将"六略"的总序、总目辑为《集略》(或称《辑略》),故全书称为《七略》。这是我国第一部官修的群书分类目录。

《七略》把图书区分为六大类,各类之下又有小类,共 38 小类,著录图书 603 家,共 13219 卷。其分类方法是:依据学术性质区分,同类书籍以时代先后为序次。凡书少不成一类者,附入性质相近之类;学术性质相同者,依派别或体裁的歧异分类。又一书可入二类者,著明互见;有单篇可入他类者,则裁编别出,书之叙录则摘录附见。

---

① 见姚振宗《快阁师石山房》辑佚本。

刘向《别录》和刘歆《七略》唐以后亡佚,但东汉班固撰《汉书》,据刘歆《七略》,"删其要以备篇籍",成《汉书·艺文志》。《七略》图书分类 的格式和内容基本上保留了下来。《汉书·艺文志》对《七略》的改编,主要表现为:(1)凡经删改变动和补充的地方,加"自注"以做说明;(2)将《辑略》的内容分散归附于"六略"及 38 小类之后;(3)节取《七略》的叙录,作为《艺文志》的自注,内容上做了修改和补充;(4)增入《七略》完成以后刘向、扬雄、杜林三家在西汉末年完成的著作,并纠正《七略》著录重复、归类不妥的一些条目。《汉书·艺文志》是我国第一部史志目录,它以官修目录为依据,反映了西汉一代藏书之盛,对后代正史艺文志的编修影响很大。

到了魏晋南北朝时期,目录学进一步发展,具有深远影响的是四分法的产生,同时也出现了其它分类法。据《晋书·荀勖传》记载,勖领秘书监,与中书令张华奉命整理图书,并负责整理当时在汲郡古冢发现的古文竹简,最后编成《中经新簿》。《中经新簿》,以甲、乙、丙、丁四部分类记录图书,这是我国第一部四分法的图书分类 目录。荀勖的四部分类,即甲部纪六艺及小学,相当于《汉书艺文志》的《六艺略》,后来的经部;乙部,记古诸子家、近世子家、兵书、兵家、术数,相当于《汉志》的《诸子略》《兵书略》《数术略》和《方技略》,后来的子部;丙部,纪史记旧事、《皇览簿》、杂事,相当于后来的史部。丁部有诗赋、图赞、汲冢书,即《汉志》的《诗赋略》。

《中经新簿》改革了图书目录的分类体系,开创了图书四分法。它的最大特点是改变《汉志》的史书依附于《六艺略》的《春秋》类,而独立成为一部。这反映了史书的增多,史学的进步,由附庸而蔚为大国了, 同时《中经新簿》记录了自东汉历三国至晋朝的 29945 卷藏书,其数量大大超过《七略》,反映了文化典籍在这一时期的发展情况。由于这一分类法适应了当时文化典籍的实际情况和学术文化发展的趋势,所以以南北朝三百年间的官修目录,基本上都接受了这一分类法。但是《中经新簿》也有不足之处,即重

248

在记载图书目录而没有提要或解题。

到了东晋,著作郎李充编《晋元帝四部书目》,沿袭四部分类法,不过对四部的次序作了调整,据《文选·王文宪集序》注引臧荣绪《晋书》:"李充字弘度,为著作郎。于时典籍混乱,删除烦重,以类相从,分为四部,甚有条贯,秘阁以为永制。五经为甲部,史记为乙部,诸子为丙部,诗赋为丁部。"也就是说,李充将荀勖四部的乙丙两部所记录的内容互换,乙部改为记录史学类的著作,史学仅次于经学,成为第二大部类。这更体现了这一时期史学繁盛的实际情况。但是李充仍以甲、乙、丙、丁名部,尚未标出经史子集之名。

唐贞观年间,史馆官修《隋书》,其《经籍志》采用四部分类著录图书,并正式以经、史、子、集取代甲乙丙丁来命名四部,成为我国第一部以经、史、子、集四部分类的史志书目。

《隋志》以四部分类,每部之下又分为若干子目共 40 类。这种四部 40 类的分类法,以后成了历代官修史书艺文志(或称"经籍志")和私家书目的范例。到了清乾隆年间,四库馆臣编辑大型丛书《四库全书》,即以经、史、子、集四部记录所收图书目录,成《四库全书总目提要》一书,成为我国历史上体制庞大,总括群书的大型目录著作,其所著录的内容更为完备,四分法的体制也臻于完善。

四部以经书为首,体现了儒家正统思想在封建社会的重要地位。此部详录了十三经(易、书、诗、周礼、仪礼、礼记、左传、谷梁传、公羊传、论语、孝经、尔雅、孟子)和解经著作,以及小学类如文字、音韵、训诂等专著。史部居第二大部类,这一方面是由于史学的发展,史书的增多所造成的客观需要,更重要的是史学著作,特别是"正史",所记载的内容丰富,又以帝王将相为中心,记载了历代的兴亡盛衰,可供垂鉴资治,因之特别为统治阶级所重视,其地位仅次于经。史部所记,主要是纪传正史及编年体、纪事本末体史书,旁及野史、地理、目录、考古、诏令、奏议等。经史之外,子部主要记录古今诸子著作,佛道、兵书、数学、方技和阴阳五行等书。集部记录的以文学作品为主,如楚辞、别集、总集、诗文评论等。

在我国封建社会时期,虽然四部分类法在图书目录分类中起主导作用,但除此之外,也还存在其他不同的分类法。其中在目录学史上比较重要的有南朝宋王俭编《七志》,他变革《七略》,补撰《图谱志》,增加道经佛经为附志。虽名为《七志》,实为九志,即将图书分为九大类:①经典志,②诸子志,③文翰志,④军书志,⑤阴阳志,⑥艺术志,⑦图谱志,⑧道经,⑨佛经。并采用传录体叙录,简要记述了作者事迹。

后来又有梁朝阮孝绪,遍访私家藏书,“总集万家,更为新录”①,编撰《七录》。《七录》分内外篇,内篇五录:一曰《经典录》,记六艺;二曰《纪传录》,记史传;三曰《子兵录》,记子书、兵书;四曰《文集录》,记诗赋;五曰《术技录》,记数术。外篇二录,一曰《佛经录》,二曰《仙道录》。这是由于南朝梁时,佛经的翻译大盛,著译繁多,因而增加此部类,同时以仙道作配,构成七大部类的图书分类法,其大类下又分若干小类。据王重民考定,《七录》也是一部具有解题的图书目录。

南宋初年,史学家郑樵编撰《通志》,这是继司马迁《史记》之后的第二部纪传体通史,其中二十略的《艺文略》分图书为经、礼、乐、小学、史、诸子、天文、五行、艺术、医方、类书,文类等 12 大类,大类之下又区分 82 小类,442 种。郑樵对图书作如此具体严密的分类,用意在于区分类例,探究学术源流,以促进学术的发展。他认为这样做,可以使“人守其学,学守其书,书守其类”,以达到“人有存殁而学不息,世有变故而书不亡”②的效果。这反映了他对目

---

① 阮孝绪《七录自序》,见张舜徽编《文献学论著辑要》,陕西人民出版社 1985 年版。
② 郑樵《通志·校雠略》。

录学认识的深刻。

以上诸家所提出的分类法,在一定时期内虽有其影响,但始终并没有动摇四部分类法的主导地位,封建社会后期公私所编的文献典籍目录,多是以四部分类为依据。

图书目录的分类,随着目录学的发展,社会的进步,学术的繁荣以及中外文化交流,20世纪以来,有了新的突破,一些以现代科学分类为基础的图书分类法产生了,图书的分类更注重系统性与科学性。二十世纪初,曾引进美国杜威的十进分类法,以阿拉伯数字作为类目的标记,把图书分为十部即000为总类;100哲学;200宗教;300社会科学;400语言;500自然科学;600应用科学;700艺术;800文学;900历史。部之下,每部又分十类,每类又分为十目,目之下仍可分为十分。这样以百位代部,十位代类,单位代目;单位以下,隔以小数点,可增加号码以代表分项小科目。十分法在中国曾产生广泛影响,中国目录学者曾纷纷效仿或修订,做为图书馆藏书的分类目录①。

建国以后,图书目录分类又有新的改革与创新,先后编制出《中国人民大学图书馆图书分类法》《中国科学院图书馆图书分类法》以及《中国图书馆图书分类法》等。后者(中图法)的编制,以科学分类为基础,强调思想性、科学性、实用性的统一,概括容纳中外古今的图书资料,出版后被各地图书馆广泛采纳使用,其它新编的书目索引,也多采用其基本大类的划分。

《中国图书馆图书分类法》其结构体系详列如下:

A.马克思主义、列宁主义、毛泽东思想

B.哲学

C.社会科学总论

D.政治

---

① 参阅姚名达《中国目录学史》。

E. 军事

F. 经济

G. 文化、科学、教育、体育

H. 语言、文字

I. 文学

J. 艺术

K. 历史、地理

N. 自然科学总论

O. 数理科学和化学

P. 天文学、地球科学

Q. 生物科学

R. 医学、卫生

S. 农业、林业

T. 工业技术

U. 交通运输

V. 航空、宇宙飞行

X. 环境科学

Z. 综合性图书

在每个大类之下再逐级加以细分,构成一个多层次的完整体系,便于图书的分类编目插架和检索①。

第三节　各类图书目录

我国目录学源远流长,历代学者在整理文献的同时,编辑了大量各具特色的图书目录,就其编纂体例和内容性质的不同,可以作

---

① 参阅赵国璋、朱天俊、潘树广《社会科学文献检索》,北京大学出版社 1987 年版,第 109–110 页。

多种不同的归类,今略述如下:

一、依照书目内容门类的多寡繁简划分

1. 综合性目录。此类目录书,经、史、子、集四大部类俱全,一书之中著录百科书目,"总括群书"。著名的如《四库全书总目》、张之洞的《书目答问》等。

2. 专科目录。专门辑录某一学科的书目。这是随着文化的发达,科学的发展,适应学科门类日益深入具体的需要而编纂的。如宋代赵明诚编《金石录》,专门辑录钟鼎铭文及石刻碑记;清代朱彝尊的《经义考》,专门汇集、考订儒家经书的存佚。还有专门记录戏曲目录的,如清人编的《曲海总目》《曲录》。记录医书、佛教经典的,也都有专门目录。

3. 特种书目。其性质特殊,即所包含的内容不限于一科,但又具独特的统系。如汇录历代丛书目录的《中国丛书综录》;检寻清代禁书的《禁书总目》(陈乃乾编);可供鉴定版本之用的如丁丙编《善本书室藏书志》,其它如敦煌写本目录等。这些书目多出自近代学者之手,对检阅古文献,从事文献学研究和整理,极具参考价值。

二、依照编制体例的不同划分

1. 解题目录。即部类前后有序,书名之下有解题。"解题"又称叙录或题要,其内容主要用以记述作者生平,概括一书大旨,品评是非得失,考辨授受源流,考订文字讹谬等等。这类书目不仅可供检寻图书之用,还可以从中探究文化学术发展概况,即所谓"辨章学术,考镜源流"①,因之最为有用,最被重视。传世的著作有晁公武《郡斋读书志》,陈振孙《直斋书录解题》,马端临《文献通考·

---

① 章学诚《校雠通义》。

经籍考》,《四库全书总目提要》等。

2. 简明书目。仅记书名,无序录或解题。如南宋郑樵编《通志·艺文略》、清张之洞编《书目答问》等。此类书目虽不具叙录、解题,但是对图书类居部次,区分类例,系统分明。郑樵《艺文略》总括历代图书,兼记亡书以明存佚,可备辑佚参考之用。

3. 有序而无解题之目录。此类目录介乎上述两种目录之间,其部类前后有序,书名之下却无解题。其序文能辨明学术流派,叙列九流百氏之学,反映一代学术概貌。如班固的《汉书·艺文志》,唐代官修的《隋书·经籍志》等,均属此类。

三、依照修撰者的不同身份划分

1. 官修书目。即封建王朝宫廷藏书目录,反映一代藏书之盛,纪一朝著作目录。此类书目多由帝王诏命大臣或有名学者专职修撰。我国第一部官修书目,是汉哀帝命刘歆整理藏书所编成的《七略》。此后历代统治者出于政治与文化统治的需要,都设立专门机构(如秘书监),由专人(如秘书郎)负责整理、编纂朝廷藏书目录。如魏氏代汉,命秘书郎郑默整理收于秘书中外三阁的图书,郑氏"删省旧文,除其浮伪",著《中经簿》。后来晋武帝太康初年,又诏命领秘书监荀勖整理新发现的汲冢竹简古文。荀勖即据郑默《中经簿》,更著《中经新簿》。东晋时又有李充著《晋元帝书目》。两晋以后,据一些目录著作的序录及史传记载,历代都有官修书目,不胜枚举。其中比较著名的,有隋文帝时听从牛弘建议,搜访民间秘册异本编就的《开皇四年四部目录》,唐玄宗时元行冲编的《群书四部录》。宋朝立国,承五代大乱之后,无传世目录。到宋仁宗景祐初年,命王尧臣等据三馆及秘阁藏书,编成《崇文总目》。此书原本佚亡,清朝修《四库全书》,从《永乐大典》辑得十二卷。嘉庆年间钱东垣又搜辑残文,编订成五卷,并《附录》一卷。虽说卷帙不全,却是宋代官修书目较好的一部。明代的官修书目,数量和质量不如两宋以前。有杨士奇编的《文渊阁书目》,编次甚为潦草,每书只著书名、册数,不著撰人和卷数。又神宗万历年间,张萱等整理内阁藏书,编《内阁藏书目录》,内容亦甚简略。

官修藏书目录,以清代乾隆年间所编的《四库全书总目》最为规模宏大,体制最为完善,所著图书目录及有关序目、题要,亦最为丰富。此书先后历时20年,有300多位知名学者参加,最后由纪昀总撰编订,大约在乾隆五十八年完稿。全书共200卷,著录古代文化典籍10231种,171003卷(其中《四库全书》著录书3448种,78726卷;《存目》书6783种,92241卷)。

《四库全书总目》是配合《四库全书》的编辑而编撰的。乾隆皇帝倡导编辑《四库全书》,表面上以"稽古右文","彰千古同文之盛"为号召,实际上是为了宣传封建思想,消灭抗清的民族意志,维护清王朝的统治,所以《四库全书》辑录的图书,凡是在内容上被认为不利于清王朝统治的言论、字句,都在审查时加以删节、改窜和清洗,因之《四库总目》所收录的3000多种书籍,都是经过严格审查之后,为统治者所认可的。至于被禁毁的图书,则未能编入。所以,尽管《四库总目》卷帙浩繁,却不能反映有清一代的(至乾隆时期)藏书之盛。

《四库总目》以经、史、子、集四部著录典籍,部之下分44类,一些比较复杂的类又细分子目,共67目。每部有大序,每类有小序,每书都校其得失,举其大旨,列于本书卷首,是为题要。四库馆臣所写的提要,为了达到其为封建王朝服务的目的,着意宣传封建思想,赞扬那些宣扬封建正统观念的经典,贬斥、抨击具有反封建思想的进步思想家的著作。如批评王充的《论衡》"与圣贤相轧,可谓悖矣";指斥李贽《藏书》的观点是"狂悖乖谬,非圣无法"。而对于一些具有反清民族思想的著作,除抽毁和改窜之外,更以巧妙的手法,于提要当中消灭民族斗争的痕迹,突出其忠君爱国的内容,就象王重民指出的那样,"把民族斗争的文献转化成忠君爱国的教科书"①。因此,我们在使用参考《四库全书总目》时,必须注意对其内容进行分析批判,去除其封建糟粕。

《四库全书总目》的编撰,是在前人目录学成就的基础上,凭借封建王朝雄厚的物力,经过众多学者的苦心编撰而成,因而是一部超越前人的典型的官修目录。在目录的分类,著录书籍的编排,以及提要的撰写方法和格式等方面,都成为以后目录学家编撰图书目录的典范。《四库总目》提要的内容,除上述带有封建性糟粕的之外,有关记录图书的版本,考订文字的异同,记述作者的事迹,阐略学术思想源流等等方面,成为后人阅读群书门径,探讨古代文化学术的渊薮,所以近代学者余嘉锡评论说:

> 今四库之提要,叙作者之爵里,详典籍之源流,别白是非,旁通曲证,使瑕瑜不掩,淄渑以别,持此比向、歆,殆无多让。至于剖析条流,斟酌古今,辨章学术,高挹群言,尤非王尧臣、晁公武之所能望其项背。故曰自《别录》以来,才有此书,非过论矣②。

乾隆四十七年,又另编纂《四库全书简明目录》二十卷,内容简明扼要,便于检索。因为《四库全书》末能尽收所见藏书,后来清阮元、傅以礼又编纂《四库全书未收书目提要》。近人陈乃乾则编《四库全书禁书总录》,专门记录《四库全书》未收和禁毁的书目。余嘉锡著《四库提要辨证》,则是对《四库提要》内容的纠缪与匡正,并补充了不少资料。以上诸书虽不属官修目录,因其与《四库总目》关系密切,一并连类述及,以供研究和使用《四库总目》者参考。

2. 史志目录。指的是纪传体史书中的"艺文志"(或称"经籍志")。东汉班固编著《汉书》,改编刘歆《七略》为《艺文志》,分类记录了西汉一代藏书之盛,开创了史志目录的先例,也奠定了史志

---

① 王重民《论四库全书总目》,见《中国目录学史论丛》。

② 余嘉锡《四库辨证序》。

书目的基本格式。此后,随着历代"正史"的修撰,在廿四部"正史"当中,《隋书》《旧唐书》《新唐书》《宋史》《明史》以及《清史稿》等史书都编写了《艺文志》(或称《经籍志》);其他没有《艺文志》的史书,后来的学者也纷纷补写,于是形成一系列的史志目录。但各史《艺文志》记载的内容不尽相同,《汉书》《隋书》《新唐书》《旧唐书》《宋史》等5部"正史"的《艺文志》,记载本朝兼收前代的著作书目;《明史》《清史稿》两部史书的《艺文志》,则只记本朝的著作书目。后人所补各朝"正史"《艺文志》,著名的有:清钱大昭《补续汉书艺文志》,姚振宗《补后汉书艺文志》。补《三国志》《艺文志》的,有侯康、姚振宗两家,各成书4卷。补《晋书》《艺文志》的,有吴士鉴等5家,吴氏书名《补晋书经籍志》,共4卷,有刊本,其他各家或为未定稿,或为残稿。补南北史、五代史《艺文志》的,有近人聂崇岐《补宋书艺文志》,陈述《补南齐书艺文志》,徐崇《补南北史艺文志》等。补辽、金、元三史《艺文志》的,有王仁崇《西夏艺文志》,厉鹗、杨复吉各撰《补辽史经籍志》,缪荃孙、王仁俊、黄任恒各补《辽史艺文志》;龚显曾、孙德谦各有补《金史艺文志》,钱大昕《补元史艺文志》。上述各家补作的史志目录,后出的《二十五史补编》多有收录。

　　汇辑历代史志书目成编,可以从中考察自上古至清一代文化典籍的著述和流传,以及学术思想的源流演变。以前日本人曾合刊《汉志》(即《汉书艺文志》的简称,下同)、《隋志》《唐志》《宋志》《明志》,以及卢文弨《宋史艺文志补》《补辽、金、元艺文志》,金门诏《补三史艺文志》、钱大昕《补元史艺文志》等,名《八史经籍志》。清光绪年间,我国有张寿荣翻印本。

　　上述各朝"正史"《艺文志》,由于断代为史,其所记图书目录,主要反映一代藏书的盛况,或者记一朝著述之盛。南宋郑樵编《通志》,元马端临编《文献通考》,两书均属通史体裁,其《艺文略》及《经籍考》所记图书目录,成为史志目录的通史《艺文志》。

既不是记一代藏书之盛,也不是记一朝之著作目录,而是综录古今有无之书(如《通志艺文略》),或是著录"存于近世而可考者"(如《文献通考·经籍考》)。其类目繁多,类例分明。尤其是《经籍考》,重在辑录叙跋、解题、传志等方面资料,内容特别丰富,从事文献古籍的研究,可以用来考究历代著作之本末,流传之真伪,典籍之存佚聚散,具有很高的参考价值,可与断代的史志目录相互补充。

历来谈史志目录,只限于上述历朝所修"正史"的《艺文志》,不包括地方志乘所载地方著述和藏书目录,而把它另立为"方志目录",视同专科书目,实在未妥。"正史"《艺文志》所载,主要反映官家藏书,地方志所载则多为地方士人的著作以及私家藏书目录,如果不与"正史"《艺文志》归类,视为合璧,则无法反映一代藏书或著述的全貌。因此论史志目录,应兼及方志《艺文志》。王欣夫曾指出:

> 地方志乘,本是一地方的历史,与国史不过具体而微,国史有艺文志,所以纪一代的文献;志乘有艺文志,所以纪一地的文献,它的功用相等,且各地的艺文志倘是都能编得徵实可信,那么汇合起来就是一部完整的国史艺文志①。

我国现存方志载有著作目录的,始于宋高似孙的《剡录》。该书卷五记录名人著述和家谱目录42部,同时收入名家文章15篇。后来方志都有《艺文志》专项,或录乡贤诗文,或记图书目录。方志记录地方目录,有两种不同体裁,一是以书编次,这是依照史志目录的通例;一是以人编次。有的方志目录单独刊印,如郑元庆的《湖录经籍考》,即是湖州地方志《湖录》的书目部分。其体裁是以书编次,每书各有解题。而《常熟县志》的《艺文志》也是单行本,该书则以人编次,作者名下列著作书目,不附解题。还有不记其它

---

① 　王欣夫《文献学讲义》,上海古籍出版社1986年版。

内容,专门载录地方著述目录,成为一地艺文专书而刊行的,用以记一州一府著述、藏书之概况。如孙诒让著《温州经籍志》,项元勋的《台州经籍志》,胡宗楙的《金华经籍志》等。旧编《北平图书馆方志目录》,凡是方志中有"艺文""经籍"书目的,都予以标明,便于检索,对于查检乡邦文献很有参考价值。

3. 私修目录。即根据私人的藏书或兼访他人藏书编撰的图书目录。此类书目,早在南北朝时期宋王俭的《七志》、梁朝阮孝绪编《七录》,即已开创先例。到了唐宋时期,随着社会经济的繁荣,文化的发达,特别是雕版印刷的盛行,典籍剧增,私人藏书事业亦兴盛起来,于是便出现了不少根据私人藏书编撰的目录。至南宋末年,私家书目竟超过官修书目。

私修书目,有的内容丰富,编纂有体,有的即使仅是罗列书名,也能做到区分类例,条理分明,对古文献的研究都具有一定的使用价值。传世的私修目录,宋代著名的有晁公武编《郡斋读书志》。晁氏学识渊博,曾帮助藏书极富的大官僚井度编书、校书,后来井度罢官,以历年收藏的图书相赠,晁氏得以据此编成《读书志》。其自序记述编撰经过:"日夕躬以朱黄,雠校舛误,每终编,辄撮其大旨论之。"该书编撰颇为得体,部类分明。他以经、史、子、集四部分类,下分44类,前有总序,每部有大序(称《总论》),每类有小序,书有提要,内容着重考订,尤其对作者多有考辨论述。现通行的有清王先谦校本和《四部丛刊》三编影印本。

尤袤编《遂初堂书目》。该书虽记录简陋,但其中经、史两类著录了不同的刻本,如《史记》一书,有川本、严州本,《汉书》有川本、吉川本、湖北本等,开创了著录版本的先例。同时别立谱录一门,收入了《香谱》《石谱》《蟹录》等无类可附的书。所以该书历来为治目录学者所重视。

陈振孙编《直斋书录解题》。陈氏是浙江安吉人,曾在江西、福建、浙江当20多年地方官,又曾在兴化军任通判。当时福建莆田地区有不少有名的藏书家，著名史学家郑樵在家编《通志》，著书甚多，更勤于搜访典籍，颇有遗留。陈氏曾从郑氏后人及其它藏书家处抄得大量罕见图书，后来汇编书目，成《直斋书录解题》。该书分四录，53类，虽未标明经、史、子、集，实际仍依四部分类。全书共著录图书51000多卷，其中有不少图书后来已散佚，赖其著录而得以留名后世，供稽考之资。和《郡斋读书志》不同，《直斋书录解题》没有总序和大序，四录之下分53小类，仅7个类目有小序。据王重民考核，大概是对于增创的类目（如"语孟类"，著录《孟子》《论语》），或者是因著录内容有变化，如从子部"农家"中分出有关时令的书，然后于"史录"下设置"时令类"，必须略作交代说明的，才写有小序。《书录解题》的解题内容，清代学者对其评价甚高，如卢文弨说"持论甚正……识见大有过人者"。但其中有不少内容宣扬封建思想，反映出其思想保守的一面，则是必须扬弃的。

明朝著名的私修目录，有高儒撰《百川书志》20卷。高儒本好藏书，认为书无目录"犹兵无统驭，政无教令，聚散无稽矣"[①]。他经历6年考索，以四部分类，列93门，并有简要解题。其中史部收录了《水浒传》《剪灯新话》及王实甫、关汉卿的戏曲书目。一些不被封建士大夫瞩目的通俗小说、传奇、杂剧，得到了重视，加以著录，这反映出时代的进步，思想观念的变化，也弥补了官修目录和史志目录内容的不足。

黄虞稷《千顷堂书目》。主要收集明代图书，对于《宋史·艺文志》缺录的宋代著作，以及辽、金、元时期的新书也分类加以著录。吴骞于《四朝经籍志补·序》中指出："温陵（泉州古称温陵）黄俞邰（虞稷字）先生尝辑《千顷堂书目》，于有明一代之后，复载宋、辽、金、元，其意盖欲补此四代史家所遗漏之书也。……"所以

————————
① 引自王欣夫《文献学讲义》。

此书对稽考辽、金、元时期的典籍颇有参考价值。

此外,明朝的私修目录尚有朱睦㮮的《万卷堂书目》,祁承㸁《澹生堂藏书目》等。皆依四部分类,类例次第分明。

有清一代,私人藏书之风甚盛,私修藏书目录不仅在数量上剧增,更重要的是内容的著录以及编纂体例也有新的特色。其中著名的有:钱曾《读书敏求记》,专记所藏宋元旧本,论辨缮写刊刻之工拙,即《四库总目》所谓"述授受之源流,究缮刻之同异"。开创了一代藏书家赏鉴的风气,可资图书版本鉴赏的参考。

黄丕烈《士礼居藏书题跋记》。黄氏乃当时苏州著名藏书家,对其家藏士礼居藏书必详加校勘,考论版本的优劣,然后把论断以题跋形式附于书后,后经缪荃孙等编辑成《士礼居藏题跋记》刊行,也是研究古籍版本的重要参考书之一。

张金吾编《爱日精庐藏书志》36 卷,《续志》4 卷。该书将所藏宋元旧刊本及钞本依四部分类次第记录,各书备载不同刻本,兼收各家序,对原书则加以考证、校雠,写成解题,并记载时代及作者,体例完善,为后来藏书志所仿效。

瞿镛《铁琴铜剑楼藏书目录》,瞿氏家富藏书,先后延聘叶昌炽等知名学者编纂成藏书目录,既重版本鉴别,又撰解题发明一书宗旨。

丁丙《善本书室藏书志》40 卷。各书有解题,资料丰富。除著录宋元刊本外,尤重视收录明刻本及其它校本、稿本。由于所藏多为善本,且多未刊稿本,后来刻书家多从中借取材料。

陆心源《皕宋楼藏书志》。陆氏藏书冠海内,据家藏,仿《爱日精庐藏书志》例,编为《藏书志》。全录各书序跋,有关考辨的论断即另辑《仪顾堂题跋》及《续跋》刊行。因其藏书楼号为"皕宋",故称《皕宋楼藏书志》,实际宋版图册不过百十部。

除上述各书之外,清代私修书目尚有:徐乾学《传是楼宋元本书目》,潘祖荫《滂喜斋宋元本书目》,孙星衍《平津馆鉴藏书籍记》,莫友芝《宋元旧本书经眼录》《邵亭知见传本书目》等。总之,清代为封建社会后期,宋版图书流传日少,经历代翻刻重刊,讹误亦多。所以清人特别留意宋元旧本,近乎佞宋成癖,藏书以宋元刊本为贵。因此对旧时刊本除广为搜辑之外,还详加校勘、鉴定善本,其论辨所得则撰为题跋,著为藏志,形成一代风气。其传世和各种藏书目录也成了后来学者所重视的参考资料。

古人所编各类图书目录著作,其部居类次不同,内容繁简互异,著录体制有别。上述所作介绍,目的在于依类分别说明其不同特点,为文献研究与整理古籍提供线索,以资参考应用。但了解古代目录著作,目的不限于参考和使用,还应该从中总结古人编纂目录的经验,获取借鉴,为今后新编历代图书目录做参考。古代学者通过长期的实践,不断地探索与开拓,为后人积累了不少宝贵的经验,如:

(1)区分类例以著录图书,使不同性质的典籍得以分门别类加以记录,各具学科体系,条理分明。(2)撰写题要(或称解题),阐述著作宗旨,概括一书内容要点。(3)写作叙录、传录,记述作者生平,说明学术授受源流。(4)著录版本、印记、题跋,以论辨版刻源流,版本真伪,典籍聚散。

古代学者所积累的这些经验,有的已被应用来编纂新的目录专著,如《地方志丛录》《中国善本书提要》等。若加以认真的分析归纳,择善而从,扬弃其"弘道设教",宣扬封建思想的糟粕,对于今后新编古籍目录或其它文献书目,当大有裨益。

以上所谈均为古典书目的分类,但古典书目之外,还应该关注现代书目,因其编制目的,收书内容及范围和古典书目有所不同,一般可分为:

1.国家书目,统计、反映某一时期内全国出版的图书总目,如《全国总书目》《全国新书目》。

2.地方文献书目,收录某一地区历史、自然和社会状况的图书文献目录,如《安徽文献书目》。

3.馆藏目录,反映某个图书馆收藏的图书文献的书目,如《北京图书馆善本书目》《联合目录》……等等①。

第四节　图书目录的检索

图书目录种类繁多,有的目录所收书目数量巨大,如《四库全书总目提要》,《中国丛书综录》都是大型的综合性、多学科的目录专著,要从中检寻所需要的典籍,必须借助一定的检索工具和检索方法,方能获得快速简便的功效,作到事半功倍。参照一些目录学专著的论述,现择要介绍几种基本的检索方法如次:

1.熟读书目著作的序言和编例。图书目录,一般都有编著者所写的序言和凡例。序言用以介绍目录的编制目的和经过,凡例则以介绍编制目录的规则以及使用方法。读了该书的序例,就可以了解其编制目录的目的,收书的范围,以及著录项目和编排方法,然后依其说明,就可以方便的进行检索②。

2.利用索引检寻。"索引",英文音译为"引得",我国旧称为"通检"或"备检"。书刊及图书目录都可编制索引以备检索,可以从中获得书刊内容及所注明的出处,为检索者提供完善、准确的图书资料线索。我国古典图书目录大多编有备检的索引,如陈乃乾编的《四库全书总目索引》,而中华书局一九六五年版《四库全书总目》也附有《书名及著者姓名索引》,读者可以从分类、书名、作者等角度进行检索。还有集合多种目录而编制的综合引得,如燕京大学引得编纂处编印的《艺文志二十种综合引得》。中国大型丛书收书不少,丛书种类繁杂,为便于寻检,上海图书馆编印的

---

① 参阅前引《社会科学文献检索》,81-83 页。

② 参阅《校雠广义》目录编,409-417 页。

《中国丛书综录》其第三册《子目书名索引》与《子目著者索引》，可以检寻第二册的丛书子目。而第二册是《子目分类目录》，把所收的古籍按经、史、子、集分类编排，并于每部书名下注明该书收入何种丛书。而第一册是《丛书总目》，所收每种丛书都录书名、编者、版本、详列子目，并附有《丛书书名索引》及《全国主要图书馆收藏情况表》，可以查明某丛书国内哪几家图书馆有收藏，以便交流调阅。

3. 利用电子计算机和互联网检索。随着科学技术的进步，当今电子计算机和互联网已普遍被运用来从事科学研究，电子信息技术极大地方便了人们所从事的研究工作，图书目录的编制、检索也进入了电子计算机和互联网时代，网络技术的发达，出现各种校园网、局域网与互联网，加上个人用户，可谓四通八达，人们在家里或办公室、图书馆，可以方便地通过各种目录检索系统，调用全国乃至世界各地的图书文献资料。当然这首先要人们学会现代科学知识和计算机、互联网操作技术和方法，有关的专门知识需要向专业人士学习，这里因篇幅和知识局限，不能多作介绍，对新时代的学人来说，熟悉和掌握相关知识和操作程序应成为必修课题。

4. 熟悉检索工具书的排检方法：

工具书使用的排检方法多种多样，图书目录著作一般都附有一种或两种以上的排检法，便于读者的交互使用，互为补充。因为每一种排检法都存在某些使用上的缺点，当一种方法难于检索时，就得辅以它种方法，务求达到检寻的效果。以下是几种常见的排检法：

A. 笔画法：汉字由笔画构成，此一方法即依笔画数目多少、依次排列，同笔画的字归在一起，查寻时需注意繁简字的笔画差异。

B. 部首法：汉字多为合体字，由两个字（左右或上下）合为一字，因之有形旁、声旁之分。依照汉字结构，把同偏旁的汉字归为一类这种偏旁称为部首。部首法随着汉字形体和笔画繁简变化而

264

发生不同的变更,使用时应注意其因变化而产生的差异。部首法按笔画多少排列,同笔画的则依一、丨、丿、丶、乛的笔形顺序排列。

C. 四角号码法:汉字有方块字特点,利用一字有四角,用数字标示四角笔形,依从左向右、从上到下四个数字的号码顺序排列和查检汉字。四角号码可以见字知码,查检迅速。为了帮助记忆,编有口诀云:"一横二垂三点捺,叉四插五方块六,七角八八小是九,点下带横是零头。"即凡是横画为1,垂笔为2,、乀编为3,交叉笔画是4,穿插两笔是5,四方块笔画为6,成角形笔画为7,八字笔形是8,而小字笔形为9,点下一横就是0。

D. 汉语拼音字母排检法:以《汉语拼音方案》为依据,按汉语拼音字母的顺序排列,第一个字母相同的,再按第二个字母的次序排列,以下类推。若声母韵母相同的,按声调阴平、阳平、上声、去声排列。

以上四种排检法当前最为有用,被广泛应用于新编的字典、辞典、索引、目录、如《四库全书总目索引》以及所附《书名及著者姓名索引》都用《四角号码检字法》及《索引字头笔划检字法》以备检寻。施廷镛所编《丛书子目之名索引》除用《笔画检字表》之外,附有《部首检字表》以备参照使用。《中国丛书综录》则在三册中分别采用《四角号码检字法》《索引字头笔画检字》《索引字头拼音检字》等,极便读者检索。除此之外,尚有"注音字母排检法""韵部排检法""笔顺法"……诸多排检法,有的已被淘汰不用,或者少用,或者不适用于图书目录的检索,特略而不述,需用者可参阅《社会科学文献检索》一书之第七章,该书有详细的论述,可资参考。

第十二章　版本学

第一节　版本与版本学

一、什么是版本

版本,最初写作"板本",是雕版印刷术发明之后才出现的名词。在印刷术发明之前,人们复制文献主要依靠抄写的方式,抄写的文献称"抄本"或"写本"。印刷术发明后,可以通过刻字刷印的方式复制文献,这种印刷文献称为"板本",意思是木板印刷的文献,以区别人工抄写的文献。

二、什么是版本学

版本学以中国古代图书为研究对象,是认识古籍,揭示古籍的学问。一般认为,版本学应该包括四个方面的内容:

第一,版本史部分。包括版本的产生、发展和流变的历史,以及各个不同历史时期、不同地区、不同类型版本的基本特点。

第二,版本本身部分。包括版本的基本形态和书籍制度。版本的基本形态,包括版本的基本构成以及刀法、墨色、纸张等版式特征;书籍制度,主要指书籍的装帧形式,如卷轴装、经折装、线装等。

第三,版本鉴定部分。包括版本鉴定的基本方法和途径。

第四,版本学的利用部分。如何利用版本学的知识进行古籍整理和学术研究。

三、版本与读书

读书,特别是研究传统学术,必然要阅读古籍,而古籍的传本很多,版本问题又特别复杂,因此需要认真选择。掌握版本学知识,能够帮助人们选择较好的古籍版本,至少能够避开讹脱错漏比较多的本子,否则不仅不能正确理解文意,还会闹笑话。如元代有一部重要政书《元典章》,其中有"颁行四方已有年矣"的话,很多版本都是如此。"颁行"二字关系重大,因为只有朝廷的功令才可以用这两个字。然而如此重要的事件竟然在《元史》中没有记载,清修《四库全书》时已经有人表示怀疑。陈垣先生在校勘《元典章》的过程中发现元刻本作"板行",而不是"颁行",并由此得出结论:"知此书是当时地方官吏所载,非中央政府所颁。"一字之误,关系到对全书的理解,因此读书要选择好的版本。

好的版本又称善本。善本有两种类型:一是校勘性善本,二是文物性善本。当然也有二者兼而有之的。

校勘性善本是就图书的内容而言的,如精校精抄、讹脱极少、内容独到等。文物性善本是针对图书的文物性而言的,因为古籍产生于特定的历史时代,本身就具备文物性。文物性善本是藏书家和古玩家们喜欢收藏的,对读书人来说,校勘性善本就够了。

过去的读书人对版本非常重视,有的学者是非善本不读的。民国学者周越然在所著《书书书》中说:"对于读书不考究版本的人,我可设一比喻,以见他们的错误。宋元本和各精刊本,可比闺女,翻刻本或影印本,好比寡妇。至于随便石印本或排印的本子,简直是下贱的野鸡。青年人娶妻,总希望娶一个好人家的女儿,不愿意与寡妇结识,或与野鸡谈恋爱的。所以真能读书者,必求精善的本子。"虽然这个比喻有点谐谑成分,但还是有道理的。

不仅古籍有版本问题,现代书籍也存在一些版本问题,但并不迫切。过去读书讲求中华(书局)版、商务(印书馆)版、三联(书店)版,就是这个意思。

四、版本与校勘

版本与校勘的关系最为紧密,版本学是认识古籍的学问,校勘学是整理古籍的学问。

古代典籍历经长期抄写刻印,不同版本在内容上有较大出入,因此在校勘整理之前,首先要对版本系统地进行全面的分析,搞清版本之间的关系。校勘的过程也是认识版本和疏理版本的过程,通过校勘,人们对版本的认识会更深刻。

在古籍整理的诸多方法中,校勘是最常用也是最重要的方法。校勘离不开版本,一切校勘都是版本的校勘,只有选择错字脱文最少、最接近书籍原始面貌的本子作为底本,才能保证校勘质量。校勘的结论也一定要有版本的依据,至少要有异文的依据,否则不能令人信服。

第二节　古籍版本发展史

一、早期的文字记载与书籍的产生

1. 结绳记事与文字的起源

书籍的产生,经历了一个漫长的发展过程。从人类文明的发展历史来看,都是先有语言,后有文字。文字是语言的记录。文字出现之前,人们对社会、自然的认识和经验主要靠口耳相传,人们的记忆力显得很重要。

但人们的记忆力再强也总有局限,需要依靠某种手段帮助记忆,于是有了结绳记事和契刻记事。结绳记事这种帮助记忆的手段,古今中外都曾使用过,特别是在上古应用十分广泛。一些人类学者发现,生活到了二十世纪的一些原始部落仍在使用结绳记事的方法。如秘鲁的土著人中,还用不同颜色的绳子表示不同的内容:红色,指军队;黄色,指黄金;绿色,指粮食;白色,指白银等等,结绳的个数可以区分具体数量的多少。

契刻记事也曾经很流行,如我国云南佤族,通过在木板上留下或深或浅的锯齿,以记录族中发生的事件。深,事件大;浅,事件小。族中记忆力最好的人最受大家尊重,他可以把锯齿背后的故事讲出来。

但是,这种口耳相传受时间和空间的局限,结绳和契刻记事又非常简单,无法满足人类文明发展的需要,因此,文字的出现就很必然了。文字的出现,使知识的传播不再受时空的局限,极大地促进人类的文明发展。一个民族有没有发达的语言和文字,特别是有没有发达的文字体系,是衡量一个民族文明水平的最重要的标志。

2. 早期的文字记载与书籍的产生

文字的出现和成熟为书籍的产生创造了基本条件,但是并非有了文字就有了书籍。只有当人们有意识的将文字刻写在各式各样的材料之上,用以记录事件,阐述对自然和社会的认识并使之广泛传播,书籍便开始产生了。

我国的书籍最早出现在什么时候,史无明文记载。现存几部最古老的书籍如《尚书》《易经》和《诗经》等,它们编定的时代已经是在春秋末期了,约为公元前 5 世纪了。但书籍的产生肯定远早于这个时期,则是可以断言的。

现在所知,我国最早的文字记录是殷商时期的“殷墟甲骨”,今天我们称之为甲骨文。甲骨文的主要内容是殷代人对于畋猎、农事、天象、年成、征伐、疾病、祭祀等活动的占卜记录。除殷人外,其后的周人也有用甲骨占卜或契刻卜文的习俗。虽然甲骨文是迄今发现的我国最古老而又系统的文字记录,它所记录的内容对古代社会政治历史的研究有重要意义,但其实质只是档案,同用于传播知识、交流思想、记录经验的书籍相比，还有很长一段距离的。

继甲骨文之后的文字记录是青铜器铭文。青铜器的种类很多，按用途可以分为两类，即生活用器和祭祀用器，祭祀用器又称礼器。古代贵族认为青铜器珍贵而且可以传世久远，因此常常把一些重要的文件、重大事件和其他一些需要永久保存的内容铸刻在上面，这就是青铜器铭文。比起甲骨文来，青铜器铭文就更进一步，其中有些青铜器铭文不仅字数多，而且内容完整，还有不少文词修饰。尽管如此，它也不能算作正规的书籍。因为青铜器只是用于特定目的的器皿，其铭文也只是一份文件或一份档案，与书籍的意义相差很远。

在我国古代刻石记事也很流行，先秦书籍《墨子》中曾经有"镂于金石"的话，金石并提，可见刻石同青铜器铭文一样，很受当时人们的重视。同铸刻的青铜器相比，刻石更简便易行，因此我国石刻分布地区广泛，时代跨度也很长。现存最早的石刻为唐代陕西凤翔出土的春秋时期的秦石鼓，共 10 个，每个鼓的四周都刻有文字，字体是籀文，内容为记述畋猎活动的诗句，原有 700 单字。除石鼓文外，还有儒家经典刻石，如东汉灵帝时的"熹平石经"、三国时期魏齐王"正始石经"、唐文宗的"开成石经"等。释道等宗教经典刻石存留下来也非常多。早期的刻石还不能算作书籍，而后来的石经则是把书籍的内容翻刻在石头之上，是书籍的另一种形式。

除刻石外，还有写石，这主要指"盟书"。1965 年冬，山西侯马晋国都城遗址曾经出土大批盟书。盟书是一种特殊的文字记载，属于档案一类，也不是正规的书籍。

虽然甲骨文、青铜器铭文、刻石写石等早期的文字记录还不是书籍，但他们为正规书籍——简牍帛书的产生创造了必要的条件，如文字、文体、内容以及句式句法等。没有早期的文字记录就不可能有正规书籍的产生，在一定程度上，二者具有连续性和继承性。

了解早期文字记录的情况，对准确认识书籍的产生有重要意义。

二、版本意识的产生与发展

我国最早的书籍是简牍帛书，这两种书籍形式对后世书籍制度的发展影响很大。尤其是以竹、木为书写材料的简牍，在历史上使用的时间非常长。

我们的祖先什么时候开始使用简牍的呢？甲骨文中已经有"册"字和"典"字。册，象形字，象征一捆用两道绳编连起来的简。典，也是象形字，象征着桌子上放着简册。现存我国最古老的书籍《尚书》之《多士》篇云："唯殷先人，有典有册。"根据上述材料我们可以推论，至少在殷商时期已经开始使用简册了。到了东周后的春秋战国时期，随着文化的进步和普及，简册包括书牍的使用更加频繁，孔子删定六经，诸子百家著书立说，都是写在简册之上的。政府的文件、公文、档案等也都是用简牍书写的。秦汉时期，继续使用简牍，东方朔给汉武帝上书，竟然用了3000根竹简，被当时人传为美谈。造纸术发明后，人们仍然习惯使用简牍，直到东晋时期，简牍时代才正式结束。据《初学记》卷11引《桓玄伪事》：桓玄下令："古无纸，故用简，非主于敬也。今诸用简者，皆以黄纸代之。"政府明令以纸代简，此后纸写本才逐渐流行。

无论是简牍还是纸写本，在传抄的过程中，同样会存在讹舛脱漏等现象，不同的抄本在文字上就会出现差异，有的差异很大，在阅读或校勘整理时就会发现这些问题，人们当然需要错误较少的抄本。人们在选择和辨别抄本优劣的时候，版本意识就产生了。

孔子删定六经，是由于当时经书有很多的抄本，这些抄本的内容编次差异较大，给阅读带来混乱。孔子所做的工作，实际上就是对不同的版本进行校勘，从而得到接近原貌的本子。孔子删定六经当然用简牍，孔子也是有版本意识的。

西汉末年刘向刘歆父子大规模校理政府藏书，对版本的认识更加深入。同一种书,抄本越多,歧义也越多,人们的版本意识也愈加强烈。校勘的过程,也就是版本意识强化的过程。

印刷术发明之后,同一种书籍的不同版本更多,版本知识在读书治学过程中的作用越来越大。

三、雕版印刷书籍

在我国古代,雕版印刷的发明比活字印刷要早得多,是主要的印刷方式,现存印本古籍中,绝大多数是雕版印刷书籍。

雕版印刷的基本程序和过程主要分四个阶段:

第一,木板加工。把一块木板加工成可用于雕字的版。木板的材料通常是梨、枣和梓木,黄杨、银杏等也可使用。木板顺纹直切,并在水中浸泡一段时间,以去除糖分,防止虫蠹。木板干燥后,两面刨光,按书叶大小制成相应规格的版。

第二,刻板。用刻刀将文字反刻在木版上。刻之前,先将书稿誊写在一张极薄的白纸上,即"写样"。经校订无误后,反贴在涂过浆糊的板面上,反复轻刷纸背。干燥后,字迹的反文就清晰地印在版面上。刻字工匠可按照字迹雕刻。木板两面均可刊刻。

第三,刷印。在板上加墨刷印。先将墨汁轻涂于雕刻凸起的板面上,将纸张平铺在上面,轻刷纸背,然后揭下晾干,一叶印张就完成了。

第四,将印刷好的散叶装订成册。

一般认为,雕版印刷术的发明是受捶拓技术和治印技术的影响和启发的。到了唐代后期,雕版印刷已达到了相当高的技术水准。敦煌发现的咸通九年(868 年)的《金刚经》是世界上现存最早的、有确切日期的雕版印刷品。这部书是一个长约 16 尺的卷子,正文由 6 个印刷散叶粘缀而成。书的卷末刻有"咸通九年四月十五王玠为二亲敬造普施"字样。文字刻得浑朴凝重,刀法纯熟,墨色均匀,印刷清晰,显然是雕版印刷成熟时期的佳作。

五代时期,雕版印刷比唐代有更大发展,主要表现为刻书、印书已由民间走向官府,刻书的规模日益扩大。据《五代会要》记载:"后唐长兴三年(932年)二月,中书门下奏,请依《石经》文字刻《九经》印版,敕令国子监集博士儒徒,将西京石经本,各以所业本经句度抄写注出,仔细看读,然后顾召能雕字匠人,各部随帙刻印,广颁天下。"《石经》,指前文提到的唐《开成石经》,一直存放在西京长安。刻印这套儒家经典《九经》的工作经历了后唐、后晋、后汉、后周四个朝代,直到后周广顺三年(953年)六月才全部印完,费时22年。

与此同时,南方刻书业蓬勃发展。蜀相毋昭裔自己出资刻印《九经》《文选》《白孔六贴》等书籍,吴越国王钱俶曾大规模刻印《陀罗尼经》等佛典,使成都和杭州成为我国西南和东南的雕版印刷中心,为两宋印书事业的全面繁荣准备了技术人才。

自五代以后,我国书籍的生产方式发生了根本性的变化,印刷更多地代替了手抄和捶拓,使书籍的复本量大大增加,流通范围更加广泛。宋代是我国刻书事业的第一个黄金时期。从中央到地方,从书坊到个人,形成官刻、私刻、坊刻三大出版系统。全国经济文化发达的地区几乎都有刻书活动,并形成三个刻书中心,即四川、浙江和福建。

四川刻书历史悠久,北宋在唐五代的基础上,又有较大发展。宋太祖开宝四年(971年),在成都雕印5048卷的《大藏经》,共用板片13万多,于宋太宗太平兴国八年(983年)全部完成。此后,成都学署还陆续刻印了《太平御览》《册府元龟》等大部头类书。南宋初年,四川刻书中心由成都转移到眉山。眉山刻印的书籍以大字本"眉山七史"著称于世,这是四川转运使井宪孟主持刻印《宋书》《齐书》等7部史书的总称。除官府刻书外,眉山的坊刻也很发达。因为书坊刻书为了赢利,社会上需要什么便印什么,客观上对促进图书事业的繁荣起到了很大推动作用。

浙江刻书也有悠久的历史,两浙东西路广大地区如杭州、嘉兴、湖州、绍兴、宁波、台州、金华、衢州等地,都有发达的刻书业,其中以杭州最著名。特别是自南宋迁都以后,杭州城内棚北大街等处书坊林立,官私刻书繁盛一时。这里刻印的书籍大多精美悦目,具有很高的技术和艺术水准。

　　福建刻书业以建阳坊刻名气最大,所属之麻沙镇、崇化坊,被当时人称为"图书之府",麻沙本更是名满天下。这里还出现许多世代以刻书为业的家族,前后延续数百年。福州也是宋代佛藏的刊刻中心之一,其中以开元寺雕印的《毗卢大藏》流传最广。

　　辽代刻书以燕京最发达,其中寺院刻经占相当大的部分。金代文化比较发达,对刻书事业也很重视,平阳集中了一批官私刻书机构,是当时北方的刻书中心。山西运城曾雕印规模庞大的《赵城广胜寺藏》,又称《金藏》,非常著名,今藏国家图书馆。金中都国子监也曾刻印过不少书籍。

　　元代刻书事业也有相当规模,以福建建阳、山西平水和大都北京为最盛。建阳原为南宋刻书中心之一、平水为金朝刻书中心,两地技术力量雄厚,又有刻书传统,在元代仍保持这种地位。北京当时称大都,是元朝中央政府所在地,有专门的政府刻书机构,如兴文署等。元代刻书的另一大系统是各地书院的刻书,如杭州的西湖书院就曾刻过马端临的《文献通考》。元代书院所刻印的书籍非常有名,刻印佳,校勘精,代表了元刻本的最高水平。元代刻书普遍使用异体字、俗体字,版面多用黑口,四周双栏,双花鱼尾,行格疏朗。中晚期刻本有很多仿赵孟頫字体,婉柔清秀,很有韵致。

　　明清两代刻书事业非常发达,各地刻家多如繁星,所刻印的书籍品种多,数量大,地域分布广泛。明初,南京国子监集中了江南各地区的宋元版片,取代杭州,成为新的出版中心。明清的都城北京,继承前代传统,仍是全国刻书中心,除南北两京外,徽、苏两地版刻蓬勃兴起,大有后来居上之势。明代正德以前所刊刻的书籍,同元代的风格相近,字体多仿赵孟頫。版式以官府的经厂刻本为典范,多大黑口,官私刻书纷纷效仿。书籍装订采用包背形式。嘉靖以后,装订逐渐由包背改为线装,版式多为白口,字体日趋方正齐整。万历以后,字形变长,横轻竖重。这些情况说明,雕版的艺术性在下降,而印刷的标准化在加强。清朝初年,书籍装订形式、刻印字体一如明末风格,但校勘远比明代精审。当时许多著名学者包括部分书法家,热衷于亲自书写"写样",称手写上版,经名工匠精雕细刻,字体活泼优美,如同书写的一样,很有神韵。扬州诗局刻印的《全唐诗》和《佩文韵府》就是比较著名的写刻本,工整的楷书非常精美。此外还有林佶的四种写刻精品:《尧峰文抄》《午亭文编》《古夫於亭稿》《渔洋精华录》,号称"林氏四写"。那些非手写上版的字体则更加规矩整齐,横轻竖重,撇长捺肥,这可能是受活字印刷的影响,写手雕工已经很少有创造的余地了。鸦片战争以后,尤其是近代印刷术的传入,我国传统印刷术逐渐走向衰落。

晚清各省官书局曾刻印大量书籍,影响很大。如金陵官书局,后改名江南官书局,曾刻印《王船山遗书》;浙江官书局曾刻印《二十二子》《九通》;广州广雅书局曾刻印《广雅丛书》;湖南官书局曾刻印《曾国藩全集》;江西官书局曾重印《聚珍版丛书》等。

四、活字印刷书籍

活字印刷就是排版印刷,要求在印刷之前要预先制造一系列活字,然后按照文稿检字排版。

同雕版印刷相比,活字印刷要省时省力省钱。雕版印刷每一叶几乎都要刻一块木板,印一部书要消耗很多块木板,刻错了也不容易改正。而采用活字印刷,单个活字可以重复使用,版面可以灵活组合。一部书印刷完毕,可以将原版拆散,取下活字再用于印刷其他书籍。活字印刷和雕版印刷都是中国最早发明的,充分体现了我们祖先的聪明才智。

1. 泥活字本

我国古代制作活字的材料主要有粘土、木材、铜、锡等,其中用粘土制作的活字使用最早。北宋著名学者沈括在《梦溪笔谈》卷18《技艺门》中,详细记述了北宋庆历年间布衣毕升制作胶泥活字并用来印刷书籍的全过程。

至于毕升用活字印刷了哪些书籍,既没有文献记载,也没有实物传世,但毕升用活字印书的方法一直流传下来。元代姚枢、杨古制作的泥活字称为瓦字,曾经排印《四书》《语孟或论》《尚书》等书籍,以满足读书人的需要。姚枢、杨古能够自觉地利用活字印刷方法印书,对提高活字印刷的地位和影响具有重要意义。

明代是否有泥活字印刷,尚未发现文献记载。清代有两次重要的泥活字印刷活动,都是在道光年间。道光九年李瑶在杭州用胶泥活字印《南疆绎史勘本》和《校补金石例四种》。道光二十四年翟金生在安徽泾县老家用泥活字印刷《泥版试印初编》(白连史纸,两册),随后又为黄爵滋印《仙屏书屋初集诗录》和自家的《水东翟氏宗谱》。

翟金生制作的泥活字非常系统,字体有五种型号,可以用来排印不同性质的书籍。他称自己的泥活字版为"泥聚珍版",印刷的书籍很精美,享有很高声誉。

2. 木活字本

毕升用泥活字印书是比较成功的,在他前后,人们也有制作木活字印书的试验,但不够成功。到了元代,王桢成功地制作出适用的木活字并用来印刷书籍。王桢是农学家,曾著有《农书》,书后附《造活字印书法》,详细记述制作木活字、转盘植字法等技术方法。他的《农书》就是用自己制作的木活字印刷的。

清代乾隆年间曾经用木活字印刷《武英殿聚珍版丛书》,这是中国历史上最大规模的木活字印书活动。这次印书由金简主持,一共制作木活字25万多。《武英殿聚珍版丛书》主要收录辑自《永乐大典》的古佚书,以配合当时正在进行的《四库全书》纂修工程。

武英殿聚珍版的版式非常标准规范:半叶九行,行二十一个字,每部书前有乾隆皇帝题诗。武英殿刻书一般用竹纸。

金简著有《武英殿聚珍版程式》,记述了印刷《武英殿聚珍版丛书》的全部程序和具体技术,如造木子、刻字、字柜、槽板、夹条、类盘、套格、垫板,以及校对印刷等。同王桢造木活字比较,武英殿聚珍版要进步得多,不仅规范标准,而且检字排版效率更高。

3. 金属活字

我国的金属活字主要是铜活字。铜活字印刷在明代中期开始兴起,一直延续至清代初期。由于铜是比较贵重的金属,因此制作铜活字印书基本集中在比较富庶的江浙地区和宫廷内府。

明代的铜活字印书以无锡华燧会通馆铜活字和无锡安国活字铜板最著名。

清代内府用铜活字印刷《古今图书集成》一万卷,1亿6千万字,国外称之为《康熙百科全书》。如此庞大规模的印书活动,也只有依靠国家财政才能完成了。

4. 雕版印本与活字印本的区别

雕版印本与活字印本在版面上有所区别,主要表现在两个方面:第一、活字印本由于排版问题会出现躺字、横字等现象,雕版印本则没有;第二、雕版印本由于用一整块木板雕印而成,有时候会出现裂纹,而活字印本则没有。明清时期,活字印刷的水平相当高,从版面上已经很难区分,如《武英殿聚珍版丛书》的版面,几乎和雕版一样完美。

第三节　古籍版式与装帧制度

中国书籍的书写材料历经竹木、丝帛和纸张,复制方式历经抄写、捶拓和印刷,书籍的版式和装帧制度也在不断的变化发展。宋以后,随着印刷术的成熟和完善,书籍版式逐渐固定,形成一套基本模式。装帧制度则由卷轴装、经折装,逐步发展为蝴蝶装、包背装,最后发展为线装。无论怎样发展变化,都遵循这样一个规律:简洁便利,方便阅读和使用。

一、古籍的基本版式和名称

1.版框。又叫边栏,指书籍中每一叶四周最外侧的线框。版框的种类很多,有四周单边、左右双边、四周双边等。四周单边,即线框只用一根线,一般多用粗线。左右双边,即左右两侧用双线栏,一般为一粗一细的搭配。四周双边,即四周都用双线栏,这种板框很少见。四周双边如果用粗细二线构成,又可以叫做"文武栏"。

绝大多数古籍的板框采用直线条,也有少部分别出心裁,采用一些具有观赏性的图案,如"卍"字栏,即线框用"卍"字图案组成;如博古栏,即板框用古琴、古钟、小香炉等图案组成;如竹节栏,即板框用也一节节竹子图案组成。

2.界行。即行格,唐代称为"边准",宋代称为"界行"。版框内用直线分成行格,便于书写或刻印。界行线一般为黑色,偶有红色、绿色、蓝色。黑色称乌丝栏,红色称朱丝栏。

中国古籍采用从上到下、从右到左的书写方式,从简牍时代即是如此。一根根竹简,就是后世纸本书籍界行的雏形。

3.版心。又称书口、版口、中缝。一个印刷叶分为两个半叶,两个半叶结合的部分就是版心。有版心便于装订折叶,这是适应册叶装印刷书籍的需要而出现的。

4.鱼尾。书籍的版心位置一般都刻有鱼尾。鱼尾的作用有二,一是装饰,二是折叠。古籍版式中,鱼尾的名目最为繁多。鱼尾在版心上方称为上鱼尾,鱼尾在版心下方称下鱼尾。鱼尾朝同一个方向称顺鱼尾,否则称对鱼尾。每一版心,鱼尾的数目一般为1-2支,多则3支,以对鱼尾居多。从鱼尾上下到版框处称象鼻,也有将鱼尾本身称为象鼻的。

鱼尾本身还有白鱼尾、花鱼尾、黑鱼尾等名目。

5. 书耳。亦称耳格或耳子。一般刻在边栏的左上角,少数刻在右上角,呈长方形,里面多刻小题,即篇名,也有的刻卷数或室名,起提示性的作用。

6. 天头和地脚。天头,指书叶的上端,即上边栏以外的空白部分。地脚,指书叶下端,即下边栏以外的空白部分。古籍的天头、地脚很重要,必须保留足够大,其作用有二,一是读书时可以在上面进行批注,二是美观舒朗,起修饰作用,体现了中国人的审美情趣。

7. 书衣和书签。书衣,又称封皮,包在正文之外,保护里面的内容。书签,粘贴在书衣上的书名签条。书签可刻印,可手写,大多是另写另刻,然后粘贴上去。有的书签为名人手书,非常宝贵。

8. 书首和书根。书首和书根分别指书册的上下端。书根上一般要印上书名、册次,起标识作用。

9. 包脚和金镶玉。包脚,用韧性的纸张或其他材料包住易于损坏的书册上下角。金镶玉是一种装裱方法。很多古籍由于年代久远,正文书叶受损,或天头地脚过小,衬上新纸重新装裱后,可以使天头、地脚和书背三面加宽,使原来的书叶不易受损。由于原来的书纸呈黄色,而装裱的一层衬纸为白色,因此称之为金镶玉。

二、装帧制度

1. 卷轴装。这是中国书籍最古老也是最经典的装帧形式,先秦两汉的简牍帛书、五代以前纸写本书籍,多为卷轴装。简册编连成书时,以最后一根为轴向前卷起,然后用包裹包起,为一帙。这就是最原始的卷轴装。帛书则是用竹木条为轴,从后向前卷为一卷,与简牍制度类似。唐、五代的纸写本书籍基本继承了这种装帧形式,同时又有所改进。

唐代是卷轴装的鼎盛时期。韩愈诗云:"邺侯家多书,插架三万轴。——悬牙签,新若手未触。"欧阳修在《归田录》中也说:"唐人藏书皆作卷轴。"现存的唐咸通九年(868年)刻本《金刚经》就是卷轴装。

卷轴装书籍一般都是插架存放。轴端悬以书签,标识书名。轴多为木质,可以镶嵌金饰。轴的颜色不同,可以用来区分书的种类和书的品质。

2. 经折装。经折装是对卷轴装的改进形式,不要卷轴,一正一反直接折叠而成。最早称为折子装,因佛经多用此装,故称经折装。现在很多演出节目单或产品说明书都用这种装帧形式。敦煌石室遗书中有很多经折装书籍。经折装书籍一般要在第一页和最后一页的背面贴一硬纸,类似后世书籍的封面和封底。

3. 旋风装。又称龙鳞装、旋风叶子、旋风卷子。关于旋风装,古书多有提及,但对具体形式则语焉不详。旋风装实际上是一种类似现在医院贴化验单的样子,将一叶一叶的正文贴在一张纸上,然后卷起来。旋风装是册叶和卷轴相结合的形式,也是一种过渡的装帧形式,从未在书籍制度中形成气候。今故宫博物院藏有唐写本王仁煦《刊谬补缺切韵》,是仅存的旋风装的书籍实物,上面粘贴的叶子为双面书写。

旋风装还有另一种说法,是将经折装首尾两叶粘在一张纸上而成。

4. 蝴蝶装。蝴蝶装是雕版印刷书籍的装帧形式,是适应雕版印刷一版一叶的排版形式产生的。印刷术的出现,使同一种书籍的批量生产成为可能,装帧的规范化和标准化是不可避免的,蝴蝶装就已经表现出这种趋势。具体装帧方法:每一印叶的文字面对折,中间版心部分粘在一张纸上,外加硬皮封面。宋元时期的书籍

280

多用蝴蝶装。

5. 包背装和线装。同蝴蝶装一样,包背装和线装也是册叶状形式,但与蝴蝶装不同的是在装订时,折叶的方向相反,文字面朝外。包背装用纸捻装订,再用硬厚纸包裹书背。

明代中期以后流行线装。线装,装帧更加简洁。线装与包背装不同的是,不用整张纸包背作书皮,而是用二张同样大小的纸张作为前后封皮,在书口相对的一侧凿孔穿线,然后装订成册。线装一般采用"四针眼法",也有用六针眼和八针眼的。

6. 梵夹装。梵夹装又称贝叶装。中国用竹帛、纸张作书写材料,南亚地区用贝多树叶作书写材料,以树叶代纸。贝叶装就是将多片树叶压平并用两块木板夹住,然后在树叶中间打孔,用绳子穿过捆牢即可。这是国外的书籍装帧形式,国内很少见。

三、各种函套

纸本书籍质地较软,有的卷数较多,分为若干册,因此需要函套保护。此外,书籍配装函套还便于在书架上陈列,也便于搬运移动。明清古籍常用函套有书帙、书套、书匣、夹板等,大多是根据书籍的册数、大小、厚薄专门制作的。

1. 书帙。又称书袋。用丝绸等软布包裹书籍,便于携带。

2. 书套。以硬纸板为主要材料,里面裱衬纸张,外粘以布或丝绸作套面。书套的种类很多,有四合套、六和套等。使用最普遍的是"四合套",这种书套可以将书首、书根暴露在外,平放在书架上时,可以从书根中查寻所要寻找的某册书。

3. 书匣。又分为纸匣和木匣。纸匣一般是以硬纸作胎,里衬白纸,外糊蓝纸或蓝布,多立于书架上。木匣,用于大套书或比较讲究的书,其材质为楠木、樟木、花梨等。

4. 夹板。常用的是两面夹和三面夹两种。夹板的平面尺寸与书籍的大小规格大小相同,制作比较简易,厚度可以调节,适用性强。

第四节　古籍版本分类

关于古籍版本的分类问题,目前尚没有统一的规范和标准,但长期以来,很多名词术语已经约定俗成,这是学习历史文献、研究版本学必须要掌握的。

一、以刊刻主体分类

以刊刻主体区分,主要有三大类:官刻本、家刻本和坊刻本。

1. 官刻本。由官府各机构主持刊刻的书籍统称官刻本。主要有:

(1)监本。即国子监刻本。历代国子监的地位很特殊,既是学术机构,又是教育机构,同时还是刻书机构。五代时期国子监刻印《九经》,始有监本之名。明代南京、北京都有国子监,都刊刻书籍,分别称南监本和北监本。

(2)内府本。专指明清两代宫廷刻印书籍。

(3)经厂本。即经厂刊刻的书籍。明代司礼监下面设经厂,以刊刻诸经为主,兼刻其他书籍。

(4)殿本。清代武英殿刻印的书籍。武英殿自康熙朝开始刻书,至乾隆朝达到极盛。

(5)王府本。指明清两代各王府刊刻的书籍。

(6)藩刻本。指明代各地藩王府刊刻的书籍。

(7)书院本。指历代书院刊刻的书籍,以宋元两代为最盛,也最有声誉。

(8)局本。又称局版,指晚清官书局刊刻的书籍。局本流传广泛,最为普及。

其他各官府机构如钦天监、转运使司、公使库及各地儒学等,也都刊刻很多书籍。

2. 家刻本。又称私刻本或家塾本,指士大夫等私家自己出资刊刻的书籍。历朝历代都有私家刻书,有很多名刻精品传世。如宋代廖莹中刻《昌黎先生集》、周必大刻《欧阳文忠公集》、黄善夫刻《史记集解正义索引》、元代苏天爵刻《两汉诏令》等。明清两代,文化教育发达,文人学者辈出,特别是出现一大批藏书家,促使家刻更加兴旺。如明天启年间吴兴闵齐伋、凌濛初家族刻书,采用套印技法,传世的朱墨套印本、三色套印本堪称上品。如明末常熟毛晋汲古阁,前后刻书达 600 余种,风行全国,世称"汲古阁本"。清代鲍廷博的知不足斋、黄丕烈的士礼居等,也都刊刻很多书籍,影响很大。

3. 坊刻本,即书坊刻本,书商为出售牟利而刊刻的书籍。坊刻本和家刻本有时候很难区分,一般而言,家刻的目的偏重于文化的保存与传播,坊刻则是纯商业行为,以赚钱为目的。

宋代,特别是南宋,书坊最为发达,如临安府棚北睦亲坊陈宅书籍铺、临安府棚北陈解元书籍铺、临安府洪桥子南河西岸陈宅书籍铺、太庙前尹家父子文字铺、临安府修文坊相对王八郎家经籍铺、保佑坊前张官人诸史子文籍铺等,其中一些还有刻本传世。除杭州外,最著名的书坊聚集地是建阳县西七十里的麻沙、崇化二地。朱熹曾感叹:"建阳印本书籍上自《六经》,下及训传,行四方者,无远不至。"明清两代,书坊之多,刻本之众,更是难以尽数。

二、以刊刻地域分类

1. 浙本。浙江地区的刻本。五代以后,浙江很多地方都有刻书活动,因此浙本是一个大的地区概念,还可以细分为杭州本、绍兴府之越本、庆元府之四明本、婺州金华本、衢州本、严州本、湖州本、苏州平江府之姑苏本等。

2. 建本。福建地区的刻本。由于福建地区的刻本主要集中在建宁府,因此又专指建宁府(包括建阳)的刻本。建宁府是宋明刻书中心之一。

3. 蜀本。四川地区的刻本。蜀本一向以成都和眉山为中心,唐末、五代、两宋时期最为兴旺。成都府曾经刻印《开宝大藏》等大部头书籍。

4. 麻沙本。福建建阳麻沙镇书坊刻本。麻沙本属于建本系列,但由于该地书坊历史悠久,刻印的书籍数量大,流传广,特点突出,名声响亮,所以成为建本的代名词。

5. 眉山本。属于蜀本系列,但眉山地区刻书多仿颜体,字大悦目,历来受藏书家推崇,习惯称眉山本,又称蜀大字本。最著名的为南宋井宪孟所刻“眉山七史。”

6. 平阳本。山西平阳刻本。金元时期,平阳成为全国刻书重镇,多有刻本传世。

7. 高丽本。又称朝鲜本,指朝鲜刻印的汉文书籍。中国的雕版印刷和活字印刷技术很早就传入朝鲜,朝鲜刻印的汉文书籍也有很多传入中国。高丽本多用皮纸,书品宽大,行格疏朗,很受中国藏书家喜爱。

8. 东洋本。日本刊刻的汉文书籍。日本刊刻的汉文书籍数量很多,但精品不多,一般认为远不如朝鲜刻本。

9. 越南本,又称安南本,指越南刊刻的汉文书籍。由于很多中国刻工参与越南的刻书活动,因此越南刻本没有自己的特点,同中国刻本相差不多。

三、根据墨色分类

1. 朱印本。用朱墨刷印的书籍,文字为红色。朱印本一般是雕版或排版之后的试印本,或称样本,经过再次审校无误后,方才正式刷印。

2. 蓝印本。用蓝墨印刷的书籍,文字为蓝色。蓝印本同朱印本一样,也是正式刷印前的试印本。

清末及民国年间,有些人喜欢用朱墨、蓝墨印书,以突出色彩效果,这种朱印本或蓝印本就不一定是样本了。

3. 套印本。用两种或两种以上的颜色套印的书籍。根据传世的古籍,主要有朱墨本、三色本、五色本等。

套印,即套版印刷。初期的套版印刷方法简单,就是在一块雕刻好的版片上敷涂不同的颜色的墨,然后上纸刷印。这种方法是在前代多色抄写本的启发下出现的。套印技术在明代中期以后非常流行,程君房的《程氏墨苑》就是有代表性的刻本。闵齐伋的闵刻本,凌濛初的凌刻本,采用分版、分色套印的方法,把套印技术发展到一个新的阶段,不仅有朱墨两色套印,而且发展到三色、四色、五色等多色套印。中国传统套印本极富艺术性和观赏性。

四、根据开本和版式分类

1. 袖珍本。可以藏在怀袖之中的小开本书籍,便于随身携带。

2. 巾箱本。可以藏在随身巾箱之中的小开本书籍。类似于袖珍本。

3. 大字本。字体大、版框高的刻本。宋代刻本多具备这样的风格。

4. 小字本。字体小于通常刻本的书籍。历代藏书家对字体小但清晰爽目的刻本特别欣赏。

5. 两节本。版面分为上下两节的刻本。普通书籍的版面为一个版框,而明清一些书坊将一个版框一分为两,上面是图,下面是文字,图文并茂,类似后世的连环画。两节本多用于刊刻小说、戏曲,或通俗故事。

6. 插图本。有插图的书籍。

7. 绣像本。刻有人物图像的书籍。明清书坊刊刻小说、演义等通俗书籍,常常在书前添加人物图像,以吸引读者。这些图像也是很好的版画作品。

绣像本与插图本的区别:绣像是人物,而插图不一定是人物。

8.百衲本。利用同一种书的不同版片合印的书籍。和尚所穿的衣服由很多布块拚缀而成,称百衲衣,百衲本就是借用这个意思。最著名的百衲本是商务印书馆搜集不同版本印行的《百衲本二十四史》。

五、根据刻印方式和先后分类

1.祖本。一部书刻本很多,刻印时间有先有后,最早的刻本就是祖本。但这是一个相对的概念,因为最早的刻本往往难以寻觅,所以一般来说能够见到的较早的也称祖本。

2.原刻本。重刻、翻刻或影刻所依据的版本。

3.初印本和后印本。初印本,指版片雕刻完成后的第一次刷印本。后印本,指版片雕刻完成后的第二次及以后的刷印本。雕版印刷的版片为木质材料,每次刷印都会有一定损耗,时间久了还会虫蠹朽坏,需要不断修补。因此,第一次刷印能够保证书籍清晰完整,墨色均匀,而后来的刷印本则难以保证质量,甚至会漫漶不清。同一版本,初印本最受读书人、藏书家的重视。

4.重刻本。重新刊刻的本子。

5.翻刻本和覆刻本。依照原刻本翻刻的本子。覆刻本和翻刻本一样,只是说法不同。

6.影刻本。完全依照原刻的字体、版式、甚至用纸重新翻刻。清代著名藏书家黄丕烈的影宋刻本,完全照宋版原样,包括原版的错字、裂纹等,类似于后世的照相影印,不添加自己的一点东西。影刻本同原刻本相比,上乘之作可以乱真。

7.影写本。影写本与影刻本类似。影刻是一丝不苟地照原样刻,影写是一丝不苟地照原样写。明清时期,有很多藏书家雇用一批抄书匠,按原书的行款、版式、书体一模一样地抄下来,非常精彩。

影刻和影写要耗费大量的人力、物力,只有特别珍贵稀有的书籍,才值得这样做。

8.递修本。雕版版片可以重复刷印,但必须不断修补才能保证印刷效果。修补之后刷印的书籍称递修本。一部书的版片可以保存很多年,经历几个朝代,于是又有三朝递修本(简称三朝本)等名称。如宋代"眉山七史"版片就保存了几百年。虽然可以不断修补,但版片毕竟有寿命,以至有些递修本已经大部分失去原貌,甚至根本无法修复。

9.排印本。指活字印刷的书籍。

六、其他常用版本名词

1.善本和珍本。善本和珍本都是对好版本的称谓。珍本更多的是指珍稀罕见的版本。

2.孤本。唯一存世的版本。

3.旧版。又称旧刻,指前代或前朝的版本。对明朝人而言,宋元版是旧版;对清朝人而言,元明版是旧版。

4.旧抄本。类似旧版或旧刻,指前代或前朝的抄本。

5.残本。书籍流传过程中有部分损失的版本。

6.配本。用其他版本的书籍将残书配补完整。一般用后出的版本配补较早的版本。

7.单刻本和<u>丛书本</u>。二者是相对而言的。<u>丛书本</u>,被列入丛书的版本。单刻本,单独刻印的版本。

8.邋遢本和花脸本。顾名思义,专指刻写和刷印质量较差版本。一些小书坊刻印的书籍,由于粗制滥造,或刷印过度,致使版面模糊不清,墨色狼藉,形似花脸,邋遢而不整洁。有些麻沙本也有这种情况。

9.写刻本。由名家亲自写样然后上板刻印的书籍。写刻本将书法和雕刻技术结合起来，刻印的书籍能够看出字体的笔锋转换，如同书写一般，很受藏书家重视。

第五节　古籍版本鉴定

版本鉴定是版本学的重要内容。由于中国古籍数量庞大，版本情况复杂，版本鉴定不仅需要综合性知识，而且需要长期的实践经验，因此历来被学习者视若畏途。但是，只要掌握版本鉴定的基本知识和基本方法，在实践中不断积累经验，是能够登堂入室的。

一、了解历代版刻的历史和特点

书籍的形态是物质层面的，书籍的内容是精神层面的，书籍的刊刻是人类独特的物质和文化活动。由于历朝历代的经济发展水平有高有低，各个地区的物产种类有多有少，因此，图书刊刻在一定程度上能够体现一个时代的社会政治文化的特点，或者说某个时代的社会政治文化特点在图书刊刻中是有所体现的。了解图书刊刻的历史背景和文化背景，了解图书刊刻的地域特点，对鉴别图书版本有很大帮助。

二、熟悉版本目录

凡标注有版本内容的书目，都可称为版本目录。中国古代目录学非常发达，但版本目录出现较晚。南宋尤袤《遂初堂书目》第一次将版本内容作为书籍著录项目，开版本目录之先河。明代后期至有清一代，学者对书籍版本的重视程度前所未有，多数目录著作都标注版本内容。版本逐渐成为目录著作中不可缺少的内容。熟悉版本目录，就能够大致了解在各个时期某一古籍的版本情况，有哪些种类和多少数量，对版本鉴别有重大帮助。

版本目录可以分为两类:普通版本目录和图书馆古籍版本目录。

1. 普通版本目录。如清邵懿辰《增订四库全书简明目录标注》、清莫友芝《郘亭知见传本目录》、清张之洞《书目答问》、范希增《书目答问补正》、孙殿起《贩书偶记》和《贩书偶记续编》等。中国古籍善本书目编辑委员会编、上海古籍出版社陆续出版的《中国古籍善本书目》,更为全面和权威,应当重点参考。

普通版本目录著录范围广泛,能提供一种书籍的多个版本,是版本鉴定的重要参考。但早期的版本目录著作,多为个人编纂而成,囿于见闻,其中有些内容不一定可靠。这是因为作者不可能全部见到这些版本,更不可能对所见到的版本一一进行考订,有些只是抄录他人著述或成说。这是阅读参考时要注意的。

2. 图书馆古籍版本目录。《北京图书馆古籍善本书目》《北京图书馆普通古籍总目》《上海图书馆善本书目》《中国科学院图书馆馆藏善本书目》《北京大学图书馆藏古籍善本书目》《北京大学图书馆藏李氏书目》《北京师范大学图书馆古籍善本书目》《北京师范大学图书馆中文古籍书目》《中山大学图书馆古籍善本书目》《南京大学图书馆馆藏古籍善本图书目录》等。

现代图书馆的古籍版本目录最有参考价值,因为著录的每一种版本都是图书馆收藏的,不仅确有其书,而且能够见到,可以比照参考。当然,受著录人员本身水平的限制,有些结论可能不准确,这也是阅读参考时要注意的。

三、参阅藏书提要和版本题跋

许多藏书家在收藏图书的过程中,对一些他们认为比较重要的善本佳刻,往往撰写题跋识语,或记述得书经过,或评论版刻特点,或介绍内容体例和卷数分合,有的甚至附以校勘札记。这些面对具体版本所做的分析和揭示,可以称之为"版本鉴定报告",最有参考价值。阅读并揣摩历代名家的题跋识语，不仅可以了解古籍收藏流传的过程，增加古籍版本知识，而且可以领悟并借鉴他们鉴定版本的方法和路数。

有关藏书提要和题跋识语的书籍，以清代和民国为最多，如钱曾《读书敏求记》、张金吾《爱日精庐藏书志》、瞿镛《铁琴铜剑楼藏书目》、陆心源《皕宋楼藏书志》、丁丙《善本书室藏书志》、杨绍和《楹书隅录》及《续录》、黄丕烈《士礼居藏书题跋记》、傅增湘《藏园群书题记》和《藏园群书经眼录》、王重民《中国善本书提要》等。

四、充分利用古籍版本图录

图录又称书影。善本精刻因为珍稀罕见，多收藏于秘阁重楼，普通人难得一见。照相技术发明后，人们将那些珍稀图书拍摄成照片，制作成图录，以反映原刻的真实面貌。虽然不能目睹精彩的原刻真本，但通过版本图录也可以欣赏其大概。

版本鉴定实践性很强，需要多识多见，看的书多才能积累足够的经验。在不能观摩原刻的情况下，多看版本图录是很好的替代方法。同时，学习或工作中遇到古籍版本问题，也可以和相应的图录进行对照，往往能够收到意想不到的效果。

民国以来，版本图录出版了很多，如瞿启甲编《铁琴铜剑楼宋金元本书影》、国学图书馆编《盋山书影》、日本静嘉堂文库编《静嘉堂宋本书影》、故宫博物院图书馆编《故宫善本书影初编》、故宫博物院文献馆编《重整内阁大库残本书影》、陶湘编《涉园所见宋版书影》、郑振铎编《中国版画史》、潘成弼、顾廷龙编《明代版本图录初编》、北京图书馆编《中国版刻图录》、上海图书馆编《善本书影》等。很多大部头的影印本古籍丛书也可视为版本图录，如《古逸丛书》《四部丛刊》《百衲本二十四史》《古本戏曲丛刊》等。

五、从书籍的内容及外部特征寻找版本依据

从书籍的内容里寻找版本依据是版本鉴定的重要方法,也是比较可靠的方法。

1.序跋。古籍一般是前序后跋。序,又称叙或引。有自序,有他序。有一书一序,有一书多序。古籍序跋很重要,其中包含大量有用信息,可以帮助鉴定版本。但序跋的写作时代并不一定是版刻的时代,有的序跋早于版刻时代,有的序跋晚于版刻时代,还有的序跋为书商伪造,因此按序断年要慎之又慎。

2.避讳。避讳是中国历史上特有的制度,始于先秦,终于清末,要求文字上不得直书当代帝王及其尊亲的名字,要采用其他方法回避。因此,古书中因为避讳而更改文字的地方很多,这些更改的文字称为讳字。避讳改字的方法主要有四种:改字、空字、缺笔、改音。前三种使用最多,在古籍中最为常见。

避讳具有鲜明的时代特点,陈垣先生说:"讳字各朝不同,不啻为时代之标志,前乎此,或后乎此,均不能有是,是与欧洲古代之文章相类。偶有同者,亦可以法识之。"历代图书传写刊刻都要遵守避讳制度,通过对书籍中避讳情况的分析,可以帮助确定版本时代。陈垣先生撰著《史讳举例》一书,在详细介绍历代避讳情况的同时,特别强调如何利用避讳知识进行考证和学术研究,可以参考。

3.典章制度。一个时代有一个时代的典章制度,举凡政府机构设置、官职的名称权限、运作的方法模式、地理的沿革兴废、以及日常礼仪活动等,都有时代特点,这些特点在当时传写刊刻的书籍中多有反映,可以帮助鉴别版本的时代。

六、据书籍的外部特征鉴别

1.牌记。又称书牌或木记。古人刻印书籍,经常在书籍的内

封面镌刻书名、作者、堂号、雕版年月等内容,类似后世书籍的版权页。由于这些内容多印在专门的版框之内,所以称之为书牌,或木记。也有一些书籍在每卷卷终、或全书最后刊刻类似内容。

书牌木记是版本鉴定的直接依据。有些书贾为了牟利,采用挖改书牌的手段,以明刻本冒充宋元刻本,要注意识别这些假书牌。

2. 纸张。纸张是印本书籍的载体,没有纸张印刷就无从谈起,也就不会有印本书籍了。

不同朝代生产的纸张品类有很大不同,同一朝代也有明显的地区差异。如宋代刻本多用麻纸,其中宋浙本常用白麻纸和黄麻纸,宋蜀本主要用白麻纸,而宋麻沙本所用纸张颜色暗黄,为当地生产的土纸。元代刻本除使用麻纸外,还使用白棉纸和竹纸。明代刻本用纸品类较多,除棉纸、竹纸外,树皮纸得到广泛应用。清代刻本用纸范围更加广泛,常用的主要有竹纸、毛边纸、开花纸、宣纸、连史纸和官堆纸等,其中开花纸品质最好,但价格不菲,只有非常讲究的刻本才会使用。有经验的版本学家通过辨析纸张可以大致推断版本时代。

3. 字体。中国人注重书法艺术,这在雕版印刷方面也有充分体现。选用什么样的字体,反映出一个时代的风尚。了解并掌握这些特点,对版本鉴定有一定的帮助。如宋浙本多用欧体字,宋麻沙本多用颜体字,宋蜀本既像颜体又像柳体。元代中期以后刻书多流行赵体字。明初刻本仍以赵体字为主,中期以后的字体则逐渐方正规范。清代刻书的字体没有规律可循,但大多数刻本喜欢用方正规范的字体。

虽然雕版印刷结合了雕刻艺术和书法艺术,但雕版毕竟不是书法作品,人们对字体的判断也没有绝对标准,对字体的分析和归类只是大概言之,只能作为参考。

4. 开本行格。印本书籍的开本行格各朝不同,也可作为版本鉴别的参考。参见江标《宋元行格表》。

　　5.藏书印记。又称藏章,在版本鉴定中又叫"帮手""印签"。通过藏书印记,可以清晰地看出一部书收藏流传的轨迹。

　　印书工匠。刻印书籍是技术性很强的行当,从业者的数量也不是很多。因此,在一定的时期,一定的地域,很多刻书活动都是由同一批人承担的。熟悉历代印书工匠,如刻工和装褙工的名字,可以帮助鉴别版本。因为有些刻本保留有工匠的姓名,我们可以据此判断版本的时代。冀叔英《谈明刻本和刻工》和张秀民《宋元的印工和装褙工》,分别刊登在《文献》1981 年 7 辑和 10 辑上,可以参考。

第十三章 校勘学

第一节 校勘与校勘学及其源流

校勘,又称为"校雠"。校是校对,勘是核定。校勘作为专有名词,在校勘学中有特定的内涵。通常在报刊、图书出版工作中按原稿核对改正校样中的错误,还不是这里所说的校勘。校勘也不只是对照过录各种版本,机械地罗列众本文字异同的本子之学。校勘是广泛搜集各种相关的本子,广泛取证各种相关资料,对同一古籍进行比较对照,校出篇章文字的异同,审定其是非,力求准确地恢复古籍原貌的一项学术性工作。它作为一项具体的研究工作,还不是通常所说的校勘学。所谓校勘学是把校勘工作作为研究对象,对它的历史、方法、原则进行系统的研究,总结校勘古籍的实践经验和社会价值,并为校勘古书的实践活动提供系统科学的理论指导的一门科学。

校勘作为古籍整理的一项实践活动,它的历史比把校勘作为研究对象的校勘学要悠久得多。悠久的历史和较强的实践性使它成为校勘学赖以产生、发展的基础和动力。另一方面,在校勘实践活动中逐步形成、发展的校勘学,又从方法上、理论上给予校勘工作以科学的指导。它们是相互依存、互相促进的。

早在周宣王时,宋国大夫正考父就"校商之《名颂》十二篇于周太师,以《那》为首"①。有人就认为现在《商颂》各篇的次序,是经过正考父按周太史的本子校定的,正考父可以说是校勘事业的发端者。春秋晚期,孔子及其弟子阅读和整理古代典籍时,均做了

---

① 《国语·鲁语》。

294

大量校勘工作。《公羊传·昭公十二年》中有这样一条记载,孔子读鲁国《春秋》,发现昭公十二年"齐高偃帅师纳北燕伯于阳"一条有误,根据史实,他认为"伯于阳"三字当为"公子阳生"。这比较具体地反映了孔子的校书活动。孔子有个学生叫子夏,他校勘史册文字讹误的故事已成千古流传的趣谈。相传子夏前往晋国,途经卫国时,听有人读史册说:"晋师三豕涉河。"军队与猪为什么会共同渡河,子夏认为记载有误,"三豕"应当是"己亥",并从字形构造上分析说:"夫己与三相近,豕与亥相似。"到了晋国又询问与这条记载相关的史实,果然是"晋师己亥涉河也"。① 从此可以发现,子夏已经根据文字结构和史实来校改史册中的讹误了。虽然上述校书的事例还不能与后来的校勘工作相提并论,但它们标志着校勘的端绪在春秋时期就已出现。

及至汉代,刘向校理朝廷秘书,开创了古籍校勘的新篇章,从此,校勘开始形成专门的学问,成为历史研究中不可缺少的一项基础工作。唐宋时代,随着雕板印刷术的出现,许多学者致力古书校勘的事业,使这门学问获得长足进步。元明两朝,校勘成果不太显著,但刊刻书籍很多,为清人校勘古书奠定了基础。有清一代,研究古籍蔚为风气,考据学盛极一时。乾嘉学者广搜材料,钩玄稽要,考镜源流,从历史、地理、典章、文字等方面对大量古代书籍进行深入的考证,严格的勘定,使校勘成就达到了前无古人的程度。

乾嘉学者重校勘,以校勘为能事的风气,直到近世也未泯灭。近世学者继承清人求实务实的学术传统,为校勘学的完善和发展作了很大贡献。王国维、罗振玉、胡适、鲁迅、马叙伦、郭沫若、顾颉刚、闻一多、杨树达、刘文典、陈垣等著名学者,都非常注重校勘古籍,并取得了引人注目的成就。虽然近世学者校勘古籍的成就在总体上没有超过有清一代,但他们对校勘方法进行理论总结所获

---

① 《吕氏春秋·察传》。

取的成就,却是乾嘉学者不能望其项背的。尤其是陈垣恢廓弘扬前人的校勘成就,在校勘理论上做出的建树,使校勘学更加系统科学。今天,在前人丰硕的校勘成果基础上,经过校勘学者们的共同努力,校勘学正在成为日益完善的一门科学。

第二节　校勘的必要性

在漫长的历史发展进程中,古代书籍辗转流传。由于人们书写条件、刊刻技术和学识见闻的限制,以及统治者出于政治的需要,政治动乱和兵燹不断等原因,导致古籍往往出现衍、脱、讹、倒等谬误。这就改变了古籍字句文义的本来容貌,使古籍严重失真。东晋的葛洪曾引谚语"书三写,鱼成鲁,虚成虎",①说明在雕版印刷术发明以前,古代书籍只能靠转抄流行,辗转传抄,文字错误在所难免。有趣的是,这一寥寥数字的谚语,到唐代马总著《意林》引用时,又把"虚成虎"误写作"帝成虎"了,谚语所指的错误竟成为事实。

历史文献中存在着的衍、脱、讹、倒等错误,对于认识和研究历史是极为有害的。它们往往是读者理解古书文义的严重障碍,甚至改变本来的文义,使读者不能获得古书的原始文义和本来主旨,而误入研究的歧途,作出荒谬的结论。即使只是个别字的衍、脱、讹、倒,也会给认识和研究历史造成意想不到的困难,以致在有的问题上造成学术界的长期混乱,成为历史悬案,直到错误的文字得到校勘,才有比较一致的正确结论。所以,陈垣曾说:"校勘为读史先务,日读误书而不知,未为善学也。"②

衍、脱、讹、倒作为古书中常见的四种谬误,它们所具有的危害

---

① 葛洪《抱朴子·遐览》。
② 陈垣《通鉴胡注表微·校勘篇》。

性可从下面的实例中清楚地看到。

衍文,指古书传写过程中多写了的字句,在古书中它不仅是画蛇添足,多此一举,而且无事生非,造成恶果。《韩非子·外储说左上》说了一个有趣的"郢书燕说"的故事,说是郢地有人夜晚给燕国相写信,因嫌烛光不亮,就对端烛的侍者说:"举烛"。然后不自觉地把"举烛"二字写入信中。燕相接信后很喜欢,认为"举烛者,尚明也;尚明也者,举贤而任之"。并把这一看法禀报燕王,燕王欣喜地接纳了举贤的建议,燕国因此而大治。"郢书燕说"虽然出人意料地获得了良好的结果,但"举烛"毕竟是衍文,燕相煞费苦心才曲解出"尚明"的结论,已与郢人的本意背道而驰了。

如果说这还只是燕相穿凿附会,曲解原意,未给燕造成恶果,那么《后汉书·郑玄传》里《戒子书》中的一个衍文"不",就不仅让人误解原义主旨,而且使后人在评价郑玄的品行时引起纷议。郑玄是东汉末期鸿儒,学问博洽精深,品行高尚,为人称道颂扬,袁宏曾说:"郑玄造次颠沛,非礼勿动。"①但《后汉书·郑玄传》记载,郑玄在追述他年青时代辞家游学的往事时,却有"吾家旧贫,不为父母群弟所容"的话。从这记载看,郑玄与家中父母群弟不相和睦,互相不能容忍。显然,这与儒家崇尚"孝悌",把"修身、齐家、治国、平天下"作为道德主旨的要求相乖。一代鸿儒郑玄与家人的关系果真如此? 而且又对其子坦然道出他怨恨父母群弟的心情,那么"非礼勿动"不就成了溢美之辞? 显然,这条记载有讹误,不是文字上的错误,就是史家虚美郑玄。但因缺少佐证,这一疑惑长期得不到解答,直到清代学者阮元及其门生陈鳢利用碑文和元刻本《后汉书》进行校勘,才确凿地指出"不为父母群弟所容"一句中的"不"字是衍文。对"不"一个字的校改,就为后人客观地评价郑玄的个人品行奠定了坚实的文献基础。

---

① 　袁宏《后汉纪》卷 29。

在古籍中，与衍文相对的是脱文，或称脱字。脱文就是古籍在传抄刊刻的过程中漏了字句。古籍有脱文就使文章的上下文义不相连贯，文章意思不能清楚地表达，甚至改变原书文义。《文选》卷37载诸葛亮《出师表》，其中有这样一段文字："愿陛下托臣以讨贼兴复之效，不效则治臣之罪，以告先帝之灵，责攸之、祎、允等咎，以章其慢。"在"责攸之、祎、允等"的这一句子前没有说明为什么要"责攸之、祎、允等"的理由，而从文义和句子的对应关系看，这一句子前应有文字交待说明"责攸之、祎、允等"人的理由，文章意思才贯通，语句的结构才和谐整齐。所以，唐代李善注《文选》，就认为这段文字有脱文，他指出："《蜀志》载亮表云：'若无兴德之言，则戮允等以章其慢。'今此无上六字，于义有缺误矣。"说明应该在"责"字上补出"若无兴德之言，则"七字，这样文义才可贯通，语句才和谐。

这种类型的脱文，还只是使文义不贯通，文章意思表达不全，有损句子结构的完整性。而有的脱文，却使文义发生极大改变，导致后人对某一段历史或一个历史事件的真相认识不清。如关于《古文尚书》出现一事，《汉书》中的《艺文志》《楚元王传》附《刘歆传》均记载，《古文尚书》是孔安国献给朝廷的。后来《文选》卷43收录了刘歆责让太常博士的一封信，定标题为《移书让太常博士》，也照录说："及鲁恭王坏孔子宅，欲以为宫，而得古文于坏壁之中《逸礼》有三十九篇，《书》十六篇，天汉之后，孔安国献之，遭巫蛊仓卒之难，未及施行。"根据《史记·孔子世家》的记载，"安国为今皇上博士，至临淮太守，早卒。"说明孔安国在司马迁写《史记》的时候已死。《史记》记事，"述黄帝以来，至太初而迄。"[①]太初，前104年—前101年。那么按司马迁的记载，孔安国在天汉（公元前100年—前97年）后去向朝廷献书，则是不可能的。清

---

① 《史记·太史公自序》。

初学者阎若璩在其著《尚书古文疏证》中对"安国献书"一事就提出疑问，并指出："予尝疑安国献书，遭巫蛊之难，计其年必高，与司马迁所云蚤卒者不合。信《史记》蚤卒，则《汉书》之献书，必非安国；信《汉书》献书，则《史记》之安国，必非蚤卒。然马迁亲从安国游者也，记其生卒必不误者也。窃意天汉后，安国死已久，或其家子孙献之，非必其身，而苦无明证。"但后来他又依据荀悦《汉纪·成帝纪》的一段记载："鲁恭王坏孔子宅，得《古文尚书》多十六篇，武帝时孔安国家献之，会巫蛊事，未列入学官。"确证原来是孔国家里人献书，而不是孔安国自己献书。可见，《汉书》《文选》中"安国"下脱"家"字，献书的真相就扑朔迷离，而待补出"家"字，献书的历史脉络也就清楚了。

古籍在转抄刊刻过程中，往往讹误层出，人为地改变了文献记载的历史内容，增加了后人认识历史和研究历史的困难。如监本、殿本《南齐书·本纪》有段文字说："秉弟遐坐通嫡母殷氏养女，殷舌中血出，众疑行毒害。"但在三朝本和汲古本中又作"殷言中血出"。从字里行间揣摸，殷其人似乎未死，只是舌中流出鲜血，众人怎么就轻率地猜疑殷被毒害？看来文字有误，所以文义不通。后来张元济以绍兴蜀中重刊本《南齐书》为根据，并以《宋书·长沙景王道怜传》为旁证[1]，指出了这段文字的讹误，"是本乃作'殷亡口中血出'原板'亡口'二字略小，墨印稍溢，遂相混合，由'亡口'而误为'言'、由'言'而变为'舌'，愈离愈远矣。"[2]对这一讹误的校正，就使殷被毒害致死的事件明白无疑地显现在史册上了。

又有的讹误则会令人对书中的内容发生误解。如张仲景的《伤寒杂病论》，是一部著名的古代医学著作。但《新唐书·艺文

---

① 《宋书·长沙景王道怜传》："义宗子遐，字彦道，与嫡母殷养女云敷私通，殷每禁之。殷暴卒，未大敛，口鼻流血。"

② 张元济《校史随笔·南齐书》。

志》却载录为"《伤寒卒病论》十卷"。"杂"与"卒"仅一字之误,就使张仲景的这部著作的名称混乱,且容易引起人们误解这部著作的内容。在古籍中还有一种不同程度地颠倒了文字顺序的情况,人们称此为"倒",也称"错简"。倒文不论字数多少,均会影响文采,使文理不通。如《淮南子·椒真训》:"势利不能诱也,辩者不能说也,声色不能淫也,美者不能滥也,智者不能动也,勇者不能恐也。"按其句式的搭配,"声色不能淫也"一句,应当放在"辩者不能说也"的上边,这样上下文才能相对为文,即所谓"势利、声色,以类相从,辩、美、智、勇,亦以类相从"。① 而且,《文子·九守篇》中这一段文字的顺序也是如此。这类倒文虽然对后人理解文意没有影响,但却有损文采。

俞樾在《古书疑义举例》中说:"凡字句错乱者,寻其文义,移其一二字,即怡然理顺矣。若乃简策错乱,文义隔绝,有误至数十者,则非合其前后,悉心参校,不易见也。"关于后一种情况,俞樾以《易·系辞下》传中的一段文字为例作了说明。"神农氏没,黄帝尧舜氏作,通其变使民不倦,神而化之,使民宜之。易穷则变,变则通,通则久,是以自天祐之,吉无不利。黄帝尧舜垂衣裳而天下治,盖取之乾坤。"按:"'易穷则变'至'吉无不利'二十字,以上下文法言之,殊为不伦。疑此二十字是《上篇》'动则观其变而玩其占'以下之脱简。"故应该把这二十字移到《上篇》,即"是故君子居则观其象而玩其辞,动则观其变而玩其占。易穷则变,变则通,通则久,是以自天祐之,吉无不利。"经过调整,恢复了上述两段文字的本来顺序,文义也由此通畅。

以上所举,仅只是古籍中常见的衍、脱、讹、倒的一般例证,还不能够反映出古籍中千奇百怪的谬误的全貌。实际上前人校勘古书,发现古书存在的谬误的种类和数量之多,是令人吃惊的。张舜

---

① 　王念孙《读〈淮南子〉后序》。

徽就指出："近人章钰,曾采用各种宋本校订《资治通鉴》正文,章氏自言校出了'脱、误、衍、倒四者,盖在万字以上。内脱文五千二百余字,关系史事为尤大。"[①]一部《通鉴》,仅脱字就如此严重,其它错误就不难想象了。无怪乎清人叶德辉在《藏书十约》中论校勘时感叹说:"书不校勘,不如不读。"

首先,古书经过精心校勘,还原了其真相,文字通达,才能让人易于阅读,易于理解。俞樾曾在《札迻序》中从最基本的方面阐释了校勘的这一重要意义,"夫欲使我受书之益,必先使书受我之益。不然,'割申劝'为'周由观','而肆赦'为'内长文',且不能得其句读,又乌能得其旨趣乎?"说明要读懂弄通古书,领会书中的精神主旨,只有读校勘过的书才能做到。

其次,在易于阅读和易于理解的基础上,校勘过的古籍也就成了可供一般研究者利用的可靠资料。文献资料的增加和丰富,使新问题的发现和研究领域的扩大成为可能,原来无法知晓和理解的问题就可以重新提出和进行研究。如先秦诸子典籍错讹多,本难通晓,所以历来问津的人不多。但经乾嘉学派认真校勘后,就促成了学者们研究"诸子学"的热潮,对学术界产生了极大的影响。

第三,经专人校勘过的古籍能让人们读懂、理解和运用,那么一般研究者就不必虚耗精力,再去费神辨别剖析书中窜乱者,从而提高读书效率,获得事半功倍的治学效果。

第四,在我们今天看来,校勘古籍的意义已经远远超出了前人的认识范围。从文献学的更高层次看,古籍校勘工作是对古代文化遗产进行扬弃和进行科学研究时不能离开的基础。要把历史上的优秀文化传统转化为精神文明建设的精神力量,把历史上辉煌的科学文化成果转化为物质文明建设的物质财富,就不能不进行

① 张舜徽《中国古代史籍校读法》,上海古籍出版社 1980 年版,114-115 页。

还原古代文化遗产本来面貌的基础工作。

第三节　校勘方法

一、校勘的一般方法

校勘作为中国一种传统的治学内容,前人在长期的实践过程中,积累了丰富的经验,总结了一些校勘古籍的基本方法。一般是先广泛搜集各种本子和相关资料,并辨析它们之间的渊源关系;其次是对校各本,列出异文,发现疑误;其三、分别疑误的类型,进行分析,举出根据,说明理由,校改谬误;其四、撰写叙例,写出校记,清楚准确地表达校勘成果。一言蔽之,一般校勘方法是搜集、比较、分析资料并进行考证,作出结论的方法。一般校勘方法中很重要的一条是广搜众本。章学诚说:"校雠宜广储副本。刘向校雠中秘,有所谓中书,有所谓外书,有所谓太常书,有所谓太史书,有所谓臣向书、臣某书。夫中书与太常、太史,则官守之书不一本也。夫博求诸本,乃得雠正一书,则副本固将广储以待质也。"①他指出了具备众本对于校勘所具有的重要性。同时广泛地网罗天下遗书,也是古籍校勘必备的基本条件。

按书籍流传的一般情况看,书籍多一次传抄翻刻,其本来面目失真的可能性就越大;传抄翻刻次数越少的书籍,其失真的可能性也相对较少错误并非都是改动所致。因此,广搜众本,对同一种书来说,比较异同的依据就多,发现异文和审定是非的根据也就多了,这就提供了古书校勘中择善而从的有利条件。清代阮元校书,就很注意网罗诸本,因此他取得很大的校勘成就。而王念孙校《淮南子》,所用的是道藏本,真正的宋本他没有见到,因此可供他

---

①　章学诚《校雠通义·校雠条理》。

校勘本书和择善而从的根据就少。虽然他校勘古书的功力精深，指出书中的谬误 900 条，但他校勘《淮南子》的成果问世后，顾广圻又用汪阆源家藏的宋版《淮南子》来复校，发现了一些王念孙没校出的谬误。可见，广搜诸本是一般校勘方法所必经的重要环节，也是校勘古书应具备的基本条件。

二、死校法与活校法

有清一代，校勘古书鼎盛兴旺，校勘古籍的学者流派林立，各有师承家法，但概括起来，他们的校勘方法不外是从一般校勘方法发展来的"死校"与"活校"两种方法。叶德辉在《藏书十约》中说：

> 死校者，据此本以校彼本，一行几字，钩乙如其书。一点一画，照录而不改，虽有误字，必存原本。顾千里广圻，黄荛圃丕烈所刻之书是也；活校者，以群书所引，改其误字，补其阙文，又或错举他刻，择善而从，别为丛书，板归一式。卢抱经文弨、孙渊如星衍所刻之书是也。斯二者非国朝校勘家刻书之秘传，实两汉经师解经之家法。郑康成注《周礼》，取故书杜子春诸本，录其字而不改其文，此死校也；刘向校录中书，多所更定，许慎撰《五经异义》，自为折衷，此活校也。其后，隋陆德明撰《经典释文》，胪载异本；岳珂刻《九经》《三传》，抉择众长：一死校，一活校也。明乎此，不仅获校书之奇功，抑亦得著书之捷径也已。

在我们今天看来，"死校"就是广搜异本，互相比较，照录各本异文，不判是非，不改文字。这是机械对照的方法，能够反映和保留各本的面貌，发现各本的异同，揭示书中的疑误。"活校"是根据获得的资料，判断古籍中的是非，决定取舍，校改谬误，从众本中取得一个新的较好的本子。这是依靠资料进行考证、分析和推理的方法，运用它能择善而从并获得定本。

"死校"与"活校"既有区别又有联系。"死校"是"活校"的基础，没有"死校"，"活校"就失去校勘根据；"活校"是校勘古书的归宿，只有校改书中的谬误，才能达到校勘目的，"死校"的价值才能够体现。

三、陈垣的校勘四法

校勘四法,即陈垣总结的对校法、本校法、他校法和理校法。

陈垣擅长校勘,但他校勘古籍并不满足于校正几部史籍的具体成果,而是善于从个体中看一般,从具体类例的研究中分析归纳出方法和理论。经过校勘《元典章》,他总结出了校勘古籍的通例及系统的科学方法。

陈垣以沈家本新刻本《元典章》为底本,用故宫博物院藏的元刻本、涵芬楼藏吴焯影元抄本(前集)、自藏孔宪培旧藏影元抄本(新集)、自藏方功惠旧藏抄本、自藏彭元瑞抄本等六种本子来校。在校勘的基础上,写出了《元典章校补》和《元典章校补释例》,后来,又把《元典章校补释例》改名为《校勘学释例》,并在1959年重印出版。在书中,他对所发现的沈家本《元典章》的12000多条错误,从中挑出有代表性的1000多条,加以归纳分析,总结其错误的原因,一一举出,以明通则,又在批判继承前人校勘方法的基础上,概括出了校勘四法。校勘四法,从理论的高度看,具有系统性和科学性。因此一直到现在,都被公认为是校勘古书应当遵循的正规方法。

校勘四法是:

1.对校法。"即以同书之祖本或别本对读,遇有不同之处,则注于其旁。刘向《别录》所谓'一人持本,一人读书,若怨家相对者',即此法也。此法最简便、最稳当,纯属机械法。其主旨在校异同,不校是非,故其短处在不负责任,虽祖本或别本有讹,亦照式录之;而其长处则在不参己见,得此校本,可知祖本或别本之本来面目。故凡校一书,必须先用对校法,然后再用其他校法。"①

概括地说,用同书的祖本或别本对校,校出各本异同,不审定

---

① 陈垣《校勘学释例》,中华书局出版1959年版,114页。以下引文,不注者均同此书。

是非,就是对校法。陈垣强调校勘古书,必须先用对校法,在此基础上才能运用其他方法。这是他从前人以及自己的校书实践中总结出来的经验,也是为后来校勘古书的人指出的必由路径。对校法强调不论用什么本子作底本,都必须注意广搜异本,通过各本互校,录出异文,以此作为辨别书中是非的契机,为其他方法的运用创造条件。

在《校勘学释例》中,陈垣举了两条通例,具体说明了对校法的重要性。其一、"有非对校决不知其误者,以其文义表面上无误可疑也,"即是说校勘古籍,仅从一个本子孤立地看,书中字句文义上没有引入怀疑的错误,但一经异本对照,录出异文,书中的谬误就显现了。如沈刻本《元典章》:"元关本钱二十定。"仅从字句文义的表面看,似无问题,而用元刻本对校,就发现元刻写作"二千定"。其二、"有知其误,非对校无以知为何误者"。即是说校勘古籍,仅从一个本子孤立地看,有的字句文义的谬误能比较容易地发现,但却无从辨析其致误的根据和原因,只有以异本互校,才能知道为什么有误。如沈刻本《元典章》:"每月五十五日",校者不用别本对校,一看也知有误,但谬误的症结何在,却难凭空解释,用元刻本对校,发现作"每五月十五日",原来是文字颠倒了。可见,不用各本互校,有的问题就不能发现,有的问题虽发现了,也没有解释问题的根据。

对校法是以底本为主,对读祖本或别本。这就决定了必须从众本中选择一个底本,并妥善地处理其他对校本。

底本,指校勘古籍时,校书人从各种本子中选用的某个为主的本子,并运用各种方法对这一本子进行校勘。这样的本子就是底本。对校本,指用来和底本相对校的其他本子。古籍经过长期传抄刊刻,一般都有多种本子。各本子之间互有异同,互有优劣。校勘古书,所选择的底本应该是众本中的优秀本子,或者说是善本,而不是众本中的劣本。如中华书局 1959 年出版的点校本《史记》，之所以从百衲本、南监本、北监本、毛氏汲古阁刻本、武英殿本、金陵局本等众本中，选用金陵局本作为底本，就是因为"这个本子经张文虎根据钱泰吉的校本和他自己所见到的各种旧刻古本、时本加以考订，择善而从，是清朝后期较好的本子。"①从众多本子中选择善本为底本是校勘古籍时约定俗成的做法。但也有例外，如陈垣校勘《元典章》，他用的底本是"写刻极精，校对极差，错漏极多，最合适为校勘学的反面教材，一展卷而错误诸例悉备矣"的沈家刻本。这样，陈垣校勘《元典章》的做法就与今天选择底本的标准不一致，但这不等于说今天校勘古书不必用善本为底本。校勘古书是为了校勘出一个新而好的本子，以便利人们阅读和利用，不是用来作为讲授校勘学的反面教材，所以，为了提高校勘工作的效率，达到校勘的目的，体现校勘的社会价值，应该选择较好的本子作为校勘的底本。

在众本中选定了底本后，还要考虑选择通校本和参校本。通常同一种书除了选作底本的本子外，往往还有多种本子，这就要求校勘者了解各本的源流，辨析它们的相互关系，把与底本不同渊源的本子作为通校本，而把与底本同一渊源、与通校本渊源不相同的本子作为参校本。底本与通校本应该认真对全书进行互校。至于参校本，它对底本或通校本固有的谬误，如果有校勘，可以择善而从；如果因循原书或新增了谬误，可以不必对校。总之，确定校勘底本后，还必须权衡各本的对校价值，认真择定通校本和参校本，以利对校工作顺利开展。

2. 本校法。"本校法者，以本书前后互证，而抉摘其异同，则知其中之谬误。吴缜之《新唐书纠谬》，汪辉祖之《元史本证》，即用此法。此法于未得祖本或别本以前，最宜用之，予于《元典章》曾以纲目校目录，以目录校书，以书校表，以正集校新集，得其节目

① 《史记》，中华书局出版 1982 年版，第 1 册，第 5 页。

讹误者若干条。至于字句之间,则循览上下文义,近而数叶,远而数卷,属词比事,牴牾自见,不必尽据异本也。"

本校法的特点,是没有获得异本可供校勘,或异本中无校勘根据可寻,而对所校之书进行全面了解和深入研究,通过对本书的思想旨趣,对本书中同类内容记载的乖迕情况,对上下文义的相舛情况,对章节文法结构的矛盾情况进行前后互校,归纳分析,考证异同,以校正谬误。如《元典章》:"未满九个月不许预告迁移",而其上下文均作"九十个月"。又"里河千里百斤"一条,上下文均作"千斤百里"。显然,这两个句子中,前者有脱文、后者有倒文。再如《诗经·周南·汉广》:"南有乔木,不可休息。汉有游女,不可求思。汉之广矣,不可泳思。江之永矣,不可方思。"对"不可休息"一句,陆德明、孔颖达、阮元等人均从诗的文法结构进行校勘,认为这首诗的句末均是语气助词,四个句子有三句的末了用"思"作语气助词,唯有"不可休息"一句例外,就使此四句诗的文法结构不和谐,且与古诗押韵规则不符。因此,他们认为"息"与"思"字形相近,容易发生讹误,"息"当作"思"。这类错误,只要细心,依据本书的上下文义或文法结构就可发现和校改。但有的讹误,不是仅从相关的上下文义或文法结构就可作出判断的,而是需要通贯全书,仔细地前后互校,才能发现谬误,得出结论。如《淮南子·原道》:"九疑之南,陆事寡而水事众,于是民人被发文身以象鳞虫。"高诱注:"被,剪也"。"被"作"剪"解释,仅见此文。清人王引之认为有误,于是根据《淮南子·齐俗训》:"三苗髽首,羌人括领,中国冠笄,越人劗发,其于服一也";又"越王勾践劗发文身,无发弁擂笏之服";《淮南子·主术》:"是犹以斧劗毛",高诱注:"劗,剪也。"从而得出"被"当作"劗"的结论。对这类错误,不前后贯通相校,很难察觉。因此,运用本校法要格外认真,不能掉以轻心,稍有疏忽,讹误就失之校勘。

本校法具有很强的考证性质。运用它应该从宏观和微观两方面认真把握全书内容及主旨,不能臆断是非,随意地以此校彼,要有严谨负责的态度。具体地说,运用本校首先应该辨析所校的古书是不是成于一代一人之手。如果是,运用本校法则是可以的;如果不是,运用本校法校书则要审慎。象先秦的书籍,其成书情况比较复杂,一般不是一时一人所作,而是历经几代,众手修成,因此文章风格和遣词造句不尽相同,一书之中,各篇也有不同特点。用本校法校此类书的文字,一不审慎,很可能改不误为误。其次,古人修史,采撷众书,史料来源不自一处,又有沿袭旧史文字不加删改的做法。如班固《汉书》,武帝以前的历史多沿《史记》所载,武帝以后才是他自己的手笔力作。一书之中,前后文风迥异,在所难免。因此,用本校法校勘史料不是同出一源的古代书籍,要辨析弄清书中史料的渊源关系。其三、对本书内容相同,史料同源,仅文辞不同的异文,可以在本书中寻出作为校勘的根据。除此以外,本书中所取得的校勘依据,只能审慎地把它作为校勘的参证,而不是校改的根据。

3. 他校法。"他校法者,以他书校本书。凡其书有采自前人者,可以前人之书校之;有为后人所引者,可以后人之书校之;其史料有为同时之书所并载者,可以同时之书校之。此等校法,范围较广,用力较劳,而有时非此不能证明其讹误。丁国钧之《晋书校文》,岑刻之《旧唐书校勘记》,皆此法也。"

他校法中所言的他书,是指除了所校勘的本书及其注疏以外的各种与本书相关的典籍类书。如与本书相关的前人之书、同时之书、后人之书等。具体地说,他书引用本书作为思想理论资料或历史资料,其文辞内容相同或大致相同,那么它们均是他书中可以作为校勘本书的依据。

用他书校本书,通常是在对校法和本校法不能取得校勘证据的情况下所采用的方法,它能够解决对校法和本校法所不能证明的疑误。如沈刻本《元典章》:"始死如有穷",元本又作"始死充于

308

有穷"。用本校法不能得其是非,但查知此文是引自前人之书《礼记·檀弓》,用其书校对,发现当作"始死充充如有穷"。由此得出结论:沈刻本、元刻本皆误。又如沈刻本《元典章》:"荨麻林纳尖尖",元刻本亦作"纳尖尖",又沈刻本作"荨麻林纳失失",元刻本也作"纳失失"。欲证明"纳尖尖"与"纳失失"的是非,用本校法亦不可能解决,因全部《元典章》关于"纳失失""纳尖尖",仅这两条记载。所以只能从《元典章》以外的书中寻找校勘的根据。陈垣根据《元史》卷77《祭祀志》记载:"舆车用白毡青缘,纳失失为帘,覆棺亦以纳失失为之。"卷78《舆服志》:"玉环绶,制以纳石失。"又载:"履,制以纳石失。"注文曰:"纳石失,金锦也。"从中得出"《元典章》'纳失失'之名不误,而'纳尖尖'之名为元刻本与沈刻本所同误也"的结论。由此可知,他校法在校勘中具有"有时非此不能证明其讹误"的特殊作用。

运用他校法校勘古书,所涉及的资料范围广泛,校勘者查找与所校之书相关的他书,要做到得心应手,左右逢源,就必须学习目录学,把握古代书籍流传的基本情况,从中了解哪些是与所校之书相关的"前人之书""同时之书""后人之书"。同时,还应该充分利用古今类书和古籍中的旧注作为校勘的材料。古今类书和旧注均引了不少的书籍,对于校勘古籍极有价值。《四库全书总目·类书类序》说:"古籍散亡,十不存一,遗文旧事,往往托以得存。"因此,象魏徵《群书治要》、马总《意林》、欧阳询《艺文类聚》、虞世南《北堂书钞》、徐坚《初学记》、李昉《太平御览》、阴时夫《韵府群玉》、张玉书《佩文韵府》、解缙《永乐大典》、陈梦雷《古今图书集成》等类书,历来受到校勘古籍的人重视。陈垣曾根据《册府元龟》卷567和《通典》卷143,把《魏书·乐志》的脱页补全,共316字,使亡佚800载的脱页复出。古代的注文,一般来说都比较接近原著的时代,作注的人所依据的原著的本子很多是今天已散佚的本子,因此,象《史记》"三家注"、《三国志》裴松之注、《世说新语》

刘孝标注、郦道元《水经注》《昭明文选》李善注、《汉书》颜师古注、《后汉书》李贤注、《资治通鉴》胡三省注等古代注疏,也历来被校勘者作为重要的他书校勘材料。如《水经注》中的《江水》,其描绘长江三峡的文笔流畅优美,是历代传诵的名篇,向来被误作郦道元的作品。后人据《太平御览》卷53、《世说新语·黜免篇》刘孝标注、《艺文类聚》卷7中引的文字,认为《水经注》脱了"盛弘之《荆州记》曰"七字,从而证明《江水》这篇优秀散文是盛弘之《荆州记》中的。

他校法校勘古籍,有其特殊的作用,但它也有受局限的一面。他校法注重用"他书校本书",对他书则注重用其书与本书相关的种种引文来作为校勘证据。如《史记》记载的当代人物纪传多被《汉书》采取,两书之间有明显的继承关系,所以取材于《史记》的《汉书》可以作为校勘《史记》的重要资料。试比较《史记·郦生陆贾列传》与《汉书·郦陆朱刘叔孙传》的一段文字:

《史记》作:"沛公至高阳传舍,使人召郦生。郦生至,入谒,沛公方倨床使两女子洗足,而见郦生。郦生入,则长揖不拜,曰:'足下欲助秦攻诸侯乎?且欲率诸侯破秦也?'沛公骂曰:'竖儒!天下同苦秦久矣,故诸侯相率而攻秦,何谓助秦攻诸侯乎?'郦生曰:'必聚徒合义兵诛无道秦,不宜倨见长者。'于是沛公辍洗,起摄衣,延郦生上坐,谢之。"

《汉书》作:"沛公至高阳传舍,使人召食其。食其至,入谒,沛公方踞床令两女子洗足,而见食其。食其入,即长揖不拜,曰:'足下欲助秦攻诸侯乎?欲率诸侯攻秦乎?'沛公骂曰:'竖儒!天下同苦秦久矣,故诸侯相率而攻秦,何谓助秦?'食其曰:'必欲聚徒合义兵诛无道秦,不宜踞见长者。'于是沛公辍洗,起衣,延食其上坐,谢之。"

两段文字基本不相似,可以作为互校的依据。

但古人引书不是十分严谨,引书方式没有定格,往往为了行文便利,古人或不标明引文出处,或改动原文,或凭记忆引书,或引书省略删节却不标明,或仅引书意文义。而且他们有的引书不是根据善本,还有的传抄致误,又有的引书所用的本子却不是今天见到

310

的本子。如《世说新语·言语》:"过江诸人,每至美日,辄相邀新亭,藉卉饮宴。周侯中坐而叹曰:'风景不殊,正自有山河之异。'皆相视流泪。唯王丞相愀然变色曰:'当共戮力王室,克复神州,何至作楚囚相对!'"《晋书·王导传》采用《世说新语》的记载,又作:"过江人士,每至暇日,相要出新亭饮宴。周𫖮中坐而叹曰:'风景不殊,举目有江河之异。'皆相视流涕。惟导愀然变色曰:'当共戮力王室,克复神州,何至作楚囚相对泣邪!"余嘉锡指出:敦煌唐代写本残类书《客游》篇引《世说》,"美日"作"暇日","新亭"上有"出"字,"正自有山河之异"一句作"举目有江河之异",皆与《晋书》合,知唐人所见《世说》与今本《世说》别为一本。因此,针对古人引书的复杂情况和古人引书随意性严重的情况,用他书校本书宜慎重,对待他书与本书相关的资料,不能不信,但也不可尽信,要认真分析他书中的引文方式及其与本书的关系,鉴别其引文对本书的校勘价值。那些关键性的字句有异文,不能轻改原文。否则,就"是反以今律古,失之远矣。"①朱一新在《无邪堂答问》中强调说:"国朝人于校勘之学最精,而往往喜援他书以改本文。不知古人同述一事,同引一书,字句多有异同。非如今之校勘家,一字不敢窜易也。今人动以此律彼,专辄改订,使古书皆失真面目,此甚陋习,不可从。凡本义可通者,即有他书显证,亦不得轻改。古书词义简奥,又不当以今人文法求之。"这种客观地对待他书中的校勘证据的精辟见解,在运用他校法时,不能不引以为借鉴。

4. 理校法。"段玉裁曰:'校书之难,非照本改字不讹不漏之难,定其是非之难。'所谓理校法也。遇无古本可据,或数本互异,而无所适从之时,则须用此法。此法须通识为之,否则卤莽灭裂,

① 姚永概《慎宜轩文集》卷1,转引自张舜徽《中国古代史籍校读法》,第13页。

311

以不误为误,而纠纷愈甚矣。故最高妙者此法,最危险者亦此法。昔钱竹汀先生读《后汉书·郭太传》,太至南州过袁奉高一段,疑其词句不伦,举出四证,后得闽嘉靖本,乃知此七十四字为章怀注引谢承书之文,诸本皆儳入正文,惟闽本独不失其旧。今《廿二史考异》中所谓某当作某者,后得古本证之,往往良是,始服先生之精思为不可及。经学中之王、段,亦庶几焉。若《元典章》之理校法,只敢用之于最显然易见之错误而已,非有确证,不敢藉口理校而凭臆见也。"

校勘古籍,运用理校法,必须注意两点,一是怎样运用理校法,一是怎样避免理校法所容易带来的危害。

运用理校法校勘古籍是有条件的。校勘古籍注重根据,校勘的根据来自异本、本书、他书和其它与本书相关的资料,没有根据的校勘不能令人信服。但有时用异本对校,发现异文,且各本互异,不能定其是非;或者无异本可以对校,对书中的疑误,本校和他校也不能答疑解惑。在这种条件下,才能够运用理校法。概括地说,理校法是在对校、本校、他校不能有效地校勘古籍的条件下,依靠相关知识分析考证古籍文辞正误的校勘方法。运用它校勘古书时,个人的主观因素在其中起着很大作用。因此,用理校法取得的校勘成果,通常只能视为比较符合情理的推理结论,在没有获得其他校勘根据时,只能在校记中说明"当作某某",要严肃慎重,不能臆断改字。不然,将损毁古籍真貌,改真为讹。刘宾客《嘉话录》、李绰《尚书故实》里曾记载韩愈之子韩昶为集贤校理时,见史传中有载"金根车"处,皆臆断之曰:"岂其误欤?必金银车也。"于是悉改"根"字为"银"字。其实依秦汉制度,用黄金装饰点缀的乘舆,称作"金根车",这在《汉书》中可以寻出数证。但韩昶仅想着金银相对,不注意旁证,武断地推理"根"为"银",改不误为误。韩昶乃集贤校理,学识渊博之人,却留此笑柄,正是由轻率推理而招致。

运用理校法校书,还必须注意它是针对"最显然易见的错

312

误"，不是针对对校、本校、他校法所不能澄清的一切问题，并且理校要有可供校勘的理由。如《校勘学释释例》中"合无减半支俸"的"减半"，从字形文义分析，明显地当作"减半"。又如"江西省行准中书省咨"中的"省行"，从名物制度方面加以考察，显然当作"行省"。另一方面，对于那些不是显而易见，又没有比较充分的校勘理由能够说明的书中疑误，要避免运用理校法，宁可存疑，以待博闻广识的人来断其是非，切忌滥用理校法臆断是非。前人校勘中所留下的教训，值得鉴诫。《管子·形势》："上无事，则民自试；抱蜀不言，而庙堂既修。"又《形势解》："人主立其度量，陈其分职，明其法式，以莅其民，而不以言先之，无事而民自试，则民循正，所谓'抱蜀者，祠器也'。故曰：'抱蜀不言，而庙堂既修。'"这两段文字没有异文可以作为校勘的依据。后人在文义上理解上有困难，不知晓"抱蜀不言"是什么意思，因此认为文字有疑误。尹知章注曰："蜀"，祠器也，君人者但抱祠器，以身率道，虽复静然不言，庙堂之政，既以修理矣。朱东光沿袭其说，认为"蜀"乃"器"字之误耳。王念孙说：朱东光以"蜀"为"器"之误，是也。后《形势解》作"蜀"，亦误。他们在缺乏异文根据，又无充足理由的情况下，仅据主观理解文义而臆断"蜀"为"器"之误，后来宋翔凤和于省吾从文义上和文字训诂上找出旁证，以充分的理由说明"蜀"字不是讹文。在文义方面，他们指出《管子》中这段文字反映的是老子道家思想，并以《老子》十章的"抱一""专气"，《淮南子·原道》的"抱独""敛气"为证，从思想主旨的相同性疏通了文义；在文字训诂上，用金石古籍中"祠"通"治""蜀"通"独""器"通"气"的通假实例作证，说明了"抱蜀"不误，乃是"抱独""抱一"的意思。"蜀"是通假字，而非讹误之字。这个例证说明虽然理校法中个人主观因素作用很大，但不是说理校中毫无客观因素，理校必须有充分可信的理由，而这样的理由来自与书中疑误相关的文字学、音韵学、训诂学、史学、文学等知识，从这些知识中可以汲取进行理校的

313

旁证。因此,校勘者应具有以上各方面的专业知识,才能较好地运用理校法。

校勘四法是系统的科学的校书方法,在校勘古籍的实践中,应针对不同的情况灵活地具体运用它们。一般地说,对校法是记出异文,发现问题的基本方法,是校勘古书必经的第一个环节。至于本校、他校、理校则是根据不同情况进行辨析考证,校定古书是非的根本方法,是校勘古书必需的重要环节。从理论上讲,它们的作用互异,但在校勘古籍的实践中,他们不是彼此孤立隔绝的,而是互有联系,综合交叉,能够同时并用的。

四、撰写校勘记

校勘记,简称校记。它是古书校勘成果的表现形式。校勘古书的人,经过广搜异本,互相比较,记出异文,并分析异文,校定是非后,其校勘工作尚未完成,还要汇总整理校勘成果,把其重要的部分依次分条写成文字,附入所校的古籍中,这就是写校记。

校勘记是校勘者从事校勘这一学术性研究工作的最后一个重要环节。只要校勘古书,就必须出校记,系统、准确、扼要地表达校勘成果,方便读者阅读运用。如果校勘古书不出校记,那么人们对新校本的可靠性就会产生疑问。而且,古籍的情况错综复杂,校勘者对书中的谬误或认为是疑误的字句行文所采取的处理措施,难免有误或不完善。在校记中载明了其处理疑误的根据和理由,这就为读者再作研究,择善而从提供了条件,也体现了校勘古籍"无徵不信"的求实精神。

校勘记撰写要简明扼要精确无误。此外,由于校勘者采用的校勘方法不同,校记的写法也应有所不同。通常是,对校法则曰"某字某本作某",用本校法则曰"据某篇某某,此当亦作某",用他校法则曰"某字某书作某",用理校法则曰"某字当作某"。总之,校记原则上要求做到言简意赅,画龙点睛。

314

第四节 校勘原则

校勘古籍不仅要掌握科学的校勘方法,还应端正校勘态度,严格遵循校勘的原则,即不臆改和妄改古籍。若对古书妄下雌黄,臆断擅改,就会损毁古书原貌,贻误后人。顾炎武曾举例说,明朝人重刻宋代赵明诚的《金石录》,原书序文上记有"壮月"两字,据《尔雅·释天》的解释,壮月就是八月。但明人不认真校勘,主观武断地把"壮月"涂改作"牡丹",人为地改变了序文中所说的时间。牡丹春天开放,壮月已是秋天。针对明人妄改古书的弊端,顾炎武感慨地说:"苟如近世之人,据臆改之,则文益晦,义益舛,而传之后日,虽有善读者,亦茫然无可寻求矣。"①妄改古书的原因,清人顾广圻曾作过分析,他认为:"校书之弊有二:一则性庸识暗,强预此事,本未窥述作大意,道听而途说,下笔不休,徒增芜累;一则才高意广,易言此事,凡遇其所未通,必更张以从我,时时有失,遂成疮痏。二者殊途,至于诬古人、惑来者,同归而已矣。"②宋人彭叔夏因《文苑英华》"字尽鲁鱼,篇次混淆,比他书尤甚"③,对该书进行校勘,著成《文苑英华辨证》10卷。他在《自序》中说:"叔夏尝闻太师益公先生之言曰:'校书之法,实事求是,多闻阙疑'。叔夏年十二三时,手钞《太初皇帝实录》,其间云:'兴衰治□之源'。阙一字,意谓必是治乱。后得善本,乃作治忽。三折肱为良医,信知书不可以意轻改。"他从一字之误中悟出了校书当有严谨慎重的态度,并把它作为校书原则,始终贯穿在校《文苑英华》的过程中。《四库提要》对其校书的审慎态度和他提出的校勘准则,评价甚

---

① 顾炎武《日知录·改书》。

② 顾广圻《礼记考异跋》。

③ 彭叔夏《文苑英华辨证·自序》。

高，称："叔夏此书，考核精密，大抵分承讹当改；别有依据，不可妄改；义可两存，不必遽改三例。其用意谨严，不轻点窜古书，亦于是可见矣。"

在不妄改古书的大前提下，王引之曾提出"三勇改和三不改"的准则，他说："吾用小学校经，有所改，有所不改。周以降书体六七变，写官主之，写官误，吾则勇改。孟蜀以降，椠工主之，椠工误，吾则勇改。唐宋元明之士，或不知声音文字而改经，以不误为误，是妄改也，吾则勇改其所改。若夫周之末，汉之初，经师无竹帛，异字博矣，吾不能择一以定，吾不改。假借之法，由来旧矣，其本字什八可求，什二不可求，必求本字以改，则考文之圣之任也，吾不改。写官椠工误矣，吾疑之，且思而得之矣，但群书无佐证，吾惧来者之滋口矣，吾又不改。"①这种认真审慎地处理古书疑误的做法，体现了客观严谨的校书态度，反映了古籍校勘原则的基本精神，为后来校勘古籍的人树立了良好范例。

校勘古书作为一门学问，随着历史的进步，它也在不断发展，不论是校勘的方法还是校勘的原则，都在日趋完善。尤其在近40多年来，由于较好地继承发扬了前人的校勘成果，并逐步总结了点校《资治通鉴》、"二十四史"和整理其它古籍的校勘经验和教训，在今天的校勘工作中，已经形成了校勘者基本公认的比较系统具体的校勘原则。即：

第一，底本文字没有谬误，他本文字有谬误；本书文字没有谬误，他书文字有谬误，均不必改动文字，也不必出校记。

第二，底本文义可通，他本文义不见长者，或者文义没有特殊差异，只是个别虚字有异，不出校记；若他本文义见长，可出异文校记；底本与他本文义互异，可以出异文校记。

第三，古人引书，每有省改，凡本书节引他书，但不失原意，且

---

① 龚自珍《高邮王文简公墓表铭》。

文义可通者,应力求保持本书原貌,不要据他书改动本书。古代本子流传情况比较复杂,今天我们用来校勘的他书,其本子并不一定是本书作者所见的。本子不同,文句有异。为了避免损伤本书原貌,又不破坏另一种古本的面目,不应随意改动本书中的引文。

第四,底本文义不通,但有他本、他书等作校勘根据,可以据证改之,并应出校记。底本文义疑误,但没有校改的根据,不能改动原文,可以出校记说明并存疑。

第五,底本子中的衍、脱、讹、倒,有确实的根据,应据证删、补、改、勾正,并要出校记,必要时可以说明校改的理由。至于疑底本中有衍、脱、讹、倒等谬误,但无确证能说明其谬,不能臆断改动,可以出校记说明并存疑。

第六,底本中作者避本朝名讳或家讳者,不作改动,缺笔字可以补足笔画。有的影响理解文义的避讳字,出校说明。至于后人传刻古书为避当朝讳者或家讳者,可以凭可靠根据回改,并出校说明。

第七,底本中的古今字、异体字、通假字、正俗字,一般不作校改,普及读物另当别论。

第八,校勘只限于底本文字的衍、脱、讹、倒等谬误,对作者见解上的错误,不在校勘范围内,不必出校纠驳。

以上校勘准则,由于较好地反映了校勘总原则的精神,在今天校勘古籍的实践中,已日益成为人们校勘古书所遵循的规范,从而使校勘工作更加科学化。但是,也应该认识到,随着当代科学的飞速发展,新技术层出不穷,人们处理校勘问题的具体准则还会变化,异议也仍将存在。不过对于校勘学来说,理论上的学术探讨可以继续,基本的校勘准则也应有其稳定性,并应严格遵循,古籍校勘这门学问才能在有益的争鸣中长足进步。

第十四章　辨伪学

第一节　辨伪及其意义

所谓辨伪,有广义与狭义之分。广义之辨伪,涵盖面很宽,举凡有真伪问题,并具有考察鉴别价值的事和物,均在辨伪范围之内;而狭义之辨伪,则专指考察、鉴别典籍文献的真伪。本章所述之辨伪学,则系狭义辨伪,它是历史文献学中的一个重要分支学科,与目录学、校勘学、版本学、辑佚学、传注学、史源学、编纂学等起着相辅相成的作用。

一、我国伪书的数量和种类

我国历史悠久,典籍文献汗牛充栋,是我国宝贵的文化遗产。但也无庸讳言,在这些典籍文献中,也夹杂了大量伪书伪文。而我国伪书伪文数量之多,范围之广,伪造时间之早,伪造手段之巧,蒙蔽世人之久,皆可称得上是"世界之最"。早在西汉初年,著名史学家司马迁在《史记·货殖列传》中就指出:"吏士舞文弄法,刻章伪书,不避刀锯之诛者,没于赂遗也。"他对伪书伪文缘起的分析,可谓入木三分。

中国伪书究竟有多少?张心澂《伪书通考》一书在1939年由商务印书馆出版时,所考辨的有真伪问题的典籍文献达1059部,到1957年再版时,又增加了45部,达1104部;而1998年由邓瑞全、王冠英主编的《中国伪书综考》(黄山书社出版)则"收录古代包括近代有伪作疑问的书籍一千二百种,是目前收录伪书最多的目录专著"(见该书《编纂说明》)。当然,这些所收录的有真伪疑问的典籍文献,其作伪程度也各有差别:有的是全部伪,有的是部

318

分伪,有的是作者伪,有的是时代伪,有的是误题撰人,而有的只是疑伪罢了。

　　应该说,随着近代辨伪方法的科学化和考古新发现,大量甲骨文、简帛、金文、碑刻的出土,辨考伪书伪文也有增有减。但从古到今,在不少专家、学者心目中,需要考辨真伪的典籍文献还远不止这些。明人胡应麟在《四部正讹》中说:"余读秦汉古书,核其伪几十七焉。"而清人张之洞在《輶轩语》中说:"一分真伪,而古书去其半。"这些话听起来未免有些危言耸听,但也不是没有道理,因为自古迄今,制造伪书伪文的情况一直存在。不仅已定性的伪书伪文数量多,而且尚待辨明真伪的典籍文献数量也多,特别是那些夹杂在众多真典籍文献中的伪文伪说则更多,这是不容否认的客观现实。如班固的《汉书》无疑是真书,但最近有学者指出,其中所谓董仲舒的《天人三策》却是班固的伪作,认为它不出自司马迁,整个西汉人也均未提及《天人三策》,认为《天人三策》是班固为了把董仲舒装扮成汉代的"儒者宗"而精心伪造的。① 此说虽还不能盖棺论定,但在真典籍中夹杂着大量伪文伪说则是肯定的。

　　由于我国伪书伪文产生的原因多,造伪的手段多,因此伪书伪文种类也多。明人胡应麟在其《四部正讹》中就按伪书形成的不同原因和形式分了 20 类:(1)作于前代而世率知之者;(2)伪作于近代而世反惑之者;(3)掇古人之事而伪者;(4)挟古人之文而伪者;(5)传古人之名而伪者;(6)蹈古书之名而伪者;(7)惮于自名而伪者;(8)耻于自名而伪者;(9)袭取人而伪者;(10)假重于人而伪者;(11)恶其人,伪以祸之者;(12)恶其人,伪以诬之者;(13)本非伪,人托之而伪者;(14)书本伪,人补之而益伪者;(15)伪而非

　　① 孙景坛《董仲舒的〈天人三策〉是班固的伪作》,《南京社会科学》2000 年第 10 期。

伪者;(16)非伪而实伪者;(17)当时知其伪而后世弗传者;(18)当时记其伪而后人弗悟者;(19)本无撰人,后因近似而伪托者;(20)本有撰人,以后人因亡逸而伪题者。后梁启超在《古书真伪及其年代》一书中,在胡应麟归纳的基础上,又按伪书的伪托的程度及方式归纳出10种情况:(1)全部伪。(2)部分伪。(3)本无其书而伪。(4)曾有其书,因佚而作伪。(5)内容不尽伪,而书名伪。(6)内容不尽伪,而书名、人名皆伪。(7)内容及书名皆不伪而人名伪。(8)盗袭割裂旧书而伪。(9)伪后出伪。(10)伪中益伪。总之,随着辨伪的深入和造伪手段的更加隐蔽,伪书伪文的种类也不会以此而足。而归纳和总结伪书伪文的种类,则更有利于辨伪的针对性和科学化。

二、伪书伪文的危害

伪书伪文给我们的学术研究尤其是文史研究带来极大危害。梁启超曾说:"中国旧学,十有九是书本上的学问,而中国伪书又极多,所以辨伪书为整理旧学里头很重要的一件事。"[①]他又说:"几千年来,许多学问都在模糊影响之中,不能得忠实的科学根据,固然旁的另有原因,而为伪书所误,实为最大原因。"[②]不少伪书伪文,由于制作手段越来越隐蔽,"足令从事研究的人扰乱迷惑,许多好古深思之士,往往为伪书所误。"[③]近代最典型的事例莫过于史学大师郭沫若因误识伪造的《坎曼尔诗签》而造成的重大影响。所谓《坎曼尔诗签》是包括"唐代"回纥诗人坎曼尔所抄白居易《卖炭翁》诗和"自作"诗三首原件。这些"文物"于20世纪50年代末"出土",70年代初被"发现",经郭沫若考辨,认定是"唐代"回纥诗人坎曼尔所抄白居易的《卖炭翁》原件,并认为"可能是

---

①②③　梁启超《中国近三百年学术史》,载陈其泰等编《梁启超论著选粹》,广东人民出版社1996年4月版,第911页。

《卖炭翁》新乐府存世最古的抄件";而坎曼尔自作诗《忆学字》《教子》《诉豺狼》等,郭则认为是唐人诗作的"无价之宝"①。由于郭沫若的一锤定音,一时间《坎曼尔诗签》身价百倍,"举凡涉及唐诗、民族文学、民族团结的书籍、辞典,几乎无一不为其拨出适当的篇幅,予以弘扬"。② 甚至1979年中华书局出版的《白居易集》,在扉页上就印有所谓"唐代诗人坎曼尔""手抄"的《卖炭翁》诗手迹照片,照片下还特别注明:"《坎曼尔诗签》,抄于唐宪宗元和十五年(公元820),是现存最早的抄本。"而"坎曼尔"的《诉豺狼》则收入了1978年人民文学出版社出版的《唐诗选》中。更可怕的是,《坎曼尔诗签》还曾被选入当时中小学语文课本,让千百万青少年诵读、学习。实际上,这篇并非出自新疆若羌县米兰古城遗址,更非出自什么"唐代回纥诗人坎曼尔"的诗作原件,只不过是20世纪60年代新疆一名考古工作者精心泡制的一件赝品罢了③,但它不仅给学术界带来极大危害,而且还影响了整整一代人。正因为如此,当我们重温郭沫若在《古代研究的自我批判》一文中所说的一段话,就更发人深省:"无论作任何研究,材料的鉴别是最必要的基础阶段。材料不够固然大成问题,而材料的真伪或时代性如未规定清楚,那比缺乏材料还更加危险。因为材料缺乏,顶多得不出结论而已,而材料不正确便会得出错误的结论。这样的结论比没有更要有害。"郭沫若是世所公认的伟大学者、大师、泰斗,他博大精深、才华横溢,在诗歌、小说、散文、戏剧、史学、考古、甲骨文、

---

① 郭沫若《〈坎曼尔诗签〉试探》,《文物》1972年第2期,又载《郭沫若全集》,人民出版社1984年8月版。

② 杨镰《〈坎曼尔诗签〉辨伪》,《文学评论》1991年第3期。

③ 参见杨镰《〈坎曼尔诗签〉辨伪》,《文学评论》1991年第3期。鲁嘉《一桩蒙蔽了史学大师的作伪事件——〈坎曼尔诗签〉现形始末》,《博览群书》1993年第7期。

金文等众多领域上都有杰出的创造和巨大的成就。他在《坎曼尔诗签》上的失误，一方面说明了一条千古不变的真理"智者千虑，必有一失。"一方面也说明了伪书伪文的迷惑性和危害性是多么大。

更值得注意的是，近些年还出现了伪造竹简并大肆炒作之事。有专家认为，"制造假文物历来都有，而造假竹简的现象是以往所不见的。假竹简的危害远远超出假瓷器、假玉器之类"。因为"假竹简上所书写的是伪造的历史文献。其危害在于直接篡改历史，制造混乱。它对文物事业的健康发展、文物考古研究的科学性以至社会舆论，都会产生不良影响"①，所以伪书伪文的危害性决不能小看。

三、辨伪是中国学术的优良传统

从中国学术史上看，伪书伪文的出现，也就是辨伪的开始。真伪之辨自古以来就是我国学术界求真求实优良传统的重要体现。对于中国历代伪书的状况，梁启超认为"历代以来，零碎间作之伪书不少，而大批制造者则有六个时期"。即（1）"战国之末"。（2）"西汉之初"。（3）"西汉之末"。（4）"魏晋之交"。（5）"两晋至六朝"。（6）"明中叶以后"②。而自先秦以来，就已开始对典籍文献和所记内容的真伪持怀疑态度。子贡曾说："纣之不善，不如是之甚也。是以君子恶居下流，天下之恶皆归焉。"③而孟子的"尽信书不如无书"的思想则对后世辨伪产生很大影响。清人龚自珍就

---

① 吴九龙《〈孙武兵法〉八十二篇考伪》，《光明日报》1996 年 12 月 17日。

② 梁启超《中国近三百年学术史》，载陈其泰等编《梁启超论著选粹》，广东人民出版社 1996 年版，第 911-912 页。

③ 《论语·子张》。

指出：“伪书不独后世有之也，战国时人依托三皇五帝矣，或依托周初矣。”《史记·秦始皇本纪》记载赵高与李斯合谋伪造秦始皇遗诏，使胡亥当上“二世皇帝”。这恐怕是最早公开揭露最高统治者内部制造伪文的记载。这都说明真伪之辨在中国历史上已十分悠久。

但从严格意义上讲，真正对伪书伪文进行认真考辨筛选的则是西汉的司马迁，他在写《史记》时，面对大量真伪掺杂的史料，逐一进行了去伪存真的考辨，如他说“百家言黄帝，其言不雅驯”①，“实际上就是指斥百家语中有很多伪材料”②。为此，他“整齐百家杂语③”，开了考辨典籍文献真伪的先河。以后刘向、刘歆父子校理群书，也进行了系统考辨工作。班固在《汉书·艺文志》中，则以小注形式记录了其考辨意见。他称《黄帝说》一书“迂诞依括”；称《伊尹说》一书“其语浅薄，似依托也”；称《封胡》《力牧》，“黄帝臣，托诒也”；称《太公》“或有近世又以为太公术者所增加也”等等，“这在辨识伪书上是有创始意义的”。④从唐宋开始，辨伪之作大量出现，如刘知幾《史通》中的《疑古》《惑经》，柳宗元的《辨列子》《辨文子》《辨鬼谷子》《辨晏子春秋》《辨亢仓子》《辨鹖冠子》《论语辨》等，郑樵的《诗辨妄》，明清时代宋濂的《诸子辨》，梅鷟的《古文尚书考异》，胡应麟的《四部正讹》，崔述的《考信录》，姚际恒的《古今伪书考》，阎若璩的《尚书古文疏证》，康有为的《新学伪经考》等。到了近代，则出现了梁启超的《古书真伪及其年代》《中国近三百年学术史》和《中国历史研究法》，顾颉刚等人的《古史辨》等，对近代辨伪思想和辨伪方法起了相当大的影响。而张心澂的《伪书通考》，郑良树的《续伪书通考》，邓瑞全、王冠英主编的

---

① 《史记》卷1《五帝本纪》。

②④ 白寿彝主编《史学概论》，宁夏人民出版社1983年版，第104页。

③ 《史记·太史公自序》。

323

《中国伪书综考》都是近代集辨伪典籍文献大全的巨著。而罗尔纲的《李秀成自述原稿注》、郑良树的《古籍辨伪学》、杨绪敏的《中国辨伪学史》等都是近年来辨伪学方面的重要成果。

四、辨伪学科体系的构建

应该明确,辨伪与辨伪学是两个不同的概念。辨伪是指对有真伪问题的事和物(在本章中则专指有真伪问题的典籍文献)进行考察鉴别。而辨伪学则是对辨伪的研究,包括对辨伪思想、辨伪方法、辨伪历史、辨伪成果、伪书的价值等的系统研究。使其成为一门科学的、系统的、完整的学科体系。而我国辨伪学的构建当在20世纪20至30年代。

首先是辨伪理论的构建,其奠基人是梁启超。他于20世纪20年代撰写的《中国历史研究法》《中国近三百年学术史》《古书真伪及其年代》等著作不仅构建了新史学理论,而且也以求实求真的理性眼光,运用近代科学演绎、归纳等方法,构建了辨伪理论。在这些著作中,他对伪书的种类、作伪的原因、辨伪的历史、辨伪的意义、辨伪的方法、伪书的价值等进行系统科学的阐述和规律性的总结,具有开创意义。

其次是近代科学辨伪方法的产生。20世纪在辨伪方法上的重大突破,就是王国维创立了著名的"二重证据法"。"二重证据法"是把近代的实证主义方法同传统的乾嘉考据方法结合起来,强调运用传世的"纸上材料"与出土的文献文物相互印证来考辨古书古史真伪的方法。这种方法突破了以往学者辨伪时或"以经证经",或在注疏传笺上兜圈子的传统方法,第一次提出以地下出土文献文物与传世典籍文献相互印证来辨伪,从而推进了重视实物证据的科学历史观念和实事求是的科学态度。

"二重证据法"的建立,不仅使古书中许多被疑古派视为子虚乌有的记载重新得到证实,而且大大推动了辨伪学的科学化发展。

从 20 世纪以来,特别是 70 年代以后大量竹简、帛书、金文、甲骨文等历史文献出土,都引发了一次次辨伪热潮。不少历来被怀疑甚至被断言是伪作的典籍文献如《文子》《尉缭子》《列子》《邓析子》《鹖冠子》《晏子春秋》《六韬》《孙子兵法》等等都因为这些考古新发现而得以恢复名誉,也证实了 20 世纪掀起的疑古思潮确有怀疑过头和扩大化的倾向。因此有学者认为"七十年代竹简帛书的出土,无疑的是辨伪这门学问的试金石","竹简帛书的出土……将检验千多年古籍真伪研究的成果。"①还有学者认为:"把文献研究和考古研究结合起来,这是'疑古'时代所不能做到的。充分运用这样的方法,将能开拓出古代历史、文化研究的新局面,对整个中国古代文明作出重新估价。"②可见"二重证据法"的意义是多么重大了。

第三是找准辨伪学的学科体系位置。中国辨伪学虽然在 20 世纪 20 年代就逐步形成,但真正找准自己的学科体系位置则是在 20 世纪 80 年代初。这以张舜徽《中国文献学》(中州书画社 1982 年版)一书出版为重要标志。因为梁启超虽然在辨伪理论上有重大建树,但"在学科上不曾将辨伪的理论与实践归属于某一学问范畴",而张舜徽在《中国文献学》中"首次拟定了中国文献学理论的基本构架。书中辟专章研讨辨伪学的诸问题,正式将辨伪的理论与实践纳入文献学体系"③。以后诸多文献学著作和教材问世,都将辨伪学纳入其中,而且成为中国文献学必不可少的重要分支学科。孙钦善在《中国古文献学史》"绪言"中也指出:"古文献学本身又有许多分支,诸如注释、校勘、目录、版本、辨伪、辑佚、编纂

---

① 郑良树《古籍真伪考辨的过去与未来》,《文献》1990 年第 2 期。

② 李学勤《走出"疑古时代"》,《中国文化》1992 年第 7 期。

③ 杨昶《张舜徽先生辨伪学成就述略》,《华中师范大学学报》1997 年专刊。

等,可见它是一个成熟的学科。"

五、辨伪学任重道远

中国辨伪学在 20 世纪取得了重大成就,在 21 世纪必将会在更高层次上深入发展。其原因是,这是一门既古老而又年轻的学科。说它古老,是因为它曾有一个悠久的发展历史,有厚重的学术基础和丰富的学术成果;说它年轻,是因为它作为一个学科体系,其构建时间并不长,还有一个系统化、科学化的长期过程,还有不少悬而未绝的真伪问题需要深入探讨,发展潜力很大。

首先,辨伪理论还必须进一步深化,它是中国辨伪学走向成熟的标志。由于辨伪的应用性、实践性强,因而往往忽略了对它进行科学的、系统的理性总结和规律性的探讨。因此,构建成熟的科学理论体系,将是 21 世纪中国辨伪学的重大历史使命。

其次,辨伪方法也将进一步向传统辨伪方法与现代化高科技手段相结合的方向发展。特别是利用考古、物理、化学手段,利用文字信息处理技术、计算机技术和网络技术辨伪,使辨伪成果准确度、可信度更高,科学性更强。以 20 世纪 90 年代对《坎曼尔诗签》的辨伪为例,在 70 年代当郭沫若认定它是唐代文物之时,就有专家提出质疑,其中一个理由就是《坎曼尔诗签》中一些词语如"东家""李杜""诗坛""欣赏"等在唐代是否已有,其意义和今天是否相同?但要靠人工查询整个《全唐诗》谈何容易。但 20 多年后,中国社科院计算机室已将《全唐诗》及《全唐诗外编》等输入了计算机。因此,通过计算机查询检索,为揭穿《坎曼尔诗签》真相提供了有力证据。随着今后大量古籍文献输入计算机,从目录、索引、文字、词汇等等角度辨伪,必将使辨伪方法有一个更高的突破。

第三,历史上遗留下来的大量悬而未决的真伪问题有待深入探讨和辨别。由于中国伪书出现早、时间长、数量大、种类多,加上长时期以来辨伪方法的落后。因此,历史上遗留下来了大量悬而未决的典籍文献真伪问题,就以邓瑞全等主编的《中国伪书综考》一书为例,在所收1200多种典籍中,就包括了大量"历史书目中疑伪的书籍"和"历史上有过真伪之争的书籍"。据统计,这1200多种书中,被定为"疑伪""作者有疑""疑有增益""疑录他书而成""疑后人所辑""子目疑伪"等等至今悬而未决的典籍达366种。这都有待来日予以辨明澄清。

何况,随着学术的发展,科学技术的进步和新的辨伪方法的出现,随着地下出土文献不断的发现和一些档案、史料的发掘整理,必将又会出现一些新的真伪问题,特别是有些人受着某种不可告人的利益驱动,又在伪造新的典籍文献。远的不说,就如20世纪90年代在西安"发现"的所谓《孙武兵法》八十二篇"家传汉简"及其"民国十二年抄本"就是一个典型例子。可以说,在市场经济大潮中,某些人见利忘义,制造新的伪书伪文,是可以预想得到的,文献辨伪学远未到偃旗息鼓的时候。

对于古书辨伪在学术研究中的重要地位,可从四个方面来论述[1]。

第一,整理古籍。整理古籍是继承、发扬优秀文化传统的重要工作。要做好这一工作,必须综合运用各方面的知识和学问。然而,整理之前,必须审慎辨析,务使真者得其用,伪者另有所归,方能言及其它谨严的学问。古人在整理古籍时,即是如此,例如西汉刘向整理《晏子》,就是把当时所搜集到的215章《晏子》分为8篇;以"六经之义"为标准,将其合者,归为前6篇;一部分"文辞颇异""又有复重"者,归为另1篇;最后,把"疑后世辨士所为","似非晏子言"者,再归为1篇。刘向校理群籍,"已昭示后人,整理之前的真伪明辨,不但是必需,而且是整理者当然的一部分工作"。

---

① 本段文字据香港中文大学郑良树《古籍辨伪学》(台湾学生书局1986年版)改写,引文均引自该书,特致谢忱。

可见,辨伪在整理古籍中是十分重要的。

第二,撰述史书。一个良史,除了应具备"不虚美、不隐恶"的思想品质之外,还要具备辨识史料的能力,才能撰写垂示千古的"信史"。在这个方面,司马迁《史记》为后世史学家树立了光辉的榜样。他说:"夫学者载籍极博,犹考信于六艺。"他的考信是以"六艺"为去取标准,这是受到时代和客观条件的限制,但他的思想方法和工作方法,以及谨严的学术态度,倍受后世学者的赞誉。例如,他对远古的传说材料,常常感叹"吾不知已"!"不可记已"!并采取多闻阙疑的态度记史。对《尚书》,他也是只取比较可信的"今文"28篇。以司马迁的博洽,尚且必须考证史料真伪,那么时至今日,传世的史料积藏更多,在运用这些史料时,就更要考辨其真伪,不然的话,伪史与真迹掺杂使用,所著之书,就会流为小说家言了。

第三,学术源流。古书真伪与学术源流的关系最为密切。如果某书的成书年代不准确,或者作者为依托,内容为伪造,那么它在学术源流里就有着不同、不明确的地位,更不能依据它去辨章学术、考镜源流。以《老子》为例,根据传统的说法,老聃是孔子的前辈,其人及其书在孔子之前。所以,一般的学者都先述老子思想,再述及孔子及儒家学派,胡适《中国古代哲学史》的篇章排列是"老子"紧跟在"中国哲学发生的时代"之后,又在"孔子""孔门弟子"之前,即意味着老子其人长于孔子,其书成于春秋之世。而冯友兰却笃信《老子》成书于战国之际,他的《中国哲学史》就将《老子》排列于孔墨之后。可见"在阐明学术史之际,古籍辨伪学占有很重要的地位。它影响了学派的分合,也影响了学术的演变和发展。"

第四,学术价值。一部古书,只有在其书的作者明确、成书时代肯定、书中是否有附益并得以认知的情况下,才能正确地评定其价值。如在过去相当长的时间里,《尉缭子》被怀疑是伪书。宋代陈振孙斥其为伪,至清人更备加指责,如姚鼐讥其"盖后人杂取苟以成书而已",姚际恒斥其教人滥杀士卒,不足垂范,并说其书"尤堪痛恨,必焚其书然后可也"。钱穆也讥其开首即模仿孟子见梁惠王之问答,……总之,都认为它是一部没有学术价值的伪书。其实,根据晚近学者的研究,今传本《尉缭子》是一部可靠的书。此书自始至终"保留了尉缭向梁惠王献说时的身份语句",此其一证;"此书所引证的历史人物、历史事件有很鲜明的时代特色","而以引证至战国前期的吴起为止"。且"以提及吴起的事次数最多",此其二证;书中常出现一些后世不用的语辞,如"世将"等等,也反映其史料不会晚至秦并六国,此其三证。而1972年在山东临沂县银雀山一号汉墓出土的竹简中,就有《尉缭子》[①]。所以,将此书的成书定于魏襄王时期的尉缭,当无问题。这样,此书的学术价值就不言自明了。由此可见,古书辨伪在重新评估古书学术价值方面是多么重要了。

第二节　伪书出现的原因

研究伪书,必须首先搞清作伪的原因。据前人的研究,大致可分为如下几方面。

1.尊古。我国封建社会中,普遍存在厚古薄今,迷信古人、圣贤的心态,所以一些人为了宣扬自己的学说,便采用托古的方法。《淮南子·修务》:"世俗之人多尊古而贱今,故为道者必托之于神农、黄帝而后能入说。乱世暗主高远其所从来,因而贵之。为学者蔽于论而尊其所闻,相与危坐而听之,正领而诵之。"于是儒家借重尧舜,墨家借重禹,道家借重黄帝,医家借重神农、黄帝,都是这一类的典型。伪书《神农本草》《黄帝内经》即其例。

---

①　林剑鸣《简牍概述》,陕西人民出版社1984年版,第26页。

2. 争胜。在学术活动中,有的学者为了争胜,压倒对方,常伪造古书来作为自己的依据。如晋王肃搜集古事、掺杂己意,伪造《孔子家语》即其例。

3. 射利。每逢朝廷下令求书、献书之际,总有一些人为求利禄,冒险作伪。如汉张霸伪造《尚书百两篇》、刘炫伪造《连山》、晋梅赜伪造《古文尚书》,都是著名的例子。

4. 嫁祸。因为恨某人,就假托某人的姓名伪造一书来陷害他。例如唐代李德裕、牛僧孺二人不和,德裕的门人韦瓘用牛僧孺的姓名伪撰《周秦行纪》来诽害牛僧孺。

5. 诽谤。为了泄私愤,却又不敢署己名,常常假托他人之名,或以无名氏的方式作伪,此亦代有其人。如宋魏泰托名张师正撰《志怪集》《括异志》《倦游录》,以个人的爱恶诬蔑前人;又如有人骂欧阳询而作《补江总白猿传》,不题作者姓名;皆属此例。

6. 自耻。唐代和凝年少时撰《香奁集》,内容颇涉风流香艳,后来做了高官,认为有失庄重,怕人耻笑,就嫁名韩偓。

7. 借重。借重与崇古同出一辙,都是借他人的声名来使世人重视其书。所略有区别的是,崇古者是借古圣贤之名来宣扬自己的学说;借重者是用名家的声望来提高自己的书的价值。如宋王铚撰《龙城录》而托名柳宗元;又如撰《杜诗故事》者借重于苏东坡等。

8. 好事。一些好事之徒喜造伪书。他们或出于兴趣,如张湛造《列子》;或由于技痒,如明丰坊善篆书,先造《子贡诗说》《申培诗说》二书,用篆书写就,附以楷书作音注,得以抒发己才而后快;或出于游戏,如明杨慎《杂事秘辛》,本是遣兴之作,谁知后世反以为真。

9. 求名。以上数类多为己书托他人之名下,而求名者则是盗窃他人之书占为己有。如郭象窃向秀《庄子注》,宋齐丘窃谭峭《化书》序而传之,何法盛窃郗绍《晋中兴书》,等等。

10.误题。有些古书本无撰人,后人认为它与古代某人有点关系,遂题某人撰,如《山海经》题大禹;有些书原作者已亡佚,后人因伪题主名,如《越绝书》《正训》等;有些书是门人或后学总辑而成,后人误认为本人所作,如《管子》《晏子》等。

总之,作伪的原因至为复杂,作伪的方法多种多样,这里列举的 10 种现象,只是举其大端而已。

第三节　辨伪方法

是非之心存乎天地之间。所以,有作伪,也就有辨伪。

辨伪的起源很早,战国时期,已有很多学者进行了辨伪工作。例如孟子就高呼过"尽信书不如无书"的口号,荀子也痛斥一些人"假今之世,饰邪说,文奸言,以枭乱天下"。到西汉司马迁,指出了"学者载籍极博,犹考信于六艺"的辨识史料的标准,一直为后世学者所遵循。

西汉河平年间,刘向主持校雠工作,在校讹文脱简、条别篇章、编次目录之外,在其《叙录》中又开辟了鉴别古书真伪的蹊径。东汉班固《汉书·艺文志》继承《叙录》,用自注的方式,指出了书籍的真伪和作者依托的情况,将辨伪纳入目录学之中。《隋书·经籍志》又将小注扩充为小序,更加充分地记述了作伪的始末。东晋僧人道安的《综理众经目录》中有"疑经录"以别真伪,完善了目录学中的辨伪工作。

古人的辨伪遍及四部,每一时期都有名家,并在理论和方法上各有建树。如:东汉的范升提出《左传》的传授系统不明;马融据古佚文指出《泰誓》为伪。郑玄用《吕氏春秋》比勘《礼记·月令》,指出《月令》与周礼不合,断其非周公作。南北朝颜之推采《本草》《尔雅》等书检核《山海经》,用反切起源推断《通俗文》非服虔所作。到唐代的刘知幾,其《史通》中有《疑古》《惑经》诸篇,把辨伪的矛头直指儒家祖师孔子。而宋代欧阳修著《诗本义》《易童子问》,勇敢地抨击经传,清人陈澧读后惊呼:"如欧阳子之说,《六经》真可焚矣!"严肃的理学家程颐、朱熹亦不信《左传》《尚书》中的许多篇章。郑樵更是在《诗辨妄》中斥责汉代人把儒家典籍弄得面目全非,"使后学不知其本"。明朝胡应麟在辨伪学理论和方法上作出了重要贡献,他在《四部正讹》中提出辨伪八法,深得梁任公嘉许。梅鷟的《尚书考异》开辟了清阎若璩《古文尚书疏证》的成例。而子书是伪书的大宗,自唐代柳宗元,宋代高似孙,明代宋濂,到清代诸儒,子书一直是辨伪的主要内容。

有清一代,辨伪学达到鼎盛阶段,是清人考据学的主流。其中最为杰出者,为阎若璩《古文尚书疏证》、胡渭《易图明辨》,刘逢禄《左氏春秋考证》、姚际恒《古今伪书考》、崔述《考信录》、康有为《新学伪经考》等。清代在辨伪学上的成就,除了辨明许多古籍的真伪之外,更主要的是他们的辨伪方法与其合理的运用。

到近、现代,辨伪学的理论和方法日趋完备,其奠基人是学人共仰的梁任公,他的《古书真伪及其年代》的影响十分深远。后起者如顾颉刚为主帅的古史辨派,对当今学术界的影响也很大。他主编的《古史辨》《古籍考辨丛刊》和张心澂的《伪书通考》,是目前最重要的辨伪学参考书。

以上是辨伪学简要的学术史,下面介绍辨伪的方法。

一、以历史文献为依据的方法。

对辨伪方法的归纳,首推明代的胡应麟。他在《四部正讹》卷末的"核伪书之道"中说:

> 核之七略以观其源,核之群志以观其绪,核之并世之言以观其称,核之异世之言以观其述,核之文以观其体,核之事以观其时,核之撰者以观其托,核之传者以观其人。核兹八者,而古今赝籍亡隐情矣。

这八种方法,已经统摄了辨伪工作的最重要的方法。意思是说,遇有一部可疑的书,第一,查看最早的目录书,看有无著录;第二,检阅历代的《经籍志》《艺文志》,考察其流传情况;第三,看同时代人的著作,是否谈到或徵引过这部书;第四,从后世人的著作中,看有无人引证或发挥过这部书的内容;第五,从文体上,看是否与作者同时代人的文风、用字相符;第六,从内容上,看是否与作者所处的时代之事实相合;第七,看作者姓名,是否为依托;第八,看传布此书者,是些什么人。

近人梁启超在他的《中国历史研究法》第 5 章《史料之搜集与鉴别》中,提出了辨识伪书的 12 条公例,方法更为缜密周详,兹过录如下:

(一)其书前代从未著录或绝无人征引而忽然出现者,什有九皆伪。

(二)其书虽前代有著录,然久经散佚;乃忽有一异本突出,篇数及内容等与旧本完全不同者,什有九皆伪。

(三)其书不问有无旧本,但今本来历不明者,即不可轻信。

(四)其书流传之绪,从他方面可以考见,而因以证明今本题某人旧撰为不确者。

(五)真书原本,经前人称引,确有左证,而今本与之歧异者,则今本必伪。

(六)其书题某人撰,而书中所载事迹在本人后者,则其书或全伪或一部分伪。

(七)其书虽真,然一部分经后人窜乱之迹既确凿有据,则对于其书之全体须慎加鉴别。

(八)书中所言确与事实相反者,则其书必伪。

(九)两书同载一事绝对矛盾者,则必有一伪或两俱伪。

(十)各时代之文体,盖有天然界画,多读书者自知之。故后人伪作之书,有不必从字句求枝叶之反证,但一望文体即能断其伪者。

（十一）各时代之社会状态，吾代据各方面之资料，总可以推见崖略。若某书中所言其时代之状态，与情理相去悬绝者，即可断为伪。

（十二）各时代之思想，其进化阶段，自有一定，若某书中所表现之思想与其时代不相衔接者，即可断为伪。

梁启超在他的另一名著《古书真伪及其年代》中，又将辨伪方法总结为从传授统绪上辨别和从文义内容上辨别两大系统共32条，更为具体，可同此互相发明。

辨伪方法，是一个"系统工程"方法，要求辨伪者采用综合归纳，具体分析，重在找出其中的联系，切不可执其一端，以偏概全。另外，辨伪时切不可有主观感情因素，不能有先入之见。

值得特别注意的是古书中的附益问题。古书附益，刘向、颜之推有所揭示，梁启超称之为"误编"或"附入"，他把这种现象分为五种：（一）类书误作专书；（二）注解与正文同列，混入正文；（三）献书时，求增篇幅；（四）后人续作；（五）编辑的人无识贪多。细看这五类，排除讨论后人附入的原因，则附益的实况为二：

第一、误编。上古书籍多非一人之作，如《管子》之《弟子职》《内业》等，与全书体例不符，显系杂抄。

第二、附益。例如《庄子》一书，一般认为《内篇》出自庄周，而《外篇》《杂篇》为后人伪托，就是附益现象。

误编和附益使古书更为复杂，真伪难辨，必须审慎对待。

二、以出土文物为依据的方法。

先贤的辨伪方法，从所取材、依据的对象看，是历史文献自身。近代自王国维开"二重证法"，学术界对出土文物特别是出土文献的考史、证史、证伪的作用有了进一步的认识，从而使考辨古书真伪，推广到使用出土文物。

出土文献在辨伪学中的价值往往在传世文献之上，它表现为：

第一,可用出土文献为辨伪的"标准器"。出土文献一般未经后人改篡,与作者的时代和书籍的原貌最为接近,所以,可用它作为辨伪时最理想的标准,来鉴别其他同时代的书。

第二,是判定古书真伪的有力证据。一些聚讼千年的古书,一经出土即真象大白。如《孙子兵法》和《孙膑兵法》,自唐宋以后一直纠缠不清,有人甚至说没有孙武子兵法。至银雀山同时出土孙武、孙膑之书,这个争论也就到此为止。

第三,可印证古籍的内容,打破封闭的辨伪系统。如《左传》《周礼》等书,自康有为定为刘歆伪造,对学术界产生了极大的影响。然而,近世出土文物,多与《左传》《周礼》所记名物制度相合,而其他书又常常不载。这就不单单证明二书的内容大多可信,而且对以古书考辨古书的封闭的辨伪系统形成了有力的冲击。

过去学术界对考古资料在辨伪学中的作用,尚无高度的认识,试看顾颉刚先生的古史辨论,即为一例。事实上,要澄清古书中的疑团,当今最好方法和途径,是重视考古资料的研究和整理。当然,这必须以有出土文献为条件。

第四节　伪书的价值

有人认为辨伪是一种破坏性工作,它贬低了古书的价值,这是一种错误的看法。辨伪的意义和学术地位前面已经论述,固不待言;即如伪书本身,其价值常常并不因其为伪书而降低。应该这样看,作伪者是"弄假",是想以伪充真,抬高伪书的价值;辨伪者是"求真",是想去伪存真,还古书本来之价值。所以,倒是作伪者在破坏古史古书,而辨伪者正是在建设古史,恢复古书。

讨论伪书的价值,第一步是要还其本真。只要古书真伪已经大白,作者和成书年代已经确定,书中的附益条辨清楚了,伪书的价值就显示出来了。概而述之,有如下几方面:

1. 史料价值。伪书的史料价值，虽然多数不及真籍，但是也有大大超过真籍的。例如《春秋》为真，王安石说它是断烂朝报，而《左传》的作者有真伪问题，它的史料价值却在《春秋》《公羊》《谷梁》之上。又如《本草》假名神农，《素问》托名黄帝，但它们在医学上仍有很高的价值。

2. 思想史价值。一些伪书，只要我们将其放回作伪者的时代去考察，仍有很高的价值。例如《列子》，就是研究晋人思想的好材料。又如《庄子》《内篇》可用以研究庄周思想，而《外篇》《杂篇》则是研究庄周以后、《淮南子》以前道家的上乘材料。

3. 考察学术源流的依据。先秦两汉时期，古人著书，常常不自出名；一些古书又非成于一时或成于一人之手，最后的署名，多为先师或学派创始人。这样就出现"误编"或"附益"等真伪问题。这些书业经辨识条别，就是反映学术源流、师承传授的难得史料。上面说的《庄子》一书属于这类情况，其实，《管子》《墨子》《商君书》等，都是研究学术源流的重要资料。

4. 研究辨伪学和进行其它辨伪时参考。辨伪是一门基础学问，要从理论上加以总结，伪书和辨伪工作，就成了当然的第一手资料，其价值不言而喻。另外，某一书业经辨识，判明真伪，那么，此书就成了研究同类书或同时代书的最好参照物，同时，还为辨别同类书提供了经验和方法。

第十五章　辑佚学

第一节　辑佚与辑佚学

一、辑佚

辑佚是中国历史文献学的内容之一,是整理研究中国古籍的手段之一,也是从事中国古代文史研究的基本功之一。辑是指搜集、编辑,佚是指散佚。简单地说,辑佚就是将佚书(佚文、佚诗)现存的片断材料加以搜辑、整理.最大限度地恢复佚书(佚文、佚诗)原貌的文献整理工作和方法。

辑佚中的"佚"是相对而言的,绝对的"佚"则无法"辑"了。因为是相对的,"佚"所指的范围可以随时变化,可以相对于一首诗、一篇文或一本书而言,也可以相对于一个人,还可以相对于一个时期、一个朝代。为了避免辑佚的无原则性,应该给辑佚加以严格的规范:辑佚就是对已经散佚的文献单位进行还原的工作;辑佚的定义必须符合这样三个条件:其一是原来就有一个模式(即独立的文献单位),其二是这个模式现在不存在了或有缺陷,其三是客观上存在着可辑的内容或资料。综合而言之,辑佚必须具备"还原性"与"可辑性"。所谓"还原性",就是力求全面、真实地对原有模式的恢复,而不是主观地"创造"出一种模式。这是辑佚最关键的地方。依据历史上对辑佚的认识以及对诸家文献学专著有关辑佚分类内容的综合分析,我们认为辑佚应分为三类:一是辑佚书。辑佚书包括两方面:其一是全书亡佚,其二是部分散失。二是辑佚文。辑佚书分而言之可谓辑佚文。三是辑佚诗。即对单篇诗词的辑佚。辑佚文、辑佚诗的数量都比较少,一般文献学上的辑佚都指辑佚书。下面所谈的辑佚一般都是指辑佚书而言的。

我们要弄清楚辑佚的明确定义，还必须避免与其他文献整理活动如辑录与拾遗的混淆。

所谓辑录指后人把某一时期某一方面或某人散见于群书的资料辑录成册，为研究者提供方便。它与辑佚的共性是编辑方法和手段大致相同，因此有些人往往把辑录看成是辑佚，这是不准确的。辑录与辑佚的明显区别是，辑录之作前人本未成书，不存在亡佚问题，亦不存在"还原"问题，而辑佚就是要"还原"。例如，清严可均编辑的《全上古三代秦汉三国六朝文》、丁福保编辑的《全汉三国晋南北朝诗》、乾嘉时期编辑的《全唐诗》和《全唐文》，近些年已经出版和正在编辑的《全宋文》《全元文》《全明词》《全清词》等，大都属辑录。

辑佚与拾遗也不是一回事。拾遗亦可称作拾补、补遗等，就是在整理某一方面或某人某部著作时发现有失收的材料，于是补加进去。如某人文集后面常附有"辑佚文"。其实这些"辑佚文"就是拾遗文，不是辑佚，根本点还是这些"佚文"本就不是原书固有的内容，本就无散失可言。因此，辑录这些"佚文"只能说是"补遗"，而不能说是"还原"。又如毛世宁编辑的《全唐诗逸》、王重民等编辑的《全唐诗外编》即是补《全唐诗》之遗漏，这也是拾遗，不是辑佚。不过毛世宁书名《诗逸》，给人一种错觉，以为是辑佚，而王重民等书名《外编》，名与实合，实事求是。

二、辑佚学

明清以来，辑佚逐渐形成和确立了自己的研究对象、任务和研究方法，从而成为中国历史文献学的一个分支学科，称为辑佚学。概括来说，辑佚学是总结辑佚活动基本规律，研究辑佚历史、原则、方法及相关问题的一门学科。

最早提出"辑佚学"的大概要数清人皮锡瑞，他在《经学历史》

中提到"校勘、辑佚之学"①。此后,一些学者逐渐接受了"辑佚学"这一概念。辑佚学在历史文献学中还是一门比较薄弱的分支学科,一方面,大量史料价值很高的散佚文献等待着人们去辑佚;另一方面,前人辑佚之作尚需进一步整理;更为重要的是,辑佚学的理论研究还有待进一步深入。迄今人们还是停留在从所辑著作的序言、凡例和内容来了解辑佚学,专门研究辑佚的论文很少,至于辑佚学专著目前只有曹书杰的《中国古籍辑佚学论稿》一书②。因此,加强辑佚学的理论研究是当务之急。

以往的学者在探究辑佚学时,大多只重视辑佚的文献学价值。这种认识局限于把辑佚当作做学问的工具看待。我们现在则需要对这门学科的理论性加以阐发,诸如辑佚的定义、分类、方法等。辑佚发展史的研究也是十分必要的,我们从中可以找寻出客观规律性的东西。尤其是对辑佚起源的研究更应重视,它的出现作为一种文化现象,是社会、历史的必然(如书籍的散亡,古文献的丰富程度与连续性,学者的崇古心理等),并不是因为历史的偶然而"发明"了辑佚。辑佚史上规律性的东西很多,如辑佚的方法,我们今后应注意如何继承和发展,使辑佚方法趋于完善。同时,可以总结以往辑佚大家的经验之谈、对辑佚的理性认识。还有,如何利用前人的辑佚成就,对辑佚心理、辑佚与文献学其它分支学科的关系的研究,对辑佚前途的评估等,都是辑佚学理论研究的重要课题。

总之,辑佚学是文献学古老而崭新的领域,尚待更多的人对之加以开拓和耕耘。

---

① 皮锡瑞《经学历史》第 300 页。

② 曹书杰《中国古籍辑佚学论稿》,东北师范大学出版社 1998 年版。

第二节 辑佚的产生及意义

有了书籍的散佚与保存,才有辑佚的出现。有散才有佚,有存才可能辑。所谓辑,就是在现存文献的基础上搜集散佚的材料,因而,辑佚的产生是与中国历史上书籍大量亡佚的情况密切相联的;同时,中国古代文献的丰富性与连续性则为辑佚提供了必要的资料保障。

一、历代古籍散佚简况

在漫长的历史长河中,古书散佚的原因是多方面的,其中以天灾人祸的因素影响最为主要。天灾主要指火灾、水灾,人祸主要指统治者出于政治目的禁毁图书和战乱。

如历史上著名的秦始皇焚书,使先秦文献大量失传。自秦始皇开例禁书,其后历代时有发生,一直到清乾隆时编《四库全书》,仍大量禁毁图书。清朝中叶,乾隆下令编纂《四库全书》,在全国范围内征集图书,凡是不利于清朝统治的书籍,一律焚禁。陆锡熊在《进销毁违碍书籍札子》中说:"凡明季狂吠之词,肆意妄悖,俱为臣子者所当发竖眦裂。其有身入国朝,为含毛践土之人,而敢于逞弄笔端,意含愤激者,尤天理所不容。自当凛遵训谕,务令净绝根株,不得使有只字流传,以贻人心风俗之害。"①在这种严密文网之下,图书遭焚禁的程度超过了以往任何一个朝代。据统计,这个时期朝廷销毁书有 2400 多种,抽毁书 400 多种,销毁总数在 10 万部左右。

战乱是中国历史文献大量被毁的重要原因。西汉刘向、刘歆

---

① 《宝奎堂集》卷 4。

父子等整理西汉皇家图籍,编成《七略》,著录图书 33090 卷①。王莽末年,多毁于战祸。东汉前期,统治者很重视搜集图书,达到"石室、兰台,弥以充积",值东汉末董卓攻入洛阳,"图书缣帛,军人皆取为帷囊",后来董卓将大部图书运到长安,又毁于战火。因此,到西晋时,皇家图书仅有 29945 卷,其中包括大量东汉、三国人之作,尚不及《七略》著录之数。西晋末年的"八王之乱","永嘉之乱",皇家图书再遭洗劫,史称"渠阁文籍,靡有孑遗",东晋建国初期,只保存 3014 卷。东晋至南朝萧梁,国家都很重视搜集图书典籍,当代学者著述之风又盛,虽经"侯景之乱",在江陵仍保存了7 万卷。不幸北周攻克江陵,又毁于一旦。在北方,北魏也重视典籍的搜集整理,当代人著述亦多,但经"尔朱荣之乱",亦多被毁。所以,南北朝时著述多,但战争频繁,损失亦多,至隋南北统一,经过搜集整理,不过 3 万余卷,大致相当《七略》著录之数。600 年中,皇家图书数量不增,损失之严重可见一斑。隋大业末年,皇家图书猛增至数十万卷,但经隋末战火,特别是唐灭王世充后,将洛阳图书经水路运往长安,结果在底柱多被淹没,十不存一二。在以后的年代里,凡战乱波及到都城,皇家图书的损失量都比较大,如"安史之乱"、五代十国时期,皆如此。

近代的英法联军、八国联军对北京的烧杀抢掠,对文献的洗劫更令人震惊。1840 年鸦片战争爆发后,帝国主义侵略势力用大炮轰开了中国的大门,从此战争频仍,典籍损失严重。例如,明代最大的类书《永乐大典》,共收书七、八千种,凡 22877 卷,目录 60卷,11095 册,有正、副两套,正本毁于明亡之际,副本在清代被移藏于翰林院。光绪二十六年(1900),八国联军侵入北京,翰林院一段划入使馆,副本大部分横遭焚毁,小部分或被英、美、俄、日、德

---

① 　此据《隋书》卷 33《经籍志》。《古今书最》作 13219 卷。本段以下所引数字和引文皆出于《隋书》卷 33《经籍志》。

等国家抢走(至今仍分散于这些国家),或散落民间。1986年,中华书局影印出版的797卷,不到原书的百分之四。又如,1899年,敦煌千佛洞莫高窟遗书的发现,曾震惊国内外,但这批珍贵的文献,在1907至1908年间,却先后遭到英、法帝国主义分子斯坦因和伯希和的盗窃。莫高窟贮藏的古卷轴总数约2万余卷,被伯希和盗去的精华部分,即达1万卷左右;斯坦因也窃走约7000卷。

二次大战期间,日本侵略中国,给我国图书事业造成极大破坏。一方面是狂轰滥炸,摧毁了许多著名的图书馆。如:1932年,"一·二八"事变后,日寇焚毁了远东著名的东方图书馆,馆内51.8万余册图书,一夜之间化为灰烬!1937年,"七·七"事变后,日本飞机狂轰滥炸,据不完全统计,当时中国损失图书馆2118座,藏书损失达一千万册以上,其中颇多珍秘图书。另一方面是明偷暗抢,盗走了我国许多珍贵藏书。如:日寇每占一城,即派出所谓"科学调查团",到处搜集抢劫我国图书资源。南京沦陷后,南京各馆之珍贵图书被劫走70万册以上。

此外,如太平天国期间,太平军所到之处,有书必焚;在"文化大革命"的十年浩劫中,文献典籍也遭受巨大的损失。

从以上书籍散佚的情况可以看出,造成书籍散佚的最主要原因是天灾人祸。但是,我们还应看到,还有其他一些方面的因素的影响,使到书籍在自然传播过程中慢慢地散佚、淘汰,因此而散佚的典籍也不在少数。

例如,秦始皇焚书,主要是焚毁儒家经典和诸子百家之书,兵书、农书和医书不在焚禁之列。后来儒家经典又大量出现,而见于《汉书·艺文志》的兵书、农书和医书则大都不存在了,这和封建社会长时期地不重视科技图书很有关系。

印刷术、造纸术发明以前,图书主要是写在简牍或绢帛上的,抄写成书要花费很大的人力和物力,困难重重,因此一部书抄写数量很少,流通面极小,主要保存在封建政府有关部门里,私人藏书极为有限。东汉时发明了造纸术,书籍开始并逐渐广泛地抄写在纸上,这为文化传播提供了便利条件,也是魏晋以来著述兴旺发达的重要原因之一。但是,当时纸张生产数量有限,虽然新的著述大量涌现,但抄写份数仍甚少。《世说新语》记载了这样一个故事,东晋时庾仲初作《扬都赋》,庾亮大加赞誉,使其身价倍增,"人人竞写,都下(建康)纸为之贵"。这里未免有些夸张,但反映了东晋时纸的生产能力还很低下,所以一部文献问世,都下纸就为之贵了。这也说明一部著作不可能抄写成很多部。即便到后来造纸术的发明,印刷术的推广,一些大部头的著作仍不能雕版刊行,只能抄写一两部,如《永乐大典》只抄有正副两套,《四库全书》只抄写七部。这种情况导致典籍在流传过程中容易散佚,如果遇上天灾人祸,损失就更为严重了。

此外,对于那些质量不够高、文献价值不显著、成书后未能广泛流传与妥善保存的图书,在自然的流播中,往往过了几十年或几百年就自消自灭了。有的文献虽很有价值,但被新的同类著作所取代,也会遭到自然淘汰。如记载晋史的十八家《晋书》,记载十六国史的诸国"国史"及崔鸿《十六国春秋》,因唐初房玄龄等重修的《晋书》问世,取代了原有旧史,旧史便相继亡佚。又如宋初薛居正有《五代史》150卷,后来欧阳修又私撰《五代史》74卷,欧阳修死后方由朝廷正式印行,形成薛、欧二史并行的局面。但由于欧名气大,其书体例谨严,文笔简洁,更适于封建统治者需要,因此,金章宗泰和七年(1207),诏曰:"新定学令内,削去薛居正《五代史》,止用欧阳修所撰。"[①]这样,大约明中叶以前,薛居正的《五代史》便亡佚了。若不是清乾隆时邵晋涵等据《永乐大典》等书辑出,今人已无从窥其原貌了。

自然淘汰是与纸的生产、印刷术的发展以及政治局面、经济状

---

① 《金史》卷12《章宗纪》。

况联系在一起,也与人认识的局限性有关。总的说来,少量的被认为是价值很高的文献,有被保存下来的可能性;而大量的被认为是价值不高的文献,有散佚的可能性。

从上面列举的事例可知,中国历史上图书所遭受的劫难是相当多的,因而书籍的散佚也相当严重。元朝马端临曾经指出:"《汉志》所载之书,以《隋志》考之,十已亡其六七;以《宋志》考之,隋唐亦复如是。"①总的看来,中国历史文献在秦汉以前成书少、损失多、保存下来的最少;魏晋至隋唐著述多,损失亦巨大,保存下来的较少;两宋以后成书多,虽损失亦大,但由于印刷术广泛地被使用于印制图书,皇家图书收藏量大,民间藏书量亦明显地增加,因此亡佚的数量相对减少,保存下来的数量较多;明清时期,一方面图书刻本、活字本更为普遍,距今年代又近,亡佚数量相对减少,保存下来的较多。

二、文献保存的另一种形式

尽管数量繁多的历史文献因各种原因散佚了,但是还有相当多的典籍被保存下来,体现了中国典籍的丰富性与连续性;而且,更为重要的是其中一部分散佚文献还零篇断简地或比较完整地保存在其它典籍之中,从而体现为特殊形式的文献保存。也就是说,一种著述通过被别的著述所引用而得以保存下来。正因为这两方面古籍保存形式的存在,为辑佚的广泛开展提供了可能。

中国文献保存的这种特殊形式,充分体现了中国文献著述的特点,主要包括下面几个方面:

(1)注书的盛行。古人更多地通过作注来体现自己的思想观点。东汉末年以来,开始出现为前人著作作注之风,特别是为儒家经典作注,如郑玄注《周易》《尚书》《毛诗》《仪礼》《礼记》《论语》

---

① 《文献通考·经籍考序》。

344

《孝经》等。自郑玄注经到唐初，注经成为儒学发展的重要表现，成果亦多，其中以唐孔颖达《五经正义》最著名。魏晋时，清谈成为社会时尚，在注经的影响下，人们开始为《老子》《庄子》作注，其代表著作主要有王弼《老子注》，向秀、郭象《庄子注》。在注经和注老庄的影响下，人们也为史部、集部书作注，其代表著作主要有南朝宋裴松之《三国志注》，裴骃《史记集解》、唐司马贞《史记索隐》、张守节《史记正义》，颜师古《汉书注》，李贤《后汉书注》，李善《文选注》等。这些著作至今基本完整地保存了下来。由于作注之风的盛行，一书往往有很多人为之作注，如汉末魏晋时人为《汉书》作注者，颜师古在《汉书叙例》中著录的有 22 家，其中荀悦撰《汉纪》并未注《汉书》，张揖、郭璞只注解《司马相如传》，仍有 19 家，足证注释是魏晋时著述的一大特点。唐代以后，作注之风代代相因，流行不衰。到了清代，随着考据学的兴盛，为经、史、子、集作注之风达到了高峰，其特点是著述多，部头大，汇集性著作大量出现，如阮元《十三经注疏》、王先谦《汉书补注》和《后汉书集解》等。历代学者作注，往往翻检群书，引经据典，以补充原书记载的不足，或解释音义，或训诂，或正其讹误，或考辨其异同，并在引经据典时，多注明其出处。这样，在注文中便保存了大量文献的零篇断简和片言只语，内容极为繁富。而这些被引述的文献至今多已亡佚，如裴松之《三国志注》，引用魏晋人著述达 200 余种，但唐修《隋书》时，著录于《隋书·经籍志》中的已经不到四分之三、唐宋以后就十不存一了。又如刘孝标《世说新语注》，引用魏晋和刘宋前期人著作达 400 余种，至今已多半湮灭。

（2）大型类书的编修。魏晋南北朝时期，随着著述的兴旺发达，人们难于遍览群书，于是属于百科全书性质的类书应运而生。南北朝末期，类书的编纂日趋成熟，北齐祖珽等编纂的《修文殿御览》，便是其标志。隋唐以后，大量类书相继出现，其中不乏鸿篇巨帙，如《北堂书钞》《艺文类聚》《初学记》《太平御览》《册府元龟》《永乐大典》《古今图书集成》等。类书的特点是把群书记载的内容按条目汇集在一起，或按内容分门别类，或按韵编次；其引用群书内容往往比较完整，比注释所引用之文要详细，甚至整段整篇的引用；引用群书的种类也远远超过注释，如《太平御览》引用书目达 1690 种①，《永乐大典》引用书目约七、八千种。另外，类书部头大，这更是注释无法比拟的，如《永乐大典》正文 22877 卷，目录 60 卷，分装 11095 册，约 3 亿多字。类书辑录的文献资料又大多注明了出处。这样，类书不仅内容丰富，引用文献众多，而且所保存的散佚文献的佚文数量也最多。例如：《太平御览》所引用书至今十之七八已失传，赖其引文而得以窥见一斑。《永乐大典》虽成书较晚，但却保存了大量宋元时期著述的佚文，有的甚至全书基本上被保存下来，全祖望称其"或可补人间之缺本，或可正后世之伪书，则信乎取精多而用物宏，不可谓非宇宙之鸿宝也"②。清高宗亦云："见其採掇搜罗，极为浩博，且中多世所不经见之书。"③

（3）抄辑古籍。古代许多大型的图书多是抄辑他书而成，如顾炎武《天下郡国利病书》，就抄了全国大量的方志。有相当一部分散佚的方志可从中辑出，如今人就从此书中就辑出《西宁卫志》。这方面的著述还有不少，如唐魏徵等《群书治要》、马总《意林》、宋李昉等《太平广记》、曾慥《类说》等。

另外，中国方志编修保持非常高的连续性，在内容上往往比较完整地保留下前代方志的文字，因此前代散佚的方志，就可以通过新志辑出。还有，一些文集、总集、史书以及训诂考据、金石考古等方面的著述，也保存了一些亡佚文献的佚文。

① 此据宋人李廷允《太平御览跋》。今《太平御览经史图书纲目》著录 1689 种，其中多有重复。故聂崇岐认为不过 1000 多种。

② 《鲒埼亭集外编》卷 17《钞永乐大典记》。

③ 《清高宗御制诗四集》卷 11《命校永乐大典因成八韵示意序》。

以上这些著述方式的繁盛,决定了东汉以来的文献,即使后来已散佚,在古注、类书和其他一些著述中仍可看到它的零篇断简,甚至有的还比较完整地保存在群书之中,客观上为后代辑佚提供了很大的便利条件。可以说,中国许多古籍是以一种"散而不佚"(郑樵所谓"名亡而实不亡")的形式存在的。古书既然亡佚很多,后世学者出于考史、稽古等方面的需要,以看不到古书为憾,于是致力于从群书中辑出一些有价值的文献佚文,力图恢复佚书原貌,或将其零篇断简汇集成残本,这就产生了辑佚。

三、辑佚的意义

辑佚为治学研究提供了可靠的素材和极大的方便。辑佚不是把一种文献的佚文杂乱无章地辑录在一起,而是经过精细校勘、辨伪和注释,运用科学的方法编辑成书的。例如,《东观汉记》的史料价值远远超过范晔《后汉书》,因此从清初至今,不少人都曾对它进行过辑佚,其中以最近出版的吴树平《东观汉记校注》为最佳。以前翻查一条《东观汉记》材料要看很多书,查到后还要对其进行鉴别才能使用,费时费力,如今有了较好的辑本,则顺手拈来,事半功倍。因此,人们常说辑佚工作嘉惠学人,功德无量。

辑佚可推动历史文献学其他学科的发展。辑佚成果可为校勘、训诂、考据、注释等项工作提供丰富而可靠的资料。使用散佚文献的佚文进行校书、考证古代典章制度、订正史实、注释等,是前人常用的重要手段,只是有关文献的辑本不精、不敢大量地使用,而不得不辛苦地翻检类书、古注等有关文献。如果用科学的方法把散佚文献的佚文较完整地搜集整理出来,编辑成册,就为历史文献学很多分支学科的发展提供了方便条件。例如,今通行本《晋书》为唐初房玄龄等人编纂,撰者多为文人,只重形式不重内容。讹误甚多。如果组织人力在汤球所辑晋史、十六国史基础上,把记载这一时期的史传、政书、地理、别传、家谱等文献佚文全部从群书中辑出，编辑成册，将为校勘《晋书》、注释《晋书》提供丰富的素材，同时对研究这一时期的政治、经济、军事、民族、文化等专史也将提供丰富的第一手材料。

辑佚是文献流通和保存的重要手段之一。清乾隆时期，从《永乐大典》中辑出大量宋元文献，其目的主要是为了编纂《四库全书》，粉饰太平盛世，但是，它却起到了文献的流通和保存的作用。《永乐大典》成书时只抄写正副两本，清末又毁于战火，一般人均无法看到。但四库全书馆馆臣从其中辑出的文献，却很快经过传抄流行于世，有的并多经刻印、排印，版本达到二三十种，对文献的流通做出了重大贡献。又如二十四史中的《旧五代史》，记载有宋一代文物制度的 800 多万字的鸿编巨帙《宋会要辑稿》，都是通过辑佚流传下来的。而《元大一统志》，《永乐大典》引用甚是繁富，都因乾嘉时未能从其中辑出，致使随着《永乐大典》流散而基本亡佚（民国间赵万里曾辑出过《元一统志》残本），令人叹惜！

辑佚也是青年文史工作者训练基本功的重要途径之一。辑佚工作对掌握史源学、辨伪学、目录学、版本学、校勘学、注释等历史文献学各分支学科的基础知识有直接的帮助，从而为文史专题研究奠定深厚的功底。

第三节　辑佚的发展

关于辑佚的起源问题，目前争论还较大。不过，据目前各种文献学著作来看，较多主张辑佚最早出现于宋代。

在宋代，北宋陈景元从《意林》《文选注》《舞鹤赋》等书中辑出佚书《相鹤经》。据北宋黄伯思在《东观余论》中《跋慎汉公所藏〈相鹤经〉后》一文说："《隋书经籍志》《唐书艺文志》，《相鹤经》皆一卷。今完书逸矣，特自马总《意林》及李善《文选注》中鲍照《舞鹤赋》中抄出大略，今真静陈尊师所书即此也。而流俗误录著故相国舒王集中,且多舛午,今此本既精善,又笔势婉雅,有昔贤风貌,殊可珍也。""陈尊师"即陈景元(1025年—1094年),北宋著名道家学者,字太初,一作太虚,自称玄虚子。其辑《相鹤经》当在英宗治平元年(1064)至哲宗元丰八年(1085)间。这被认为是宋代最早的辑佚书。

　　另一位著名学者南宋王应麟以群经注文为取材之资,进行辑佚。王应麟(1223年—1296年),字伯厚,号原斋,自号深宁居士,先世居浚仪(今河南开封),后迁庆元鄞县(今属浙江)。他熟悉掌故制度,精于史地考证,撰有《困学纪闻》《深宁集》《汉书艺文志考证》《通鉴地理考》《玉海》等,尤以《困学纪闻》影响最大,为后世所推崇。他曾辑《三家诗》《周易郑康成注》《郑氏尚书注》及《论语郑康成注》,其中《周易郑康成注》《郑氏尚书注》很有名,一直流传至今。

　　此外,南北宋之际的藏书家尤袤(1124年—1193年),曾从《文选》六臣注中抄出李善注,亦可看作为辑佚之作。据于成大在《辑佚书问题》中说:"书虽亡,尚可就故书之所引辑其佚文者,……当始于南北宋之际的尤袤。唐初,李善并其子邕有《文选注》。唐明皇时,又有所谓五臣注。后人又将李善与五臣之注合而为一,成《六臣注》。苏东坡已不能见真李注。至尤袤.乃自六臣本中将李注抄出单刻,即所谓尤刻本。"①南宋时高似孙还辑过《世本》,他在其所撰《史略》卷6《世本》条的按语中说:"《世本》叙历代君臣世系,是书不复见……。予阅诸经疏,惟《春秋左氏传》疏所引《世本》者不一,因采掇汇次为一书,是曰《古世本》。周益公在西府,闻予有此,面借再三,因录本与之。益公一见曰:天下奇书,学者隽工也。"民国年间,四川学者刘咸炘对辑佚有较深的研究,其在《目录学·存佚》中认为,宋代流传下来的唐人小说及

---

① 《国学论衡》第三期,民国二十三年。

唐以上人文集,凡与原卷数不合者,多为宋人辑佚而成,只是都不明言为辑佚而已。

南宋史家郑樵则提出"书有名亡而实不亡论",认为古代散佚了的书可从现存的其他书中找到被称引的引文,加以辑录成帙,便可窥见其书原貌。这为后来学者指出了辑佚的门径。

到了明代,作辑佚的人多起来,其中比较著名的是胡应麟与孙毂。胡应麟(1551年—1602年),字元瑞,晚更字明瑞,自号少室山人,浙江兰溪人,曾辑过古佚小说《百家异苑》、干宝《搜神记》、张耒《柯山集》等,此外还辑过一些零散篇章,见诸其《二酉缀遗(中)》。胡应麟在辑佚理论上也有一些论述,如关于佚书的考辨、对佚文搜辑的途径、对时人辑佚现象的总结、类书在辑佚中的作用等问题①,代表了明代辑佚理论的发展水平。孙毂字子双,明末湖南华容人,曾杂采旧文,辑为《微书》(又称《古微书》),共分四部分:一为《阙微》,征三代之前传说七十二代之古文;二为《焚微》,辑秦以前逸书;三为《浅微》,辑汉晋间笺疏;四为《删微》。前三部已佚,今存只有《删微》。是书专辑纬书。纬书自隋以后,多失传。孙氏广泛搜集汉唐古籍中称引纬书之佚文,辑为此书,凡十纬94种,36卷。是书为比较纯粹的辑佚书,代表了明人辑书之典范,开后世辑佚专类的先河。此外,明代的辑佚活动还有:范钦辑《竹书纪年》2卷,薛应旂辑《六朝诗集》、陆楫辑《古今说法》、梅影祚辑《历代文纪》、姚士粦辑《陆氏易解》、屠乔孙辑《十六国春秋》等。

明代的辑佚尽管还不够发达,但在辑佚实践与理论上取得的进展还是值得注意的,并且显示其时代的特征:其一,明代的辑佚与治学结合得很紧密。辑佚多为考据学家所从事,他们在考据、整理典籍过程中,进行对某一方面佚文的搜辑,作为自己治学上的取资,如杨慎辑《风雅逸篇》、焦竑辑《古逸经》、姚士粦辑《陆氏易

---

① 《中国古籍辑佚学论稿》第八章第一节"明人的辑佚思想"。

解》等。其二,明代的辑佚体现了明人好奇、好异的治学风气。明代社会好奇、好异之风甚盛,对散佚古书有浓厚的兴趣;而出版商专门搜辑出版异书、奇书(这中间就包含大量的佚书),以迎合读者心理,这样在一定程度上刺激了辑佚的兴起,如范钦辑《范氏奇书》、孙毂辑《古微书》等。其三,明人辑书不够规范。除将群书保存下来的散佚文献的佚文搜集出来外,还吸收它书记载的有关内容,编辑成册,仍署原书撰者之名,既不说明辑佚体例,亦不注明材料出处。这样就形成宋元已亡佚的文献,到明代又突兀地出现了,鱼目混珠,真假难分。清代学者称明人好作伪书,其中也包括这类辑佚之作。其实这种辑佚之作并不全伪,大凡取材皆有所资,并非杜撰,但辑佚时为了上下文的连贯和内容的完整性,大量吸收了它书的有关内容,致使面目全非。例如:今流传本《十六国春秋》,仍署北魏崔鸿撰,正文 100 卷,与《魏书·崔鸿传》记载相合,唯缺《序例》1 卷、《年表》1 卷。但《宋志》及宋代目录学著作已不著录《十六国春秋》,说明宋代已亡佚,因此清代学者视其为伪书。实际上此书是明代万历年间屠乔孙等辑佚而成,从内容上看,全书主要以《晋书·载记》《张轨传》《李玄盛传》以及有关专传为基础,补缀了《北堂书钞》《艺文类聚》《初学记》《太平御览》等类书的《十六国春秋》佚文,并吸收了《通典》《资治通鉴》《魏书》等有关内容,重新进行编次而成。大凡十六国史事,不加考订,一概收入。这种辑佚方法显然是不科学的,也是不足取的。可以说,终明一代,辑佚还处于初期发展阶段,所以比较粗糙,体例尤不成规矩。随着考据学的兴盛和《四库全书》开馆对《永乐大典》的辑佚,清代辑佚得以广泛开展,辑佚成果累累,功绩卓著(可参看第八章第八节“清代辑佚的蓬勃发展”)。清代辑佚主要表现为以下几个特点:

第一,终清一代,辑佚出的文献数量最多。其中乾隆年间四库全书馆馆臣从《永乐大典》辑出的文献就有 385 种,4926 卷。嘉庆时徐松等又从《永乐大典》中辑出卷帙浩繁的《宋会要》。私人辑佚之作也十分可观,如姚之骃所辑《后汉书补逸》(包括东汉史著作 8 种)、汪文台所辑《七家后汉书》、黄奭所辑《汉学堂丛书》(包括东汉魏晋史著作 24 种)、王谟所辑《汉魏佚书钞》、马国翰所辑《玉函山房辑佚书》、汤球所辑《十六国春秋辑补》和《九家旧晋书》等。

第二,涌现出一批著名的辑佚学者,如章宗源、严可均、王谟、汪文台、黄奭、张澍、汤球等,更有被称为是私人辑佚工作中成绩最显著的马国翰。经过他们的实践,把辑佚推向一个新的高峰。与此同时,不少著名学者都曾亲自进行辑佚工作,如邵晋涵、文廷式、缪荃孙等,对辑佚起了推动作用。

第三,辑佚的门类广泛。从内容上看,经、史、子、集四部无所不包,其中有综合性的,有专辑经、史、子、集中一部的,有专辑一人之书或一朝之书的。从时间上看,明以前历代著述无不遍及,一般私人辑佚以隋唐以前文献为多,四库全书馆馆臣辑佚以宋元文献为多。

第四,辑佚体例越来越规范化,内容越来越完整。清初,辑佚之作仍比较粗糙,体例不严谨,内容挂漏亦多。乾嘉时则有了较大的进步。例如,康熙时姚之骃所辑《东观汉记》,只查阅了范晔《后汉书》李贤注、司马彪《续汉书》刘昭注和《北堂书钞》《艺文类聚》《初学记》等古注和类书共 5 种,因此所搜集的佚文有很大局限性,即这 5 种文献中的佚文也掇拾不尽,挂漏殊多。在体例上,杂乱编次,与《东观汉记》原编次相悖。据《史通》所论,《东观汉记》有纪、表、志、传、载记,姚氏则按帝王、后妃、诸王、一般臣子为次,不伦不类。对一人事迹,随取随录,不序先后。每条佚文之取材,又不注明出处。因此,乾隆时四库全书馆馆臣以姚氏多有所失,又重新辑佚《东观汉记》,新辑本不论在内容上还是体例上都远远超过了姚氏。在内容上,除使用姚氏所用 5 种文献外,又搜罗了《太平御览》《永乐大典》以及唐宋以前其他类书和古注,比姚氏辑本增加了一半以上。在体例上,依《史通》所论,分为帝纪、年表、志、列传、载记,对于无篇可归者,编为佚文1卷,附全书之后,章法严密,井然有序。当然,四库全书馆馆臣新辑本也不是尽善尽美,在内容上仍有少量佚文未被辑出,在体例上连缀成篇时,对佚文字句或增或减,特别是不注明出处。

　　一般说来,四库全书馆馆臣所辑之书都比较成熟,但因系官修,又出众人之手,体例失当或内容疏漏、加以窜改之处在所难免。例如,邵晋涵等所辑《旧五代史》,与今存《永乐大典》残卷相校,发现有窜改、抄误、漏辑等情形。清末私人辑佚之作,在体例和内容上都有所进步,但由于个人能力有限,亦存在一些不足之处。例如,辑佚大家汤球所辑《十六国春秋辑补》,不论在体例编次还是内容取舍方面,都优于屠乔孙辑本,至今仍为学者所重视。但汤氏把大量非《十六国春秋》佚文补了进去,亦不免有画蛇添足之嫌。另外,汤球所辑其余晋史、十六国史著作,在内容上亦疏漏甚多,不能尽称人意。但总的看,清代时,辑佚的体例是越来越规范,内容越来越完整。

　　民国以来,辑佚出现相对的低潮,大规模的辑佚之作不多,较多的是一些专书的辑佚,比较突出的有:鲁迅所辑的《会稽郡故书杂集》8种10卷,《古小说钩沉》36种36卷。张国淦《中国古方志考》,收秦汉至元代古方志二千余种,绝大多数为佚志。是书于每种佚志详考其作者、流传、异名等,而且间引佚文,且注明佚文尚有何书保存,为今人研究、辑佚古佚志提供了极大便利。此外,陶栋曾辑有《辑佚丛刊》,收书十种,但取材较窄,价值不大。赵万里辑《元一统志》《析津志》,郭绍虞辑《宋诗话辑佚》,王叔武辑《云南古佚书钞》,朱祖延辑《北魏佚书考》,周天游辑《八家后汉书辑注》,李裕民辑《山西古方志辑佚》,刘纬毅辑《汉唐方志辑佚》等,也是值得关注的辑佚成果。

与辑佚书的低潮相反,民国以来的辑佚理论却有较大的发展。如梁启超《中国近三百年学术史》中专门辟有一节"辑佚书",总结评述了清代辑佚的成绩,提出辑佚"所凭之重要资料""鉴定辑佚书优劣之标准"等辑佚理论。刘咸炘在其《目录学·辑佚书纠缪》一文中对清代辑佚存在的问题作了精辟的概括。王重民也写有一系列关于清代辑佚的研究论文。正是由于这些理论的提升,使辑佚逐渐地科学化,形成为历史文献学的一个分支学科。1998 年,曹书杰出版了《中国古籍辑佚学论稿》,是目前第一部辑佚学专著,是辑佚学成就的集大成之作,对辑佚学的历史与理论作了深入的疏理与阐述。

第四节　辑佚的方法

辑佚是一项很实在的工作,主要是借助中国历史文献学的史源学、辨伪学、目录学、版本学、校勘学、传注学等分支学科的研究成果和手段,把散佚文献的佚文尽量搜罗齐全,并进行考订整理,依原书体例编辑成册。其中特别强调进行辨伪和校勘,目的是提高使用价值,为研究者提供可靠的素材。那么,辑佚是如何进行的呢? 辑佚的方法,可根据具体佚书及辑佚者的不同情况,采用多种形式。不过,不管形式如何,大致必须遵循下列几个步骤:

一、辑佚的准备工作

首先要判定拟辑佚的文献是否真佚。一部文献成书后,未能刻印、排印,仅以抄本流行,或刻印、排印数量有限,时日长久,为世人所罕见,并非亡佚,但有时可能被认为是佚书。因此,在辑佚之前,为了避免失误,要认真翻检目录学著作,向有关专家请教,甚至要亲自到一些图书馆和个人藏书家查访,以防徒劳。当然也有特殊情形,文献本未佚,但为世人所不见,作了辑佚,亦有价值。例如:清乾隆时《永乐大典》辑出元代《农桑辑要》,以后 200 年中在社会上广泛流行,版本不下 20 种。实际上元刻本《农桑辑要》并未佚,1979 年由上海图书馆影印公之于世。尽管如此,辑本之功不可磨灭。

其次是审订辑佚引用文献和参考文献目录。根据辑佚对象判定其佚文在哪些文献中会有所引用,然后分清哪些文献引用时注明了出处,哪些未注明出处,将注明出处者编成"引用文献目录",未注明出处者与其他有关文献编成"参考文献目录"。着手辑佚之前必须做好这一工作,并在工作中进行完善。这是辑佚成败的关键性因素之一,必须细致,力求齐全,以保障全书内容的完整性和校勘的准确性。关于辑佚取资的对象,张舜徽先生在《中国古代史籍校读法》一书中有过简单的概括:"一、取之唐宋类书,以辑群书;二、取之子史及汉人笺注,以辑周秦古书;三、取之唐人义疏,以辑汉魏经师遗说;四、取之诸史及总集(如《文苑英华》之类)以辑历代遗文;五、取之《一切经音义》(以慧琳《音义》为大宗)以辑小学训诂书。"①张舜徽先生在此谈的都是大的方面,即辑某一类书主要的参考资料,其实引书还应从更广的范围去寻找,这就需要对原书的内容、流传情况、影响等方面有较清晰的了解。

第三是对引用佚书的有关文献的版本进行选择。好的版本能为内容的真实性、正确性提供较充分的保证。一般来说,辑佚以选用经过后人整理过的、公认的好版本为宜。关于这一点,从许多辑佚学者的许多实践中可以得到印证。许多学者都是先对各种版本进行比勘之后才利用可靠的版本进行搜辑佚文,这样可以避免对佚文的不必要的校勘,省力甚多。另外,一些学者还对某些用以辑佚的资料本身进行一番考证、校勘,使其本身成为一种好的本子之后,才利用它进行辑佚。如严可均就曾对一些类书进行过大量的

① 《中国古代史籍校读法》,第 302 页。

校勘。而这一点,也说明了辑佚工作者必须具有充分的版本学、校勘学方面的才能。

第四、确定辑佚对象的体例(即佚书的原体例)。有的古籍,原书体例情况有比较清楚的记载,这比较好办。有的古籍,它的体例不甚明了,就需要辑佚者作一番考证,甚至加以大胆的推测,以求尽可能地恢复原书的体例。只有做到这一点,辑佚才能达到最大限度地恢复散佚文献原貌的目的。同时,只有在判定原书体例之后,才能做到边搜集佚文边进行分类整理,省时省力。

二、制订辑本的体例

辑书的体例和佚书原先的体例不一样,前者是指辑佚者在辑佚中采取的一些措施(即体例)以保证所辑书的质量,体现了辑佚者工作的成果,从中可以看出辑佚者水平的高低。而后者是固有的一种模式(除了辑佚者的某些臆断外),和辑佚者本身没有多大的关系。

由于辑佚学在理论研究上做的很不够,目前还没有形成一种比较统一的科学的体例;同时,所辑佚文献诸方面情况差异太大,在体例上也不可能千篇一律。所以在搜集佚文过程中或在编辑之前,只能根据辑佚对象的特点,吸收前人的成果,制订出辑本的体例。依据以往比较规范的辑书经验,辑佚书体例大致包括下面几项内容:

其一,辑书前有序言。序言的内容包括有原书的作者、成书年代、卷数、内容、亡佚过程等等,以及有关的考证文字。如果此书有前人辑本,还会指出其存在的不足之处。另外,辑书的编次与原书编次的比较,辑本所据的资料来源,选辑的原则,基本情况,校勘、注释、版本等问题,以及辑本的意义,等等。在序言中都多有讨论。

其二,所辑佚文均应有后注,注明出自何书。来源多种的,应一并列出,并比较其异同,说明取舍及存疑情况。

其三,对各条佚文均应加以考订,以确保其准确。有必要的话,还应加上注释。

三、具体的辑佚方法

通常采用的辑佚方法,是将群书中引用这部佚书的材料一一摘录出来汇集在一起。同一条佚文分别见于各种类书古注等的,则一般地采用最先引用的一种,在该条佚文下注明有哪些书引用过。如果所引文字有不同,则应注明异同。各书引文详略不同,字句有异,应该详细加以辨识,选择内容比较全面且准确的一种作底本,其余异文则择要节录,夹注文内,或者附于辑文之后。有些地方文字有错误,讲不通,应该参考其他资料进行校正。

在辑佚中应注意不要盲目求全。一部文献失传后,不论其原来价值如何高,它书所保存下来的部分都是有限的。经过搜集整理,不可能完全恢复原貌,甚至十不存一,内容不可能完整。还有上下文不通贯,有的只言片语构不成完整的句子等情况。对此,有的人片面追求完整性,把它书中的有关材料补缀成篇,内容虽完整了,却明显失真,如同画蛇添足。要求辑佚的完整性,是指把散落在群书中的佚文尽量搜集齐全,而不是指在内容上一定要恢复原貌。在这方面,前人留下了很多教训,如屠乔孙所辑《十六国春秋》,凡涉十六国史材料一概收入,看来卷数足,内容全,又由于不注明每条材料之出处,结果完全失去了使用价值,清代学者称其为伪书,是不无道理的。清末汤球看出屠氏辑本之缺点,便重新辑佚,名曰《十六国春秋辑补》,克服了屠氏不少缺点,但汤氏不仅把《晋书·载记》《张轨传》《李玄盛传》及有关专传[①]全部收入,还吸收了《宋书》《魏书》《通典》《资治通鉴》等有关材料,重蹈屠氏之辙。从明代至今,不少辑佚者常犯此毛病,因此尤应注意。

---

① 《晋书》这些记传确系据《十六国春秋》写成,但不能视为崔氏之旧。

四、加以校勘与辨伪

前人引书往往与原文不尽相同，多有增删，甚至同一书中所引某一书的同一条材料都前后不一致；为了引文意义完整，首尾往往增加语句；引用书名与篇名往往不分，此云书名，彼曰篇名，或以作者代替书名，或省称书名，有时还出现张冠李戴；历代帝王都有避讳，引文因讳改易文字是普遍现象。又宋元以前文献，由于距今年代久远，经过反复传抄、刻版，字句中的脱、衍文和讹误在所难免。另外，一些鸿编巨帙之作，如《永乐大典》，成书时间短促，出于众人之手，抄写不精，讹误与缺点也就更多些。因此，辑佚不能简单地把群书有关佚文辑录成册，还必须进行校勘和辨伪的处理。

从上面的分析可看出，辑佚是具有相当难度的古籍整理工作，需要有渊博的知识。所以近人刘咸炘说："辑书非易事也。非通校雠，精目录，则伪舛百出。"①张舜徽指出："搜辑佚书的工作，和对佚书进一步的钻研，都必须在某一门学问已经取得基本知识以后，才能向这方面用功。""至于自己动手搜辑佚书，更是学问成熟以后的事。"②尽管如此，我们如果能够遵循上面的辑佚方法，注意应该注意的几个问题，充分利用前人的辑佚成果、经验和现代的有利条件，还是可以进行辑佚工作的，并且一定能取得较前人更辉煌的成绩。

---

① 刘咸炘《推十书·目录学·存佚》。
② 分别见《中国古代史籍校读法》第 308 页，第 310 页。

第十六章　史源学

第一节　史源学及其方法

什么是史源学？简而言之，史源学就是一门寻考史料来源的学问。

史源学是历史文献学中新出现的分支学科之一。一方面，它通过考寻前人著述所依据的史料来源出处，来考察其根据是否正确，引证是否充分，叙述有无错误，判断是否正确，从而对这部著作的史料价值和使用价值作出正确的评价；另一方面，自己在史学和文献研究中，也要重视考寻史源，要尽可能利用第一手材料，使自己的研究证据更加充分可靠。可以说，史源学不仅是一门鉴别史料的学问，而且是一门治史基本功训练的学问，它有助于历史研究建立在准确可靠的史料基础之上，也有助于形成严谨的治史学风。

史源学是著名史学家、教育家陈垣在长期的史学研究和教学实践中总结出来的一门学问，是中国 20 世纪历史学研究的一大创新，也是他注重实践的教育思想的结晶。"史源学实习"就是他将史源学付诸实践，在高等学校开设的一门新的课程。他是史源学的创建者，因此讲史源学，首先必须讲陈垣的开创之功。

陈垣认为无论是搜集史料，还是写考证文章，除了史料必须完备以外，更"强调的一个最高原则，是必须采择第一手材料"[①]。因

---

① 　徐梓《陈垣先生史学的总结性特征》，载《纪念陈垣校长诞生 110 周年学术论文集》，北京师范大学出版社 1990 年版，第 95 页。

此,他在教学中十分重视实践。在本世纪三、四十年代,陈垣先后在北平师范大学、辅仁大学、北京大学开设了"史源学研究"课程,让学生自己动手找资料、翻目录、查书、写作,在独立思考、追本穷源中分析寻考史料来源,训练学生的学术写作能力和科研能力。通过一段时间的教学实践,他深感"空言不能举例,讲授不便,贵乎实习。孔子曰:我欲托之空言,不如见诸行事之深切著明也。古人有言:临渊羡鱼,不如退而结网","史源学一名,系理论,恐怕无多讲法,如果名'史源学实习',则教者可以讲,学者可以实习"①。对于这门课,他特别强调的是实践,重在理论与实践的结合,所以后来他就把这门课定名为"史源学实习"。

开设"史源学实习"课的目的和方法,陈垣在讲授这门课的《导言》中说得很明确:"择近代史学名著一二种,一一追寻其史源,考正其讹误,以练习读史之能力,警惕著论之轻心。"②也就是说,让学生通过自己动手寻考史源,查出前人史学著作的疏谬及造成疏谬的原因,以提高运用史料、鉴别史料的能力,树立正确的治史态度。

这门课具体的讲授及实习方法是:

(一)选定教材。陈垣认为选定"史源学实习"课的教材,首先必须是史学名著。这一方面可使学生在阅读中得其精神教益,另一方面可使学生不迷信前人。特别是如能在寻考史源中发现名家大师在引证史料中的一些讹误,会大大激发起他们的研究兴趣,增强他们研究的自信心,体会到即使是名家大师之作,也不能盲目迷信,更不能被名家大师的名气所吓倒。其次,最好是选择近代史学名著。陈垣选的主要是清代的史学名著。第三、必须选择符合这门课程教学要求的名著。他说:"选书有四难:一、分量不大不小。

---

① 陈智超编《陈垣史源学杂文·前言》,人民出版社 1980 年版,第 2 页。
② 陈智超编《陈垣史源学杂文·前言》,人民出版社 1980 年版,第 1 页。

二、时代不远不近。三、范围不广不狭。四、品格不精不粗。"① 所谓"品格不精不粗",是指书中的考证不过分精密,也不过分粗疏,使学生有用武之地。如陈垣对全祖望的学术成就十分推崇,但又看到全祖望的著述有不少疏漏之处,所以正可以作为"史源学实习"课的教材。他说:"惟其文美及有精神,所以不沾沾于考证。惟其中时有舛误,所以能作史源学实习课程,学者时可正其谬误,则将来自己作文精细也。"② 陈垣在评价赵翼《廿二史札记》、全祖望《鲒埼亭集》和顾炎武《日知录》时说:"错误以《札记》为最多,《鲒埼》次之,《日知》较少,学者以找得其错处为有意思,然于找错处之外能得其精神,则莫若《鲒埼》也。"③ 十多年间,陈垣用作教材的,主要有赵翼《廿二史札记》,顾炎武《日知录》,王鸣盛《十七史商榷》等书。

(二)抄录、点句。教材选定后,"每期选文四页,长者一篇,短者二篇,预先告学者端楷钞之。虽自有书亦须钞,亦一种练习。"④

(三)考释。"抄好后即自点句,将文中人名、故事出处考出:晦者释之,误者正之"。⑤ 通过这样的练习来考察其史料:"一、看其根据是否正确:版本异同,记载先后,征引繁简。二、看其引证是否充分。三、看其叙述有无错误:人名、地名、年代、数目、官名。四、看其判断是否正确:计算,比例,推理。"⑥

当学生自己动手寻考史源,发现了名家大师引用史实的错误之后,更领悟到了慎重对待史料的必要性,从而树立起对名家大师

---

① 陈智超编《陈垣史源学杂文·前言》,人民出版社 1980 年版,第 3 页。

②③ 陈垣《家书》,载陈智超编《陈垣史学论著选》,上海人民出版社 1981 年版,第 632 页。

④ 陈垣《家书》,载陈智超编《陈垣史学论著选》,上海人民出版社 1981 年版,第 631-632 页。

⑤⑥ 《陈垣史源学杂文·前言》,人民出版社 1980 年版,第 2 页。

不轻信、不迷信的态度。然而寻考史源,并非易事,必须经过反复考核鉴别,才能辨明其正误。正如陈垣所说:"非逐一根寻其出处,不易知其用功之密,亦无由知其致误之原。"①他在讲授《史源学实习》课时,曾指出赵翼《廿二史札记》引证史实错误较多,教训有六个方面:"一、读书不统观首尾,不可妄下批评。二、读史不知人论世,不能妄相比较。三、读书不点句分段,则上下文易混。四、读书不细心寻绎,则甲乙事易淆。五、引书不论朝代,则因果每倒置。六、引书不注卷数,则证据嫌浮泛。"②这是他通过寻考《廿二史札记》的史源而得出来的正确认识。

从"史源学实习"课的讲授方法和实习过程中可以看出,这门课重在实践,重在培养学生的动手能力。诚如著名学者,也是曾亲自聆听陈垣"史源学实习"课的赵守俨所说:"学自然科学的,都要在实验室里做实验,那么学历史的,是否也能够做实验呢?这门课程对此做了肯定的回答。因为是实验性质,所以不重在讲,而重在做练习。"③

史源学和历史文献学的其他分支学科有着相辅相成的密切关系。目录学、年代学、避讳学的原理和知识,是寻找史源的重要工具;而校勘、辨伪、传注、辑佚,也都需要作考寻史源的工作。

考寻史料来源本是我国史学的优良传统之一。历代史家在写史时都十分注重标明其史料来源,以表明其记事的可信程度。司马迁在《史记》中,多处详载其史料来源。如《管晏列传》:"吾读管

---

① 李瑚《励耘书屋受业偶记》,载《励耘书屋问学记》,三联书店 1982年版,第 115 页。

② 陈智超编《陈垣史源学杂文·前言》,人民出版社 1980 年版,第 5页。

③ 赵守俨《陈援老对基础知识和历史科学基本建设工作的重视》,载《纪念陈垣校长诞生 110 周年学术论文集》,北京师范大学出版社 1990 年版,第 42 页。

氏《牧民》《山高》《乘马》《轻重》《九府》及《晏子春秋》,详哉其言之也,既见其著书,欲观其行事,故次其传。"《商君列传》:"余尝读商君开塞耕战书,与其人行事相类。"他写《五帝本纪》,由于时间相隔太远,不少史实已不清楚,对其史料来源,更有详细说明:"学者多称五帝,尚矣。然《尚书》独载尧以来;而百家言黄帝,其文不雅驯,荐绅先生难言之。孔子所传宰予问《五帝德》及《帝系姓》,儒者或不传。余尝西至空桐,北过涿鹿,东渐于海,南浮江淮矣,至长老皆各往往称黄帝、尧、舜之处,风教固殊焉,总之不离古文者近是。"由此可知,司马迁写《五帝本纪》,除据《尚书》《五帝德》《帝系姓》外,还根据他随从汉武帝巡视时所采访的一些有关五帝的材料。其史料出处,交代得清清楚楚。

我国历代史家在研究前人著述时,也十分重视探究前人采录史料的来源,看其利用的史料是否正确,是否符合事实,如有错误,还要追寻造成错误的原因。如班彪、班固就对司马迁的《史记》所采录的史料来源作了认真寻考,指出"司马迁据《左氏》《国语》,采《世本》《战国策》,述《楚汉春秋》,接其后事,讫于天汉。其言秦汉,详矣。至于采经摭传,分散数家之事,甚多疏略,或有抵牾。……其文直,其事核,不虚美,不隐恶,故谓之实录。"[1]对司马迁所采录的史料作了认真考证和全面评价。陈垣曾盛赞冯桂芬的《说文段注考证》,认为冯氏能追根寻源,核对原书,找出段玉裁引书无心之误,以及段氏有意改古书以就己说之谬,认为冯氏之作,是考证史源的示范之作。[2]

不少史家在史学与文献研究中都重视追根求源,使其证据更加准确,更加可靠。如清代学者阎若璩,当有人问他"使功不如使

① 《汉书》卷62《司马迁传》。
② 牟润孙《励耘书屋问学回忆》,载《励耘书屋问学记》,三联书店1982年版,第86-87页。

过"这句话出自何典时,他一时回答不出,他翻了很多书,直到 15 年后,才在《唐书·李靖传》中找到这句话。原来是李靖犯错误后,唐高祖李渊没有处罚他,而是让他戴罪立功,结果他在开州一战,大获全胜,李渊高兴地说:"使功不如使过(过错)"。按说,这句话已找到根据,也就可以罢休了,然而阎若璩仍不满足,他还要追查出这句话的最早出处。5 年后,他终于在《后汉书·独行列传·索卢放篇》中查到,才弄清了这句话的来龙去脉。阎若璩之所以在考据学上有很大成就,和他十分重视史源有密切关系。

陈垣系统总结了历代史家重视史源的优良传统,创建了史源学这一新学科,首开了"史源学实习"这一新课程,为史学研究和史学教育开阔了新领域,提供了新方法,他的功绩是不可抹灭的。

第二节　史源学的功用

不少学者都认为史源学功用很大,认为"史源学实习"课让学生自己动手查书、找资料,寻考史源,写考证文章,对培养学生独立科研能力有很大作用,特别是对"古文献整理者是一种最有效的基本训练,非常必要"。[①] 深受陈垣史源学影响的著名史学家岑仲勉在 1937 年即著文指出读史研史,史源不可不讲。[②]

总结起来,史源学的功用,主要有以下 6 个方面:

一、有助于鉴定史料的真伪及其可靠程度

历史研究需要准确可信的史料,这就需要对征引的史料进行

---

① 赵守俨《陈援老对基础知识和历史科学基本建设工作的重视》,载《纪念陈垣校长诞生 110 周年学术论文集》,北京师范大学出版社 1990 年版,第 43 页。

② 岑仲勉《新唐书突厥传拟注》,《辅仁学志》第 6 卷第 1、2 合期,1937年。

鉴别。而鉴别史料的方法之一就是考寻其来源,即考察其原始出处和保存、流传的过程。查清了史料来源和承传,才容易确定史料的真伪及其可靠程度。如蒲松龄的《聊斋志异》稿本,1955年最初出版时,该书《出版说明》中称此稿本"是1948年东北的西丰解放后,检查土地改革工作时在一贫农家中发现的。"这不免使人对此手稿的真实性感到疑惑:蒲松龄本是山东淄川人,其手稿为什么会流落到辽宁西丰呢? 后来在金静庵《静悟室日记》中,看到他在1933年借阅《聊斋志异》手稿本的一段记载,才找到了答案。原来到蒲松龄的七世孙蒲国权时,由淄川移居沈阳万泉河畔,并携来祖传《聊斋志异》手稿8册,后在沈阳损失一半,仅存4册,到其九世孙蒲英灏时,又移居西丰县,所以将此手稿带到西丰。《聊斋志异》的来源及承传关系寻考清楚了,此稿系蒲松龄手稿也就十分可信了。

又如有人为了否定屈原的存在和《楚辞》的价值,认为《史记·屈原列传》或是司马迁有意伪作,或是后人伪作。通过考寻《史记》的史源,就会发现上述观点是站不住脚的。首先,在司马迁之前的汉代文献中,涉及屈原事迹的就有贾谊的《吊屈原赋》,东方朔的《七谏》,庄忌的《哀时命》以及淮南王刘安《离骚传》,这些都是司马迁作《屈原列传》的史料来源。另外,司马迁为写史而实地考察,曾"适长沙,观屈原所自沈渊"[1],亲自了解了不少关于屈原的第一手材料。由此可见,《屈原列传》的史料来源有着坚实的基础,其可靠性、真实性是不容置疑的。[2]

文献从来源和性质上分,有原始史料和撰述史料之分(有人称为直接史料和间接史料)。原始史料如政府的文件档案、信札、

① 《史记》卷84《屈原贾生列传》。
② 吕培成《论〈史记〉及〈屈原列传〉的史源——兼及"屈原否定论"》,《陕西师范大学学报》1985年第2期。

笔记、日记、碑铭、墓志、谱牒、契约、帐簿等。这种史料往往是片断的和不系统的,不能较全面反映历史面貌,但这些史料没有经过加工改造,是"源",能够比较真实地反映史实真相,比起撰述史料来说则要可信得多,对考证史实,更具权威性。如关于慈禧(叶赫那拉氏)入宫的时间和封号,过去不少人都依《清史稿》的记载:入宫时间是咸丰元年(1851 年),最初封号是"懿"。后来查故宫博物院明清档案部所藏内务府、宗人府和军机处的档案,证明慈禧入宫的时间应是咸丰二年五月初九日(1852 年 6 月 26 日),而咸丰元年乃选秀女之年,不是慈禧入宫之年,而且查明慈禧最初的封号是"兰",而不是"懿"①,这个原始材料的记载自然比《清史稿》可信得多。

撰述史料是依据各种原始史料综合、整理而成的历史著作,它比较完整地叙述了某个方面的历史事迹,可以帮助人们较全面系统地了解历史事件的全貌。但正因为它改造了原始史料,所以它不是"源"而是"流",其中可能因作者的立场、观点、爱憎等因素而对史料选择有所偏重和取舍,致使记述失实。因此,对撰述史料的征录,应格外慎重。如光绪帝恰在慈禧死的前一天病故,鉴于两人生前关系紧张,于是纷纷传说光绪帝是被慈禧害死的。特别是一位自称给光绪帝诊过病的医生屈桂庭,在其《诊治光绪帝秘记》中,或明或暗地说光绪帝系毒发致死;而末代皇帝溥仪在《我的前半生》一书中,提到"一种传说,是西太后自知病将不起,她不甘心死在光绪帝前面,所以下了毒手",对此传说,溥仪认为"这也是可能的"。这两个人,一个是亲自给光绪诊过病的医生,一个是继承光绪的皇帝,他们的说法似乎都具有权威性。但从中国第一历史档案馆所藏清宫医案中看,光绪帝从病重至去世,其症状演变属进

---

① 俞炳坤《慈禧入宫的年月、身份和封号》,《故宫博物院院刊》1979 年第 1 期。

行性加剧,其临终时的症候表现,正是病情恶化的结果,可见光绪帝确系死于疾病①,而光绪帝与慈禧死在前后二天之内,只不过是巧合罢了。当然,对于撰述史料,特别是对那些依据原始史料撰写而成,能够做到"秉笔直书""不隐恶""不虚美"、忠于史实的撰述史料,史学价值也应充分肯定。

对于撰述史料,征录时应注意时间的先后。同一事实的记载,应重视著述年代早的记载,因为它比较接近于"源"。如"我们今日来研究古史,只能信赖司马迁以《诗》《书》《国语》《国策》《世本》《楚汉春秋》等书为蓝本而写成的《史记》;万不能根据后出的谯周《古史考》、皇甫谧《帝王世纪》、罗泌《路史》等书的说法,来推翻《史记》,因为无论如何,谯周等人当时所能掌握的材料不会超过司马迁。"②陈垣就要求学生尽可能找最早的记载。如研究唐史,只有注明两《唐书》《唐会要》《唐大诏令》《册府元龟》等书没有的材料,才允许引《资治通鉴》。他在《中国佛教史籍概要》一书中,批评《四库全书总目提要》关于《广弘明集》的提要时说:"《提要》又引《神僧传》六,称道宣为僧祐后身。按《神僧传》乃明初撰集之书,其道宣传全采自《宋高僧传》十四。《宋高僧传》《四库》著录,《提要》何以不引宋传而引明传,可知其随手翻检,未尝一究史源,实为疏陋。"

当然,也有这种情况,有些史料已探究到了史源,找到了最早的记载,但或因当时政治环境,或因作者偏见,或因材料缺乏等等因素,早出的并不一定比晚出的可信。如唐朝武则天时,裴炎与骆宾王合谋造反之说,最早出于唐代文学家张鷟的笔记《朝野佥载》,而后出的两《唐书》和《资治通鉴》却不从其说。两《唐书》虽

---

① 朱金甫、周文泉《从清宫医案论光绪帝载湉之死》,《故宫博物院院刊》1982年第3期。

② 苏渊雷《读史举要》,黑龙江人民出版社1981年版,第39页。

属晚出，但其记载多有根据，唐代正史和野史比较，还是正史可信，我们不能因张鷟书早出而轻信。实际上《朝野金载》中关于裴炎谋反一事，缺乏事实根据，完全是武则天、武承嗣等人的诬陷之词。[①]

岑仲勉还认为"弄清史源对考据的重要意义在于，当发现两个材料有从同关系时，我们就不能准其任一以证他之必是，两书互殊者，尤不能准其任一以证他之必非，别须于两者外觅获源流确异之史料，以定其是非何在"，"即同一史源的纪事不可互证"。[②]

二、有助于纠正前人著述中之谬误

历史文献是前人对客观历史的认识和记述，由于史家材料掌握之多寡，辨伪能力之大小，史识之高低、治学之严谨与粗疏等等原因，不可避免地会出现这样或那样的失误。即使是亲见其事，身临其境，也往往会因为感觉能力、记忆能力、了解深度、外界影响、个人偏见等等而不能使记载完全符合事实。古人说："人非圣贤，孰能无过"，确实很有道理。因此，治史虽然不能不依靠前人留下的文献资料，但也不能迷信它，而必须要以慎重态度对待它。陈垣之所以把一些史学大师的著作作为"史源学实习"课的教材，就是要学生自己动手，找出前人著作中引用史料的疏谬，并分析造成疏谬的原因，通过追寻史源的实践，明白即使是名家大师，也会有疏漏失误的地方。陈垣通过"史源学实习"，就是要学生千万不要轻易迷信前人，在征引文献资料和借重前人立论上，即使是名家大师的，也要持慎重态度。

如岑仲勉发现《新唐书·地理志》所记西域道里较玄奘《大唐

---

① 赵光贤《裴炎谋反说辨诬》，《北京师范大学学报》1982 年第 4 期。
② 姜伯勤《岑仲勉》，载《中国史学家评传》(下)，中州古籍出版社 1985 年版，第 1309 页。

368

西域记》为短。为此,他寻考史源,明白了《新唐书·地理志》的史源来自贾耽遗著的残文。原来《大唐西域记》所记偏长,是玄奘故意夸大,而《新唐书·地理志》所记偏短则是欧阳修对贾耽遗文略引的缘故。特别是岑仲勉在探寻欧阳修《新唐书·宰相世系表》的史源上十分典型,通过追寻史源,他"揭出《新唐书·宰相世系表》是'《元和姓纂》之嫡子'"①。有学者认为"这是他在史源学上的一个最有光采的发现。"②因为在这之前,学界认为欧阳修《新唐书·宰相世系表》"皆承用逐家谱谍"。而岑仲勉则从"宰相世系之阙载、或详或略之关系、姓源叙述之痕迹、资料限制之从同、纪述错误之因袭、表式排列之蒙昧等六证,证明新表(《新唐书·宰相世系表》)元和以前史料,率本《姓纂》(《元和姓纂》)。"③

又如对举世闻名的都江堰水利工程有重大贡献的李冰,千百年来,都把他说成是"秦蜀守"。此说发端于东汉末年应劭的《风俗通》:"秦昭王使李冰为蜀守,开成都两江,溉田万顷。"考寻此说的史源,就发现有讹误。原来《史记·河渠书》中只有"蜀守冰"三字,并未记属秦官。而应劭却误为"秦蜀守"。遍查秦史,并无李冰其人。据郭沫若考证,最早记载都江堰主体工程"江沱"(指离堆和二江)的是《禹贡》,成书年代为战国初期或中期,而秦灭蜀已近战国后期,这说明都江堰的开凿时间是在秦灭蜀之前。再查《史记·河渠书》,它是按时间先后顺序记事的,它把"冰""于蜀"治水,与春秋时期"于楚""于吴""于齐"的治水并列叙述,而且排在"西门豹引漳水溉邺(前422年)"之前,这说明"蜀守冰"的治水是在春秋时期。因此,李冰绝不是什么"秦蜀守"④。可见如不考寻史源,就难免以讹传讹。

---

① ② ③ 姜伯勤《岑仲勉》,载《中国史学家评传》(下),中州古籍出版社1985年版,第1308—1309页。

④ 杨继忠《李冰是"秦蜀守"吗?》,《社会科学研究》1983年第1期。

又如对荀悦的《汉纪》，颜师古、司马光、李焘、王鸣盛等史学名家都认为此书是抄录删削班固的《汉书》而成，其取材不出《汉书》范围，但仔细考寻《汉纪》的史源，就发现此说不确。实际上，《汉纪》在记载汉武帝以前的史事中，不仅引用了不少《史记》的材料，而且还对《史记》中的一些人物事迹、官名封号、年代、文字等进行了考订或补充，甚至在一些地方是舍《汉书》而取《史记》的。通过对《汉纪》史源的考寻，纠正了历来关于《汉纪》仅取材于《汉书》的论点。这对于《汉纪》地位和价值的评价，对于《汉纪》的校勘，都具有重要意义。①

另外，古人著述，不使用标点符号，因此一篇文章中，哪些内容是作者自己的见解，哪些内容是属征引，往往容易发生混淆。如顾炎武的《日知录》，全书征引历代典籍及当代学者著述多至数百种。尽管他以严谨的著述态度一一注明出处，但仍难免出现误解。如卷十八《心学》条，顾炎武大段地引用了宋人黄震《黄氏日钞》中的话，一些同志未作过细的考寻史源工作，竟把其中"理具于吾心而验于事物"一句，误认为是顾炎武的立论，并据此来分析顾炎武的思想②。通过考寻史源，才查出这一张冠李戴的谬误。

从陈垣史源学诸多杂文所举前人著述失误的例子看，造成失误的原因主要有以下几种：（一）史源本身没有错误，但引用者由于疏忽，或由于误解，把正确变成错误。（二）史源本身没有错误，但引用者没有直接查对原书，仅是根据他人之误引，结果是以讹传讹。（三）史源本身就有错误③。这样的例子很多，如司马迁在《史

---

① 李书兰《〈汉纪〉选用〈史记〉考》，《史学史研究》1986 年第 4 期。

② 陈祖武《史源学不可不讲》，载《史坛纵论》，重庆出版社 1984 年版，第 65 页。

③ 陈智超编《陈垣史源学杂文·前言》，人民出版社 1980 年版，第 9页。

记·陈涉世家》中交代了陈涉后世情况时说:"其子孙至今血食",而班固在撰写《汉书·陈涉传》时,文字照抄,竟也写上"其子孙至今血食",他完全忽略了司马迁所处的"今"和他自己所处的'今'已是相距一百多年了。班固是素称严谨的大师,尚且有错讹,何况他人。陈垣曾说:"考寻史源,有二句金言:毋信人之言,人实诳汝。"①这当然是为了引起学生"警惕著论之轻心",故极而言之,但也确实是他治史多年的经验之谈。

三、有助于正确地剪裁取舍史料

追寻史源,考其真伪正误,就为剪裁取舍史料提供了根据。但剪裁取舍史料还有其他的一些原则,这些原则也只有在弄清史源的条件下,才能够得到实现。南朝宋裴松之注《三国志》,对那些"纰缪显然,言不附理"②的记载,都加以剔除。他提出了剪裁取舍史料的几条原则:(1)碑铭和家传不可轻信:因为私家对其祖先的记载,多系虚自标榜之作,难以取信。(2)作者妄加的修饰之言不可轻信:因为史家在著述时,往往因文字上刻意模仿古人,或擅自改易史料辞句,都会使记事失实。(3)自相歧异的记载必有讹误:在同一作者的著作中,往往对同一桩史事有不同的记载,则其中必有讹误。(4)孤立的记载不足置信:有的记载在叙述某一史事时,与其他记载均不相同,则不足置信。如《魏志·王凌传注》引习凿齿《汉晋春秋》所载王广对王凌之言,裴松之指出:"如此言之类,皆前史所不载,而独出习氏,且制言法体不似于晋,疑悉凿齿所自造也。"(5)敌国传闻之言不可轻信:在分裂割据的政治局面中,各国成敌对状态,以致有些记载或系虚自夸大,或因传闻失实,

---

① 陈智超编《陈垣史源学杂文·前言》,人民出版社 1980 年版,第 9 页。

② 《三国志·上三国志注表》。

都不可轻信。裴松之在《蜀书·魏延传注》中评鱼豢《魏略》所记载魏延与杨仪之事，云："此盖敌国传闻之言，不得与本传争审。"裴松之所提出的这五条剪裁取舍史料的原则，都只有在考寻了史源以后，才能实现。

历代史家由于立场、观点和著史目的不同，记述史事也就带有浓厚的倾向性。刘知幾在《史通·采撰篇》中就指出，剪裁史料时一定要注意作者的倾向性。如对于《晋书》和《宋书》的作者沈约，就必须注意他"于晋则故造奇说，于宋则多出谤言"，对于魏收的《魏书》，则要注意他"党附北朝，尤苦南国"。陈垣在《通鉴胡注表微》中举了两个例子。史书对汉末杜畿在河东的政绩，有夸大溢美之处；而对三国时曹魏的令狐愚，又有毁谤之词。胡三省在注《通鉴》时指出，杜畿是杜恕之父，杜预之祖，"杜氏仕于魏晋，累世贵盛，必有家传，史因而书之，固有过其实者"。而令狐愚则是王凌的外甥，与王凌同讨司马懿失败，对令狐愚的谤词，乃是"晋人作魏书所书云尔"。由此可见，考寻史源，了解作者的倾向性，对于剪裁史料，查清史实有重要意义。如近人讨论曹操问题，持肯定态度的往往选择有利于曹操的史料，持否定态度的往往选择对曹操不利的材料。这就要通过考寻史源来辨别是非。如持肯定观点的人把张鲁的一句话"宁为曹公奴，不为刘备上客"作为曹操"颇得人心"的证据，这就不够妥当，因为这句话出自李伏劝曹丕做皇帝的《劝进表》，而当时张鲁在曹操刘备的夹攻形势下，认为投降势力强大的曹操更合适一些。既然要投降曹魏，说两句恭维话是不奇怪的，但实难作为曹操"颇得人心"的证据。

四、有助于确切理解史料

前人著述，有些地方如不考寻其史源，往往很难理解其含义；特别是古人为了论事说理，在其著作中常常引经据典。在先秦两汉时期，作者借重前人成说，往往是原文照抄，注明出处。如《孟子·滕文公》："民事不可缓也。《诗》云'昼尔于茅,宵尔索綯;亟其乘屋,其始播百谷。'"出处清楚,含义明白。然而有些著述,特别是两汉以后的一些著述,在引经据典时却往往不注明出处,而且还对征引的原文加以删改,如不考寻史源,就难以理解。如魏徵《谏太宗十思疏》："怨不在大,可畏惟人;载舟覆舟,所宜深慎。"这段话中,"怨不在大"出自《尚书·康诰》"怨不在大,亦不在小"句;而"载舟覆舟"句则出自《荀子·王制》:"庶人安政,然后君子安位。传曰'君者,舟也;庶人者,水也。水则载舟,水则覆舟',此之谓也。"了解了其史源,对魏徵所谏内容和魏徵的思想,才能理解得更深刻。更有甚者,有时作者引用古语只截取一端,有意留有余地,让读者自己去领会言外之意。如李华《吊古战场文》中一段:"呜乎噫嘻! 时耶命耶? 从古如斯。为之奈何? 守在四夷。"这"守在四夷",颇难理解。这一句话原出自《左传·昭公二十三年》"古者天子守在四夷",是指古代天子使四夷为之守土。但这不是作者李华的真正意图,《左传》原文下面还有几句:"天子卑,守在诸侯;诸侯守在四邻。诸侯卑,守在四竟。"可见,"守在四夷"的原则是"天子尊",与"天子卑"参互见义。李华以"守在四夷"对全文提出的问题作回答:天子如能修文治,使自己的地位尊而不卑,则四夷宾服,也就没有残酷的战祸了。作者这种引用古语只截取一端的作法,是建立在当时的读者熟悉古语古事的基础上,在作者看来,只要稍加提示,读者就能明白其用意。但对今天的读者来说,如不考寻其史源,就难以理解作者的意图何在。

又如《史记·项羽本纪》中有一段关于著名的巨鹿之战的记载:"(项羽)乃遣当阳君、蒲将军将卒二万渡河,救巨鹿。战少利,陈馀复请兵。项羽乃悉引兵渡河……"。对文中"战少利",有各种不同的理解。有人认为是"战争胜利不多",有人认为是"战事不利",有的解释为"战事稍有胜利"。究竟应如何理解? 仅从古汉语的角度辨析是难以明确的,必须运用考寻史源的办法,把现存

373

文献中较早记录巨鹿之战的众多史料连同旧注一起找来排比辨析。《史记·黥布列传》:"项籍使布先渡河击秦,布数有利,籍乃悉引兵涉河从之,遂破秦军⋯⋯";《汉书·黥布传》:"及籍杀宋义河上,自立为上将军,使布先涉河,击秦军,数有利。籍乃悉引兵从之,遂破秦军⋯⋯";《资治通鉴》中《秦纪》一段:"项羽⋯⋯遣当阳君、蒲将军将卒二万渡河救巨鹿。战少利(胡三省注:言其战略有利也。)。"从上述三段关于巨鹿之战的记载,可知项羽派当阳君(黥布)和蒲将军率军队渡河后,战事并非不利,而是"数有利"。胡三省解释"战少利"三字为"言其战略有利也"是对的。通过考寻史源,意思就十分清楚了,"战少利"就是"战争稍有利"。而决不是"战事不利"。

五、有助于扩大史料范围

研究历史,史料越丰富越好,史料范围越广越好。而史源学的一个重要功用,就是"对被忽视的史源要提倡开发","不满足于已有的史料范围而力求扩大史源"。① 深受陈垣史源学影响的岑仲勉"在史源学上的另一个见解,是认为前人修史未取之材料即所谓'史余',也是一种史源。故称:'采之一部为史源,亦史余也'(《唐集质疑》前言)。② 如陈垣注意到了一般学者所忽视的古人笔记是重要的史源:"唐宋以来,笔记的著作日多一日,因为笔记是杂志性质,内容非常复杂,篇章不拘短长,所以较易写作。这种笔记看来好似无关重要,其实是绝好的社会史风俗史的资料,有许

---

① 来新夏《陈垣老师与历史文献学——纪念陈垣老师 110 周年诞辰》,载《纪念陈垣校长诞生 110 周年学术论文集》,北京师范大学出版社 1990 年版,第 38 页。

② 姜伯勤《岑仲勉》,载《中国史学家评传》(下),中州古籍出版社 1985 年版,第 1309 页。

多的东西在正史里寻不到,在笔记里却可以寻到。但是笔记是非常难读的:一来笔记的分量多,内容复杂;二来笔记的编制非常不经济,除了极少数的每段有目录外,其余的不是完全无题目,便是有题目而无总目。要想从笔记里寻材料的,除了披沙沥金的法子慢慢去找寻以外,着实没有办法。"①另外,陈垣还把被一般学人所忽视的佛教史籍也作为重要的史源,大大扩展了史学工作者的眼界,使"初学习此,不啻得一新园地也"②。

　　而岑仲勉之所以在史学研究上卓有成就,其中一个重要原因也就是他"善于利用史余扩大史源。在翰林学士壁记的开创性研究中硕果累累,亦在于善于辩正及开拓史源"③。唐开成二年(837年)丁居晦撰《重修翰林学士院壁记》,记载了各朝翰林学士的题名和升迁,"是研究唐后期政治史的重要史源,但自宋代以来却无史家予以整理……岑先生因而草创了此项研究……这一研究同时也体现了岑先生在史源学上的犀利眼光,……在研究晚唐史料方面,给予后来者以重要的启发"④。另外,岑仲勉又"以碑志考证史实,开拓史源"。他的以碑证史的著作有《郎官石柱题名新录》(1937年)、《金石证史》《贞石证史》(1937年)、《续贞石证史》(1942年)等。"可以说,以碑证史是岑仲勉先生的创造力的代表性方面;以碑证史大大开拓了唐史研究的史料来源"⑤。可见,重

　　①　陈垣《中国史料的整理》,载刘梦溪主编《中国现代学术经典·陈垣卷》,河北教育出版社 1996 年版,第 839 页。
　　②　陈垣《中国佛教史籍概论缘起》,中华书局 1962 年版。
　　③　姜伯勤《岑仲勉》,载《中国史学家评传》(下),中州古籍出版社 1985 年版,第 1309 页。
　　④　姜伯勤《岑仲勉》,载《中国史学家评传》(下),中州古籍出版社 1985 年版,第 1309—1310 页。
　　⑤　姜伯勤《岑仲勉》,载《中国史学家评传》(下),中州古籍出版社 1985 年版,第 1308 页。

视寻考史源,就会大大开拓史料视野,扩大史料范围。

六、有助于树立谨严的治史学风

治史要重视源流,是中国史学的优良传统。我们研究历史,不仅要注意某一历史事件的横向联系,也要重视其纵向联系,特别是要重视这一历史事件的来龙去脉,这就必须重视探寻史源,否则就不能真正探求历史发展的规律。因为历史是在不断发展变化的,我们不仅要观察它的运动、变化,更要探寻它的发韧之初,这对探寻其规律是十分重要的。从事历史文献的研究工作,更应如是。但有些人做历史文献研究,不注意钻研史料,更不重视考寻史源,图轻松,热衷于二手、三手资料写论文,搞研究。一篇文章,表面上看罗列了不少史料,但却经不起推敲。如有篇专论朱元璋的文章。说冯胜建议朱元璋先拔金陵以为根本,下注出自《明史·冯胜传》,但查《明史·冯胜传》,才发现原来提这个建议的是冯胜的兄长冯国用,查其他史籍,也根本没有冯胜提出这个建议的说法。可见这条史料不是从原书引用而来,而是转抄他人著述,以致出此失误。还有篇论朱元璋的文章,竟引用吴晗在《朱元璋传》里用现代语体文转述的一道朱元璋禁令,但却照《朱元璋传》所注的出处注明引自《皇朝本纪》。有些文章还把《朱元璋传》当作史料来引用,甚至把吴晗推论的文字也当作史料来引用①。这种不查对原书,仅仅是转抄他人著述所引资料的作风是治史的大敌。陈垣曾把这种不认真搜集、钻研史料,不"沿流溯源,究其首尾"的作法,叫作"无本之学"②。

---

① 纪程《应该认真掌握和钻研史料》,载《史坛纵论》,重庆出版社 1984 年版,第 86-87 页。

② 李瑚《励耘书屋受业偶记》,载《励耘书屋问学记》,三联书店 1982 年版,第 116 页。

考寻史源,不仅是治史的一种基本功,也是治史应有的严谨态度。《释氏疑年录》是陈垣编撰的一部工具书,据此书不但可以检查自晋至清初的 2800 百名僧人的生卒年,而且书中对每一个僧人都注明所据材料,从而为研究这些僧人的史迹提供了重要线索。陈垣为编撰这部工具书,引书几百种,费了多年时间。1939 年,正当这部书整理完竣,即将付印时,他又在北平某处发现了《嘉兴藏》,又搜集到大批僧人的语录,根据新得材料,毅然将该书第 11、12 卷全部改写,使它更加充实和准确。陈垣常常批评"史源不清,浊流靡已",而盛赞那些注重考寻史源的作法。他在《南宋初河北新道教考》一书中,称赞《新元史》作者柯劭忞注重考寻史源的治史态度。《元史·释老志》记大道教第九代祖师的名字为张志清,后出的《元史类编》和《元书》依《元史》照抄不误,也写为张志清。而柯劭忞却不照抄《元史》,他考寻《元史》的史料来源,根据吴澄、虞集、宋濂三家的记载,将大道教第九代祖师的名字改为张清志。《元史·释老志》据吴澄《天宝宫碑》和虞集《岳德文碑》,却将其中的"张清志"误作"张志清"了。如不考寻史源,《新元史》也会象《元史类编》和《元书》一样以讹传讹。

史源学的功用还有很多,如"通过史料溯源,顺着前代学者的足迹踏查一遍,可以了解前辈治学所走的道路和运用史料的方法","逐渐培养学生做研究工作的兴趣","锻炼思维的逻辑性、条理性,学会怎样写考据文章"。[1]

史源学是一门重视学术实践的学科,是一门提高动手能力的学科。陈垣的弟子,如邓广铭、郑天挺、柴德赓、启功、赵光贤、史念海、周祖谟、陈述、单士元、方国瑜、齐思和、刘乃和、翁独健、邵循

---

[1] 赵守俨《陈援老对基础知识和历史科学基本建设工作的重视》,载《纪念陈垣校长诞生 110 周年学术论文集》,北京师范大学出版社 1990 年版,第 43 页。

正、蔡尚思、韩儒林、姚从吾、牟润孙、史树青、郭预衡、来新夏、赵守俨等等,都是活跃在20世纪中国文史殿堂的著名学者,其中不少人,就是得益于当年陈垣的史源学和为他们开设的"史源学实习"课。他们不仅从中掌握了治史的基本功,而且也树立了治史的严谨态度,为他们后来在文史学界建功立业打下了坚实基础。

陈垣首创史源学给我们的启示是:一、历史学毕竟是一门实证性科学,真实是它的灵魂。因此,在治史中对史实史料的来龙去脉认真搜寻考证是十分必要的。二、历史科学固然需要理性思考和理论提升,但应该明确,翔实、精确、可靠的史料史实,则是理论抽象的基础,必须给予充分重视。三、培养人才重在培养科研能力和端正学风,而史源学对于克服急功近利、浮躁空疏的不良学风,树立正确的治史方法和严谨的治史态度则具有重要的现实意义。

第十七章 传注学

第一节 传注诸名称

传注学,是注解历史文献的学问。传注,就是解释古籍的文字。传,取义于传述,指相承的资料或师说。注,取义于灌注。文义不通,如田地枯涸,需水灌注,指注家本人的见解。

我国是世界上文明古国,文化延续不断,许多古代文献都流传了下来。由于时间距离今天太遥远了,当时著作的意义,不经过注释就无法使今人明白,于是产生了传注学。

在我国封建社会中,儒家思想在政治上占统治地位,儒家的代表著作和儒家祖述的古代典籍被称为"经"。这些经文有的佶屈聱牙,文义艰深,有的典制消亡,史事不明。没有注解,在春秋时人们就已经难懂了。于是出现了为经作注的传。但是这时期的传并不象现在解释名物词义的注,而是为经补充事实,杂采传说,阐发大义,如今存传的《春秋》的《左氏传》《公羊传》《谷梁传》。这《春秋》三传原来都是独立成书的,后来才将传文按年分割开来附在《春秋》经文之后。

按《汉书·艺文志·六艺略》著录的书目,除传外还有为经注解的"说""故""训""记""章句"等体例。这些书大都亡佚,这里不赘述。

西汉时出现了现在形式的注。西汉的注家最早的是孔安国和毛公。孔安国以当时通行的隶书(今文字),读先秦用篆文(古文字)写的《尚书》,这就是以今释古的注解和今译。他也注了《论

379

语》。但他的《尚书说》《论语注》今都不传,只能从后人的征引中见到片断。毛公注《诗》,他的注称为毛传,就是现在说的注,与《春秋左氏传》的传不同。到东汉,有名的注家有贾逵、马融、郑玄、高诱。

书虽有了注,但随着时代的推移,后来的人觉得这注还不够清楚了,便再加注。这种注,选取某家的注作为正论,对正文及注都加解释的,就另立名称。如孔颖达有五经《易》《尚书》《诗》《左传》《礼记》正义,正义即端正文义,而摒弃异说。原来也是各单独成书的,后人把它分附于旧注下面,就叫"疏"。疏是疏通之义,与"注"义相近。如《十三经注疏》,就是这样来的。注疏后来就成为注解古籍的专用名词。注和疏是两套。有的有三套,如《诗经》,一是毛公的传,二是郑玄的笺,三是孔颖达的疏(即正义)。笺,是表识,毛传不够清楚处,郑玄便加补充发挥,写出自己的看法,不与毛传混淆,于是称这一注释为笺。

"补注"与疏的性质相近。因为疏的名称已经用在经书的注疏上,别的书就多不叫疏了。如《汉书》,有颜师古的注,有王先谦的补注,又有近人杨树达的《汉书管窥》,对王氏补注有所补正。

集解是采用各家注,记其姓名,有不恰当处也附加己意。这种做法始于三国魏人何晏。他的《论语集解》,保存了一些汉朝人的注解,如孔安国、包咸、马融、郑玄的注。把自己认可的旧注综合聚集而不一一标明出于某人的,也叫集解或集注、集传。如杜预的《春秋经传集解》,朱熹的《四书集注》《楚辞集注》,蔡沈的《书集传》。又有选取某家的注作为正注,附加解释,也称为集解或集释。这与何晏的集解有所不同。如清惠栋撰《后汉书补注》,王先谦以惠书为基础加以增补作《后汉书集解》。又如清郭庆藩《庄子集释》,取晋郭象注及唐成玄英疏,再加集释。

章句也是传注的一种。如后人假托题为河上公(汉文帝时人)的《老子章句》,东汉王逸的《楚辞章句》,都是通晓文义的注释。东汉赵岐注《孟子》，也称《孟子章句》。

还有把几种不同的注和原书并在一起的，如《史记》今本是三家注合刻本，就是把原来三种单独成书的《史记》注释，即南朝宋裴骃的《史记集解》、唐司马贞的《史记索隐》、唐张守节的《史记正义》，与《史记》正文合刻刊行。这样读者看起来很方便，但也因此注文不免有重复现象。

总之，传注的名称多种多样，这是为了避免彼此重复，发生误会，也为了称说和引用方便。其体例意义则大同小异，并没有什么根本的区别。

古注对我们了解古义很有帮助，它往往保存了当时人所看到的前人的解释。如《国语》三国吴韦昭《注》，就保存了现已亡佚的东汉至三国期间郑众、贾逵、虞翻、唐固等注本的片断。《尚书》的孔颖达《正义》也保存了一些马融、郑玄、王肃的解释。这对于我们理解原书是非常宝贵的。某些具有较高学术水平的注本，则其研究注释古籍的方法，也能给予后人以启迪，对历史文献学研究甚有裨益。

第二节 传注的源流演变

传注起源于何时？有人以为应该是在汉民族的语言和文字分离时。文字同语言分离了，就有了注释。由于汉字的特点，一是方块字，一是单音，应用起来，与实际语言不能完全一致，加上古代以竹简和木牍记录语言不能不求省，这就不免常有使别人不了解的地方需要解释，于是就产生了最初的传注。我们今天见到了殷代甲骨文，可以想象甲骨文也需要解释，因为它太简单了，而为了交流思想情感的语言却不能这样简单。今天看到的先秦文献，行文有时夹着解释的话，可见在还没有产生专注的古代，说话者、著作者已经感到有些话有解释的必要，就随时插入解释，成为正文的一部分。这种现象就是古代注解的起源。如：

> 《书》曰："洚水警余。"洚水者,洪水也。(《孟子·滕文公下》)
>
> 天子适诸侯曰巡狩,巡狩者巡所守也。诸侯朝于天子曰述职,述职者述所职也。(《孟子·梁惠王下》)

以上两例中带有说明性的话,是作者自己加的注释。但这还不是后世形式的注释。

我们古代的语言不统一,情况复杂。一是春秋战国时期,诸侯为政,言语各异,文字异形。从《尚书》篇章看,除因时代不同而语言有所不同之外,也有因地域不同而语言不同的,如东境的《费誓》,西境的《秦誓》,都异于中原文字。二是少数民族虽经同化,也不免语言文字的相异。楚语言与中原就有很多不同。楚方言的"莫敖","敖",就是译名。《左传》《国语》《战国策》所记楚人语,是经过史家整理的,但是还有方言存在。三是秦统一文字,废弃与秦文不合的六国文字,文章也成了定型,到了西汉,今文就与古文出现差异。以上说的情形,都是注释兴起的原因。

西汉时,注释开始兴起。西汉去古已远,周代文字(古文)此时绝大多数人已经不懂,加上各地的方言,更增加了理解的困难。司马迁《史记》中的《五帝本纪》《殷本纪》《周本纪》《鲁世家》《宋世家》大量引述《尚书》中的《尧典》《皋陶谟》《盘庚》《金滕》诸篇,都得翻译为今文,换成汉朝人能够理解的语言。又如《陈涉世家》记述当年陈涉的佣耕伙伴入宫,"见殿屋帷帐,客曰:'夥颐,涉之为王,沈沈者!'——楚人谓多为夥,——故天下传之:'夥涉为王',由陈涉始。"司马迁插入此语,说明关中不懂夥为何意。西汉武帝独尊儒术,儒家文献尊为经书,能解经者授为博士,研究经学、为经作注也就风行一时。孔安国以今文字读古文《尚书》,又注《论语》,毛公注《诗经》。董仲舒作《春秋繁露》。东汉,注释书大量出现,不但注家多,所注书的范围也广。有名的注家有包咸、贾逵、马融、郑玄、高诱等。其中郑玄是这个时期传注的集大成者,他注的书也最多。标志着汉代注释发展水平的是《尔雅》《方言》《说文解字》三部专书的出现。《尔雅》体例是缀辑周汉诸书旧文,把同义词分别归类,用通用词作解释,这表明由于注疏工作的发展,人们对词义的理解要求有一共同的标准。如果此时没有大量的注释,就无法编撰出这样的专著。如果不是注疏的发展兴盛,也就没有必要编撰出这样的专著。《方言》,全称《輶轩使者绝代语释别国方言》,西汉扬雄著,类集古今各地同义词,表明扬雄已注意到因古今地域变化而造成的语言隔阂。《说文解字》,东汉许慎著,是第一部分析字形,考究字源和文字本义的字书。收 9353 字,每字下面列解释,保存了许多字的古义和古书例句,保存了古字形体,价值极高。

汉代注疏的特点是质朴、简略、谨严。这些特点使汉注在传注学上占有很高的地位。

隋唐时,特别是唐帝国建立,出于政治上的需要,对于经书的解释要求一致。于是,规定五经的定本,由孔颖达编写的五经《正义》就成为天下士人学习的官本。然而孔颖达的《正义》仍是反映其个人的观点,解释并不由官定。唐时,注释范围扩大,对先秦诸子和史书也加以注释,而且在注释中引用许多前人和当时人的注解成果,这些被引述的书后来大都亡佚了,所以唐人注书有存古之功。当时还出现了《玉篇》《广韵》《经典释文》这样专为注释工作提供方便的字典。其他重要著作有颜师古《汉书注》,字书《五经文字》《匡谬正俗》,而陆德明的《经典释文》,是汉魏六朝以来群经音义的总汇。这个时期的传注家尊重汉人旧注,因此唐人注疏的特点是演绎申说有余,而发明不足。

宋朝立国,理学盛行,治学讲求义理,形成一代学风主流。就注疏本身看,宋代人离秦汉更远,古制更不了解,因而不免产生妄说。唐注虽详于考证,但又过于繁琐,这种繁琐对初学者很不方便。宋人则注重用简明的语言注释前人的著作。这时期对古书注疏最有贡献的是朱熹，朱熹积极吸收汉注中的精华，摒除唐注的烦琐，尽力用简明准确的语言注释。且朱熹不迷信前人注解，能大胆疑古，《诗经》中的民间情歌，前人注为歌颂后妃之德，朱注却直说是"淫奔之诗"。朱熹推崇汉注，只解释经文的字、词，不偏执自己的主观看法，与主观唯心论的"六经皆我注脚"异路。他也是理学家，但与别的理学家大不相同。朱熹撰有《四书章句集注》《诗集传》《周易本义》《楚辞集注》。他可以说是尽毕生之力整理古籍，晚年还嘱咐弟子蔡沈作《尚书集传》。朱熹的注释在宋注中可谓一枝独秀，在传注学中朱注是不可忽略的。

元代由于异族统治，学术遭到很大破坏。而明代思想文化禁锢加剧，学习八股文成为文人仕宦的必由之路，传注衰落下降到了极点。但明末顾炎武治经注重考据，开有清一代朴学风气之先。

清代是注疏达到高峰的时代。此期对注疏研究已走到自由王国，出现了大批文字学家和大量高质量的注疏经史子集的著作。清人打破了对古人的迷信，以实事求是的精神，继宋人考证出伪《古文尚书》和伪孔传。又远绍汉唐，纠正过去注释中的空疏、妄说，努力用新的方法考证、注释词义。清代由于西学传入，研究文字的方法有改进。音韵、语法研究又促进了注释的提高。清人懂得以音定义，明白假借、通假等语音现象，解决了一些前人无法解决的疑难。如《诗·豳风·七月》"八月剥枣"，王安石以为剥枣为剥开枣子，清代学者证明"扑"古音读如"剥"，即敲打意。意谓用竹竿敲打枣树以拾枣子。这就纠正王安石解释的错误。清朝学者精于考据，由经籍训诂到求证金文、石刻，方法也超越前人。但他们的缺点亦不可忽视，因为掌握语音研究成果，就往往将一些不好理解的词用音近、音同的字去替换。实际上到了清代，古音已发生很大变化，清代看来是同音词，在古代完全不同。滥用音训，轻言假借，是清代注释的一大缺点。

这个时期的学者，已不再象以前的传注家那样，只就一部书一

384

部书地作注,而是将所有经史子集当中的疑难集中起来,用自己的方法解决。研究范围也不仅是古词古音,还包括典章史实。而王念孙的《读书杂志》,王引之的《经传释词》《经义述闻》,俞樾的《群经评议》《诸子评议》《古书疑义举例》,是这时期整理文献,校正文字,通古文假借,阐明古义的代表作。

五四运动提出打倒孔家店,曾将古籍注疏也归入孔家店。这时期虽有章炳麟、王国维那样的研究文字学的大师,但传注学是趋向衰落了。诚然,古籍的传注工作至今仍远远没有完成,古代学者所取得的成就毕竟有时代的局限性,随着新的历史文献学的建立和发展,对古代文献的注释与研究将会打开新局面,取得新的成就。

第三节 传注的内涵

古书需要传注,是由于时代不同,正文里记的典章制度已成为过去或事实未明本源,也由于语言变迁,有的文字今义与古义不同。这样,传注的内涵就包括有如下诸方面:

1. 注明典章制度。如:

《尚书·尧典》:"乃命羲和。"马融注:"羲氏掌天官,和氏掌地官。"

《左传》僖公二十一年:"崇明祀,保小寡,周礼也。"杜预注:"明祀,大皥、有济之祀。"

2. 注明事实。如:

《左传》闵公二年:"初,公傅夺卜齮田,公不禁。"杜预注:"卜齮,鲁大夫也。公即位,年八岁,知爱其傅而遂成其意以夺齮田。齮忿其傅,并及公,故庆父因之。"

《春秋》及《左传》僖公十八年:"葬齐桓公。"杜预注:"十一月而葬…乱故。孝公立而后得葬。"

3. 说明凡例。如：

《春秋》宣公七年：“夏，公会齐侯伐莱。”《左传》：“公会齐侯伐莱，不与谋也。凡师出，与谋曰及，不与谋曰会。”杜预注：“与谋者，谓同志之国，相与讲议利害，计成而行之，故以相连及为文。若不获已，应命而出，则以外合为文，皆据鲁而言。师者，国之大事，存亡之所由，故详其举动以例别之。”

4. 补充资料。如裴松之《三国志》注，刘孝标《世说新语》注，郦道元《水经注》，都大量征引别书的资料，以补充史实。《三国志》注引魏晋人著作210种，所引材料文字超过了正文。《世说新语》注引书籍400多种。《水经注》引书437种，注文超过原文20倍。这些所征引的书后来大部分失传了，因此这些注本就更显得可贵。

5. 注明名物词义。如：

《尚书·益稷》：“庶尹允谐。”郑玄注：“庶，众也。尹，正也。允，信也。言乐之所感，使众正之官得其谐和。”

《左传》隐公十一年：“颍考叔挟輈以走。”杜预注：“輈，车辕也。”

6. 注明语意。如：

《左传》宣公三年：“远方图物，贡金九牧，铸鼎象物。”杜预注：“图画山川奇异之物而献之。使九州之牧贡金，象所图物，著之于鼎。”

7. 注明句逗。现在的书有标点，几十年前有圈点，更早的古籍连圈点也没有。注家于是在可能读错的地方注明“句”字。如：

《尚书·金滕》蔡沈注：“信噫公命句我勿敢言”（今读为：“信。噫，公命，我勿敢言。）

《论语·卫灵公》朱熹注：“吾尝终日不食终夜不寝以思句无益句不如学也”（今读句字处都为逗。）

8. 注明读音。古时没有拼音字母，注家注音用直音，后又用反切法，就是用两个字来拼音。有时注音也附带释义。如：

《尚书·益稷》“下民昏垫”，“元首丛脞哉”，陆德明《释文》：“垫，丁念反。”“脞，仓果反。”

386

《尚书·秦誓》:"番番良士",释文:"番音波。"

《诗·大雅·卷阿》,释文:"卷音权,曲也。"

9.注明方言。如:

《楚辞·招魂》:"与王趋梦兮课后先。"王逸注:"梦,泽中也。楚人名泽中为梦中。"

10.校正文字。如:

《论语·雍也》:"仁者虽告之曰'井有仁焉',其从之也?"朱熹注:"刘聘君曰:'有仁之仁当作人。'今从之。"

《荀子·乐论》:"带甲婴(胄),歌于行伍,使人之心伤。"王先谦集解引俞樾曰:"歌于行伍,何以使人心伤? 义不可通。伤当为惕,荀子书多用惕字。《修身》篇曰:'加惕悍而不顺。'注引韩侍郎云:'惕与荡同,字作心边易,谓放荡凶悍也。'又《荣辱》篇曰:'惕悍憍暴。'注亦云:'惕与荡同。'歌于行伍则使人之心为之动荡,故曰使人之心惕,惕伤(傷)形似,因致讹耳。"

第四节　古籍今注方法六则

现在注释古籍,前人的大量注疏及辞书提供了很多参考资料,而现代新编的各种辞书也能给注解工作带来很大方便。但是前人的注疏有的并不能直接为我所用,因为也有见解不一、或者是错误的地方。这就要求我们不仅要读懂前人的注疏,而且要运用我们掌握的较先进的语法、训诂、音韵、文字等方面的知识去考证、辨析、补充前人的注释,得出正确的答案。利用辞书也要注意,因为注书在专,辞书贵全,注书对词义的解释要求准确、专一,而辞书收集的词义则要求完备。我们注释词语,查找辞书就一定要在所有的解释中选择能准确表达正文意义的解释。

(1)注释古书,有的解释不应当囿于陈说,而要利用近代学术知识,并善于辨别不同的史料传说。这是文献学的一个重要认识。如禹传子,千百年大家都是这么说的,今天却要重新考虑。

387

> 《孟子·万章上》:"万章问曰:'至于禹而德衰,不传于贤而传于子。'孟子曰:'启贤,能敬承继禹之道。'"

其实禹传子的记载,启贤的说法,都是不可靠的。《天问》:"启代益作后。"可见禹实传位给益。禹并没传子,启从益得天下,传子的是启。《史记·夏本纪》:

> 帝禹立,而举皋陶,荐之,且授政焉。而皋陶卒,而后举益,任之政。……以天下授益。

(2)词往往要在句里才能确定它的意义。根据语法判断词义的疑难,这是注释古书一个非常重要的方法。

《汉书·食货志》:"安有为天下阽危者若是而上不惊者?"颜师古注:"阽危,欲坠之意也。"有的《历史文选》注为:"哪有天下危险到这种地步而作为君主还不吃惊的!"若按这注,为是作为,那么,为的位置应后移,即"安有天下阽危者若是而为上不惊者!"不对。这句根据语法,为字不是作为君主的为,也不是系词的为,只能是治理意义的为。古语为作治讲的例:"为国以礼。"(《论语·先进》)"滕文公问为国。"(《孟子·滕文公上》)"闻修身,未尝闻为国也。"《食货志》这句话用今语表达就是:"哪有治理天下危险的情况象这样而君主不吃惊的?"

(3)运用训诂方法解决古籍的难点是注释古籍常用的方法。例如《韩子·五蠹》:

> 然则今有美尧舜汤武禹之道于当今之世者,必为新圣笑矣。是以圣人不期修古,不法常可,论世之事,因为之备。

不期修古的修字,解说不一。《韩非子集释》:松皋圆曰:"修,宜作循,谓不必循行古事也。"(陈)奇猷案:"修训治亦可通,但以作循义长。"《韩子浅解》:梁启雄曰:"不期修古,谓不要求修行先王的古道。"这些解释都把修当作动词。其实,韩非这两句话是对称得很工整的,不期修古,不法常可,期、法相对,是动词;修与常相对,是形容词,作定语。古、可,名词。修,远。修古,远古。屈原

388

《离骚》:"路漫漫其修远兮,吾将上下而求索。"修远、求索都是同义词根联合的复合词,此修便是远义。

《公羊传》宣公六年记晋灵公使勇士刺杀赵盾:"俯而窥其户,方食鱼飧。"《辞源》解鱼飧:"鱼做的食物,一说即鱼羹。《公羊传》宣公六年:'……子为晋国重卿,而食鱼飧,是子之俭也。'后以鱼飧为生活清苦之典。"这样注鱼飧,非。因为有鱼做的食物、鱼羹,不能说明生活清苦。冯煖不是以食无鱼就要归去吗? 既然赵盾有鱼做成的食品或鱼羹吃,怎能说他俭,生活清苦呢? 这"鱼飧",注家的解释不明本义。《说文》食部"飧,餔也,从夕食。餔,日加申时食也。"夕食,即晚餐,于下午四时左右(申时)。飧是餔,即夕食。鱼飧,是昨日晚餐剩的鱼。赵盾为重卿而食吃剩的隔宿之鱼,这当然是省俭,所以勇士受到感动。一面是晋灵公骄奢淫逸,因熊蹯不熟而杀厨人;一面是赵盾简朴俭约,鱼飧不弃。也自然会使勇士生不当杀赵盾之心,但又无法回复君命,最后只好刎颈而死。

(4)注释古籍要注意古籍原无标点,注家往往因断句误而造成注释误。

《尚书·无逸》:"其在高宗,时旧劳于外,爰暨小人,作其即位,……其在祖甲,不义惟王,旧为小人,作其即位,……"

旧解均做这样的句读,新近出版诸本亦相同。两处"作其即位",很难讲通。伪传解"作"为"起","起其即王位","起就王位",都讲不通。或说"作犹及也",是用王引之说。实际"作"不能当"及"解。按:两作字都应连上读,"作"谓劳作。高宗旧劳于外,与小民一起劳作;祖甲旧为小人劳作。下面接着说他即位便怎样。

《淮南子·时则训》:"候雁来宾雀入大水为蛤。"

高诱注:"宾雀者,老雀也。栖宿人堂宇之间,如宾客者也,故谓之宾。大水,海水也。传(《国语》)曰雀入海为蛤也。"近来出版的《尚书集释》《尚书考释》引《淮南子·时则》文,标点都是按高诱注断句："候雁来,宾雀入大水为蛤。"以"宾雀"为一句。实际淮南子原文应在候雁来宾断句。据《国语》"雀入于海为蛤",并没有"宾雀"其名。《国语》说的是雀入海为蛤,并没有说它栖宿人家堂宇之间如宾客。所以高诱读正文错了致使自己注文也跟着错了。候雁来宾,即候雁如宾客又来到了。来宾,暂居。这还是东汉人读西汉人的文章,时代还近,注解竟有这样的差错。我们今天读上古文章,更应当怎样细心呢? 文句错断,造成错误解释,文献的价值将会打折扣,关系非小。

(5)注释古籍,要注意校勘。

《史记·伯夷列传》:"盗蹠日杀不辜,肝人之肉。"

《索隐》:"刘氏云'谓取人肉为生肝',非也。按《庄子》云:'跖方休卒太山之阳,脍人肝而餔之。'"《庄子·盗跖》:"盗跖乃方休卒徒大山之阳,脍人肝而餔之。""不然,我将以子肝益昼餔之膳。"照索隐注,"肝人之肉"当解为"脍人肝而餔之"。而这个意思说成"肝人之肉",实在不可通。从句法看,肝应该是个动词,这肝字实际是胹的误写,以形近,或简坏脱末笔。胹是饪的古文。饪,大熟也。胹人之肉,正如"脍人肝而餔之"。

又如《战国策·韩二》:"聂政直入上阶,刺韩傀……所杀者数十人。因自皮面抉眼,自屠出肠,遂以死。"鲍彪注本皮面作"面皮",谓"去面之皮"。吴师道补正:"盖以刀劈面而去其皮也。"《史记》索隐:"皮面谓以刀割其面皮。"段玉裁《说文》皮字注:"凡去物之表亦皆曰皮,《战国策》言'皮面抉眼'是。"鲍彪改皮面为面皮,又将面皮说成去面之皮,都不对。各注家都觉得皮面应当是以刀割其面皮,但名词皮怎么变成动词皮,实在没讲通。实际皮是铍,由简坏而致误。铍是短剑,这里作动词。

(6)在古籍注释中,利用音训是清代学者的一大贡献,但也要注意区别误用音训的情况。

《左传·文公十二年》记秦晋交战:"乃皆出。战,交绥。"

杜注说交绥为"两退"。俞樾《群经平议》:"绥与退古同声,交绥即是交退,乃古文同声假借之常例。"吕思勉《读史札记》:"然则交绥乃不战而退。"注家史家都认为绥是退。实际不然。这句话中,"乃皆出",意为全体战士出阵。"战,交绥",即战斗至于交绥。战,动词。交,动词,相交。绥,名词。《说文》:"绥,车中把也。"徐锴曰:"礼,升车必正立执绥,所以安也。"《左传·哀公二年》:"子良授大子绥而乘之。"绥是援以上车的绳索。"战,交绥",是说两军交战,短兵相接,连战车的牵引绳都纠结在一起。屈原《国殇》"车错毂兮短兵接"的车错毂,也是用交绥一样的写法描摹两军激战程度。

以上介绍了注释古籍应注意的几个方面,也是注解古籍的方法。注解古籍的方法当然不止这几种,这就有待于有志于从事文献工作的人共同努力,使传注学成为一门解决古文献疑难的有力工具。

第十八章 编纂学

历史文献编纂学是研究历史文献的编纂形式和编纂过程的学问。众所周知,历史文献的内容和形式是辩证的统一,内容固然决定形式,但内容也必须借助一定的形式来体现。一部题材不科学、义例不得当、语言不流畅的作品,是难以反映出高深理论和丰富内容的。所以,历史文献学不仅要研究历史文献内容的真伪精粗和价值高下,使其更有效地为人们所利用,而且还要考察其编纂形式和方法,以便为今后的文献编纂、科学研究成果的表述提供借鉴。这就产生了历史文献学的又一个分支——编纂学。

历史文献编纂学的内容包括体裁、义例、编纂过程和文字表述四方面。由于文字表述只涉及到历史文献中的史著撰写,故本章从略,仅分体裁、义例、过程三节予以介绍。

第一节 编纂体裁

所谓编纂体裁,是指历史文献的具体结构形态。历史文献的体裁,和其他事物一样,有其自身的发展过程,即由简到繁,由简单到复杂。随着时代的进步,文化的发展,愈到后来,文体愈繁多。正如明代徐师曾在其《文体明辨》的序中所说:“盖自秦汉而下,文愈盛;文愈盛,故类愈增;类愈增,故体愈众。”文体的不断增多与更新,和社会的进步紧密相关。随着时代的变迁,适应社会的需要,旧的文体被淘汰了,新的文体又产生了。我国各种重要的文体,在南北朝时期已相当齐备,南朝梁昭明太子萧统编《文选》,曾把文章体裁分为 32 类。明代吴纳的《文章辨体》,徐师曾的《文体明辨》，对历代文献的体裁作了具体的辨析，是研究古代文献文体的重要参考书。但其分类辨析，反映的毕竟是封建时代文人学者的看法，所分类目名称亦甚古旧。现据新的文献分类，举其大要，撮述如下：

编年体 其基本特征是以时间为线索，按年、时、月、日顺序排比记述史事。内容以叙事为主，兼载人物和言论，叙事方法以顺叙为主，间或追叙往事、预述后果。其最大优点是对同一时间内各方面的大事能兼载并蓄，上下若干年的历史进程如线串珠，既便于考察一代之兴衰，也便于纵观一时之大势，而且，"理尽一言，语无重复。"①

编年体在中国历史文献众多体裁中最先形成；使用也最普遍。它既是史著的主要体裁之一，也是历代起居注、日历、时政记、实录等记注性文献常用的体裁。

纪传体 纪传体以人物为记载中心，由本纪、列传、表、书或志四体构成，个别纪传体史书另有世家、载记等部分。本纪以帝王为纲编年记载国家大事，故本纪实际包括帝王传记和国务大事记两项内容。表以表格方式序列错综复杂的史事要点和纪传所未及而又不可遗漏的重要人物。书志专载天文地理、国典朝章以及经济文化制度。列传是各方面代表人物的传记以及周边民族史。世家性质如同列传，只是所载人物或为将相诸侯，或为人杰圣贤，载记主要叙述正统王朝以外同时并存的割据政权的人物和史事。可见，纪传体的容量很大，几乎能包举历史的各个侧面，做到巨细无遗，洪纤靡失。且多体并用，分类归载，便于查阅。是全史、通史较为理想的体裁。所以，作为封建时代一国之典的历代"正史"均采用纪传体。

纪事本末体 这种体裁以史事为中心，随事立目，具载一事始

---

① 刘知幾《史通·二体》。

末。间或附注编者的辨误、考异、补遗和图表等。从其内容来源看,可分两种类型:一种是以既成的文献资料为凭藉,抄撮排比史事,一事一目,事具首尾,如南宋袁枢《通鉴纪事本末》等;另一种是以经历、传闻为依据,一书一事或一书数事,述其始末,如《天宝乱离西幸记》《平剡录》等。

这种体裁叙事有始有终、脉络分明,"文省于纪传,事豁于编年"①。弥补了编年、纪传二体在记事方面的不足。

传记体　传记体以人物为中心,以时间为线索,记载一人之事或一代一族一地一类之人事,而具其始末。记一人之事的如《穆天子传》《法显传》等;记一代之人的如《元朝名臣事略》等;记一地之人的如《襄阳耆旧记》等;记一类之人的如《高僧传》《列女传》等。传记体历史文献基本可分类传和专传两种:类传是集某一类人物的传记为一书;专传则是一人一传。

谱牒体　指家谱、宗谱、族谱等。其体例兼有纪传、编年格式而自成系统,是记载家族史的文献体裁。它一般以世系为纲,以宗族人物为支目,时或收录族中显名当世者的言论和文章。所记详于邑里、名爵、世系等,而略于史事。

碑铭体　碑铭指墓铭、碑记等称述人物的镌刻文字资料。这类文献一般以记载死者生卒年月、邑里、名爵、世系以及简单经历为主,也有以歌颂见生之人为主的所谓功德碑和牌坊。

图表体　图表本是两种不同的编纂格式文献,仅为叙述方便,才合为一体。图指历代地形图、物状图等,表指各种序列人事的表格。这种体裁是比较独特的,它以形象、直观的方式表现人类历史和自然状貌,而辅之以文字说明。适合于记载文字难以详述的人事。所以,它既是其它文献体裁经常使用的一种载体,又是独立存在且使用普遍的文献体裁之一。

---

① 章学诚《文史通义·书教》。

文集体　文集是历代论文、诗歌等单篇文章的汇集,包括古籍分类中的"总集"和"别集"。这种体裁一般以内容的时间先后或专题性质分类编次。或集一人之诗文为一编,或集众人之诗文为一编,或集一代一类之诗文为一编。这不仅是古代历史文献中份量较大的一类,也是近现代历史文献编纂经常采用的一种形式。

笔记体　笔记是亘古迄今,个人撰述常用的一种体裁。其类型有按日记述的,谓之"日记",有随事或随时笔录的;有事后追记的。所含内容十分广泛,形式也自由灵活。

方志体　此体裁以地域为中心,系之以一方史实,内容兼及自然和社会的历史与现状,是地方百科全书。至于其具体类目,则因地制宜,随时增减,但基本不出纪、表、志、传、图、谱、考等。方志体历史文献有一统志、通志、府志、县志、镇志、山志、水志、庙志等类型。

学案体　其基本特征是按学术流派区分门类,门类之下再分序言、学者传记、著作及言论选录、他人评品等子目,然后按时代顺序述其人事、论其流变。

学案体创自清初学者黄宗羲所著《明儒学案》。直至今日,学术文化史著述,体裁均不离其宗。

类书体　其基本做法是根据不同的编纂目的,将已有的文献资料分门别类,以类标目,编次排比为新的文献形式。所载内容以博见称,是各种文献资料的渊薮。其结构形式有两种类型:一种是类聚群分,随事立目,依类排比。如《古今图书集成》,全书分为6编32典6119部,"部"下分"汇考""总论"、"列传""艺文"等类,类下再随事分立子目。另一类则是"用韵以统字,用字以系事",即以单字为类目,然后分类汇辑与该字有关的文献资料,系于该字之下,单字类目则按韵序编次。如明代的《永乐大典》、清代的《佩文韵府》,均属此类。

类书体文献既有百科全书式的,如《古今图书集成》《永乐大典》等,也有专科性的,如《通典》《文献通考》《唐会要》《艺文类聚》等。

档案 档案是历代各种原始的历史记录的一种集合体。一般以"卷""宗"为分类单位,按时间先后排列。其内容包括政府一切公务文件、簿册、记录、履历、简报、书信、日记、手稿等,涉及面十分广泛,是最原始的史料。由此又产生了档案汇编一类的编纂形式。

汇编 是历史文献二次组合的一种体裁,如档案汇编、诏令集、文件汇编等。其格式一般是将内容分类编次,有的以所编资料的时间先后分类,有的以所编资料的性质分类,有的以所编资料的来源分类,等等,有些汇编并附有注释和按语。

目录 目录是一种专门记录历史文献的种类、名称、作者、内容要点、学术价值、版本以及流传等情况的工具书体裁。可分综合性目录和专科性目录两类。其格式一般按当时的图书分类法将历史文献分类编排,类下有小序,概述文献的学术源流,然后逐书记其名称、刊本、作者、内容等。其最大特点是便于帮助人们"辨章学术、考镜源流"。所以,此类文献是治学的必由门径。

索引 这种体裁基本包括两种类型:一是某种或某类历史文献的内容索引,一类是论文资料篇目索引。内容索引又称"引得",一般是将一书或一类文字资料的内容以句子为单位分解,注明此句所在页码,然后取句子的第一个字为纲目,依音序、笔画或四角号码编制成检索表。论文索引则是分类编排,按类标目,依目检索。索引是近现代历史文献编纂的重要体裁之一。

报刊体 报刊作为一种文献形式是近现代才产生的,时至今日,它已成为历史文献中的重要组成部分。其特点是以年、时(四季)、月、日为编纂阶段,分类连续刊登各种文字图片资料。每一报刊内则分版次、专题栏目来安排各种类型的文章。

章节体 章节体又谓之教科书体,它是适应近现代教学需要,而由西方移植过来的一种新型体裁。其基本特点是按篇、章、节编排,因事命题,分篇综述;既分门别类,又融会贯通;糅记叙、论说为一体,熔人、事、物于一炉;容量大,适用面广等。它在一定程度上弥补了旧史书体裁顾此失彼的不足,是近现代历史文献的主要体裁之一。

总之,中国历史文献的体裁是十分丰富的,上面所述仅仅是其大概。应该注意的是上述体裁在实际运用中,并不是彼此孤立、绝然分开的,往往是相互渗透、综合利用。如纪传体就吸取了编年记事和表的方式;方志体就综合了纪、传、图表等多种载体。其次,应当指出,体裁对于历史文献编纂来说,具有相当重要的意义。因为,尽管历史文献的体裁千变万化,但总是与一定的内容相适应的。一部目录文献的内容,不可能改编为纪传体史书,诗文的汇集同样无法采用图表体式。而且,体裁不同,其用途也相应有别,如纪传体适合于作为全史、通史、断代史的体裁,而方志体就只适于记载一方一地之史,等等。因此,历史文献的编纂,应该讲求体裁的选择和创新,这种选择和创新则要依据内容和编纂目的的不同而定。对于已有的文献体裁,我们认为,既不可一概抛弃、刻意求新,也不可一味因循、不思变革。而应当扬长避短,综合运用。

第二节　编纂义例

“义例”又称“凡例”“体例”“书法”等,是关于一部文献内部如何组织和表述其基本内容、基本宗旨的原则和方法。它与体裁互为表里、相辅相成,体裁是文献的基本结构框架,义例则是组织这一结构框架的方式方法。

历史文献的体裁相对固定,非此即彼,不外数种,而义例则千变万化,没有固定的程式,随作者的编纂宗旨和内容需要而定。但是,无论何种历史文献,其编纂都必须事先制订详细的义例,尽管这种义例有时只是存储在编者的脑中而没有形诸文字。一部历史文献如果仅有适当的体裁,而没有谨严的义例,就无法组织好材料,无法使作品结构统一、前呼后应,也就难以体现其内容价值,从而影响其传播。所以,唐代史家刘知幾说:"史之有例,犹国之有法。"

义例的内容很广泛,但不外材料如何取舍,结构如何安排,内容如何表述三个方面。具体而言,则有下列几点:

1.记时。历史文献的记时问题包括两个内容:一是所记史事的起迄年代,即所谓"断限";二是所记史事的年时月日顺序问题。"断限"实际上是个历史分期问题,古代史家为了定"正统",辨"僭伪",往往以一统王朝的兴衰为"断限",现代史家则根据社会性质的变化来确定历史分期,再按历史分期来确定某种历史文献的断限。应该注意的是即使在今天,以一统王朝兴废为断限,仍然有其必要性,因为一个王朝的灭亡往往标志着一个时代的结束。断限有一个基本原则就是总体上有断限,局部上允许突破。古代历史文献基本上都存在这个事实。时至今日,同样需要采取这种辩证态度,在叙述某些典章制度或人事时,可根据需要追述以往、预断后来而突破断限。

历史文献所述史事的时间记载是比断限更为重要的问题。因为时间是物质运动的形式之一,史事不能离开时间。这种时间记载的基本要求是准确,它跟历法有密切的关系。各时期历史文献的记时,一般总是按当时通行的历法记录。封建时代的历史文献大多以皇帝年号记年;而以历法记时、月、日。现代历史文献则应取客观态度,尊重各民族的传统习惯,在叙述史事时,以当时的记时方法为主,注之以现在通用的公历纪年。史事的时间表述,最复杂的是分裂割据时期的历史纪年问题,因为往往在同一时期,各分裂小国均有自己的纪年法,究竟如何纪年,这是历史文献编纂中需要考虑的一个义例问题。

2.记地。历史进程不仅有时间上的连续性,而且有空间上的

398

广延性,这就是历史进程的地理因素。地理因素对人类社会生活和历史发展有着重要的影响。英国著名史学家李约瑟把地理环境看成是"造成中国和欧洲文化差异以及这些差异所涉及的一切事物的重要因素"。① 因此,准确而清晰地记载历史进程中的地理因素,是历史文献编纂中不可忽视的一条义例。

古人记载地理,主要包括三个内容,一是历史事件发生的地点,二是山河概貌,三是行政区划的沿革、地名的变更。我们今天记载地理,至少应该包括下列内容:一是历史事件所赖以发生、发展的地理背景,这是旧史书往往忽略的一点;二是历史事件所赖以发生和发展的具体地点。这两点是应该结合史事予以简明概述和准确记载的;三是历代行政建置的沿革及相关地名的变更;四是自然环境的记载,包括地貌、气候、物产及人口分布等。后面这两点则应设立专篇予以记载。五是要重视地图的制作和应用。在记载上述内容时,应该同时注意说明下列问题:①传统的地理概念,如关东、关中、江左、江右等。②同地异名与同名异地,如今的武昌,三国时称夏口;"北京"一名,在元、明和今天指不同的地方。③地名涵义的古今变化,如上海,宋代仅是一镇,元代升为县,今则辖10区、10县等。

3. 记人。人物活动是历史文献的主要记载内容。人物活动是最复杂多变的。所以,历史文献的记人的义例很重要。记载历史人物,最重要的义例是其取舍标准。在古代历史文献中,记载历史人物,从体裁上讲,有纪传、谱牒、传记等,但任何一种体裁都不可能尽载所有历史人物,都得有所取舍。《史记》为项羽立纪,为陈涉立世家,为滑稽、刺客等下层人士立传;《新五代史》为义儿立传;《明史》为流贼立传等等,表明它们记人的取舍标准各有不同。关于记人取舍标准,封建史家多曾论及,意见纷纭,但有两个基本

---

① 李约瑟《中国科学技术史》第 1 卷。

原则是可以肯定的:其一、"见生之人不当作传",即盖棺方能定论,不为活人立传。其二、"无其人不妨缺,有其事不妨增"。即实事求是,灵活运用,有话则长,无话则短。

其次,记人还有一个侧重记载什么的问题。这涉及到撰史宗旨,是义例所必备的,古代史家记人,各个历史时期侧重不同,如魏晋南北朝时期的历史文献,记人重在辨其郡望、世系,论其人品、口辩;而宋元人撰史,则侧重于叙述人的忠孝节义等。

4.记事。记事的义例要解决两个问题,一是记什么,二是如何记。

历史文献记什么,实际就是材料取舍问题。人类社会活动千头万绪、形形色色,任何一种历史文献都不可能把这些活动一点不漏地记录下来,而只能选取其中有意义的部分。究竟应选择哪些史事加以记述,汉代史家荀悦认为选择的标准是:达道义、彰法式、通古今、著功勋、表贤能。后来晋代学者干宝解释这5条说:"体国经野之言则书之,用兵征伐之权则书之,忠臣烈士孝子贞妇之节则书之,文诰专对之辞则书之,才力伎艺殊异则书之。"唐代刘知幾在此基础上增加3条:一是叙沿革;二是明罪恶;三是旌怪异。同时,刘知幾又指出了司马迁之后历史文献记事烦琐的四个方面:一为侈写符瑞;二为常朝入纪;三为虚衔备载;四为赘录世官。[①]这些关于材料取舍的论述,在今天仍然有一定的参考价值。

至于如何记,是指如何组织史料。在中国历史文献中,史事的组织安排有许多好的义例可以借鉴。要而言之,有互见法、提纲法、追叙法、预叙法、连类法等。所谓互见法,指一事而分载数篇时,分别互相注明此事又见某篇,以便于寻检一事之始末和脉络。提纲法,就是"先提其纲而后原其详",即先用一句话概括事件纲领,然后详述事实经过。追叙法就是在记某事结果或某人活动时,

---

① 见刘知幾《史通·书事》

交代此前的背景情况。预叙法则是在记某事过程或某人活动时，顺便对其结果预作交代。连类法就是在叙述某事和某人时，连带记载与此有关的其他事件或人物。

5. 载言、载文与征引。载言、载文分别指记载历史人物的言论和文章。历史文献篇幅有限，记人记事是其基本职志，在记人时是否需要载其言论和文章，如何安排这些言论和文章，这也是古代史家用心讨论的一个问题。唐代史家刘知幾指出"言事有别"，人物传纪不应载入大段的言论和文章，主张另立"章表书""制册书"以载言文。清代史家章学诚则主张纪传中仍然应当载录少量重要的言论和文章，而将大量文辞单编成册，谓之"文征"。古代历史文献一般的做法是采择重要的言论和文章以入纪传。刘知幾在载言方面提出的另一个义例是"时人出言，史官入记"。即从实而书，不断章取义，不虚饰或仿古。这一点也是值得借鉴的。近现代章节体文献几乎完全抛弃历史人物的言与文，这是其义例上的严重缺陷。

征引是指记人记事时引述他人言论或文章，有直接和间接之别。直接征引即摘录他人原文原话以表己意，不作任何文字增删；间接征引即用自己的话转述他人的言论或文章大意。征引的基本原则是尊重原文，不断章取义或妄加发挥。

6. 论赞与注释。古代历史文献，尤其是史书，大多有论赞，只是名目不同而已。其形式以夹叙夹议、篇前论和篇后论为主。夹叙夹议是按述史的需要，于篇中随时插进编者的议论。编年体史书多采取这种义例。篇前论即于每篇之前小议宗旨或总论人事大要；篇后论即于篇末小结史事，论其得失。历史文献中的史论是必要的，它可以起到提纲挈领、画龙点睛的作用，但史论必须从史实引出，不可以论代史。

这里的"注释"指历史文献中的自注。编纂历史文献究竟是否需要加进自注，何者注何者不注，注什么、怎么注，这都是需要明确的义例。自注内容较广泛,举凡年代、地理沿革、官制、邑里、世系等等,无所不注。在形式上有篇首注、页下注、文中注、篇末注等。自注实际上是对正文内容的补充,所以,自注应据内容需要而定。如果使用恰当,会使正文内容更加完整;如果滥用,则可致"狗尾续貂"之讥。

7.标目。标目指历史文献内部篇、章、节、专题等结构的标题,其作用在于提示内容要点。历史文献的标题,基本上可分为概述式、主副式和问题式三类。概述式指标题本身就是内容的浓缩,这种标题为数最多。主副式即标上一个简短醒目的主题目,再加一个提示实际内容,或提示作品时间之类的副标题。这类标题以二次组合性文献为多。问题式即以提问的方式作为标题,内容就是答案。这类标题以论著、论文为多。

标目的基本要求有两点:一是准确,二是简明。准确是指标题要能够直接提示内容,且与内容相贴切;简明是指标题用字不宜过长或过于隐晦迂阔,不可故弄玄虚、烦而无要。

8.编次。历史文献的编次实际包括内容分类和编排两个方面。内容的分类形式多样,有的据内容性质归纳为专题类别,有的按内容时间先后分类,有的按内容所涉地域分类,有的按材料所涉人物分类,等等。叙述次序一般有两种类型:一是按时间顺序来编次;二是按事物发展的逻辑因果关系来安排次序。

在考虑编次时,应注意下列几个问题:其一、注意事物发展的纵向先后、从属次序,避免不必要的重复和"倒叙",其二、注意事物发展的横向并列关系,避免杂乱的罗列;其三、注意各方面内容的交叉和联系,使之前后左右相呼应相协调;其四、注意与体裁的有机配合。各种体裁都有其结构上的特点,体裁不同,结构也有所不同,其编次自然不能不受其制约。

当然,历史文献义例的具体内容远不止上述八个方面,上述仅仅举其大者。其余具体义例,应依据文献不同体裁的要求而灵活安排。

第三节　编纂过程

任何历史文献的编纂,都有一个过程,尽管这一过程会因人、因时、因地、因所纂项目而异,但大体上都必须经历下列步骤。

一、选题

文献的编纂必须经过编前研究,以确定选题。这种编前研究具有两层意义:一是可以探明选题的价值。如果选题早已有人做出成果,那么这一选题就失去再编纂的意义了。二是可以由此查清选题的资料基础。如果一个选题所需的资料十分贫乏,那么,这一选题再好也无法编纂成功。

选题要有一定的依据。这种依据第一是客观需要。客观需要既有现实的,也有长远的;既有全局的,也有局部的。选题时,要充分考虑现实性和战略性。现实性就是根据当时国家政治、军事、经济和文化工作的现实需要去选择编纂课题。但考虑这种现实性时也要有一定的预见,因为一个课题眼前也许是热门,但一两年后却有可能失去意义,而历史文献的编纂是需要一定时日的,少则一年半载,多则几年十几年。战略性是指选题不仅要从现实着眼,更要从长远的发展着眼。有些选题也许是眼前不需要的,但却是国家的长远利益所在。从长远战略着眼的选题是最富有生命力的。第二是可能性。这种可能性包括两个内容:其一是文献资料基础,即选题是否有足够的文献资料可资利用。一个没有资料基础的选题,是无法编纂成功的。如果现在有人打算编纂大部头的夏商史,无论如何是困难的,因为有关夏商时代的史料十分残缺。其二是编者的水平基础。人的能力和知识毕竟是有限的,所以,选题必须量力而行,不可贪大求全。

至于选题的途径,不外下列几点:其一,广泛查阅文献资料索引和书目,寻找文献编纂的空白点或薄弱环节,了解是否已有自己所选课题的文献出版;其二,向出版部门或学术机构探询编纂课题,或调查是否已有自己所选课题的文献正在编纂或正在出版中;其三,深入阅览有关文献资料,在阅览中发现新课题,或论证自己所定课题是否有编纂成功的可能;其四,通过报刊杂志了解时势和社会需要,从中归纳选题,然后从上述三途去加以论证。

二、收集资料

确定了课题,下一步就得着手收集资料。

文献资料浩如烟海,每一编纂课题所用资料只是其中极小的一部分,这就必须先确定收集的范围和原则。古今历史文献编纂中资料收集的基本原则是"宁繁勿漏"。即收集资料的范围比课题范围应广些,挖掘的程度应深些,采录的数量也应多些。资料的收集是一项艰巨工作,必须广泛的搜罗爬剔才能得一鳞半爪,弃其有余容易,补其不足则相当困难。而任何人都不可能预知其所需资料的数量和类别,因此,就得使资料具有充分的选择余地。

"工欲善其事,必先利其器"。收集资料要想做到多快好省,还需要掌握一定的搜罗方法。其一,利用目录、索引去查找资料。目录学的任务就是辨章学术、考镜源流,所以,通过目录、索引,不仅可以查找到所需资料,而且可以了解到选题所在学术领域的概况。这是收集资料最重要的必不可少的途径。其二,从考古发掘成果中搜集资料。考古发掘往往出土大量文物和文献,其价值远远胜过其他类型的文献资料。其三,通过采访、调查取得文物和口碑资料。历代文物很多流落社会各个角落,历史传闻、人物行踪也往往留存于民间,这些只有通过广泛而深入的查访才会水落石出。尤其是近现代历史文献的编纂,更要重视这一途径。其四,通过平时读书阅报积累资料。近现代一些学者的许多著述就是这样撰成的,如清人赵翼的《廿二史札记》、今人童书业的《春秋左传研究》等,都是读书札记的系统化结果。其五,根据文献征引和注释去追踪史料。任何文献都难免征引他人他书文字,我们既可直接采其征引的资料为己用,也可以通过其注解去追踪尚未掌握的文献资料。

找到了资料,如何采录下来,这也是需要讲究的。大率说来,有下列几种手段可供采用:一是做卡片。这是一种古老的手段,当初司马光编纂《资治通鉴》,即是用这种方法采辑资料的。卡片可分专题、索引、学术动态等各种类别。卡片以录原文为主,切记注明资料出处。其二是剪报。即把手边报纸刊物上所见资料随时剪裁下来,分门别类制成资料袋。这一方法也适用于剪辑其他类型文献资料。其三是制作专题资料目录索引。可分两种类型:一种是有关选题的书目、论文目录索引。这种索引可在选题阶段编制。还有一种是就搜集到手的文献资料内容进行分类,编制详细的内容专题索引,这样,编纂时就可以按图索骥,直接从文献中征引所需资料,可省却许多做卡片的功夫。其四是现代科技赋予我们的录音、录相和拍照的方法以及编制电脑程序贮存资料的方式,这将是未来普遍而易行的采集资料方法。此外,采录的资料还应随即校勘一遍,看自己是否摘抄有误。

三、拟定体例

资料搜集到一定程度,就要着手拟定编纂体例。如果是著述史书,就要围绕本章上一节所讲的几个方面制订处理原则和表述方式。如果是汇编资料,就应确定剪取材料的种类、数量、原则以及如何分类编次等。著述或资料汇编的内容和形式如何科学地统一起来,其体例的制订是重要一环。司马迁的《史记》,司马光的《资治通鉴》包罗宏富,而又显得如此层次分明,错落有致,令人爱不释手,除了体裁的科学、文笔的优美之外,其义例的谨严细密是关键因素。总之,拟定体例,既要紧扣内容,体现编纂宗旨,又要适应形式需要,使内容与形式相一致。

四、整理资料　编定提纲

资料收集就绪,体例初步拟定,接着就要对收集到的资料进行整理筛选,这种整理包括去伪存真、去粗取精、序次排比、编定提纲等。整理资料最重要的一步是考订其伪误,以求去伪存真。文献有伪误,由来已久,清代学者在这方面做了大量考证工作,考订史料不能不参阅其辨伪成果,如姚际恒《古今伪书考》,崔述《考信录》,梁启超《古书真伪及其年代》等。这一点本书已有专章论述,可参考。

去粗取精也是史料考订的重要内容。前面讲过,搜集资料"宁繁勿略",但采用资料则要求精益求精。因此,对搜集到的众多资料,必须慎加抉择,去粗取精。其一,应尽量选择第一手即最原始的材料,如历史文献中的实录、档案、起居注以及出土文物等,而对于二次组合的文献资料,如类书等,则应尽量寻查其资料的原载体,以订真伪。其二,选择资料应紧紧围绕编纂宗旨和内容要求,择其最能说明问题或符合义例要求的典型资料,对于主题所不需要的资料,即使十分真实、珍贵,也应忍痛割爱。在完成工作的同时,还须对资料进行序次排比、编定提纲。排比之法,不外二途,一是按时间顺序把资料汇集排列起来;二是按专题分门别类地将资料归类排列。

编纂提纲因文献类型而异。作为史学著述,其提纲就是篇章结构或论述要点;作为文献汇编,其提纲就是资料丛目。编纂之前拟定一份详细的提纲,是十分必要的。其道理就象作战之前,必须制订作战方案一样。

五、撰写

对于二次组合性的文献来说,只要义例明确、提纲细密、资料现成,编纂就是一件轻而易举的事。但对于史学著述来说,撰写则是艰难而关键的一步。尽管如此,文献编纂还是有其基本原则的。其一,无论什么类型的文献编纂,其初稿均宜繁不宜简,这样才便于修改时提炼或删削。司马光编纂《资治通鉴》,从初稿"长编"到定稿,删削了三分之二的文字,我们今天所看到的《资治通鉴》尚有洋洋三百万言,可见其初稿是相当繁富的。其二,作为著述,撰写初稿时不宜斤斤计较于一字一词一句的雕琢修饰,而应分章分节,各个击破,尽量一气呵成。这样,便于集中思路、统一构想和文笔的一致。其三,作为二次组合的文献,编纂时不可避免应对文献资料作些加工,这主要是对文字上的衍脱讹误进行修补改正,而不应肆意篡改原文或臆断衍脱。

六、修改

无论何种文献编纂,都有一道修改的工序。总起来说,修改包括这么几个方面:一是深化编纂宗旨。初稿完成后,有时并没有完全体现出编纂主题,这就需要全面审改、深化主题。二是订正提法不妥的观点。三是调整原来编排不合理的篇章结构。四是增删材料,以使内容详略得当。五是审订标题是否与内容贴切。六是修改文字、润饰语言。

至于修改的程序并无一定。一般的做法是每编纂完毕一个部分,即可回过头来修改一次,重点放在语言文字的表述和观点、材料的一致两方面,因为文献的编纂预先都有提纲,各部分故不须象写文章那样,必全篇呵成始可润色。全部编纂完毕后再从全局考虑进行修改,看是否有结构安排的不合理。这是第二步。然后重新检阅编纂过程中所引用的全部资料以及有关文献,看是否有材料的重大遗漏、伪误以及观点与材料的不一致,并作修改。这是第三步。最后可将草稿搁置一段时间,再回头重作修改。当然,并不是所有文献编纂的修改都包括上述内容和程序。比如二次组合性的文献编纂,就不需要润饰语言和修正观点,也不必反复多次的修改。

七、序跋　按语　附录

文献之有序跋,是中国学术文化的传统习惯。序言亦作"叙言",又称前言、弁言等,一般放在正文之前,古人则常放在书后。清代学者章学诚说过:"书之有序,所以明作者之旨也,非以为观美也。"序言一般应具备这么几项基本内容:(1)说明编纂宗旨;(2)交代基本内容和价值以及适用范围;(3)部分汇编和文集等需要在序言里交代其材料背景或作者生平等;(4)如果没有专篇《凡例》,则需说明编纂义例和基本结构;(5)交代文献版本情况;(6)介绍编纂过程以及参与人员。当然,实际上,文献的序言往往各有侧重,不可一概而论。跋也称"后记""后序""题跋""跋语",跋的内容与序大体相似,但是,(1)跋多是对序言的补充;(2)跋侧重于评介、鉴定、考释等方面。

按语是编者加插在文献资料中的说明,它一般只适用于二次组合性文献。其内容范围较广,但基本都是对所编文献资料作介绍和评述,按语一般放在所要介绍的材料前面。附录实际上是一种扩大了的自注。其内容包括参考书目及其他有关参考资料;辅助阅读的图表等。清人编述,附录往往很庞杂,如咸丰时黄志述校刻其祖黄景仁《两当轩诗集》,附录即多至四卷,包括序跋、传状志文、年谱、诗话等。现代的文献,则多数没有附录。这两种偏颇都是不可取的。适当的附录会给读者带来诸多方便,这是值得今后的文献编纂者重视的。

第十九章　藏书史

第一节　藏书的先决条件

我国古代人们很早就有藏书的良好习惯,但是藏书的前提条件,必须要有大量的书籍,书籍的形成又是在文字出现以后的事。

一、汉字的起源

文字的产生,它是出于人们生活的需要而逐步创造的,是社会发展到一定阶段的产物,是经过漫长的时期而形成的。相传孔子所作的《易经·系辞下·传》说"上古结绳而治,后世圣人易之以书契"。孔安国《尚书·序》说:"古者伏羲氏之王天下也,始画八卦,造书契,以代结绳之政,由是文籍生焉。"《韩非子》《淮南子》《说文解字》等都是提及了仓颉造字。实际上,伏羲、仓颉只不过是文字发明者的时代。说明文字是继结绳之后逐渐创造积累而来的。

汉字起源的另一条线索是图画。自人类进入新石器时代后,随着交际的需要,图画便逐渐取代了实物而成为辅助语言的主要手段。除单幅的图画外,还出现了比较复杂的图画,并通过图解语意而与语言相联系,具有了文字的性质,这便是通常所谓的"文字画"。汉字中最初的象形字和指事字便都是从文字画中孕育出来的。据西安半坡仰韶文化遗址和山东大汶口文化遗址出土的陶器上的符号推测,估计在夏代的初期形成文字体系的可能性是很大的。因此,汉字至今已有四千年的历史了。

甲骨文出现于距今3500年,相当于商王朝武丁时期。初步统计单字约4500个,甲骨文在结构上已经具备了象形、指示、会意、形声四种形式。此外,甲骨文还用了假借的方法,以义近和音近的字表示另外的意思。从甲骨文的字形结构和语法结构已有严密规律的情况看,必须经过相当长久的过程才能达到这样的水平。根据这一点,推断夏朝已有原始文字是合乎情理的。

另外,由于冶炼技术的发展,夏代晚期可能属于青铜时代。作为古代"重器"的鼎和其他青铜器,往往铸有铭文,称为钟鼎文或金文。相传为殷代的"散氏盘",铭文达三百四十八字;相传为西周的"毛公鼎",铭文达四百九十一字。这些文字比甲骨文的成熟度似乎高些。

甲骨文和钟鼎文是现在所能见到的最古老的汉字。有了文字,图书的产生便有了基础。

我国最早的图书传说,据文献记载,是"河图"和"洛书"。"河出图,洛出书"的"图"和"书",即使确有其事,实有其物,也决不是正式图书,而只是古人出于对图书的喜爱和向往的美好传说而已。

继之,有夏的"铸九鼎、象九州"的说法。但是,这种在"九鼎"上的象物之图,也不能看成是具备图书要素的正式图书。

在《史记》《尚书》和《大戴礼记》中所载夏及夏以前的文献,均出于战国时期。而且这些文献也主要是作为档案被保存,而不是作为流传用的正式图书。所以我们认为夏代还没有任何正式图书出现。

二、典籍的出现

有了文字,就有了创造书籍的可能,但不可认为一有文字即有书籍。在单个文字时期,不过是用单字代替结绳、图像、符号等来记录片段的语言信息,还不可能成为完整的文献和书籍。随着长期的社会实践活动,文字数量逐渐增加,结构逐步形成,体系逐步建立,也就逐渐出现了比较系统地记录事物的载体,这就成了当时的文献和书籍。

公元前约十七世纪初,商王朝建立。公元前十三世纪,商王盘庚迁都于殷(今河南安阳),直到公元前十一世纪,史称殷商时期。

关于殷商时期的图书事业状况,由于文献不足,尚难作出比较完整的描述。有一些人曾引《尚书·多士》篇中所说,"惟殷先人,有册有典"来证明商代已用简牍作为书写材料。但是,一方面由于尚无实物资料可作证据;另一方面,对这两句话也还有不同理解。如刘国钧认为这里所谓的"册"和"典","很有可能就是简策"。可是汉代许慎《说文解字》(卷二下)册部则说:"册,符命也。诸侯进受于王也。象其札一长一短,中有二编之形。""𠕋古文册从竹。"所谓"符命"是类似证件一类的东西。李静生在《纳西东巴文与甲骨文的比较研究》中提出东巴文的𛲜是"氏族设栅共居"的栅,与甲骨文中𠕋字,形相似,义相同。他认为"竹木简成册,不可能一长一短,长短不一",而"栅栏不必求齐,多为参差之状,文亦如之。"①这种比较研究所得出的见解是有一定启发意义的。至于"典"字,也可按许慎所释"大册也"的说法而看作是一种大型"符命"。因而这一"典""册"的记载只能视为正式图书出现前的先驱形式。至于"册"和"典"的古文均从竹,则因《说文解字》的"古文"并不是殷商时的文字,而是东周后期战国时东方六国所用的文字,那时的典册已通用竹了。

流传到现在的商代的重要实物文献,是十九世纪末在河南安阳发现的龟甲兽骨上面刻划的文字——甲骨文(或称"契文")。最普遍的内容是祭祀、战争、田猎、出行、疾病、风雨等和其他关于神灵、自然现象及与人事有关的记录。当帝王需要决定和预知一些可能发生的祸福事件时,便以甲骨来祈求神灵或祖先佑助。由

---

① 《云南社会科学》1983 年六期。

"贞人"或"卜人"先在甲或骨的背面凿一个长槽,上宽下狭,狭处逼近正面,然后再在槽旁钻一圆坑,卜时便用火在圆坑处烧灼,随之在正面沿着槽和坑的地方便爆裂出纵横的裂纹——兆。卜人根据兆纹的形状而判断所卜之事的吉凶。贞卜毕,卜人便将疑问、解答以至卜后的徵验刻在甲骨上,这便是所谓记事刻辞了。所以说商王朝的甲骨文应是"中国最古老的书"。

1936年在安阳小屯的甲骨考古的发掘中出土甲骨17804片。其中有三百片完整的龟甲,经过考证,是当时的档案,原来这里是武丁时代的档案库,发现一具人体骨骼,很可能是甲骨的保管者。而甲骨文中已有"史""御史""内史""乡史""左史""右史""祝册"等称谓,如对照《尚书》,殷时已有卜、史、巫、祝之官,可知殷代的史官制度已有相当规模。

第二节　历代官私藏书概况

我国是世界上文化发达最早的国家之一。我们的祖先创造了光辉灿烂的文化,积累了极其丰富的文献典籍。

早在远古时代,传说就有所谓《三坟》《五典》《八索》《九丘》之类的著作。周代,据《周礼》记载,有"邦之六典"、邦国之志以及三皇五帝之书。诸侯亦各有国史。由于众多典籍的出现,所以周王收藏了大量文献图书。

春秋、战国时期,诸侯分立,周王室的部分藏书流散于各国。古已有"国可灭,史不可灭"的传统,各战败诸侯国的图籍,流入战胜的诸侯国被接收保存起来。孔子整理删订的"六艺",就是收集和利用了鲁、周、宋、杞等国的文献。

先秦时期,除了官藏之外,出现了私人藏书的风气。《庄子·天下篇》称:"惠施多方,其书五车。"

秦灭六国以后,分散于各诸侯国的图书资料荟聚于秦都。公元前213年秦始皇下焚书令后,大量图书文献被焚毁,损失自不待言;但民间也有不怕杀头者,把书坚壁隐藏起来,而博士官所典藏的各种书籍,也没有受到损失。

汉兴之后,注意收集遗书。高祖、孝惠、文景之时,大收篇籍,广开献书之路。孝武之世,"建藏书之策,置写书之官"。成帝时,又使谒者陈农求遗书于天下。整个西汉时期,由于广泛地收集图书典籍,聚书工作取得很大成绩。至于地方藏书,最著名者为河间献王刘德和淮南王刘安二人。《汉书》说献王德"书多与汉朝等",又说"是时淮南王安亦好书"。《史记》也说献王好古,而淮南聚书,尤为人所共知。但西汉时,重要典籍大都聚于官府,私人藏书业,并未发达。可惜的是,西汉二百载聚集起来的"大凡三万三千九十卷"图书,毁于王莽之祸和汉末兵燹之中。

东汉建立以后,接连几代皇帝都崇儒尚文,重视图书。光武帝、安帝、顺帝各朝广泛搜求图书,所以宫廷藏书很多,超过了西汉。此时在官藏的影响之下,私人藏书也发展起来。光武帝时,曹曾积石为仓以藏书,号称"曹氏书仓"。但东汉末年,董卓兴乱,纵兵烧掠,皇家藏书损失惨重,几乎丧失殆尽。

西晋初年,经过采掇遗亡,加上此时纸的使用,促进了书籍的传抄。据荀勖主持整理秘府图书时统计,西晋皇家藏书为29945卷。但经"八王之乱",北方游牧民族大举南下,西晋王朝灭亡,洛阳皇室的图书"靡有孑遗"。

东晋建都伊始,宫中只剩下图书3014卷。南北朝时,南朝宋谢灵运编《四部目录》,积聚图书达64583卷。梁武帝时,宫内文德殿藏书有23106卷,后经侯景之乱,被焚一空。梁元帝时又聚书14万卷,但亦付之一炬。

综观魏晋南北朝时期,由于社会分裂动乱,战火频繁,文献典籍屡遭浩劫,仰赖私人藏书,文献典籍又得以保存流传。西晋时,藏书家范平,祖孙累世收藏典籍。其孙范蔚"家世好学,有书七千余卷,远近来读者恒有百余人,蔚为办衣食"。① 张华亦为晋时著名的藏书家,史称"天下奇秘,世所希有者,悉在华所"。张华"尝徙居,载书三十乘。秘书监挚虞撰定官书,皆资华之本以取正焉"。他"身死之日,家无余财,惟有文史溢于机箧"。② 晋人褚陶,亦喜好藏书,"以坟典自娱"。又《梁书·任昉传》载:任昉"家虽贫,聚书至万余卷,率多异本"。卒后,凡官家不藏之书,皆"就昉家取之"。梁人虞和,少好学,亦收藏不少图书,但"居贫屋漏,恐湿书籍,乃舒被覆书"。

隋王朝统一政权的建立,促进了经济文化繁荣和图书事业的发展。这时,造纸技术有了提高,书籍装帧也有了改进,为图书的发展提供了有利条件。隋初,从北齐、北周宫中接收的图书仅1500卷。但由于采取了奖励民间献书的政策,皇家藏书很快发展到3万余卷,到隋炀帝时,藏书总数又达到37万卷,超过以往各朝的收藏数。可惜,这30多万卷图书,皆焚于战火之中。

唐朝初年至武德年间,皇家藏书仅8万多卷。因此自太宗至文宗,历朝均有求书活动,所以国家藏书日益增多。特别是太宗至玄宗的100年间,社会比较安定,经济繁荣,为图书事业的发展提供了较好的条件。到开元时期,国家藏书至7万卷。可是,"安禄山之乱,两都覆灭,乾元旧籍,亡散殆尽"。③ 安史之乱以后,唐王朝继续搜集图书。肃宗、代宗"崇尚儒术,屡诏购募",到文宗时,宫廷藏书达56476卷。

隋唐时代的私人藏书,比南北朝时期有了更大的发展。许多藏书家收藏超过万卷,而且藏书质量较高。隋人许善心,家有藏书万余卷。唐玄宗时期,韦述"蓄书二万卷,黄墨精谨,内秘书不如

① 《晋书》卷91《范平传》。
② 《晋书》卷36《张华传》。
③ 《旧唐书》卷46《经籍志》。

也"。宣宗时,柳仲郢家藏典籍万余卷,所藏必3本。开元时期,邺侯李泌,家富藏书,筑有大型藏书楼,藏书3万卷。德宗时,苏弁聚书至2万卷。僖宗时,李磎家有书至万卷,号称"李家楼"。此外,杜暹家中也有大量藏书。王懋家聚书多不减秘府,图籍皆异本。

两宋时代是我国图书事业空前发达的时期。雕版印刷术的发明推广,大大促进了书籍的生产和藏书事业的发展。北宋初,三馆藏书逐渐兴盛。至钦宗时国家藏书增至73000卷。高宗南渡之后,在南方广求图书,经过半个世纪的积累,皇家藏书为59429卷。

宋代典藏图书,主要有国家、书院与私人三个系统。宋代学术思想文化比较活跃,出现很多思想家,各地建有许多书院,以书院为中心搜集了大量图书文献。如鹤山书院藏书达10万卷。此外宋代六大书院的藏书,为数也不少。各地书院藏书,主要是私人捐赠或国家颁发的图书,以供教学之用。北宋时,各地州学也往往建有藏书之阁,南宋时更为普遍。如江西11府,每府都有藏书阁。

宋代的私人藏书非常发达,当时"仕宦稍显者,家必有书数千卷"。据统计,宋代知名的私人藏书家有84人,仅湖州一地,拥书万卷者就有七、八家,宋代知名的私人藏书家江正,藏书数万卷。另外,大藏书家王钦臣,藏书43000卷。据徐度《却扫编》记载,宋承平时,南都戚同文、历阳沈立、庐山李氏、九江陈巽、鄱阳吴良嗣、文康、李文正,以及晁以道、刘壮舆、李淑、田镐等人,都是藏书万卷以上或数万卷的藏书家。南宋著名的藏书家晁公武,藏书25500余卷。叶梦得藏书超过10万卷。郑樵、尤袤、陈振联、倪思、莫君陈、沈赢、程贲、方渐、林霆、吴兴、周密等,均为万卷以上藏书家。

辽金元时期,官私藏书也很发达。契丹人建辽之后,采取"学唐比宋"的施政方针。太祖、太宗、圣宗、道宗各朝,积极接受汉文化。从皇帝到朝臣,学习汉文形成风气。辽太宗耶律德光灭晋后,尽收后晋藏书北运,使皇室藏书得到补充。兴宗时又建藏书之府

"乾元阁"。道宗时(1064年)下令征求经籍,命儒臣核勘。继辽之后,金朝政府对图书的收集工作也十分重视。1125年金灭辽时尽得辽皇室所藏。1126年,金将完颜晟攻克开封后,将宋皇家大批图书文物北运。金与宋议和时,还把索取三馆、秘阁书作为议和条件。南宋只好派官员将馆阁藏书送往金朝。金朝不仅收集宋朝的藏书,而且还下令收购民间藏书。元朝建立以后,采取了尊经崇儒,兴学立教,科贡并举,举贤招德,保护工匠等一系列措施,以巩固其统治,在客观上也为图书事业的发展提供了条件。据《补元史艺文志》统计,元代刻印、流通的图书,经、史、子、集四部凡3142种。

辽金元时期,也出现了不少私藏家。辽太祖的长子耶律倍,派人到幽州购回汉文图书1万卷,他所建的"望海楼",是当时我国北方藏书最丰富的藏书楼。金人元好问,藏书亦富,是金代藏书家之代表。刘祖谦家多藏书,金石遗文略备,也是金代著名的藏书家。元代知名的藏书家有35人。庄肃藏书8万卷。陈季模藏书5万余卷。裴居敬藏书2万卷。同恕藏书数万卷。藏书万卷以上的还有申屠致远、何中、段直、段思温、陈道明、袁易、张维喜等。蒙古人阔里吉思建"万卷堂"于私第,纳置书籍,日与诸儒讲座经史。

明太祖朱元璋即位,对访求遗书颇为重视。灭元后,将集于大都的宋金元三朝旧籍,尽载南京,建阁收藏。永乐四年(1370年),明成祖派官到各地购求典籍,高价收买图书。到正统年间,文渊阁藏书已是相当丰富。

明代书院藏书不如宋元多,但私人藏书非常兴盛。明代知名的藏书家有427人,江浙一省就有80多家。弘治时期的李延相,家富藏书,筑"双桧堂"藏之。闽县人徐𤊹,藏书至53000余卷。嘉靖时,宁波人范钦建"天一阁",藏书7万卷。常熟人毛晋,积书至84000册,构"汲古阁""目耕阁"以庋之。

清代,为了编纂图书,康熙、乾隆时期,曾多次下诏求书,至乾隆三十九年(1774)八月,全国征书达万种以上。在图书收藏方面,清代的成就超过了历代。在修《四库全书》的同时,乾隆下令建立了典藏《四库全书》的南北七阁,此外清宫内外尚有多处藏书。虽然清朝屡遭内忧外患,藏书在战乱中损失惨重,但1929年清理宫廷藏书时,尚有图书195722册。清代的私人藏书家辈出,藏书超过历史上任何一个时期。据统计,清代著名藏书家多达500余人。嘉庆时期的黄丕烈、周仲连、顾抱冲、袁又恺,号称"四大藏书家"。常熟人瞿绍基建"恬裕斋",广泛搜集宋、元善本历10年,积书10万余卷。聊城人杨以增,平生专一于书,所收数10万卷,构"海源阁"藏之。归安人陆心源,所藏尤富,颇多《四库》未收之本,至光绪壬午(1882),凡得书15万卷。钱塘人丁申、丁丙兄弟,号称"双丁"。其先人丁颐 在"八千卷楼"中藏书8000卷,后历30年,又得万余卷。"八千卷楼"所藏之典籍,皆《四库》所未收采。丁申积20年,聚书8万卷。因此,清代藏书家中以瞿、杨、陆、丁四姓最为有名,号称天下四大藏书家。到了近代,随着社会的发展变化,藏书的方式也发生了变化,20世纪初"京师图书馆"的创建,标志着从藏书楼向近代图书馆过渡的完成。

第三节　官府藏书

在我国由官府藏书,大约始于殷商时期。殷王朝建立以后,由于其政治、文化、经济方面的需要,很注意对典籍的收藏、管理和利用工作。商王朝时对于典籍已经有了比较固定的收藏处所。考古工作者在河南安阳小屯殷都遗址发掘出殷商王室基址。从版筑基址和柱下的石础等判断,基址内的建筑物是宗庙宫室。地下复穴可能是居住或工作的地方,穴窖可能是存储物品的地方。每一座版筑附近都有这种穴窖。甲骨大部分是从穴窖中出土的。这些穴窖的位置,有些在版筑圈内,属于宗庙的一部分。多数在版筑圈外,即宗庙遗址附近。也就是说甲骨文绝大部分收藏在王室宗庙宫室内部或附近。

从地下发掘可以证明,商王室确实拥有大量文献典籍。有许多藏于宗庙的穴窖之中,其中一部分存于宫室,相当多的部分放在宗庙附近的穴窖里。

由于收藏了大量的典籍,就得安置管理人员和制定切实可行的管理制度。殷商王室有专门管书的人员。甲骨卜辞提到掌管甲骨文献的人是商王朝的史官,如"贞,令我史步";"才南土,告史";"利令,隹大史寮";"大(太)史"等就是商王朝的史官。此外,古籍中也有记载了"典,法也,此盖殷时制也"。《周礼正义·春官·宗伯》"大史"条,郑氏《注》:"大史,史官之长。"在甲骨文及金文中彐(史),字象征右手所持之物,大多数学者都同意此物必然与文字记录有关。可以说,史官的职责,一是著书,二是管书。《礼记·曲礼上》说"史载笔",《左传》襄公四十年有"史为书",《国语·周语上》说"史南献书",《礼记·王制》说"太史典礼执简记秉书"。《周礼·天官冢宰》疏"史掌官书以赞治",《礼记·月令》"大史守典奉法",《国语·楚语上》"史不失书"。这些都是史官掌管藏书的记载。史官要按藏书管理制度进行管理的。

殷商史官管理文献的制度主要表现在分类方面。首先,从发掘出来的资料看,殷商除甲骨文外,还有其他类型的文献,但甲骨与其他文献却是严格区分开来的,在殷墟只发现过一块玉版,未见有任何简策、帛书或其他文献的痕迹。其次,甲骨有地下埋藏的情况可分四类。即:存储——有意识地保存的甲骨文;埋藏——大量甲骨集中埋在一起;散佚——发现的零星甲骨;废弃——一些习刻、仿刻的文字或卜辞与陶片、兽骨、人骨、灰烬等混在一起。第三,存储和埋藏的甲骨中,刻辞的甲骨和备用的甲骨有分开的。而备用的甲骨又分别以时代为序,一坑为一个时代的,几坑为一个时代的都有。中国社会科学院考古研究所认为,甲骨文按时代顺序可分三期,即:早期(武丁至廪辛)、中期(康丁至文丁)、晚期(帝乙至帝辛)。考古学家考证,同一时期的刻甲骨存放地区也比较集中。第四,从刻辞内容上看,一类是记事刻辞,占少数;一类是卜辞,占绝大多数。有些刻辞内容较多,需要几块甲骨才能刻完,形成了成套甲骨。成套甲骨是集中储存的,这就是典册。

殷商王室设专门处所收藏文献,置专门史官分类管理,达到了有序地存储,其目的就是为了有效地使用文献。古代的藏书机构十分重视档案资料。现在发掘出的甲骨文是从盘庚迁殷以后,直到殷商的晚年。由于王室活动预先都要占(贞)卜,突然遇到的事情也要占卜,所以尽管甲骨文不是历史的记载,却也反映了当时王室的一些情况。自然也就反映出当时一些社会事实,如农耕、畜牧、风雨、阴晴、历法、计算、田猎、战争、祭祀对象等。这些记载,对后世有很大的参考价值。

殷商对文献的利用是和崇奉神意分不开的。由于一切祭祀、征战等国家大事,均须由巫史卜吉凶,故通过占卜测知神意,以神意定天时、定人事,用应验的卜辞作为其治理天下的根据。这就是殷商王室利用甲骨文献进行统治的原因。所以王室遇有大事,必询史官。据此史官也掌握着谏君诫臣的史实,反映出利用文献的情况。

周朝沿袭和发展了殷商的藏书政策。周朝的藏书情况有进一步发展,大致分为王室藏书、大史府藏书和盟府藏书。周朝的“典籍藏于宗庙”。《周礼注疏》说“大史掌建邦之六典,以逆邦国之治;掌法,以逆官府之治;掌则,以逆都鄙之治”。又说“凡邦国都鄙及万民有约剂者藏焉,以贰六官;六官之所登,若约剂乱,则辟法”。这就是说,大史掌管着国家大法,凡是邦国、都鄙与万民订立的盟约和券书,各书写两份送六官(大宰、大司徒、大宗伯、大司马、大司寇和大司空)和大史府收藏。此外,盟府也是收藏文献的地方。

周朝设天府掌管宗庙典籍，周朝的史官有：大史、小史、内史、外史、御史分别掌管周王室、诸侯的典籍。总之，其收藏的方法是，先按收藏地点划分，然后按职官职责分别保管，最后分类存储。总之，在周代，典籍的收藏条件得到了进一步改善，管理人员有了比较细的分工，分类与保管的制度得到了明显的发展，文献的利用更加普及。

先秦时期，由太史管理国家图书。老子曾做周朝的"柱下史"，亦称"收藏史"，各国诸侯也有专门管理图籍的官吏。收藏图书的地方叫台、院、馆、阁等。

汉兴以后，由于"广开献书之路"和"建藏书之策"，百余年间，书积如山丘。至西汉末年，中秘收藏，蔚然可观。

汉时御史中丞兼掌兰台的图籍秘书，下有兰台令史管校书正字。"其藏之地，外有（太常）、太史、博士，内有延阁、秘室、兰台、东观及仁寿阁、文德殿、华林园、观文殿诸所。"西汉的麒麟阁、东汉的东观也是禁中藏书之所。东汉管理图书的机构称秘书省，设秘书监、秘书郎、校书郎等官员。

东汉光武帝时"爱好经术，未及下车，而先访儒雅，采求阙文，补缀漏逸。先是四方之士多怀挟图书，遁逃林薮，自是莫不抱负坟策，云会京师"。所以"光武迁还洛阳，其经牒秘书载之二千余辆"。[1]

魏晋南北朝时期的藏书之所有曹魏的崇文观、宋之总明观、梁之寿光殿和士林馆、陈之西省、北齐之文林馆、北周之麟趾殿等，皆置学士，掌著述及刊校经史等事。

隋文帝时，下诏求书，规定献书一卷，赉绢一匹，校写既定，原本归主。文帝的这种奖励献书的政策，是采纳了牛弘的建议而制定的。牛弘有云："勒之以天威，引之以微利。若猥发明诏，兼开

---

① 《后汉书》卷 79 上《儒林传叙》。

购赏,则异典必至臻,观阁斯积,重道之风,超于前世,不亦善乎?"由于奖励献书,百姓纷纷上献,平陈以后,经籍渐备。由于当时出现了征书和上献热,于是有刘炫者"伪造书百卷,题为《连山易》《鲁史术》等录上,送官取赏而去。"隋炀帝于东都观文殿东西厢,构屋以贮藏图书,东屋藏甲乙,西屋藏丙丁。

唐初设置弘文馆,收藏经史子集及其他书籍,选贤良为学士,掌刊正图籍、教授生徒。开元年间,又置集贤殿书院,以宰相一人为学士,其下有直学士、侍学士、修撰校理等官,掌刊辑经籍,撰集文章等事。并有校书郎、正字等职,从事图书的管理、修撰和校订。文宗时建的藏书库,对图书实行分库收藏。

北宋政府也采取了一系列奖励措施来广泛征集图书,凡有书来献者,即视其书籍价值及献书人的能力委以官职。政府还向官员们提出缺书目录,派人到各地去征求图书。又规定各地要向政府缴纳新出版的书。

宋初,国家藏书机构有三:史馆、昭文馆和集贤院。宋太宗时增加秘阁管理图书。神宗时,又在秘阁之上设立崇文院。此外,又陆续建立龙图、天章等阁,设学士、直学士和待制,这些官职虽负责校订图书,但也是皇帝的顾问。明初,在南京建文渊阁、大本堂收藏元大都的旧藏。仁宗以后,又建通集库、皇史宬等藏书馆。明中央政府的翰林院、两京国子监、各部都有藏书。明承袭元秘书监制度,使之主管内府书籍。洪武十三年(1380),明太祖罢秘书监,把官藏图书的管理权归翰林院,设典籍之职,负责掌管图书。清代为了加强思想控制,进行大规模的图书整理,乾隆时,建立四库全书馆。《四库全书》修成后,书抄7份,分藏在北四阁和南三阁,即文渊、文源、文津、文溯、文汇、文淙、文澜等7阁。文渊阁建成后,设领阁事3人,总管阁事务;设直阁事6人,具体负责阁内图书的管理事务;下设校理16人,分任注册、点验事务。此外还有检阅3人,做书库的管理工作。除《四库全书》藏馆之外,昭仁殿的天禄琳琅还收藏大量宋、辽、金、元、明五朝的善本。御花园中的摛藻堂和圆明园之长春园味腴书屋,专藏《四库全书荟要》。养心殿的宛委别藏有四库未收之书174部。其他如宫内刻书处的武英殿、中南海的南熏殿、紫光阁、南书房,北海的静心斋抱素书屋等处,也多有藏书。

我国古代官藏图书,也是屡遭厄运。隋代牛弘提出书的"五厄",明朝胡应麟接牛弘之说,又补论"五厄",即:秦始皇焚书;王莽之乱,宫室图书被焚;董卓之祸,典籍荡然无存;西晋八王之乱,秘阁藏书尽毁;侯景之乱和周师入郢,使典籍毁于一旦;隋末广陵焚书;开元盛藏毁于安史之乱;唐末战乱图籍无存;靖康之灾,北宋图书遭毁;绍兴之祸,南宋图书兵燹。"十厄"之后,明清时期的图书散亡情况更为严重。

官藏图书失散的原因主要是战乱兵燹。其次,象始皇焚书、隋炀帝焚禁纬书和明清屡兴文字狱,多次下令禁毁典籍,也是图书散失的一个重要原因。再次,由于管理不善,引起水、火、虫、鼠等自然灾害,也是大量图书被毁的原因。如隋炀帝巡幸江都时,大批图书随船载运,不幸翻没于运河之中。又如北宋初年,三馆秘藏书3万多卷,尽毁于祥符八年(1015)之火。明英宗时,南京文渊阁藏书,因为火灾,悉为灰烬。

回顾我国的藏书史,可见流传至今的大量文献典籍,都是几经劫难,才得以保存下来的。作为一份宝贵的文化遗产,人们应该倍加珍惜。古代官私藏书,为我们积累了典藏图书的宝贵经验,保存了丰富的图书资料,更重要的是古人重视文化典藏,热爱祖国文化,弘扬民族文化的精神,更是令人感动。古代官私典藏,收存文献典籍,同时又编撰了大量的图书目录,这又促进了目录学的发展。我国目录学史上一些著名的官修目录,如汉代刘歆的《七略》,清代纪昀主编的《四库全书总目》,就是在保存、整理官家藏书的时候编成的。至于历代著名的藏书家,他们根据家藏图书,经过鉴赏、辨析、考证,而编成的书目和解题、叙录,则具有更高的学术价值。如宋朝晁公武的《郡斋读书志》,陈振孙的《直斋书录解题》,清代丁丙编的《善本书室藏书志》,钱曾的《读书敏求记》,黄丕烈的《士礼居藏书题跋记》等等,至今仍是目录学、版本学、校勘学的重要参考用书。古代藏书家,勤于搜集,热心典藏,经过他们精心校勘、辨证的善本图书,以及苦心搜集起来的宋元刻本、名家抄本稿本等,更是传世的瑰宝。他们所做的工作,既为文献学的研究提供了丰厚的文献资料,同时也指出了治学的门径以及治学应有的态度。这对今天整理历史文献,研究古代学术,弘扬祖国文化,仍然具有重大意义,其历史功绩是不可磨灭的。

第四节 寺院藏书和书院藏书

佛教在西汉(公元前一世纪)时就传入中原,当时信奉佛教的多为帝王贵族,他们把佛教教义理解为"省欲去奢","清虚无为"类似黄老学说,视佛为老子门徒。桓、灵二帝时,中国开始大量翻译佛经。从公元148年至公元170年二十余年间,译《安般守意经》等39部,后又译出《般若道行》《般若三昧》《首楞严》等三经。东汉时出现了道教,顺帝时琅玡宫崇"上其师于吉于曲阳水上所得神书一百七十卷",号为《太平清领书》,这是道教主要经典。

随着大量佛、道经典的出现、收集、整理,首先由汉政府收藏起来,后来私人也有了收藏。

到了两晋时期,统治者利用宗教作为统治人民的工具,佛、道二教得到了充分发展,宗教译书也越来越多。如西晋人竺法护通晓36种语言,译经最多。译《大乘》30余种,《小乘》近百种;《大乘论》和《小乘论》各一种,共154部309卷。十六国时期,各国统治者,提倡佛教,大造寺院,各族出家人数日增。东晋僧人法显,于公元399年西行求法10余年,回国后著《佛国记》一卷,记叙今印度、巴基斯坦、尼泊尔、斯里兰卡等地的佛教情况和山川、风习、中外交通的详情。东晋时，葛洪著《抱朴子》，使道教在南方广为流传。

佛教在南北朝时更广泛流传，南朝着重佛教教义的研究，为佛经作注疏，作法轮，作传记。当时佛教在哲学发展上做了许多贡献。同时，道教也很活跃，教徒们写了许多攻击佛教的书籍。

魏晋南北朝和隋唐时期，由于佛教和道教逐渐盛行，佛道儒之间的相互融通，佛寺和道观成了宗教文化中心。除了政府图书馆有丰富的宗教藏书外，寺院中也有很多宗教经典和儒经等图书，并且寺院已成为讲经传道的场所。十六国时期，各地的和尚道士多有学问，有些人与文人学士为伍，写出很好的诗词和文章。北周武帝时为了尊崇儒家，提高皇权，剥夺寺产。曾于建德三年（公元574年）下令焚断佛道二教，毁灭经书、塑像，勒令沙门还俗，可知寺院保留经书很多。《隋书·经籍志》载，隋代曾普诏天下，"计口出钱，营造经象"，"并官写一切经，置于寺内"，"天下之人，从风而靡"。到了唐代，抄写佛经的风气在全国流行。唐代有诗僧灵彻、道标、皎然等，道标常与宰相李吉甫、中书舍人白居易等交游。唐代还有许多高艺僧，长于书、画、音乐。宗教文化的需要促使寺院图书馆不断发展起来。汉代兴起的译经事业，这时得到了继承和发展。从安世高、严佛调、安玄、康僧会、竺法护、鸠摩罗什到玄奘都以寺院为译场。大量的译著丰富了寺院图书馆，唐代玄奘所在的长安寺院就有译经1300卷。当时统治阶级推崇佛道，全国各地建立了无数寺院，寺院有自己的庄园经济和佃户，人力财力多用于造像、写经和宗教宣传。据《资治通鉴》卷一百七十五太建十三年（公元581年）记："民间佛书，多于六经数十百倍。"11世纪初，为防兵乱而封存的敦煌千佛洞藏书保存了公元4世纪至10世纪末的大批写本书，还有初期的印本书。写本书的数量，估计不下25000多卷，内容有佛经、道经、儒经、文字学、历史、地志、医书、文学等书,其中许多佛经来自寺院。由于佛经数量的增长和流通利用的需要,后梁(公元6世纪初)出现了现存最早的总结性佛经目录《出三藏记集》和最早的佛家总传《高僧传》。僧祐著的《出三藏记集》,创造了纪传体的目录。寺院藏书的规模大,管理、利用是比较好的。

中国的书院制度形成于唐末五代,兴盛于宋、元、明、清。延续了一千余年之久,对封建社会时期教育的发展,学术的繁荣产生过很大影响。书院是在私人讲学的基础之上产生的一种高级完备的组织。书院的名称,初见于唐代。如丽正书院、集贤殿书院是官方的校刻、收藏古书的机构。民间私人也有书院,是士人读书、治学的地方。正是从这种研究古籍、读书治学的地方逐步发展成聚徒讲学的机构。总之,书院从出现的时候就具有明显研究特点和性质。士人们为了治学、讲学、研究,就必须千方百计地收集、储存大量典籍,因而书院一开始又是藏书的好地方。而且随着书院的发展,书籍积累就越来越多和丰富,换句话说,书院是我国古代的一种教育组织和藏书组织。

同治《九江府志》卷22上记载义门书院:"聚书千卷,以资学者,子弟弱冠,皆令就学"。从地方志中,也能见到10多所书院,如:梧桐书院、石鼓书院、皇寮书院、松州书院、鳌峰书院等,可见书院藏书一开始就是为了"建状讲学","与士民讲学处","讲学之所"。

北宋时,有著名的白鹿洞书院、嵩阳书院和茅山书院等。学者利用学院丰富的藏书从事讲学和研究。

到南宋时期,书院更为发展,据统计宋代共有397所书院(南宋占78%),书院藏书有较大增长,仅鹤山书院就有藏书10万卷。

元代书院藏书也很发展,文献典籍得到较好的利用。如杜洲书院专门设置了藏书库,藏书数千乃至十万卷。还能提供借阅、抄书、校勘和刊刻的便利。

总之,宋元时期,蓬勃发展起来的书院藏书,不仅影响后来时期的官私藏书,而且也促使社会上藏书风气的增长。

第五节　私人藏书

私人藏书的现象是从春秋末年出现的,其原因是当时的社会变革造成的。

春秋时期,由于铁器(如铁犁)和牛耕的出现,使农业生产力提高。生产力的提高又促进了生产关系的变革,其表现为:①原来在农业中从事集体劳动的奴隶,逐渐被个体农民(一些奴隶有了小块土地)所代替。②原来在村社中劳动的农民也逐渐被个体农民所代替。③一些王侯(奴隶主)也逐渐转化为地主。④有战功的军人得到土地的奖赏,也变成了地主。⑤有些商人买了土地也变成了地主。在上述的情况下,奴隶社会逐渐向封建社会过渡。

上述所言之社会变革,反映在文化上,自西周以来"学在官府"的贵族垄断学术文化的局面逐渐被打破。"士"的阶层开始出现。战国时期,各国贵族为了在兼并战争中巩固和加强自己的地位和力量,兴起了"养士"之风。这就由"文化统于王官"变"学术下于私人"了。"士"人们为了"己见",大量收集散失于民间的典籍,创立自己的学说和学派。私人讲学之风渐渐盛行,"百家争鸣"局面逐渐形成。

私人大量收藏、编写典籍,促进了简帛书的兴起和盛行。简帛书是我国古代最早的正式书籍。

中国历史上第一次出现私人讲学、著述和藏书的是孔子。

孔子开办私学,主张"有教无类",他为了教书,自己编写了课本——六经,即《诗》《书》《礼》《易》《乐》《春秋》。孔子晚年,不仅收藏了大量书籍,而且把书籍加以整理、著述和分类。所以说,在我国历史上孔子是第一个私人藏书者。他是第一个集收藏、整

426

理、分类、编目、校正、编辑于一身的人。

孔子开了我国历史上私人藏书之先，春秋战国时期，有了大量的私人藏书。由于民间藏书规模大、数量多，才使秦始皇没能烧尽天下之书。《史记·六国年表》说："秦既得意，烧天下诗书……诗书所以复见者，多藏人家。"

孔子之后，各朝代都有一大批私人藏书家出现。由于他们的藏书，对保存、发展中国文化做出了很大贡献。

古代私人藏书家，藏书一般不下几千卷，不少人超万卷。为了把如此众多之书籍加以妥善收藏和保管，便广建馆、阁、楼、堂，作为藏书之所。如宋代的"李氏山房""遂初阁""紬书阁""郡斋"；明代的"丰氏万卷楼""天一阁""黄氏千顷斋""焦氏澹园""陈氏世善堂""李氏落落斋""祁氏澹生堂""纽氏世学楼""毛氏汲古阁"；清代的"曝书亭""二酉斋""扫叶山房""上善堂""谦益堂""梧门书屋""百宋一廛""海源阁""皕宋楼""八千卷楼"等，均为当时的著名藏书楼阁。古人建藏书楼阁，一是要藏，二是要防，主要是考虑防火、防水、防虫、防霉和防盗。据《拾遗记》载：鲁人曹曾，家多书，及世乱，曾虑先文湮没，乃积石为仓以储书，世名"曹氏石仓"。明嘉靖间，范氏构天一阁，建筑材料纯用瓷砖，以加强防火效果。宋人李公择有书几万卷，不藏于家，而藏于庐山五老峰白石庵内，其中当有与市肆廛里隔绝，以利于防火之意。除此之外，一些大藏书楼还有严密的管理措施和制度。如"每一书室，一个经理，小心火烛，不致遗失。""藏书之所，宜高楼，宜宽敞之净室，四方开窗通风，兼引朝阳入室，遇风生虫之候，闭其东窗，以防止生虫"。"书要透风，则不蛀不霉"。① 不过，也有的藏书家藏书不构楼，而以居室为藏，使自己置身于书海之中。如南宋陆游在《书巢记》中讲："陆子既老且病，犹不置读书，名其室曰：书巢。

---

① 《藏书记要》。

……吾室之内,或栖于椟,或枕籍于床,俯仰四顾,无非书者。吾饮食起居,疾痛呻吟,悲忧愤叹,未尝不与书俱。"

古代私藏家,为了存放、管理、查阅方便,又对图书进行分类存放、分库存放和编辑目录的工作。唐代邺侯李泌,藏书3万卷,经用红牙签,史用绿牙签,子用青牙签,集用白牙签。这种"一一用牙签,插架三万轴"①的作法,有可能是较原始简单的图书分类放存方法。此法也有利于对图书的保护,所以其书"新若手未触"。明代藏书家祁承爜,亲自动手插架,"架插七层,籍分四部"。目以类分,类由部统。由于分类较精细,虽然"暗中摸索,惟信手以探囊,造次可观,若执镜而照物。……抽一卷而万卷可窥,举一隅而三隅在目"。② 明代藏书家毛晋,修建"汲古阁",先后置放珍本书84000卷。书架上下三楹,用十二生肖编成十二架的号码,井井有条。清代藏书家丁丙,对于所收藏的图书,不仅库内分类藏,而且还把不同版本书籍分馆收藏。"若四库著录之书,则藏诸八千卷楼,分排次第……凡四库之附存者……分藏于楼之两厢,至后八千卷楼所藏之书,皆四库所未收采者也。以甲、乙、丙、丁标其目。"③

古代藏书家在典藏文献的长期实践中,积累了许多行之有效的经验。明祁承爜《澹生堂藏书约》、清孙庆增《藏书记要》、叶德辉《藏书十约》等著述,对具体收藏古籍有着重要指导作用。尤其《藏书十约》列有购求、鉴别、钞录、校雠、装订、编目、收藏、曝书等八则,对于收藏古籍的一些技术问题,阐述得透彻详尽。

历代的私藏家,在收藏、分类的基础上,进行了大量的编著书目的工作。梁人任昉(460年—508年)的藏书目录是首见于史的。唐宋时期,由于雕版印刷的发展,藏书量越来越大,有的由于

---

① 《山堂肆考》解集卷28。
② 《庚申整书小记》。
③ 《善本书室藏书志·附录》。

428

学术研究需要,有的由于个人的嗜好,有许多藏书家编出了自己的藏书目录。唐代吴兢的《吴氏西斋书目》1卷,李肇的《经史解题》1卷,蒋彧的《新集书目》1卷,杜集的《东斋集籍》20卷,是我国比较早见的私藏目录。宋代的私家藏书目录有20多种,其中《郡斋读书志》《直斋书录解题》《遂初堂书目》最为著名。明清时期的私藏目录很多,以《万卷堂书目》《天一阁书目》《千顷堂书目》《澹生堂书目》《百川书志》《绛云楼书目》《季沧苇藏书目》《传是楼书目》《爱日精庐藏书志》和《菉竹堂书目》等10家著称。

历代的所有藏书家,都嗜书如命,爱书如宝。为了珍惜所藏的图书,使其世代完好和永不失落,制定了族规和家训,以对其子孙和族人进行制约。许多藏书家制定了只藏不借的家训。唐人杜暹聚万卷书,在每卷之后都题有"清奉写来手自校,子孙读之知圣教,鬻及借人为不孝"的训诫之语。明人叶盛在《菉竹堂书厨铭》中云:"读必谨,锁必牢,收必审,阁必高,子孙子,惟学孝,借非其人亦不孝。"也有的私藏家并不完全不借书与人,但是规定珍贵之书从不外传,次本之书可以借人或子孙观之。唐宪宗时,柳公绰家藏典籍万余卷,"经史子集皆有一本:一本华丽者镇库;又一本次者长行披览;又一本又次本后生子弟为业。皆有厨格部分,不相参错"。① 北宋藏书家王仲至,每得一书,抄成之后,传以借人及子弟观之。然后又另抄写一本,以绢素背之,号为镇库书,非己不得见也。明代大收藏家祁承㸁,经常告诫其子孙要竭力以守所藏之书。祁氏规定:凡书"入架者不复出,蠹啮者必速补,子孙取读者,就堂检阅,阅后即入架,不得入私室。亲友借观者,有副本则以应,无副本则以辞"。② 明代大藏书家范钦,建造"天一阁",藏书7万卷,唯恐后代子孙将其家藏散失,所以在他去世前,将其家产分成两份,

---

① 王明清《挥麈后录》卷5。

② 《澹生堂藏书约》。

长子范大冲分得天一阁,次子得万两白银。范钦死后,子孙遵照他的"代不分书,书不出阁"的遗教,制定了族规:"凡各房(书库)锁钥,分房掌之。禁以书下各梯,非各房子孙齐至,不开钥。子孙无故开门入阁者,罚不与祭三次。私领亲友入阁,及擅开厨者,罚不与祭一年。擅将书借出者,罚不与祭三年。因而典鬻者,永摈逐不与祭。其例严密如此。"①清代杨以增的"海源阁"也有其严格的规定:"变世相传,珍秘逾恒,凡非契友,例不示人,杨氏旧例,其家中仆役,向不准其登楼,每有服役数十年,不得一觇阁上书籍,作如何形状者。"②清代钱泰吉,劝其子弟要注意收藏其家中藏书时说:"家中书籍,用心收著,一本不可遗失,有人借当定限取来。近来积书家,如浙江'天一阁',崑山徐氏,断不肯借与人书。欲观者,至其家观。欲钞者,至其家钞。乱后旧书无版,即有新刻,字多错误,书册愈旧者,愈当珍之,不可忽也。"③

古之藏书家为何如此珍惜所藏之书?是因为绝大多数藏书之家都经历了一番藏书之苦。汲古阁主人毛晋,已刻完的《十三经》遭火焚后,典卖田产三百亩,继续刻印《十七史》。经明末社会战乱,版片水火虫鼠损伤十之二三,又坚持补刻,直至完成为止,可见藏书之艰难。明人杨文贞,少孤贫,欲买《史略》二册,百钱不能得,只好用其母亲卖蛋之钱,将书易回。后来,"节缩百费"过清贫的日子,把节省下来的钱买书,终于成为积聚经史子集各类书籍的藏书家。祁承爜在其饱尝搜求遗籍之辛苦的同时,在其《藏书记要》中讲了藏书的"六难"。有的藏书家,只要闻有善本,朝访夕求,不远千里去"访书"。孙峻在《八千卷楼藏书志》中谓"弃章服之荣,乐娜孃之业,恶衣恶食,朝访夕求,凡齐楚燕赵吴越秦晋之

---

① 《天一阁书目》。
② 王献唐《海源阁藏书之过去及现在》。
③ 《曝书杂记》。

间,闻有善本,辄邮筒往复,期必得而后已",可谓十分艰辛。至于"钞书",更是大辛苦。清人陆潨,15岁时因家贫失学,然而喜欢借书、钞书。昼夜钞写,严冬乏炭,屈足腹下,冷暖交换,见者匿笑。如此艰辛,竭60余年之心血,终于成了有名的藏书家。正因为藏书家们得书之不易和艰苦,所以对所藏之书才深闭禁锢,以酬其辛苦也。

　　私藏家们都希望自己珍藏之书久藏不失,可是最终都难以实现自己的愿望。例如,宋人江正藏书数万卷,死后子孙不能守,"悉散落于人间。火燔水溺,鼠虫蠹弃,并奴仆盗去,市人裂之藉物。"①清代陆心源的"皕宋楼"藏书,在1906年(即陆氏死后12年)被其子陆树藩全部卖给日本人,换得银子十万两。陆氏几十年收藏在"皕宋楼""十万卷楼""守先阁"的图书,遂用船舶载运至日本,尽归岩崎家族所有。以上仅举几例,用以说明守之不易。总之,历代私藏家聚书难,藏书难,守书更难。但他们毕竟对保存典籍、传播学术文化起了作用,做出了贡献。

---

① 《挥麈后录》。

第二十章　历史文献学的相关学科
与相关文献

  中国历史文献具有内容丰富、种类复杂的特点。这一特点决定了中国历史文献学研究范围的广泛性和研究对象的复杂性。由于各种专门资料的丰富积累和学术门类的发展分化，原来隶属于历史文献学研究范围的许多内容，已经逐步变成了其他专门学科的研究对象，并形成各种专门的学问。这种现象反映了学科发展由粗陋到精密的合乎规律的变化，它是学术发展、进步的表现。学术部门的这种分化调整，也有效地避免了文献学陷入包罗万象、虚浮臃肿的困境，对促进历史文献学臻入新的境界，具有重大的作用。但是，这并不意味着历史文献学和其他相继独立的学科失去了联系，事实上，归此属彼，只反映了研究侧重面的不同，并不说明内在联系的离异。历史文献学需要不断吸收其他相关学科的优秀成果，而其他相关学科也离不开历史文献学的指导。

  本章不准备过多地讨论历史文献学与其他相关学科的关系问题，重点在于介绍一下相关学科的文献情况。

第一节　金石学与各类出土文献

一、金石学

  金石学是一门古老的学问。金是包括礼器、乐器、食器、盥器等器物在内的各种青铜器；石是指刻有各种文字的石头，包括石经、碑版、墓志、造象、石阙、经幢等等。对各种青铜器和石刻进行全面研究的学问就是金石学。这是金石学发展初期关于金石学的定义。它反映了当时金石学研究的实际。但是随着时代的推移,金石学的研究范围不断扩展,研究内容也空前丰富。除了一般意义的古籍之外,其他各种具有文字和图形的物质材料,几乎都被纳入了金石学研究的范畴。近人容媛的《金石书录目》客观地反映了这个事实。此目录分总类、金类、钱币类、玺印类、石类、玉类、甲骨类、匋类、竹木类、地志类共 10 个大类,大类之下又分若干小类,金石学内容之庞杂,于此可见。

按照现在的眼光来看,金石学这个学科名称并不科学。第一,这一名称只就其研究对象的形式着眼,而没有充分考虑其研究对象的实际内容,因而难以揭示金石学的内在本质。第二,缺乏稳定的研究对象和准确的研究范围。第三,原来的研究内容过于庞杂,把实际上属于古文字学、古器物学和古工艺美术学等几个学科的研究内容都搅在一起,混为一谈了。正因为金石学存在上述缺陷,所以后来它的发展便宣告结束,在它的基础上,分化出一批更加科学的学科。

尽管如此,金石学毕竟曾是一门相对独立的学科。在长期的发展过程中,它确实取得了很大的成就。其中最突出的表现,是为今天或将来留下一大批经过整理的金石学材料。这些材料凝聚着古人辛勤的劳动和崇高的才智,是宝贵的文化遗产。此外,金石学方法论方面的发明和贡献,也给后人以莫大的启示。实际上,今天的古文字学、古器物学、古币学和古工艺美术学等专门学科,都是以传统的金石学为基础向前发展的。所以,全面了解金石学的具体内容及客观价值,对于更深入地认识历史文献,更全面地掌握文献资料,具有极大的好处。

金石学的形成经历了一个漫长的过程。早在春秋时代,就开始有人留心这方面的材料了。《左传》《礼记》等较早的古书,不仅论述了制作青铜器的意义,还把青铜器铭文当作历史材料加以使用。这可以看作是最早的金石学研究。从西汉开始,史籍有了关于青铜器出土情况的记载,个别学者对青铜器开始进行初步的研究。如张敞,他考释古文字的事例最为著名。进入东汉,史籍有关商周青铜器发现的记载大量增加,与此相应,学术界重视青铜器文字并对它进行学术研究的学者也更多了,其中许慎、郑玄二人成就最大。六朝隋唐时期,金石材料继续增加,人们的重视程度和认识水平也有所提高。例如,北魏著名的地理学家郦道元在其《水经注》一书中,大量引用了他亲眼所见的各种汉碑材料,不仅保存了大量历史文献,而且也为后世广泛利用古代的碑刻材料拓宽了道路。

所有这些整理和研究工作,都对金石学的形成发挥了积极的作用。到了北宋,金石学终于形成。它的标志就是欧阳修编著的《集古录》。此书凡 10 卷,是欧阳修有关金石题跋的汇编。虽然书中对不少金石材料的考证不免幼稚,但它毕竟是第一部成型的金石学专著。此书一出,北宋的学风为之一变,学人们对金石学发生了浓厚的兴趣,从而陆续完成了一系列具有重大影响的著作。著名的有:吕大临的《考古图》、王俅的《啸堂集古录》、王黼等人的《宣和博古图录》、薛尚功的《历代钟鼎彝器款识法帖》,以及洪适的《隶释》《续隶释》、赵明诚的《金石录》、王象之的《舆地碑记目》等等。这些著作为后人保存了历史资料,提供了最初的研究方法,树立了著录材料的仪范。

金石学经过元明两朝的暂时沉寂,在清代大放异彩。有清一代,它几乎一直都是显学,名家辈出,著作林立,非常兴旺。积聚的材料数量之多,种类之繁,是历史上仅见的。整理材料的方法,研究问题的见解也是空前的。这一切都为后人创造了极大的方便,为传统金石学向现代科学过渡铺平了道路。这个时期重要的金石学书籍有:乾隆敕编的《西清古鉴》《西清续鉴》甲、乙编、《宁寿鉴古》、钱坫的《十六长乐堂古器款识》、曹奎的《怀米山房吉金图》、

434

钱大昕的《潜研堂金石文字目录》、王昶的《金石萃编》、孙星衍、邢澍的《寰宇访碑录》、阮元的《两浙金石记》、叶昌炽的《语石》等等。

　　为了方便广大读者查找和使用古代金石学文献中的丰富材料,晚近以来,学术界出现过好几种《金石书目》,但从收罗完备、分类精细、检索方便三方面看,容媛的《金石书录目》为最佳。另外,还出现了一些金石学通论性的著作,比较著名的是朱剑心的《金石学》和马衡的《中国金石学概要》(后收入《凡将斋金石丛稿》)。至于专论金或石以及其他内容的著作就更多了,其中郭沫若的《两周金文辞大系图录考释》价值最高。

二、出土文献

　　出土文献是和传世文献对应而言的。从性质上讲,出土文献和传世文献一样,都是我国古代的文献材料。但是,如果从二者的流传过程、书写材料、装帧形式和文献价值四个方面来分析,那么其区别还是比较明显的。

　　首先,传世文献基本上是从问世以后一直存在于世上,并流传到现在,中间未曾亡佚;而出土文献大体是曾经流传于世,但中途失传,最后通过考古发掘或其他途径被重新发现。

　　其次,传世文献多写于纸质材料之上,而出土文献的文字载体却多种多样,除纸质外,还有甲骨、金石、绢帛、竹木之类。

　　第三,传世文献多为首尾完具、装订整齐的书籍,而出土文献多零散、残乱,形式已非原貌,内容不太完整。

　　第四,不少传世文献由于历代不断抄写传刻,与原本相比,存在着程度不同的缺讹衍夺的现象,有的更遭到人为的改窜,这就在客观上贬损了它们作为史料的价值。而出土文献因长期埋葬于地下,基本上保持着内容、文字的原貌,因而包含着比较高的史料价值。有不少出土文献添补了我国文献材料和文献记载的空白,解决了学术研究中靠传世文献所不能解决的疑难问题。当然,也不能片面看待出土文献的价值。正确的态度应该是"二重证据"并重,以此之长,补彼之短。

出土文献的范围非常广泛。凡地下发现的所有文字材料都可以纳入这个范围,包括器物上锲刻的文字和书写材料上的文字。在学术研究中,那些鸿篇巨帙的资料固然有很大的价值,但器物上留下的片言只字也极为可贵,同样能够解决学术研究中的不少问题。

出土文献的种类比较复杂,具体的划分办法也各不相同。若根据物质材料和器形来分,可以分为如下的种类:①甲骨卜辞;②青铜器铭文;③兵器刻辞;④玺印、封泥文字;⑤镜铭;⑥钱币文;⑦石刻;⑧陶文(砖文、瓦当文等);⑨简牍;⑩绢帛文书;⑪纸质文书。这11类从数量上讲并不平衡,有的数量很大,有的相对少一些。下面选择几类数量和影响都比较大的出土文献,予以简要的介绍。

卜辞 卜辞即甲骨文,发现于清光绪二十五年(1899年)。1928年至1957年,前中央研究院组织专家,采用科学的考古发掘方法,在殷墟先后进行了15次发掘,获得几万片有字甲骨。解放以后,商代甲骨卜辞继续有所发现。此外,1977年和1979年,在陕西省周原地区还发现了大批字小如粟、刻工精美的周代甲骨。从甲骨卜辞发现到现在,已有80余年。仅殷代甲骨就出土了15万片以上,另有一定数量的周代甲骨。这些宝贵的材料,对于史学研究具有重大的意义。

几十年来,学术界一直以浓厚的兴趣,谨严的态度,从事着卜辞的整理和研究工作,并取得了举世瞩目的成就。

1903年,刘鹗选择了1000多片字迹完好的甲骨拓印为书,名字叫《铁云藏龟》,这是我国第一部甲骨卜辞的著录书。1904年,著名的国学大师孙诒让根据该书提供的材料,写成了《契文举例》

436

2卷,这是我国研究卜辞的第一部著作。之后,罗振玉、王国维异军突起,在整理研究卜辞方面表现了极大的才智,贡献了巨大的力量。罗振玉先后编印了《殷虚书契》《殷虚书契菁华》《殷虚书契后编》等非常重要的卜辞著录书。王国维高瞻远瞩,取精用宏,完成了《殷卜辞中所见先公先王考》和《续考》等一系列震动学界的研究论文。罗、王二人的努力,开创了卜辞研究的新局面。

在这样的条件下,郭沫若以崭新的观点、科学的方法,对卜辞进行了更广泛更深入的研究,取得了多方面的成就。他的《甲骨文字研究》和《卜辞通纂》两部大作,代表了我国甲骨学研究的最高水平。

1979年,大型的甲骨卜辞资料书——《甲骨文合集》开始出版。它收录材料5224版,41956片,分装13巨册。它标志着我国卜辞研究取得了丰硕的成果,进入了一个新的阶段。

侯马盟书 会盟、结盟是春秋战国时代政治生活中的一件大事。盟书就是订立盟约时记载下来的言辞,所以也称载书。1965年12月在山西省侯马市晋国遗址出土了大批盟书。这批盟书,连同残、断、碎片以及模糊不清或无字迹者在内,共出土了5000余片。盟书都用毛笔写成,字迹一般为朱红色,少数为墨色。所用石料分玉、石两种,形体一般都较规整,以圭形为主,还有一些石片,质薄如纸。

经过整理、摹写,5000多片盟书中,可以辨认字迹的有600余片。其中心内容是要求与盟人诚心诚意效忠盟主,紧密团结,打击已被驱逐的敌对势力。目前,关于主盟人到底是谁,学术界尚未取得一致看法。

侯马盟书的发现是我国考古工作的重大收获之一,它为战国史的研究提供了许多难得的资料。这批资料已全部收入《侯马盟书》一书。

简牍 简牍是我国隋唐以前最主要的书写材料。早在西汉前期,就有过重大发现。19世纪后期开始,古代简牍不断出土,至今已有过十几次重大发现。限于篇幅,这里只介绍云梦秦简和居延汉简。

1975年底,在湖北省云梦县睡虎地11号秦墓中,发现秦简1100多枚,在4号墓发现两方战国木牍。秦简的内容多与秦律有关,其中包括:①《编年记》;②《语书》;③《秦律十八种》;④《效律》;⑤《秦律杂抄》;⑥《法律答问》;⑦《封诊式》;⑧《为吏之道》;⑨《日书》两种。秦简的发现,具有重大的学术意义。目前,秦简有两种资料书。《睡虎地秦墓竹简》一书,收入了除《日书》以外的全都资料。《云梦睡虎地秦墓》一书,线装本,收入了缩印的全部竹简和4号墓的木牍。

1930年至1931年,西北科学考察团在内蒙古境内额济纳旗的古居延地区,采获汉简1万余枚,这即是著名的居延汉简。这批材料均收入《居延汉简甲乙编》。1973年至1974年,考古工作者在额济纳河流域破城子等3处汉代遗址又掘获汉简2万余枚,这是新居延汉简。这批材料尚在整理之中。

马王堆帛书 1973年12月在湖南长沙马王堆2号汉墓,出土了大批古代帛书。计有:甲本《老子》,后附佚书4种。乙本《老子》,前附佚书4种。《战国纵横家书》《春秋事语》《五星占》《天文气象杂占》《彗星图》《导引图》《五十二病方》《地形图》《驻军图》等等。除最后几种为汉代作品外,其余都是战国的要籍。对于研究战国的历史和学术文化,都是极重要的史料。

这批帛书,目前基本上已被整理出来,并装订成各种版本印行。《老子》《战国纵横家书》和《法经》,都有平装本问世,极便于使用。

敦煌文书 自汉唐以来,敦煌一直是中西交通的孔道,外来宗教的集散地。人文荟萃,盛极一时。1899年5月,此地莫高窟藏经洞,发现了一大批古代写本文书,总量达4万多件。其内容包

438

括：①佛教经典；②道教经典；③儒家经典；④文学作品；⑤语言学材料；⑥史地材料；⑦科技材料。这些内容几乎包括了中国学术文化的所有部分。

敦煌文书目前留在国内的尚不足总数的四分之一，其余的均被斯坦因、伯希和他们劫掠到国外，这是祖国文化遗产最惨重的损失之一。

敦煌文书的价值及其命运，一直受到人们的重视。解放后，由于党和国家的关怀，敦煌文书的研究条件得到很大的改善，并取得极大的成就。现在，国内的文书卷子又有一定数量的增加，流散到国外的材料，我国也购回了全部的缩微胶卷。另外，包括综合目录、专题目录在内的各种目录都已编制出版，我国的敦煌学研究正向新的高度迈进。

吐鲁番文书　解放后，考古工作者对吐鲁番地区阿斯塔那和哈拉和卓两地的古墓群进行了多次发掘，获得包括吐鲁番文书在内的大批珍贵文物。

文书共计 2700 多件，包含着丰富的内容。计有帐、官府文书、私人信札、经籍写本、随葬衣物疏等等。这批文书的发现，为晋唐历史的研究增添了珍贵的第一手材料。

文书出土后，经过许多专家整理，已将其中的汉文《吐鲁番出土文书》一书，分装 8 册，公开出版。

第二节　历史档案学

档案是由各级政府、各个部门以及各种单位在工作中形成的文件转化而来的。这些文件在消除了现行作用之后，经过选择、整理、归档等技术处理，最后被集中保存起来，就成了档案。我国 30 年代形成的档案学，就是从形式、内容、源流以及功能、价值等方面对档案进行全面研究的学问。

档案是消除了现行作用的文件。从这个意义上说,一切档案都是历史档案。但是,由于档案的特殊性,在我国的档案学界和历史学界,对于历史档案这一概念,具有特定的指向。一般来说,历史档案是指新中国成立以前历史形成的、经过集中保存、比较系统、且为档案法规允许开放的旧政权档案和革命组织档案。按照时代段落,历史档案可以分为古代档案、近代档案和现代档案。目前学术界的一般习惯,是将现存的古代档案和一部分近代档案,统称为明清档案,另一部分近代档案,称为民国档案。

　　历史档案是历史文献的一部分。历史文献学的理论和方法,为历史档案的整理、公布,提供了极大的帮助。可以说,档案编纂学的理论基础和方法论基础,是由历史文献学奠定的。反过来,历史档案学对于历史研究的深化提高,对于历史文献内容的充实和丰富,也做出了一定的贡献。

　　几十年来,随着历史档案的不断发现和整理,人们对历史档案的价值,日益获得新的认识。档案是最原始的材料,作为史料它有其他材料无可比拟的可徵性。当然,对档案的价值也不能迷信。档案也有错误,这种例子也不鲜见。

　　我国的档案事业有着悠久的历史。早在商周时代,就出现了甲骨档案、金文档案。春秋战国时期,刻石档案、简牍档案又开始流行。秦汉时期,封建的中央机构和地方机构得到确立和完善,档案工作随之出现新的发展,并为后来奠定了基础。

　　隋唐时期,档案工作步入一个新的阶段。这时,完善的书写材料——纸,得到广泛的使用,三省六部的机构体制开始确立,它们对当时的档案工作都发生了直接的影响。起居注、时政记、户籍、舆图等档案形式,不仅受到国家的重视,而且其编纂技术也达到较高的水平。另外,还出现了与铨选官吏有关的档案形式——甲历,及其专用库房——甲库。宋元时期,档案数量持续上升,档案库房——架阁库普遍设立,管理档案的法律规定也更加严密。

440

明清,是档案工作成就最大的时期。明代突出的表现在档案库房的建设上,仅中央政府就先后建立过大本堂、后湖黄册库、古今通集库和皇史宬四个大型档案库。其中历尽沧桑、今天仍然屹立的皇史宬,专门收藏皇族的玉牒、历代皇帝的实录、圣训等。嘉靖末年,还收藏过《永乐大典》副本。皇史宬设计精巧,造型别致,基本满足现代档案库房的一切要求,充分反映了我国人民高超的建筑技艺。清代在档案方面,除继承明代旧有的有关制度外,由于加强中央集权和巩固统治的需要,还创设了不少新的制度。例如,上缴朱批奏折制度,建立档案文件的副本制度,建立文件的稽察汇奏制度,重申档案文件的移交、保管制度等。这对于改善和加强档案整理,促进档案工作的发展,都有积极的意义。上面的叙述可以看出,我国古代的档案事业是十分发达的,历朝形成的档案数量也是非常浩繁的。然而遗憾的是,古代档案原件除在出土文献中保存着一部分外,剩下的只有明清档案了,另外的部分都亡佚了。下面简要介绍一下明清档案的内容和整理情况。

一、明代档案

目前,我国保存的明代官府档案主要收藏在中国第一历史档案馆和辽宁省档案馆,大约5000多件。一史馆收藏的明代档案,原在故宫内阁大库,民国初年散出。这批档案有洪武至崇祯各朝的,而以天启、崇祯朝的为最多。这种包括诏、敕、诰命、铁券、题本、奏本、题行稿、揭帖、呈文、禀文、启本、手本、塘报、咨文、札付,以及一些簿册和残稿。其中,题本、题行稿和奏本份量最大,有3100多件。其内容有洪武时期的户籍和卖田契约,有永乐八年颁给西藏释迦摄聂喇嘛的敕谕,有不少珍贵的舆图,如九州川镇山泽图、九边图、海防图、天球图、大明混一图等。但材料比较集中的是反映明代后期社会面貌、政治经济、阶级矛盾与阶级斗争及民族关系等方面情况的档案。档案所记的这各方面的情况,或者是他书所根本不载,或者是载而不详,所以其史料价值很高。

辽宁档案馆所藏的明代档案,主要是明辽东指挥使司及所属各卫所的档案,共800多卷,还有山东备倭署和明兵部档案,共200多卷,时间多数是嘉靖、万历时期。这批材料对研究清入关前明朝同东北各部在各方面的联系和往来,以及明辽东地区的社会状况,都是难得的原始材料。

自30年代以来,档案资料陆续整理出版,在大型的《明清史料》和《明代内阁大库史料》《明末农民起义史料》等资料集中,都包含着不少明代档案。

二、清代档案

清代是中国封建社会的最后一个王朝。在近300年的统治中,中央各部门、地方各级政府和其他组织形成了有关政治、经济、军事等各个方面的数量浩瀚的档案资料。保存到今天的只是一小部分,但其数量已经相当可观了。下面按收藏单位,予以简单介绍。

中国第一历史档案馆收藏的清代档案　这是现存清代档案的最重要的部分,共计900余万件册,多数比较完整。从清入关前天命九年(1607年)至宣统三年(1911年),以及溥仪退位和暂居天津张园、静园时期的文件,均有收藏。经过整理,一史馆的档案管理系统分为74个全宗,每一个全宗基本上包纳了一个独立建制的中央或地方机关所形成的档案。其中档案数量最多的全宗有:内阁、军机处、内务府、宗人府、清国史馆、刑部和溥仪、瑞方等。

内阁全宗的数量最多,从顺治到宣统各朝的诏书、誊黄、诰、敕、朱谕等下行的文书,官员上奏的三科题本和奏本,以及抄录汇集的《上谕档》《史书》等各种档案,都能见到。另有实录馆、起居注馆等修史各馆的档案和其他档案。

军机处全宗的档案数量也很可观,而且十分重要。其中的录

442

副奏折占很大的比例。清制,内外官员入告文书的奏折,经皇帝用红笔批答的,称做"朱批"。奏折无论是否经过朱批,都须另录一份,备案存查。录副折以每日若干件为一束,积半月为一包,两包合为一月,所以也叫"月折包"。另外,还有按专题汇抄的档簿。由于军机处是雍正以后清代综理全国军政事务的重要机关,因此军机档案能比较全面地反映清代政治、军事、经济和外交等情况。

内务府全宗的档案比较庞杂。清代内务府是管理宫廷事务的机关,因此它的档案除日常的公务文书外,还有其所属的营办处、舆图房收藏和绘制的大量的舆图,包括天文、舆地、江海、武功等13个方面。

总之,清代档案,大凡清代的政治、经济、军事、文教、法律、外交、天文、地理、灾荒及宫廷生活和皇族事务,都囊括其中,是研究清史的第一手资料。

从1928年到现在,经过60多年的艰苦努力,档案整理取得很大的成就。目前,一史馆所藏的档案已经基本经过整理、编目和分类排架。在编辑出版档案方面,先后编印了各种丛编和专集。丛编主要有《掌故丛编》《文献丛编》《清代档案史料丛编》等。重要的专集有《清三藩史料》《清代文字狱档》《中日交涉史料》《中法交涉史料》《关于江宁织造曹家史料》《李煦奏折》《天地会资料》《锡伯族档案史料》等等。

辽宁省档案馆所藏清代档案　辽宁省档案馆共藏历史档案130余万卷(册),其中绝大部分属于清档。包括满文老档、皇室事务档和旗务档。内容涉及军事、经费、八旗制度、民族、镇压人民反抗斗争和沙俄侵略等方面。它们对于研究清代皇室八旗制度,特别是东北地区的历史情况,都是非常宝贵的材料。

四川巴县档案　四川省档案馆保存的巴县档案,共有103123件,基本上是清代档案,其中属于乾隆、嘉庆时期的约1万件,是目前所知保存年代最长、数量最大的清代地方政府档案。这批档案时间连贯,内容丰富完整,对清代历史和近代史,特别是四川地方史的研究都具有重大的价值。

曲阜孔府档案　孔府档案属于私家档案,现存于曲阜文物管理委员会,主要是清档。分袭封、宗族、属员、刑讼、租税、林庙管理、祀典、宫廷、朝廷政治、财务、文书、庶务 12 大类,涉及政治、经济、法律等多方面的情况,是研究孔府历史的最珍贵的材料。目前这批档案经过整理,正在陆续出版。

有关清档,散在各地的还不少。台湾故宫博物院保存有一定数量的清代档案。西藏档案馆保存着大量的清代藏文档案和汉文档案。吉林、黑龙江、福建、内蒙古、广东、青海等省区也都保存着数量不等的清代档案,限于篇幅,不复一一介绍了。

第三节　地方文献

地方文献,是记述地方历史情况的各种文献的总称。它由地方史和地方志两大部分构成。由于地方史和地方志从形式、内容到结构、功能,都比较近似,因而,人们往往把地方史纳入地方志,把地方文献等同于地方志。这实际上是混淆了地方史、志之间的区别。仔细分析,地方史、志之间有下面一些区别:

首先,记述的侧重面不同。地方史以记述过去为主,尽管有时不免提到一点现状;而地方志则以记述现状为主,当然也少不了追溯一下过去。

其次,记载的对象不同。地方史主要记述该地区的各种社会现象;而地方志则对自然现象与社会现象等量齐观,对等记述。

第三,记载方法不同。地方史以大事为主要线索,记述政治、经济、军事、社会等各方面的重大变化;而地方志则是分门别类,面面俱到。

第四,体裁不同。地方史的体裁接近于纪事本末体;地方志则用书志体,对农、林、牧、副、渔、工矿、交通、人口、民族、风俗、制度、职官、文化、教育、人物、古迹等一一予以叙述。

　　我国地方文献的史、志两种体裁的著作,大体上形成于汉朝,至于其渊源,大约春秋时代已经出现了。现知最早的地方史著作是东汉时期的《越绝书》和《吴越春秋》。《越绝书》记述了吴越两国的史地及子贡、伍子胥、范蠡、文种、计倪等人的事迹。《吴越春秋》,赵晔撰,分上、下两篇。上篇记吴国史事,下篇记越国史事。到了东晋,常璩完成《华阳国志》12 卷。此书分巴志、汉中志、蜀志等 12 个篇目,将开辟以来至晋穆帝永和三年(347)的巴蜀史事,予以详细的记述。根据此书的体例和内容来看,它是地方史著作。但是,从篇目中"志"和"图经"这些概念来看,它又为地方志的撰作开辟了先路。从此以后,地方史、志,沿着不同的道路不断前进。唐宋以前,地方史采用不同的名称进行编撰,形制庞杂,数量可观。以后,地方志大盛,地方史虽有撰作,但总体数量大大减少。其中著名的有:《蛮书》《蜀鉴》《南汉书》《南唐书》《九国志》《吴越备史》等。

　　与地方史不同,地方志自东晋以来,基本上得到了持续、稳定的发展。两晋南北朝时期,是方志发展的奠基时期,这时的方志有三类著述:第一类是侧重于风土介绍的地理志,多记一方疆界、区域、山川、道里、户口、民情、风俗等,如挚虞的《畿服经》等。第二类是侧重于人物的郡书,多记郡国乡邦先贤、耆旧义行,用以叙功劝善,如《陈留耆旧传》《汝南人物传》等。第三类是都邑志,多记城池、郭邑、宫阙、花囿、观阁、仓厩、陵庙、行塞等,辨其规模,明其制度,如《三辅黄图》等。

　　隋唐时期是地方志发展的一个重要时期。其显著特点是图经的修纂,图经就是一方的地图加文字说明。它滥觞于《华阳国志》,成熟于隋唐两代。隋纂成《诸郡物产土俗记》《区宇图记》《诸州图经集》等卷帙浩大、内容繁富的志书。唐承隋制,使纂修

445

图经的制度臻于完善。李吉甫的《元和郡县图志》，充分反映了唐代图经的编纂水平。此书凡40卷，根据唐制分别记述了各府州县户口、贡赋、山川、道里等方面的情况，并首创每州州境的"四至"及"八到"，对了解各地的面积和交通状况，都有重要意义。南宋时，原书各卷所附的地图亡佚，仅留下文字部分，于是书名变成《元和郡县志》。这是晋以来保存下来的最古的总志。唐代除总志外，各州县也基本上修纂了志书。从敦煌文书中保存的《沙州图经》《西州图经》来看，就是边远州县也不例外。

宋元时期，地方志书的发展进入一个定型和繁荣的时期，在方志学史上，具有划时代的意义。宋代对方志发展的贡献主要有三点：第一，方志数量多。据统计，宋志总数近600种，大大超过历代方志的总和。第二，内容丰富，体例完备。如《太平寰宇记》，在地理之外，增加了姓氏、人物、风俗数门，而在人物中，又增加了官爵、诗词、艺文等内容，这是以前的方志所没有的。第三，把图经这一名称改为志。这些变化对后来方志的修纂都发生了重大的影响。元代，方志稳定地发展，并最后完成图经向方志的过渡。宋元时期重要的志书有：《太平寰宇记》《元丰九域志》《大元一统志》《吴郡志》《新安志》《咸淳临安志》《剡录》《严州图经》《四明志》《齐乘》《南海志》等。

明清时期，是方志发展的鼎盛时期，无论编纂实践，还是理论建设，都取得了新的进展。明代主要表现在下面两个方面：一方面是官方非常重视修志。洪武年间，朱元璋就下诏编《大明志书》。为了统一规格和体例，永乐年间又曾颁布修志条例。另一方面是注重为边镇重关修志。清代继承明代修志的成功经验，并在新的条件下有所发展。其具体表现是：第一，三次兴修《大清一统志》，每一次修纂，都给地方志的编纂以极大的推动。第二，地方志更加普及。康熙、雍正两朝都著为功令，严谕各省修志。于是省有省志，府有府志，州有州志，县、镇也无不有志。此外，还出现了专记山水、古迹、寺观、盐井的方志。可以说,这个阶段方志的编纂达到了历史的最高峰。在现存的历代方志中,清代方志约占百分之八十以上。第三,方志的学术质量大为提高。清代许多知名学者都参加过编纂方志的实践,这对保证方志质量无疑发挥了重要作用。第四,总结方志编纂经验,建立起方志学的理论体系。象戴震、章学诚、孙星衍、洪亮吉等著名学者,除亲自参加修志实践外,还在前人的基础上,进一步研究方志学理论,其中章学诚在方志理论上的贡献,最为突出。

地方志是我国特有的文献。在长期的发展过程中,因时代不同,地区各异,方志形成了众多的名目。但大体上可以分为区域志、专志和杂志三个类型。

(1)**区域志** 记载一定范围的志书叫区域志。根据行政区域的大小,又可分为:①总志。记载两省以上范围的志书叫总志。如《元和郡县志》《括地志》《大清一统志》等。②省志,又叫通志,是一省范围的方志,如《湖北通志》《山东通志》等。③府志,是一府范围的方志,如《顺天府志》《苏州府志》等。④州志,是一州范围的方志,如《栾州志》《宿州志》等。⑤厅志,是一厅范围的方志,如《江北厅志》《宁远厅志》。⑥县志,是一县范围的志书,如《丰镇县志》《平山县志》等。这是最普遍的地方志。⑦乡镇志,是记载一个乡、镇及村的情况的志书,如《南翔镇志》《黄渡镇志》等。

(2)**专志** 专记某项内容或以某项为主要内容的志书。根据其实际内容又可分为:①都邑志,如《长安志》《首都志》等。②工程志,如《治河图略》《分江水考》等。③山水志,如《岱史》《黄山志》等。④名胜志,如《灵隐寺志》《关中胜迹图志》等。⑤风土志,如《岳阳风土记》《深州风土志》等。⑥边关志,如《全边纪略》《山海关志》等。⑦盐井志,如《黑盐井志》《琅盐井志》等。

(3)**杂志** 私人撰述的记地、记人、记物、记事的志书叫杂志。如王士性的《广志绎》、谢肇淛的《长溪琐语》、龚明之的《关中纪闻》等。

我国的方志种类齐全,内容丰富,是一个巨大的材料渊薮。为了更深入地发掘方志资料,便于学术界或其他部门使用,解放后,我国大力开展了方志的整理工作,并取得很大的成就。这主要表现在:第一,刊印了一批旧志。重要的有:赵万里校辑的《元一统志》、贺次君辑校的《括地志》、以及《顺天府志》(影印)、《天一阁藏明代地方志选刊》(影印)。第二,类编方志资料。这方面成绩很大,其中重要的有:《中国古今铜矿录》《祖国两千年铁矿开采和锻冶》《中国地震资料年表》《中国古代天文资料》《方志物产》等。第三,编制了各种方志目录。总录有《中国地方志综录》(增订本)、《中国地方志联合目录》,区域目录有《山西省地方志联合目录》《山东地方志书目》《河南地方志综录》《陕西地方志书目》等。

第四节　少数民族文献

我国自古以来就是一个多民族的国家。我国不仅保存着浩瀚的汉民族的文献,也珍藏着繁富的少数民族文献。所有这些文献,为民族学研究提供了丰富的资料,而多彩缤纷的少数民族文献,更具有独特的价值。

藏文文献

藏文文献包括经卷、文学、史传、天文历学、藏医学以及因明学等部分。敦煌文书中藏文文献达 5000 余卷,都是有关西藏历史、文化的重要资料,可惜它们全被斯坦因等人捆载到国外,收藏于英法等国。《格萨尔王传》是藏文文献最杰出的代表。它是一部漫长的英雄史诗。约百万余行,篇幅宏大,语言生动朴素。诗中有关藏族社会、历史、语言和民俗等多方面的珍贵资料,对研究古代藏族历史文化具有重大的价值。此外,在西藏尚保存着大量的包括地方档案在内的各种其他藏文文献。

回鹘文献

回鹘是现在维吾尔族的前身,隋唐时期非常兴盛。回鹘文是古代维吾尔人使用最广的文字。之外,他们还使用过粟特文、藏文、叙利亚文等其他民族的文字。维族古代文献大体有:①碑铭,如《雀林碑》《阙特勤碑》《毗伽可汗碑》,以及《大元肃州路也可达鲁花赤世袭之碑》等。②各种文契,如买卖奴隶、土地、借贷、遗产分配等方面的文契。③文学作品,包括民歌、挽歌、赞美歌、宗教诗歌等。④宗教经典,如佛教经典、摩尼教教义、忏悔词等。⑤其他,包括一些字书、历法、医书、占卜书、信札等。总的数量虽不多,但其学术价值却非常高。

蒙古文献

蒙古文献在民族学文献中占有很大的比例。1979 年《全国蒙古古旧图书资料联合目录》已著录了蒙文图书文献 1500 余种,总计 7000 余册。分哲学、宗教迷信、政治法律、军事、经济、教育、语言文字、文学艺术、历史、地理、天文、医学、金石拓片、期刊等 15 类,于此可见蒙古文献的丰富程度。在蒙古文献中,《蒙古秘史》一书最享盛名。这是 13 世纪蒙古汗国的官修史书,原文用畏兀儿体蒙古文写成。明代用汉字音写蒙古语原文,逐词旁注汉译,分为 282 节,每节后有简要的总译,定名为《蒙古秘史》。全书记载了成吉思汗的谱系、蒙古各民族部落的源流、成吉思汗的生平事迹,以及窝阔台汗前期的活动。是研究十二、三世纪蒙古历史、语言、文学的最重要的资料。《蒙古秘史》与《蒙古源流》《蒙古黄金史》被称为有关蒙古民族的三大历史著作。

满文文献

满族的文字是在蒙文字母基础上创制的。清太宗时复加改进,于是把改进前的满文称为老满文,改进后的称为新满文。现在保存的满文文献,这两种文字写成的都有。辽宁省档案馆所藏满文老档中,老满文档案占很大的比例。目前已对满文老档进行了全面的摸底清理,并加以翻译,新满文是定型的满文,通行了200多年,用它写过大量公文、历史、哲学、语言、艺术等文献,并翻译过许多汉文典籍。所以,满文文献的数量非常可观,是研究满族历史文化及清代历史的重要资料。目前已经编成《北京地区满文图书资料联合目录》和《北京满文石刻拓片目录》两种目录,为学术界更广泛地利用满文文献提供了方便。

除上述几种文献之外,还有西夏文献、契丹文献、女真文献、彝文文献、傣文文献等,此处就不作介绍。

第五节 宗教学文献

宗教是社会意识形态之一,是人类思想文化的重要组成部分。它对一个民族的文化心理结构产生着极大的影响。在我国历史上,中国人不仅创造了自己的宗教——道教,同时还以宏大的气魄兼容了外来的宗教——佛教,并逐步使其中国化。此外,象祆教、景教、摩尼教、基督教、天主教等也曾在我国生根落户,并得到程度不同的发展。它们对丰富我国古代思想文化,都发挥过一定的作用。

记录和反映宗教思想、宗教感情和宗教学术的宗教学文献,同其他的古代文献一样,也是宝贵的历史文化遗产。目前,我国保存最多的宗教学文献是道教文献和佛教文献。

道教文献

道教是东汉时期巫术和黄老学说杂糅而成的产物。初期,由于道术不同,其内部又分太平道、干君道、五斗米道、帛家道、李氏道诸派。道徒奉老子为道祖,以《道德经》为主要经典。东汉晚期,道家经典开始陆续出现,主要有张道陵的《太平洞极经》、于吉的《太平清领书》和魏伯阳的《周易参同契》。《太平洞极经》今已不传。《太平清领书》今存残编,称为《太平经》。道教宣传宗教唯心论,相信图谶迷信,推崇神仙方术。不过在哲学思想和政治思想方面,道教也有许多积极因素。其自食其力、散财赈穷的主张,很容易渗入劳动人民的思想意识。正因为如此,魏晋南北朝时期,道教得到非常广泛的传播,道教文献也成批涌现。据《抱朴子·遐览篇》记载,晋初已有道经670卷,符500余卷。到《隋书·经籍志》著录时,道教文献已增加到377部,1216卷。

文献数量的大增,使材料汇集、目录编撰成为必要。南朝宋时,陆修静编成大型的道教文献目录——《三洞经书目录》。这是第一部道教文献目录。到了唐代,由于李姓王朝推崇道教,把道教地位提高到其他诸教之上,因此,道书的数量继续增加。唐玄宗开元年间,纂成《三洞琼纲》,收录文献3744卷,并于天宝七年(748年)抄写流传。经过五代的战乱,各地的道教文献损失严重。为此,宋太宗下诏,在全国广泛征集道教文献。真宗时又组织人力,将《洞真部》《洞玄部》《洞神部》及《太玄部》《太平部》《太清部》《正一部》等所谓"三洞四辅"合为一编,叫《宝文统录》,共4359卷。此编完成不久,又委派张君房重新编次。新的道藏叫《大宋天宫宝藏》,共4565卷,以《千字文》为函目,始天终宫,分为467函。张君房在编纂过程中,又选择精要的部分,编成了另一部书——《云笈七签》。《大宋天宫宝藏》在道教史上影响甚大,一方面大量保存了道教文献,另一方面又奠定了后世编纂道藏的体制。

《云笈七签》共 122 卷,集宋以前道教主要文献之大成,加上便于翻检,所以历来为人们所重视,是研究道教的重要参考书。宋徽宗时,又曾两次修藏。政和年间修成的《万寿道藏》,是我国第一次雕版印行的《道藏》。北宋以后,金元两朝也都有过大型的《道藏》问世。

明代,也常重视道教文献的整理和编纂,先后完成了两部重要的《道藏》。第一部从永乐年间开始动手,到英宗时期告竣,名叫《正统道藏》,共 5380 卷,分 481 函,仍以《千字文》为函目,始天终英。明神宗万历年间又完成《万历续道藏》,共 32 函,自杜字至婴字。这样,全藏共有 512 函,5485 卷。这是我国材料最完整、内容最丰富的一部《道藏》。

1923 年至 1926 年,在傅增湘主持下,上海涵芬楼将北京白云观所藏《正统道藏》《万历续道藏》,加以影印出版。

佛教文献

佛教于东汉明帝时传入我国,随后即出现了大量佛经译本。三国时期,佛法在南北各地广泛传播,这时佛教的主要特点是崇尚斋祀。入晋以后,风尚渐变,以翻译、抄写和诵读佛经为中心。南朝时期,佛经数量大增,同时研究、整理佛经的著作也开始出现。隋唐以后,佛教文献空前丰富,既有各宗的佛经、各种僧人传记,又有各种佛典纂辑、释文音义。这些丰富多采的佛教文献,为我国的文献宝库增添了独特的内容。下面将各个时期的佛教文献及《大藏经》作一简要的介绍。

东汉末迄南北朝时期。这个时期,中国的佛教文献开始形成规范,并奠定了中国佛教文献发展的基础。重要的著作有:梁释僧祐的《出三藏记集》《弘明集》《释迦谱》,梁释慧皎的《高僧传》等。《出三藏记集》是我国第一部簿录体佛教文献的解题目录。《弘明集》是第一部总录性的佛教文选。《高僧传》是第一部僧人传记。

在这一批著作的影响下,后世出现了许多同样的撰作。

隋唐时期。这一时期,佛教的发展虽然遇到过挫折,但总的形势是非常繁荣的。佛教文献数量猛增,新的体裁开始出现。重要的著作有:隋费长房的《历代三宝记》,这是隋朝的一部佛经录,取材较《出三藏记集》更加丰富,是研究唐以前佛教历史的重要资料;唐释智升的《开元释教录》,这是唐代佛经总录的代表作,共收佛教著述 1076 部,5048 卷,此书编次严谨,核校颇精,开后世大藏目录的先河;唐释道世的《法苑珠林》,这是我国第一部类书体的佛教著作,收罗宏富,排列有致,史料价值极高,还有唐释玄应的《一切经音义》,唐释慧苑的《新译华严经音义》,唐释慧琳的《一切经音义》。这些书的体裁近似《经典释文》,即将经文难字录出,在其下面标注音训,并博引各种字书来证明。后世对这部书极为推崇。除此之外,象唐释道宣的《续高僧传》《广弘明集》、唐释湛然的《辅行记》、唐释智炬的《宝林传》等,也都是十分重要的佛学文献。

宋元明清时期。这一时期佛教继续发展,佛学理论更加精深,不仅出现了一大批著名的佛学文献,同时完成了大型佛教文献丛书《大藏经》的编纂。这时比较著名的佛学著作有:宋释赞宁的《宋高僧传》,宋释道原的《景德传灯录》,宋释普济的《五灯会元》,宋释契嵩的《传法正宗记》《正宗论》,宋释惠洪的《禅林僧宝传》,元释念常的《佛祖通载》,元释觉岸的《释氏稽古略》,明成祖的《神传得》,明释真可的《长松茹退》,清释自融、释性磊的《南宋元明神宝传》,清释戒显的《现果随录》,等等。《大藏经》是佛教文献丛书,它的编纂经历了一个相当长的过程。南朝梁开始将佛教经典集藏,中经隋唐五代,到北宋最后完成。自宋代以来,曾先后出现过北宋《开宝藏》、南宋《碛砂版大藏经》、金《金版大藏经》以及 1913 年上海《频伽版大藏经》。邻国朝鲜、日本也分别有《高丽大藏经》《大正新修大藏经》。《金版大藏经》收录经典 6900 余卷。

1933 年在山西赵城广胜寺发现该版藏经 4957 卷。这是目前国内所存佛经版本最好的本子。新编的《中华大藏经》就是以赵城金藏为底本完成的。

第六节　医药学文献

中国的医药学是人类科学文化中最宝贵的遗产之一。数千年来,它不仅为中华民族的繁衍发展作出重大的贡献,而且也对整个世界科学文化的发展产生了积极的影响。在漫长的历史岁月中,祖国医学不断充实提高,为后人留下了大量的医药学文献。据统计,现存的古代医药学文献已超过 1 万种。下面分期介绍一下古代医药学文献的总的情况。

战国秦汉三国时期:

我国的医药学起源很早。在甲骨卜辞中已有关于病名的不少记载,其中对龋齿的记载更是领先于世界的一大发现。以后,在先秦时期的很多历史文献中,都有关于疾病、药物和医事制度的记载。但是,这些都不是专门的医药学著作,成型的医药学著作出现于战国秦汉三国时期。这个时期的医药学在临床理论和药物知识方面,都获得了极大的进步,涌现出一批名医,产生了不少医药学专著。《黄帝内经》《难经》《神农本草经》《伤寒杂病论》《金匮要略》等,是这一时期的名作。这些著作为中国医药学的发展奠定了基础,被历代医家奉为经典。另外,解放后在武威和长沙出土的医方和医理文献,也属于这个时期。

两晋南北朝隋唐五代时期:

这个时期虽然有分裂和统一的变革,但思想文化和科学技术却得到迅猛的发展,其中医药学比前期又增添了新的成就。脉学、针灸学、药物学、临床医学和摄生学全面发展,步入新境。晋王叔和的《脉经》、皇甫谧的《针灸甲乙经》、陶弘景的《本草经集注》、葛洪的《肘后救卒方》,南朝宋雷敩的《雷公炮炙论》,隋巢元方的《诸病源候论》,唐孙思邈的《千金要方》《千金翼方》、王焘的《外台秘要》,以及唐代公私修撰的一系列本草著作,都完成于这一时期。另外,还完成了几部整理、注解《内经》的名著,如南朝全元起的《素问训解》、隋杨上善的《黄帝内经太素》、唐王冰的《黄帝内经素问释义》。所有这些著作,都对后世医药学的发展发挥了重大的作用。

宋辽金元时期:

这一时期医药学仍持续向上发展,其表现是:官方比较重视医药学文献的搜罗和整理,基础医学理论、药物学、方剂学具有明显的进步;临床医学的内部分科更加细密;以"金元四大家"为代表的医学学派出现;医学文献空前增加。

由于医药学和印刷术的进步,这个时期医药学文献具有种类多、数量大、质量高的特点。方书方面有:官修的《太平圣惠方》《圣济总录》《太平惠民和剂局方》等,私撰的《苏沈良方》《史载之方》等100余种。病因诊断方面有:崔嘉彦的《脉诀》、朱震亨的《脉诀指掌病式图》等。妇科方面有陈自明的《妇人大全良方》等。人体脏腑方面有:《五脏图》《存真图》等。法医学方面有宋慈的《洗冤集录》等。针灸方面有:王惟一的《铜人腧穴针灸图经》、许希的《神应针经要诀》等。研究《伤寒论》方面有:庞安时的《伤寒病总论》、朱肱的《伤寒百问》等。刘完素、李东垣、张子和、朱震亨四大家各有著作多种,分别阐述了各家独特的医学理论。另外值得一提的是元代的《回回医方》一书。此书大量吸收了阿拉伯医学和西北少数民族医学的优秀内容,为丰富祖国医学作出了有益的贡献。

明清时期:

明清是中国封建社会的后期阶段,开始向近代过渡。这个时期,一方面对封建社会的科技、文化进行总结,另一方面也创造了许多新的东西。表现在医药学方面,一是医学各科全面发展,二是种类繁杂的医药学文献成批出现。

明代的《普济方》、清代的《古今图书集成·医部全录》和《医宗金鉴》,都是洋洋大观式的著作。私家如徐春甫的《古今医统》、王肯堂的《证治准绳》、楼英的《医学纲目》、孙一奎的《赤水玄珠》、张璐的《医通》、冯兆张的《锦囊秘录》、李用粹的《证治汇补》等,也都是部头较大的著述。明清的医家还纂集了许多医学丛书,重要的有:王肯堂的《医统正脉全书》、周学海的《周氏医学丛书》等。医案是这个时期医学文献的一大特色,《薛己医案》《汪石山医案》《叶天士临证指南医案》,以及大型的《名医类案》《续名医类案》等,都有一定的影响。在药物学方面,李时珍的《本草纲目》,气势宏大,建树良多,在中国乃至世界医药学史上树立了一座伟大的里程碑。

第七节　农学文献

我国是历史悠久的农业古国。在长期的生产实践中,聪明智慧的中国人民积累了丰富的农学遗产。这些遗产无论对中华民族,还是对整个人类,都具有重要的意义。下面对我国古代的农学文献作一个概括的介绍。

先秦时期:

据《汉书·艺文志》记载,这一时期已有好几种假托神农之名的农学著述,但它们早已亡佚。目前可见的最早的农学文献是保存在《大戴礼记》中的《夏小正》。其内容主要是反映与农业生产密切相关的"物候"情况。此外,这一时期重要的农学文献还有《管子·地员篇》《吕氏春秋》的《上农》《任地》《辨土》《审时》四篇。《地员篇》主要论述土壤和植物生长的关系,《上农》阐述重农思想,《任地》等三篇具体讨论耕作和种植技术。这些文献反映了先秦时期的农学水平。

秦汉时期:

这一时期农学文献的代表作是西汉氾胜之的《氾胜之书》和东汉崔实的《四民月令》。氾胜之是西汉成帝时人,古代杰出的农业实践家和农学理论家。《氾胜之书》全面总结了西汉时期黄河流域农业生产经验和操作技术,详细记述了各种农作物的土地耕作、籽种选择、作物栽培、田间管理和粮食贮藏等一系列技术经验,是我国古代农学史划时代的著作。原书早佚,今本系从《齐民要术》中辑出。崔实的《四民月令》,模仿《礼记·月令》的体例,从正月至十二月,依次记述地主庄园的例行活动。因为书中有关农事活动的记载最多,所以一直被视为农学著作,是现存最早的古代综合性的农书。原书已佚,清人严可均有辑本,收在《全上古三代秦汉三国六朝文》的《全后汉文》部分。

魏晋南北朝时期:

这一时期出现过《牛经》《高堂隆相牛经》《南方草木状》《广志》等农学文献,但这些书或者早已失传,或者仅有残本。现存最重要的是北魏贾思勰的《齐民要术》。全书共 10 卷,主要记载黄淮地区的农业生产状况,同时,也涉及了诸如烹调、制革、制墨、染纸、书籍保护、房屋修理等多方面的情况,内容十分广泛。它是现存古代综合性农书中最好的一部,对后世具有深远的影响。

隋唐五代时期：

这一时期,因国家统一,人民生活相对稳定,农业生产得到相应的发展,农书的编撰也出现了新的内容。出现过《种植法》《栽植经》《疗马方》《田家历》《兆人本业》等一大批种类不同的农书,但遗憾的是,它们基本上都失传了。现存的这一时期最重要的农书是唐代陆羽的《茶经》。全书分为10目:源(记生产与特性)、具(记采制用具)、造(记加工焙制)、器(记煎饮用器)、煮(记烹煮之法)、饮(记品尝性味)、事(引古书论茶之文)、出(记产地)、略、图。这是我国与世界第一部茶叶专著。

宋元时期：

我国的农业发展和农学研究,在这一时期进入一个新的阶段。耕作技术的改进,优良品种的引种和推广,农业机械的大量出现,都是这一时期较为突出的成就。在农书编撰方面,也有新的进展。宋陈旉的《农书》、元官修的《农桑辑要》,元王桢的《农书》、元鲁明善的《农桑衣食撮要》等,都是这时重要的农学文献。其中王桢的《农书》,成就最高。此书由《农桑通诀》《农器图谱》和《谷谱》三部分构成,第一部分体现了作者的农学思想,有不少独到的见解,第二部分按图说器,是作者对古代农学的重大贡献。

明清时期：

这一时期,在中国社会内部开始出现新的因素——资本主义萌芽。农业在当时也达到了比较高的发展水平。明朝后期,伴随着西学东渐的潮流,一些思想先进的人物,开始结合西方的农业技术理论,去总结传统的农业经验,完善原有的农业机具和设施。这一切都极大地促进了近300多年农业生产的发展和农学研究的进程。现在保存的古代农学文献,绝大部分都是这个时期留下的,它

458

们在农学史上享有重要的地位。

在明清诸多农学文献中,具有划时代意义的是明代徐光启的《农政全书》。徐光启是明代杰出的科学家,在中西文化交流方面,他作过重大的贡献。此书共60卷,分12门,每门又分若干子目。全书对明以前农学各个方面的成就给予全面总结,充分显示了徐光启对农学的深刻认识和丰富经验。这部书作者生前并未全部完成,后来由其门人陈子龙整理,始成完帙。除《农政全书》外,《农圃四书》《天工开物》《救荒野谱》《补农书》《农具记》《卜岁恒言》《农蚕经》等等,也都是这时比较重要的农学著作。